OL ARI

OLİMPOS'UN KANI

Olimpos Kahramanları - Olimpos'un Kanı
Özgün adı: *The Heroes of Olympus - The Blood of Olympus*

Bu kitabın yayın hakları Akcalı Telif Hakları Ajansı aracılığıyla alınmıştır.

Türkiye yayın hakları: Doğan ve Egmont Yayıncılık ve Yapımcılık Tic. A.Ş.
19 Mayıs Cad. Golden Plaza No:1 Kat:10 Şişli 34360 İstanbul
Tel: (0212) 373 77 00
www.de.com.tr

Her 2.000 adet, bir baskı olarak kabul edilmektedir.

19. Baskı / İstanbul, 2017
ISBN: 978-605-09-2284-4
Sertifika no: 11940

Çeviri: Belgin Selen Haktanır
Yayına hazırlayan: Sinem Çelebioğlu
Kapak ve grafik uygulama: Havva Alp

Basım yeri: Mega Basım
Adres: Cihangir Mah. Güvercin Cad. No: 3/1
Baha İş Merkezi A Blok Haramidere - Avcılar / İstanbul
Tel: (0212) 422 44 45
Sertifika no: 12026

Toplu sipariş için tel: (0212) 373 77 44 **E-posta:** satis@de.com.tr

OLİMPOS KAHRAMANLARI

OLİMPOS'UN KANI

RICK RIORDAN

Doğan Egmont
okumak gelecektir.
www.de.com.tr

Muhteşem okurlarıma:

Bir önceki kitabın sonu için özrümden dolayı üzgünüm.
Bu kitapta bu tarz heyecanlı sonlardan kaçındım.
Şey, belki birkaç küçük ayrıntı dışında...
Çünkü sizleri çok seviyorum!

Yedi melez çağrıya yanıt verecek,
Dünya fırtınada ya da ateşte yok olacak.
Son nefesleri pahasına bir söz verilecek,
Ve düşmanlar Ölümün Kapıları'na dizilecek.

I

JASON

Jason yaşlı olmaktan nefret etmişti.

Eklemleri acıyordu. Bacakları titriyordu. Tepeye tırmanmaya çalışırken, ciğerlerinden sanki bir kutu taşla doluymuşlar gibi hırıltılar geliyordu.

Tanrılara şükürler olsun ki yüzünü göremiyordu ama elleri eğri büğrüydü ve kemikleri belli oluyordu. Ellerinin tersini şişkin mavi damarlar kaplamıştı.

Hatta o yaşlı adam kokusu bile üzerine sinmişti; naftalin ve tavuk çorbası kokusu. Nasıl mümkün olabiliyordu bu? On altı yaşından yetmiş beşine saniyeler içinde geçivermişti ama yaşlı adam kokusu *bummm* dercesine anında üstüne sinmişti. Tebrikler! Berbat kokuyorsun!

"Neredeyse vardık." Piper ona gülümsedi. "Harika gidiyorsun."

Demesi kolaydı tabii. Piper ve Annabeth güzel birer Yunan hizmetçi kızı kılığına bürünmüşlerdi. Hatta kolsuz elbiseleri ve örgülü sandaletlerinin içinde bile taşlı yolu rahatlıkla kat edebiliyorlardı.

Piper'ın maun rengi saçları örülmüş ve topuz yapılmıştı. Gümüş bilezikleri kollarını süslüyordu. Annesi Afrodit'in eski bir heykelini anımsatıyordu ki bu birazcık Jason'ı korkutuyordu.

Güzel bir kızla çıkmak insanı yeterince gergin hale getiriyordu zaten. Hele annesi aşkın tanrıçası olan birisinin kızı ile çıkmak... Eh, Jason her zaman romantik olmayan bir şey yapmaktan, sonra da Piper'ın annesinin Olimpos Dağı'ndan kaşlarını çatıp onu yabani bir domuza dönüştürmesinden korkmuştu.

Jason tepeye baktı. Zirve hâlâ doksan metre kadar yukarıdaydı.

"Gelmiş geçmiş en kötü fikir bu." Bir sedir ağacına yaslandı ve alnını sildi. "Hazel'ın büyüsü fazla iyi. Eğer savaşmak zorunda kalırsam, hiçbir şey yapamayacağım."

"İşler o raddeye gelmeyecek," diye söz verdi Annabeth. Hizmetçi kız elbisesinin içinde hiç de rahat görünmüyordu. Elbisenin kaymasını önlemek için ikide bir kambur durmak zorunda kalıyordu. Topuz yapılmış olan sarı saçları arkadan açılmıştı ve uzun örümcek ayakları gibi sallanıyordu. Örümceklere karşı olan nefretini bildiğinden, Jason bundan bahsetmemeyi tercih etti.

"Saraya gizlice sızacağız," dedi Annabeth. "İhtiyacımız olan bilgiyi alıp oradan kaçacağız."

Piper amforasını, içinde kılıcını sakladığı seramik şarap kavanozu, yere koydu. "Biraz dinlenebiliriz. Soluklan Jason."

Belinde *Cornucopia*'sı asılıydı, büyülü bereket boynuzu. Elbisesinin kıvrımlarından birisine hançeri *Katoptris*'i sıkıştırmıştı. Piper tehlikeli görünmüyordu ama ihtiyaç anında, ilahi bronzdan yapılmış silahlarını iki elle birden kullanabilir veya düşmanlarının yüzüne çürümüş mango fırlatabilirdi.

Annabeth kendi amforasını omzundan attı. Onun da gizlenmiş bir kılıcı vardı ama onsuz bile ölümcül görünüyordu. Fırtına grisi gözleri etrafı tarıyor, herhangi bir tehlikeyi arıyordu. Eğer birisi Annabeth'e bir içki ısmarlamaya kalksaydı, Jason adamın 'çatalına' bir tekme yiyeceğinden emindi.

Düzenli bir şekilde nefes almaya çalıştı.

Aşağıda, Afales Koyu parıldadı, su o kadar maviydi ki gıda boyası ile boyanmış olabilirdi. Kıyıdan birkaç yüz metre ötede, *2. Argo* demir atmış bekliyordu. Beyaz yelkenleri bir puldan daha büyük görünmüyordu, doksan tane küreği ise kürdana benziyordu. Jason arkadaşlarını güvertede emirlerini uygularken hayal etti; Leo'nun küçük dürbününden bakabilmek için nöbetleşiyorlar, Büyükbaba Jason'ı tepeye topallayarak çıkarken görünce gülmemek için kendilerini zor tutuyorlardı.

"Aptal İthaka," diye mırıldandı.

Sözüm ona ada çok güzeldi. Ormanlık tepelerin sırtı adanın merkezine doğru kıvrılıyordu. Kireç gibi bembeyaz yamaçlar denize doğru çekiliyordu. Korlar taşlı sahillere dönüşüyor, kırmızı damlı evlerin ve beyaz ile sıvanmış kiliselerin olduğu liman kıyıya yaslanıyordu.

Tepeler gelincikler, çiğdemler ve vahşi kiraz ağaçları ile bezeliydi. Hava, çiçek açmış mersin ağacı kokuyordu. Hepsi güzeldi, tabii sıcaklık kırk derece olmasaydı. Etraf Roma hamamları gibi buharlıydı.

Jason için havayı kontrol edip tepeye uçması bebek oyuncağı olmalıydı ama olur mu hiç? Gizlilik uğruna, berbat durumda dizleri olan ve tavuk çorbası kokan yaşlı bir adam kılığına katlanmalıydı.

Bir yere en son tırmandığı zamanı anımsadı; iki hafta önceydi, Hazel ile birlikte haydut Sciron'un uçurumu olan Croatia'ya tırmanmışlardı. En azından Jason'ın o zaman gücü yerindeydi. Oysa şimdi yüzleşecekleri bir hayduttan çok daha kötüydü.

"Burasının doğru yer olduğundan emin misin?" diye sordu. "Epey, bilemiyorum, *sessiz* görünüyor."

Piper dağ yolu boyunca ilerlemeye başladı. Saçlarına dün gece yaşanan saldırıdan hatıra, parlak, mavi bir harpi tüyü takılıydı. Tüy büründüğü kılığa pek gitmiyordu ama Piper bunu görev başındayken bütün bir iblis tavuk kadın sürüsünü tek başına alt ederek hak etmişti. Başarısını küçümsemişti ama Jason,

Piper'ın bundan memnun olduğunu anlayabiliyordu. Tüy, Melez Kampı'na ilk ulaştıkları zaman olan önceki kıştan bir hatıraydı, onun eskisi gibi olmadığının bir hatırlatıcısı.

"Harabeler bu tarafta," diyerek vaat etti. "Onları Katoptris'in yansımasında gördüm. Sen de Hazel'ın ne dediğini duydun. 'Hissettiğim gelmiş geçmiş en bü-'"

"'Hissettiğim gelmiş geçmiş en büyük şeytani ruhlar toplantısı,'" şeklinde tamamladı Jason. "Evet, süper görünüyor."

Hades'in tapınağında olan savaştan sonra, Jason'ın son istediği şey daha fazla şeytani ruhlarla savaşmaktı. Ama görevin kaderi tehlikedeydi. *2. Argo*'nun tayfasının vermesi gereken büyük bir kararı vardı. Eğer yanlış olanı seçerlerse başarısız olacak ve tüm dünya yok olacaktı.

Piper'ın hançeri, Hazel'ın büyülü hisleri ve Annabeth'in içgüdüleri ortak bir karara vardılar: Cevap, İthaka'da, Odysseus'un eski sarayında, Gaia'nın emirlerini uygulamak için hazır bekleyen şeytani ruhlar sürüsünde yatıyordu. Yapılması gereken, aralarına gizlice sıvışıp ne planladıklarını öğrenmek ve gidişatı en iyi şekilde değerlendirmekti. Ardından oradan da tercihe bağlı olarak, hayatta kalmış bir şekilde kaçmaktı.

Annabeth altın kemerini düzeltti. "Umarım büründüğümüz kılıklar işe yarar. Talipler hayattayken son derece huysuz müşterilerdi. Eğer bizim melez olduğumuzu anlarlarsa-"

"Hazel'ın büyüsü işe yarayacak," dedi Piper.

Jason buna inanmaya çalıştı.

Talipler: yaşamış en açgözlü, şeytani yüz kadar katil. Odysseus, İthaka'nın Yunan kralı, Truva Savaşı'ndan sonra kaybolunca, bu prenslerden oluşan Blist çetesi sarayını işgal etti ve oradan çıkmayı reddetti, içlerinden her biri Kraliçe Penelope ile evlenip krallığı devralmayı umuyordu. Odysseus gizli bir şekilde geri dönmeyi başardı ve hepsini katletti, işte basit bir mutlu eve dönüş tablosu. Fakat

Piper'ın görüleri doğruysa, katiller geri dönmüştü, öldükleri yerin peşindeydiler.

Jason gelmiş geçmiş en ünlü kahramanlardan biri olan Odysseus'un asıl sarayına gittiğine inanamıyordu. Ve işte yine, bu göreve birbirini takip eden akıl almaz olaylardan biri daha ekleniyordu. Annabeth'in kendisi daha yeni Tartarus'un sonsuz derinliklerinden kurtulmuştu. Bu göz önüne alındığında, Jason belki de yaşlı bir adam olmaktan yakınmaması gerektiğine karar verdi.

"Eh..." Jason titremesini baston ile zapt etmeye çalıştı. "Eğer *hissettiğim* kadar yaşlı görünüyorsam, kılığım müthiş olmalı. Hadi yola devam edelim."

Tırmandıkça, boynundan terler aktı. Baldırları sızladı. Bu sıcağa rağmen, titremeye başladı. Ve ne kadar uğraşırsa uğraşsın, son zamanlarda gördüğü rüyaları düşünmeden edemedi.

Hades'in Evi'nden sonra rüyaları daha bir gerçekçi olmuştu.

Bazen Jason, Epirus'un yeraltı tapınağında duruyordu, gigant Clytius ona yaklaşarak ruhani seslerin korosu gibi sesi ile konuşmaya başlıyordu: *Beni yenebilmek için hepiniz uğraştınız. Toprak Ana uyanınca ne yapacaksınız?*

Bazı zamanlar da Jason kendini Melez Kampı Tepesi'nin zirvesinde buluyordu. Toprak Ana Gaia, çamur, yapraklar ve taşlarla dolu bir girdap şeklinde topraktan yükseliyordu.

Yazık sana. Sesi etrafta yankı yapıyor, Jason'ın ayaklarının altındaki taş tabakayı sarsıyordu. *Baban tanrıların ilki ama sen ise sürekli ikinci geliyorsun; Romalı topluluğunun arasında, Yunanlı arkadaşların arasında ve hatta ailen arasında. Kendini nasıl kanıtlayacaksın?*

En kötü rüyası ise Sonoma Kurt Evi'ndekiydi. Önünde erimiş gümüş renginin parıltısıyla ışıldayan tanrıça Juno duruyordu.

Senin hayatın bana ait, diyen sesi gürledi. *Zeus'tan bir barış hediyesi.*

Jason bakmaması gerektiğini biliyordu ama Juno süpernova hali olan asıl tanrıça formuna dönüşürken gözlerini kapayamadı. Acı Jason'ın beynini dağladı.

Bedeni tıpkı bir soğanmış gibi tabakalar halinde ayrıldı.

Ardından sahne değişti. Jason hâlâ Kurt Evi'ndeydi ama şimdi küçücük bir çocuktu, iki yaşında var ya da yoktu. Bir kadın onun önüne çömeldi, limon kokusu hiç de yabancı gelmiyordu. Yüz hatları nemli ve bulanıktı ama sesini tanıyabilmişti: berrak ve nazik, tıpkı hızla akan bir dere üzerindeki ipince bir buz tabakası gibi.

Senin için geri döneceğim, benim gözbebeğim, dedi. *Seni yakında göreceğim.*

Jason ne zaman bu kâbustan uyansa, yüzü terden sırılsıklam oluyordu. Gözleri ağlamaktan sızlıyordu.

Nico di Angelo onları uyarmıştı: Hades'in Evi en kötü anılarını uyandıracak, onları geçmişten bazı şeyleri duymaya ve görmeye itecekti. Hayaletleri huzursuz olacaktı.

Jason *özellikle* o hayaletin ondan uzak duracağını ummuştu ama her gece rüyası daha da kötüye gitmişti. Şimdi de hayaletler ordusunun toplandığı sarayın kalıntılarına doğru tırmanıyordu.

Bu illa da o kadının orada olacağını göstermez, dedi Jason kendi kendine. Ama elleri bir türlü titremeyi bırakmıyordu. Her adım bir öncekinden daha zorluydu.

"Neredeyse vardık," dedi Annabeth. "Hadi-"

BUMM!

Yamaç gürledi. Tepenin üstünde bir yerlerde, bir kalabalık tıpkı amfiteatr seyircileri gibi beğeniler içinde kükredi. Ses Jason'ın tüylerini diken diken etti. Kısa bir süre önce, Roma'daki Kolezyum'da hayaletlerin tezahüratları karşısında ölümüne bir savaşa girmişti. Bu deneyimi tekrar yaşamaya hiç de can atmıyordu.

"O gürültü de neydi öyle?" diye merak etti.

"Bilmiyorum," dedi Piper. "Ama eğleniyorlar gibi görünüyor. Hadi gidip biraz ölü arkadaşlar edinelim."

II

JASON

Doğal olarak, durum Jason'ın umduğundan çok daha kötüydü.

Zaten öyle olmasaydı, eğlenceli olmazdı.

Tepenin üstündeki zeytin çalılıklarının arasından bakarken, kontrolden çıkmış bir zombi okul partisine benzer bir şey gördü. Harabeler tek başına o kadar da etkileyici değildi: Birkaç taş duvar, yabani otlarla kaplı merkezi bir avlu ve kayaya yontulmuş, sonu hiçbir yere varmayan bir merdiven vardı. Bir çukur, birkaç kontrplak levhayla kapatılmıştı ve metal bir iskele çatlamış bir kemeri destekliyordu.

Ama harabelerin arasına bir başka gerçeklik katmanı yerleştirilmişti: sarayın görkemli zamanlarında neye benzemiş olabileceğini gösteren spektral bir serap. Kireç badanalı, balkonların sıraladığı stuko duvarlar üç kat yükseliyordu. Sütunlu kemer altılar kocaman bir çeşmesi ve bronz mangalları olan merkezi avluya bakıyordu. Bir düzine kadar ziyafet masasında, gulyabaniler gülüp yemek yiyor, birbirlerini itiyorlardı.

Jason sayıları yüzü bulan ruh görmeyi bekliyordu ama bunun yaklaşık olarak iki mislisi ortalıkta dolanıyor, servisi yapan birkaç spektral kızı kovalıyor, tabak çanakları kırıyor ve etrafa rahatsızlık veriyorlardı.

Birçoğu Jüpiter Kampı'ndaki Larları andırıyordu: Mor renkli, şeffaf tunikler ve sandaletler giymiş tayflardı. Birkaç eğlence düşkününün gri etli çürümüş bedenleri, yer yer keçeleşmiş saçları ve iğrenç yaraları vardı. Diğerleri sıradan, yaşayan ölümlüler gibi görünüyordu. Bazıları togalar, bazıları modern takım elbiseler, diğerleriyse askeri kamuflaj giysileri giymişlerdi. Jason bunların arasında mor renkli bir Jüpiter kampı tişörtü ve Roman lejyoner zırhı giymiş bir adam bile gördü.

Avlunun ortasında, üstünde lime lime olmuş bir Yunan tuniği olan, gri renkli bir gulyabani geziniyor, mermer bir büstü, kafasının üstünde bir spor etkinliğinde kazandığı bir kupa gibi tutuyordu. Diğer hayaletler tezahüratlar yapıyor, sırtına vuruyorlardı. Gulyabani yaklaştıkça, Jason onun boğazında bir ok olduğunu, tüylü ucunun Âdemelmasından çıktığını fark etti. Bu manzaranın daha da rahatsız edici yanı şuydu: Havaya kaldırdığı büst... *Zeus*'un büstü müydü?

Emin olmak güçtü. Çoğu Yunan tanrı heykeli birbirine benzerdi. Ama sakallı ve öfkeli surat Jason'a Melez Kampı'nın Birinci Kulübesi'ndeki o devasa Hippi Zeus heykelini anımsatmıştı.

"Bir sonraki adağımız!" diye bağırdı gulyabani. Boğazına saplanmış ok yüzünden sesi hırıltılı çıkıyordu. "Toprak Ana'yı besleyelim!"

Parti yapan diğer gulyabaniler bağırıp, kadehlerini masalara vurdular. Gulyabani ortadaki çeşmeye doğru ilerledi. Kalabalık yarıldı ve Jason çeşmenin suyla dolu olmadığını fark etti. Dokuz metrelik heykel tabanlığından, yukarı doğru bir kum gayzeri fışkırıyor, daire biçimindeki çanağa akmadan önce beyaz partiküllerden oluşan şemsiye biçimli bir perde gibi bir kavis çiziyordu.

Gulyabani mermer büstü çeşmeye fırlattı. Zeus'un kafası kum yağmurunun arasından geçer geçmez, mermer, bir ağaç öğütücüsünden geçmiş gibi tuzla buz oldu. Kumlar altın rengi bir parıltı saçtı; ikor, yani ilahi kan rengine büründü. Sonra, dağın tamamı yemek yemiş ve geğirmiş gibi *GÜM* diye sarsıldı.

Ölü particiler tezahüratlarla yeri göğü inlettiler.

"Başka heykel var mı?" diye bağırdı gulyabani kalabalığa. "Yok mu? O halde, sanırım kurban vermek için *gerçek* tanrıların olmasını bekleyeceğiz!"

Gulyabani en yakındaki ziyafet masasına otururken, yoldaşları gülüp onu alkışladılar.

Jason elindeki asayı sıkıca kavradı. "Bu herif az önce babamı un ufak etti. *Kim* olduğunu sanıyor?"

"Antinoos olmalı," dedi Annabeth. "Taliplerin liderlerinden biri. Yanlış hatırlamıyorsam, onu boynundan okla vuran da Odysseus'tu."

Piper irkildi. "Bunun bir adamı etkisiz hale getireceğini düşünür insan. Ya diğerleri? Neden bu kadar kalabalıklar?"

"Bilmiyorum," dedi Annabeth. "Gaia için yeni topladıkları kişiler sanırım. Bazıları biz Ölüm Kapıları'nı kapatmadan önce canlanmış olmalı. Bazıları da sadece hayalet."

"Bazıları gulyabani," dedi Jason. "Antinoos gibi açık yaraları bulunanlar ve gri tenli olanlar... Onlar gibileriyle daha önce de savaşmıştım."

Piper mavi renkli harpya tüyünü çekiştirdi. "Onları öldürmek mümkün mü?"

Jason seneler önce San Bernardino'da Jüpiter Kampı için gittiği bir görevi hatırladı. "Kolaylıkla öldürülemiyorlar. Güçlü, hızlı ve zekiler. Bir de insan eti yiyorlar."

"Harika," diye homurdandı Annabeth. "Plana bağlı kalmaktan başka seçenek gelmiyor aklıma. Ayrılacağız, aralarına sızacağız ve burada ne aradıklarını öğreneceğiz. İşler ters giderse-"

"Yedek plana geçeceğiz," dedi Piper.

Jason yedek plandan nefret etmişti.

Gemiden ayrılmadan önce, Leo her birine birer yaş günü mumu büyüklüğünde koyun yünü vermişti. Dediğine göre, bunları havaya fırlattıklarında, mum yükselip beyaz renkli bir fosfor ışığı saçacaklar ve *2. Argo*'ya ekibin başının dertte olduğunu haber verebileceklerdi. O noktada, geminin mancınıkları pozisyonlarını almadan, sarayı Yunan ateşiyle ve İlahi bronz şarapnelleriyle kaplamadan önce, Jason'ın ve kızların kaçmak için birkaç saniyesi olacaktı.

En güvenli plan değildi ama Jason en azından işler ters giderse, ölü adamlardan oluşan bu gürültücü kalabalığa bir hava saldırısıyla karşılık verebileceğini biliyordu. Tabii, kendisi ve arkadaşları kaçabilirlerse. *Bir de* Leo'nun kıyamet günü mumları kazara ateş almazsa. Leo'nun icatları bazen beklenmedik anlarda ateş alırdı; böyle olduğunda, hava daha da ısınır, yüzde doksan ateşli bir kıyamet yaşanması söz konusu hale gelirdi.

"Aşağıda dikkatli olun," dedi Piper'la Annabeth'e.

Piper uçurumun sol kenarına doğru süründü. Annabeth de sağa gitti. Jason kendini asasının yardımıyla doğrulttu ve harabelere doğru sendeleyerek ilerledi.

Hades'in Evi'nde kötü ruhlardan oluşan bir kalabalığın arasına daldığı zamanı hatırladı. Frank Zhang ve Nico di Angelo olmasaydı...

Tanrım... *Nico.*

Son birkaç gündür, Jason ne vakit Jüpiter'e bir parça yemeği adak olarak sunsa, babasının Nico'ya yardım etmesi için dua ediyordu. Çocuk çok büyük zorluklardan geçmişti ama buna rağmen en zorlu görevi üstlenmeye gönüllü olmuştu: Athena Parthenos heykelini Melez Kampı'na götürecekti. Başarılı olamazsa, Romalı ve Yunanlı melezler birbirlerini katledeceklerdi. Sonra da Yunanistan'da ne olursa olsun, *2. Argo*'nun geri dönecek bir yuvası olmayacaktı.

Jason sarayın silik girişinden içeri girdi. Önündeki mozaik kaplı zeminin bir kısmının üç metre derinliğinde bir kazı çukurunu örttüğünü tam vaktinde fark etti. Yanından geçip avluya doğru ilerlemeye devam etti.

İki seviyeli gerçeklik, ona Othrys Dağı'ndaki Titan kalesini anımsatmıştı: Siyah mermerlerden oluşan ve tesadüfi bir biçimde gölgeye dönüşüp tekrar katılaşan baş döndürücü duvarlardan oluşan bir labirentti. En azından, o savaşta Jason'ın yanında yüz lejyoner vardı. O sıradaysa, elindeki tek şey yaşlı bir adamın bedeni, bir asa ve incecik giysili iki arkadaştı.

Yüz metre kadar ilerisinde, Piper gülümseyerek ve eğlence düşkünü hayaletlerin şarap kadehlerini doldurarak kalabalığın arasında geziniyordu. Korkuyorsa bile, bunu belli etmiyordu. O ana dek, hayaletler ona pek de ilgi göstermemişlerdi. Hazel'ın büyüsü işe yaramış olmalıydı.

Sağ tarafta, Annabeth boş tabakları ve kadehleri topluyordu. Gülümsemiyordu.

Jason'ın aklına gemiden ayrılmadan önce Percy'yle arasında geçen konuşma geldi.

Percy denizden gelecek tehditleri izlemek üzere gemide kalmıştı ama Annabeth'in bu keşif gezisine onsuz gidecek olmasından da hiç hoşlanmamıştı. Özellikle de Tartarus'tan geri döndüklerinden beri ilk kez ayrı kalacakları için.

Jason'ı bir köşeye çekmişti. "Hey, dostum... Annabeth onu birisinin koruması gerektiğini söylersem beni öldürür."

Jason güldü. "Evet, öldürür."

"Ama ona göz kulak ol, olur mu?"

Jason arkadaşının omzunu sıktı. "Sağ salim geri dönmesi için elimden geleni yapacağım."

Jason o sırada verdiği bu sözü tutup tutamayacağını düşünüyordu.

Kalabalığın kenarına varmıştı.

Hırıltılı bir ses, "İROS!" diye bağırdı.

Boğazında ok olan Antinoos isimli gulyabani dik dik ona bakıyordu. "Sen miydin, yaşlı dilenci?"

Hazel'ın büyüsü işe yarıyordu. Sis, görünümünü gizlice değiştirirken ve taliplere görmeyi bekledikleri şeyi gösterirken, suratının etrafında soğuk bir hava akımı dalgalanıyordu.

"Benim!" dedi Jason. "İros!"

On, on iki kadar daha hayalet onlara baktı. Bazıları kaşlarını çatıp, mor bir renk saçarak parıldayan kılıçlarının kabzalarına sarıldı. Jason, İros'un hayaletlerin düşmanı olup olmadığını düşünmek için geç kalsa da bu rolü çoktan benimsemişti.

Sendeleye sendeleye ilerledi, suratına elinden geldiğince huysuz yaşlı bir ihtiyarın ifadesini yerleştirmeye çalıştı. "Partiye geç kaldım galiba. Umarım bana biraz yiyecek ayırmışsınızdır."

Hayaletlerden biri tiksinmiş gibi suratını ekşitti. "Seni nankör yaşlı dilenci. Onu öldüreyim mi Antinoos?"

Jason'ın boyun kasları gerildi.

Antinoos üç saniye ona baktı, sonra kıs kıs güldü. "Bugün keyfim gayet yerinde. Gel İros, sen de masama katıl."

Jason'ın fazla seçeneği yoktu. Antinoos'un karşısına otururken, daha da fazla hayalet etraflarını sardı ve vahşi bir bilek güreşi yarışması izleyeceklermiş gibi sırıtarak yanlarında dikildi.

Yakından bakıldığında, Antinoos'un gözleri sapsarıydı. Kâğıt gibi incecik olan dudakları bir kurdunkini andıran sipsivri dişlerinin üstünde gerilmişti. İlk önce Jason, gulyabaninin kıvırcık koyu renkli saçlarının çürüdüğünü sanmıştı. Ama sonra Antinoos'un kafa derisinden çıkan toprak parçalarının omuzlarının üstüne döküldüğünü fark etti. Gulyabaninin gri tenindeki eski kılıç yaralarının üstü kurumuş çamurla kaplıydı. Daha fazla toprak da boğazındaki yarasının altından akıyordu.

Gaia'nın gücü, dedi Jason içinden. *Toprak bu herifi bir arada tutuyor.*

Antinoos altın bir kadehle, bir tabak yiyeceği önüne itti. "Seni burada görmeyi beklemiyordum İros. Ama bir dilenci bile intikam talep edebilir. Ye. İç."

Kadehte kırmızı renkli kıvamlı bir sıvı vardı. Tabaktaysa, üstünden buharlar tüten, ne olduğu belirsiz kahverengi bir et yığını.

Jason midesinin kalktığını hissetti. Gulyabani yemekleri onu öldürmezse bile, vejetaryen kız arkadaşı muhtemelen onu bir ay boyunca öpmeyecekti.

Güney Rüzgârı Notos'un ona dedikleri aklına geldi: *Amaçsızca esen bir rüzgârın kimseye faydası olmaz.*

Jason'ın Jüpiter Kampı'ndaki kariyerinin tamamı dikkatle alınmış kararlar üstüne inşa edilmişti. Melezlere aracılık eder, bir tartışmanın tüm yanlarını dinler, uzlaşma yolları bulurdu. Roma geleneklerine ters düştüğünde bile, harekete geçmeden önce düşünürdü. Fevri davranmazdı.

Notos onu bu tür bir tereddüdün kendisini öldüreceği konusunda uyarmıştı. Jason'ın düşünmeyi kesip, istediği şeyi anında alması gerekiyordu.

Nankör bir dilenciyse, öyle davranmalıydı.

Parmaklarıyla bir parça et kopardı ve ağzına tıktı. Bunun üstüne kırmızı renkli içkiden biraz içti. Neyse ki, içki kan veya zehir değildi, tadı sulandırılmış şarap gibiydi. Jason öğürmek üzere olduğunu hissetse de ne iki büklüm oldu ne de midesindekileri çıkardı.

"Leziz!" Ağzını sildi. "Şimdi, bana şeyi söyle... Ne demiştin? İntikam mı? İsmimi nereye yazdıracağım?"

Hayaletler güldüler. İçlerinden biri omzuna vurunca, Jason bunu gerçekten *hissettiği* için paniğe kapıldı.

Jüpiter Kampı'nda, Larların fiziksel bedenleri yoktu. Ama belli ki *bu* ruhların vardı. Bu da onu dövecek, bıçaklayacak veya kafasını uçuracak daha çok düşman demekti.

Antinoos öne eğildi. "Söylesene İros, sunacak neyin var? Bizim için eskisi gibi mesaj götürüp getirmene ihtiyacımız yok. Bir savaşçı olmadığın kesin. Hatırladığım kadarıyla, Odysseus çeneni kırıp, seni bir domuz ahırına tıkmıştı."

Jason'ın sinirleri gerildi. İros... Yiyecek artıkları için taliplere mesaj götürüp getiren yaşlı adam. İros bir bakıma onların evlerinde besledikleri bir evcil hayvan gibi evsiz birisi gibiydi. Odysseus bir dilenci kılığında evine geri döndüğünde, İros bu yabancı adamın işini çalacağını düşünmüştü. Sonra, tartışmaya başlamışlardı...

"İros'un..." Jason duraksadı. "Odysseus'la *savaşmama* neden oldun. Bahse bile girdin. Odysseus gömleğini çıkardığında, ne kadar kaslı olduğunu gördüğünde bile... Beni onunla savaşmaya zorladın. Hayatta kalmam ya da ölmem umurunda değildi!"

Antinoos sivri dişlerini gösterdi. "Tabii ki umurumda değildi. Hâlâ da değil! Ama şu anda buradasın; dolayısıyla, Gaia'nın ölümlüler dünyasına geri dönmene izin vermiş olmasının bir nedeni olmalı. Söylesene, neden ganimetimizi paylaşmaya değersin?"

"Hangi ganimet?"

Antinoos ellerini iki yana açtı. "Tüm dünya, dostum. Burada ilk tanıştığımızda, sadece Odysseus'un topraklarının, parasının ve karısının peşindeydik."

"Özellikle de karısının!" Paçavralar giymiş dazlak bir hayalet, Jason'ı dürtükledi. "O Penelope çok hoş kadındı!"

Jason, Piper'ın yan masada içki servisi yaptığını gördü. Piper kimseye çaktırmadan, parmağını ağzına sokup öğürüyormuş gibi yaptı, sonra tekrar ölü adamlara döndü.

Antinoos pis pis sırıttı. "Eurymakhos, seni dırdırcı ödlek. Penelope'yle *asla* bir şansın olmadı. Hayatını bağışlasın diye Odysseus'a yalvarıp didindiğini, her şeyi benim üstüme attığını hatırlıyorum!"

"Çok işime yaradı sanki." Eurymakhos lime lime olmuş gömleğini kaldırıp, göğsünün ortasındaki spektral deliği gösterdi. "Odysseus sırf karısıyla evlenmek istiyorum diye beni kalbimden vurdu!"

"Yine de..." Antinoos, Jason'a döndü. "Şu anda daha büyük bir ödül için toplanmış bulunuyoruz. Gaia tanrıları yok ettikten sonra, ölümlü dünyanın geri kalanını kendi aramızda bölüşeceğiz!"

"Londra'yı isterim!" diye bağırdı yan masadaki bir gulyabani.

"Montreal!" diye bağırdı bir başkası.

"Duluth!" diye üçüncü bir gulyabani bağırınca, diğer hayaletler ona şaşkın şaşkın baktılar ve konuşma bir anlığına kesildi.

Jason'ın midesindeki et ve şarap kurşuna dönüşmüş gibiydi. "Peki, ya... misafirlerin geri kalanı? Burada en azından iki yüz kişi var. Yarısını tanımıyorum."

Antinoos'un sarı gözleri parıldadı. "Hepsi de Gaia'nın beğenisini kazanmak için burada. Her biri tanrılar veya en sevdikleri kahramanlarla talep ve şikayetlerini paylaşıyor. Şuradaki şapşal, Atina'nın eski zorbası Hippias. Görevinden alınınca, kendi ülkesinin halkına saldırmak için Perslerle bir oldu. Zerre kadar ahlâk anlayışı yok. Güç sahibi olmak için her şeyi yapar."

"Teşekkür ederim!" diye bağırdı Hippias.

"Ağzında bir hindi budu olan şu serseriyse," dedi Antinoos, "Kartaca'nın Hasdrubal'ı. Roma'yla arasında halletmek istediği bir sorun var."

"Hı hı," dedi Kartacalı hayalet.

"Bir de Michael Varus-"

Jason neredeyse boğulacaktı. *"Kim?"*

Kum çeşmesinin oradaki mor tişörtlü ve lejyoner zırhlı adam onlara döndü. Şekli bulanık, dumanlı ve belirsiz olduğundan, Jason onun bir tür ruh olduğunu tahmin etti ama kolunun ön tarafındaki lejyon dövmesi gayet belirgindi: SPQR, tanrı Janus'un iki taraflı kafası ve hizmet senesini belirten altı çizgi. Göğüs zırhında praetorluk rozeti ve Beşinci Kohort'un amblemi asılıydı.

Jason, Michael Varus'la daha önceden hiç tanışmamıştı. Kötü nam salmış praetor '80'li yıllarda ölmüştü. Yine de Varus'un bakışlarıyla karşılaşan Jason'ın tüyleri diken diken oldu. O çökük gözleri adeta Jason'ın büyüyle değiştirilmiş kılığının ardındakini görüyordu.

Antinoos önemli birisinden söz etmiyormuş gibi elini salladı. "Romalı bir melez. Lejyonun kartalını şeyde kaybetmişti... Alaska mıydı? Önemli değil. Gaia, onun ortalıkta gezinmesine izin veriyor. Jüpiter Kampı'nı yenebilecek kabiliyeti olduğu konusunda ısrar ediyor. Ama sen

İros, hâlâ soruma yanıt vermedin. *Neden* aramızda hoş karşılanmalısın?"

Varus'un ölü gözleri Jason'ın sinirini bozmuştu. Etrafındaki Sis'in inceldiğini, tereddüdüne tepki verdiğini hissediyordu.

Birden Annabeth, Antinoos'un arkasında bitiverdi. "Biraz daha şarap ister miydiniz lordum? Ayyy, pardon!"

Gümüş bir sürahinin içindeki şarabı Antinoos'un boynunun arkasına döktü.

"Öfff!" Gulyabani sırtını dikleştirdi. "Aptal kız! Seni kim Tartarus'tan bıraktı?"

"Bir Titan, lordum." Annabeth özür diler gibi başını eğdi. "Size ıslak mendil getireyim mi? Okunuzdan şarap damlıyor."

"Defol!"

Annabeth Jason'la göz göze geldi, sessizce destek verdi ve kalabalığın arasında gözden kayboldu.

Gulyabani üstünü başını silerken, Jason da düşüncelerini toparlayacak fırsatı yakalamıştı.

Demek İros'tu... Taliplerin eski habercisi. Neden oradaydı? Neden onu aralarına kabul edeceklerdi?

En yakındaki et bıçağını alıp masaya sapladı ve etrafındaki hayaletlerin irkilmesine neden oldu.

"Neden mi beni hoş karşılayacaksınız?" diye gürledi Jason. "Çünkü hâlâ sizin için mesaj getirip götürüyorum, salak zavallılar! Neler yaptığınızı görmek için Hades'in Evi'nden yeni geldim!"

Dediklerinin son kısmı doğruydu; Antinoos duraksadı. Gulyabani boğazındaki okun ucundan hâlâ şarap damlarken, dik dik ona baktı. "Gaia'nın seni, bir dilenciyi bizi kontrol etmesi için yolladığına inanmamı mı bekliyorsun?"

Jason güldü. "Ölüm Kapıları kapanmadan önce Epirus'tan ayrılan son kafiledeydim! Clytius'un mezar taşlarıyla kaplı kubbeli bir tavanın altında nöbet tuttuğunu gördüm. Necromanteion'un mücevher ve kemik kaplı zeminlerinden geçtim!"

Bu da doğruydu. Masanın etrafında oturan hayaletler kıpırdanıp, bir şeyler mırıldandılar.

"Eee, Antinoos..." Jason parmağını gulyabaniye doğrulttu. "Belki de *sen* bana *neden* Gaia'nın desteğine değdiğini açıklamalısın. Burada gördüğüm tek şey, aylaklık eden ölülerin eğlendiği ve savaş hazırlıklarına yardım etmediği. Toprak Ana'ya ne diyeyim?"

Jason gözünün ucuyla Piper'ın ona onay verircesine sırıttığını gördü. Piper daha sonra dikkatini, kendisini kucağına oturtmaya çalışan, mor parıltılar saçan Yunanlı bir adama verdi.

Antinoos, Jason'ın masaya sapladığı et bıçağını kavradı. Bıçağı çekip çıkardı ve keskin tarafına dikkatle baktı. "Gaia'nın yanından geliyorsan, burada emir kulu olduğumuzu bilmen gerekir. Porphyrion'un buyruğu altındayız." Antinoos bıçağı avucunda gezdirdi. Elinden kan yerine kuru toprak fışkırdı. "Porphyrion'u tanıyorsundur herhalde?"

Jason mide bulantısını kontrol altında tutmaya çalışıyordu. Porphyrion'u Kurt Evi'nde yaptıkları savaştan gayet iyi tanıyordu. "Gigant kralı... Yeşil tenli, on iki metre boyunda, beyaz gözlü, saçları silahlarla örülü. Tabii ki onu tanıyorum. *Senden* çok daha görkemli."

Gigant kralını son gördüğünde, kafasını şimşekle havaya uçurduğundan söz etmemeye karar verdi.

Antinoos ilk kez dili tutulmuş gibi ona baktı ama dazlak hayalet dostu Eurymakhos kolunu Jason'ın omzuna attı.

"Sakin ol dostum!" Eurymakhos ekşimiş şarap ve yanmış elektrik kabloları gibi kokuyordu. Dokunuşu, Jason'ın göğüs kafesinin sızlamasına neden oldu. "Saygınlığını sorgulamak istemediğimize eminim! Sadece Atina'da Porphyrion'la konuşmuş olsaydın, neden burada olduğumuzu *bilirdin.* İnan bana, emirlerini harfiyen yerine getiriyoruz!"

Jason şaşkınlığını gizlemeye çalıştı. *Porphyrion Atina'da mıydı?*

Gaia, tanrıların kökünü kazımaya niyetliydi. Jason'ın Melez Kampı'ndaki akıl hocası Kheiron, bunun, gigantların toprak tanrıçasını orijinal Olimpos Dağı'nda diriltmeye çalışacakları anlamına geldiğini düşünmüştü. Ama şimdi...

"Akropolis," dedi Jason. "Tanrıların en eski tapınakları, Atina'nın tam ortasındadır. Gaia orada uyanacak."

"Tabii ki!" diye güldü Eurymakhos. Göğsündeki yaradan pof diye bir ses çıktı. "Oraya varabilmek için, o her işe burnunu sokan melezlerin deniz yoluyla yolculuk etmesi gerekmiyor mu? Kara yoluyla gitmenin çok tehlikeli olacağını biliyorlar."

"Yani, bu adadan geçmeleri gerekecek," dedi Jason. Eurymakhos heyecanla başını salladı. Kolunu Jason'ın omzundan çekip, parmağını şarap kadehine batırdı. "O aşamada, bir seçim yapmak zorunda kalacaklar, değil mi?"

Masaya parmağıyla bir kıyı şeridi çizerken, kırmızı şarap, tahtanın üstünde tuhaf bir biçimde parıldadı. Yunanistan'ı şekilsiz bir kum saati gibi çizdi: Kuzey anakara kocaman, sallanan bir parça gibiydi. Bunun altına da neredeyse üst kısım kadar büyük bir başka parça yerleştirdi. Burası, Peloponez olarak bilinen geniş bir toprak parçasıydı. Aralarından da daracık bir çizgi geçiyordu: Korint Kanalı.

Jason'ın bir resme ihtiyacı yoktu. O ve gemidekilerin geri kalanı denizdeki son günlerini haritaları inceleyerek geçirmişlerdi.

"En kestirme yol," dedi Eurymakhos, "buradan doğuya gitmek, Korint Kanalı'ndan geçmek. Ama o yöne gitmeye çalışırlarsa..."

"Yeter," dedi Antinoos ters ters. "Amma düşük çenelisin Eurymakhos."

Hayalet gücenmiş gibi ona baktı. "Ona her şeyi anlatmayacaktım ki! Sadece her iki kıyıda bekleyen Kiklop ordularını söyleyecektim. Bir de havadaki öfkeli fırtına ruhlarını. Bir de Keto'nun suları istila etsinler diye yolladığı vahşi deniz canavarlarını. Tabii, gemi Delphi'ye kadar ilerleyebilecek olursa..."

"Sersem!" Antinoos masanın üstünden atılıp hayaletin bileğini kaptı. Gulyabaninin elinden yayılan ince bir toprak tabakası, dosdoğru Eurymakhos'un spektral kolundan yukarı doğru ilerledi.

"Hayır!" diye cıyakladı Eurymakhos. "Lütfen! Ben... Ben sadece..."

Toprak, bedenini bir kabuk gibi kaplayıp çatlarken hayalet çığlık attı ve geriye bir toprak öbeğinden başka bir şey kalmadı. Eurymakhos yok olmuştu.

Antinoos geriye yaslanıp ellerine bulaşan toprağı temizledi. Masadaki diğer talipler onu temkinli bir tavırla, hiç konuşmadan izlediler.

"Özür dilerim İros." Gulyabani soğuk bir ifadeyle gülümsedi. "Bilmen gereken tek şey şu: Atina'ya giden yollar tıpkı söz verdiğimiz gibi çok iyi korunuyor. Melezlerin ya boğazdan geçme tehlikesini göze almaları gerekecek ya da tüm Peloponez'in etrafından gemiyle dolanmak zorunda kalacaklar ki orası da daha güvenli değil. Her halükârda, *bu* seçimi yapacak kadar hayatta kalmaları olası değil. İthaka'ya vardıklarında, bunu anlayacağız. Onları orada durduracağız ve Gaia ne kadar değerli olduğumuzu görecek. Atina'ya bu mesajı götürebilirsin."

Jason'ın kalbi göğüs kafesinden çıkacak gibi çarpıyordu. Daha önceden Antinoos'un Eurymakhos'u öldürmek için oluşturduğu toprak kabuk gibi bir şey görmemişti. Bu gücün melezler üstünde de etkili olup olmadığını görmeyi istemiyordu.

Ayrıca, Antinoos *2. Argo*'yu bulacağından emin gibiydi. Hazel'ın büyüsü o ana dek gemiyi gizlemeye yetmişti ama bunun ne kadar süreceğini söylemek güçtü.

Jason orada öğrenmek için geldikleri her şeyi öğrenmişti. Hedefleri Atina'ydı. Daha güvenli olan yol, daha doğrusu imkânsız *olmayan* yol, güney kıyısından ilerlemekti. Günlerden Temmuz'un 20'siydi. Gaia'nın 1 Ağustos'ta, eski Umut Şöleni'nde uyanmayı planladığı zamana sadece on iki gün kalmıştı.

Jason'ın ve arkadaşlarının fırsat varken gitmeleri gerekiyordu.

Ama onu rahatsız eden bir şey daha vardı... Sanki henüz en kötü haberi duymamış gibi, içinde meşum bir his vardı.

Eurymakhos Delphi'den söz etmişti. Jason içinden Apollon'un Kâhini'nin eski yerini, kişisel geleceğiyle ilgili bir şeyler öğrenmeyi ummuştu ama orası canavar kaynıyorsa...

Buz gibi olmuş yemekle dolu tabağını itti. "Her şey kontrol altında gibi. Senin adına, öyle olmasını dilerim Antinoos. Bu melezler her işin altından kalkarlar. Ölüm Kapıları'nı kapadılar. Sizi atlatıp, Delphi'den yardım almayı denemelerini istemeyiz."

Antinoos cık cık etti. "Bu tür bir tehlike yok. Delphi artık Apollon'un kontrolü altıda değil."

"A-anlıyorum. Peki ya melezler uzun yolu seçer de Peloponez'in etrafından dolanmaya karar verirlerse?"

"Fazla endişeleniyorsun. O yolculuk melezler için *asla* güvenli değil, ayrıca çok uzak. Hem Zafer Olimpiya'nın dört bir yanına yayılmış durumda. Durum böyle oldukça, melezlerin bu savaşı kazanması mümkün değil."

Jason bunun da ne anlama geldiğini anlamadı ama evet der gibi başını salladı. "Pekâlâ, tüm bunları Kral Porphyrion'a ileteceğim. Şey, yemek için teşekkürler."

Çeşmenin orada duran Michael Varus ona seslendi: "Bir dakika."

Jason içinden bir küfür savurdu. Ölü praetoru atlatmaya çalışmıştı ama Varus bulanık beyaz aurası ve birer obruğu andıran derin gözleriyle yanına geldi. Belinden İmparatorluk altınından yapılmış bir *gladius* sarkıyordu.

"Kalmalısın," dedi Varus.

Antinoos hayalete sinir olmuş gibi bir bakış fırlattı. "Sorun nedir lejyoner? İros gitmek istiyorsa gitsin. Kötü kokuyor!"

Diğer hayaletler gergin bir tavırla güldüler. Piper avlunun karşısından Jason'a endişeyle baktı. Biraz daha ötede, Annabeth gizlice en yakınındaki tabaktan et bıçağını aldı.

Varus elini kılıcının başına koydu. Sıcağa rağmen, göğüs zırhı buzla kaplıydı. "Kohortumu *iki* kere Alaska'da kaybettim. Biri hayattayken, diğeri de ölüyken Percy Jackson isimli bir *Graecus*'a. Yine de buraya Gaia'nın çağrısını yanıtlamak için geldim. Nedenini biliyor musun?"

Jason yutkundu. "İnatçılık mı?"

"Burası isteklere ait bir yer," dedi Varus. "Buraya hepimiz sırf Gaia'nın gücü yüzünden değil, en güçlü isteklerimiz yüzünden de çekim duyuyoruz. Eurymakhos'un aç gözlülüğü. Antinoos'un gaddarlığı."

"İltifat ediyorsun," diye homurdandı gulyabani.

"Hasdrubal'ın nefreti," diye devam etti Varus. "Hippias'ın gücenmişliği. Benim hırsım. Ya sen İros? Seni buraya çeken şey nedir? Bir dilenci en çok neyi ister? Bir yuva olabilir mi?"

Jason'ın kafatasının dibinde tuhaf bir karıncalanma başladı. Müthiş bir elektrik fırtınası çıkmadan önce de aynı şeyi hissederdi.

"Gitmem gerek," dedi. "İletmem gereken mesajlar var."

Michael Varus kılıcını çekti. "Babam iki suratlı tanrı Janus'tur. Maskelerin ve aldatmaların ardını görmeye alışkınım. İros, melezlerin adamızdan bize görünmeden geçemeyeceklerinden neden emin olduğumuzu biliyor musun?"

Jason içinden bildiği tüm Latince küfürleri sıraladı. Acil durum yün çubuklarına ne kadar çabuk ulaşabileceğini ve yakabileceğini hesaplamaya çalıştı. Belki bu ölü adam çetesi onu öldürmeden önce, kızlara gizlenecek bir yer bulmalarını sağlayacak kadar vakit kazandırabilirdi.

Antinoos'a döndü. "Bak, burada yetkili sen misin, değil misin? Şu Romalı adamının çenesini kapatsan iyi olacak."

Gulyabani içine derin bir nefes çekti. Boğazındaki ok sallandı. "Ha, öyle yapsam çok eğlenebiliriz. Devam et Varus."

Ölü praetor kılıcını kaldırdı. "Hepimizi isteklerimiz ifşa eder. Gerçekte kim olduğumuzu gösterirler. Seni görmek için birisi geldi, Jason Grace."

Varus'un ardındaki kalabalık ikiye ayrıldı. Parıltılı bir kadın hayaleti öne doğru süzülünce, Jason kemikleri toza dönüşecekmiş gibi hissetti.

"Canım," dedi annesinin hayaleti. "Yuvana döndün."

III

JASON

Her nasılsa, onu tanımıştı. Elbisesini hatırlamıştı: yeşilli kırmızılı bedene sarılarak giyilen bir elbiseydi; bir Noel ağacının eteğini andırıyordu. Kurt Evi'nde ona sarılıp veda ederken, annesinin bileklerindeki renkli plastik bileziklerin sırtına battığını hatırlıyordu. Sarıya boyanmış ve fazlaca kabartılıp bir tacı andıran saçlarını, limon ve aerosol kokusunu hatırlıyordu.

Gözleri Jason'ınki gibi maviydi ama bir nükleer savaştan sonra gizlendiği yerden çıkmışçasına bölünmüş bir ışık saçıyordu. Değişmiş bir dünyadaki tanıdık ayrıntıları büyük bir hevesle görmeye çalışıyordu sanki.

"Canım." Kollarını öne uzattı.

Jason'ın görüş alanı daraldı. Hayaletlerin ve gulyabanilerin varlığı, artık önemini kaybetmişti.

Sis'i silinip gitti. Omuzları dikleşti. Eklemlerinin ağrısı geçti. Asası yeniden İmparatorluk altınından yapılmış bir *gladius*'a dönüştü.

Yanma hissi geçmemişti. Hayatının katmanları dağlanıyor gibiydi:

Melez Kampı'nda geçirdiği aylar, Jüpiter Kampı'nda geçirdiği seneler, kurt tanrıçası Lupa'dan aldığı eğitim. Yine iki yaşında, korkan ve savunmasız bir çocuğa dönüşmüştü. Küçükken yemeye çalıştığı bir zımba teli yüzünden dudağında oluşan iz bile, taze bir yara gibi sızlıyordu.

"Anne?" diyebildi.

"Evet, canım." Görüntü titredi. "Gel, bana sarıl."

"Sen... gerçek değilsin."

"Tabii ki gerçek." Michael Varus'un sesi uzaklardan geldi. "Gaia'nın bu kadar önemli bir ruhu Yeraltı Dünyası'nda çürüteceğini mi sanıyordun? O, senin annen. Beryl Grace, televizyon yıldızı, onu bir kere değil iki kere, hem Yunanlı hem de Romalı halindeyken reddeden Olimpos kralının sevgilisi. Adaleti bizler kadar hak ediyor."

Jason'ın kalbi erimiş gibiydi. Talipler etrafını sarmış onu izliyordu.

Eğlenceleri benim, diye düşündü Jason. Hayaletler muhtemelen bu manzarayı ölümüne savaşan iki dilenciden daha eğlenceli buluyorlardı.

Zihnindeki uğultuları Piper'ın sesi böldü. "Jason, bana bak."

Altı metre ötede, seramik amforasını tutarak duruyordu. Gülümsemesi silinmişti. Bakışları keskin ve buyurgandı; saçındaki mavi renkli harpya tüyü kadar belirgindi. "Jason, o kadın annen değil. Sesi seni bir şekilde büyülüyor. Büyükonuş gibi ama çok daha tehlikeli. Hissedebiliyor musun?"

"Haklı," dedi Annabeth en yakındaki masaya çıkarak. Bir tabağı ayağıyla yana itip, bir düzine kadar talibi irkiltti. "Jason, o annenin sadece bir kalıntısı; bir aura ya da-"

"Bir kalıntı mı?" Annesinin hayaleti hıçkırarak ağlamaya başladı. "Evet, bak beni ne hale getirdiler. Jüpiter'in suçu. Bizi terk etti. Bana yardım etmedi! Seni Sonoma'da bırakmak istemedim canım ama

Juno'yla Jüpiter bana başka bir seçenek vermediler. Birlikte kalmamıza izin vermediler. Neden şimdi onlar için savaşacaksın? Bu taliplere katıl. Onlara liderlik et. Yeniden bir aile olabiliriz!"

Jason yüzlerce gözü üstünde hissetti.

İşte, hayatımın hikâyesi, diye düşündü içinden acı acı. Herkes onu izlemiş, liderlik etmesini beklemişti. Jüpiter Kampı'na ayak bastığından beri, Romalı melezler ona tahta çıkmayı bekleyen bir prens gibi davranmışlardı. Kaderini değiştirmeye çalışmasına, en kötü kohorta katılıp kamp geleneklerini değiştirmeye, en az görkemli görevlere gitmeye ve en az popüler olan çocuklarla arkadaş olmaya çalıştığı halde, praetor yapılmıştı. Jüpiter'in bir oğlu olarak, geleceği garanti altına alınmıştı.

Cebelitarık Boğazı'nda Herkül'ün ona ne dediğini hatırladı: *Zeus'un bir oğlu olmak kolay değildir. Çok baskı var. Eninde sonunda, insanın aklını başından alır.*

Jason orada dururken, bir yayın teli kadar gergindi.

"Beni terk ettin," dedi annesine. "Sorun Jüpiter ya da Juno değildi. *Sendin.*"

Beryl Grace öne çıktı. Gözlerinin etrafındaki endişe kırışıklıkları, ağzını acı içinde sıkması, Jason'a kız kardeşi Thalia'yı hatırlattı.

"Canım, sana geri geleceğimi söylemiştim. Sana söylediğim son sözler bunlardı. Hatırlamıyor musun?"

Jason ürperdi. Kurt Evi'nin yıkıntıları arasında, annesi ona son kez sarılmıştı. Gülümsemişti ama gözleri yaşlarla doluydu.

Sorun yok, demişti. Ama küçük bir çocuk olduğu halde, Jason öyle olmadığını biliyordu. *Burada bekle, senin için geri döneceğim canım. Yakında görüşeceğiz.*

Ama geri dönmemişti. Jason bunun yerine ağlayarak, tek başına yıkıntıların arasına girmiş, kurtlar onu almaya gelene dek annesiyle Thalia'yı aramıştı.

Annesinin tutmadığı söz, onu o yapan şeydi. Tüm hayatını bir incinin ortasındaki bir kum tanesi gibi, onun sözlerinin yarattığı öfkenin etrafında inşa etmişti.

İnsanlar *yalan söyler. Verilen* sözler tutulmaz.

Jason her ne kadar kurallardan hoşlanmasa da, bu yüzden kuralları çiğnemezdi. Verdiği sözleri tutardı. Kendisinin terk edildiği gibi kimseyi terk etmek, yalan söylemek istemezdi.

Şimdi, annesi geri gelmiş, Jason'ın onun hakkında kesin olarak inandığı tek şeyi silmişti: Onu sonsuza dek terk ettiği düşüncesini.

Masanın karşısındaki Antinoos kadehini kaldırdı. "Seninle tanıştığıma çok sevindim Jüpiter'in oğlu. Anneni dinle. Tanrılarla ilgili birçok sorun yaşadın. Neden bize katılmıyorsun? Sanırım, servis yapan bu iki kız, arkadaşın. Onların hayatını bağışlayacağız. Annenin dünyada kalmasını mı istiyorsun? Bunu yapabiliriz. Bir kral mı olmayı-"

"Hayır." Jason'ın başı fırıl fırıl dönüyordu. "Hayır, sizin yanınıza ait değilim."

Michael Varus buz gibi bakışlarını ona dikmişti. "Emin misin, praetor dostum? Gigantları ve Gaia'yı yensen bile, Odysseus gibi eve dönebilir misin? Artık evin neresi? Yunanlıların yanı mı? Romalıların mı? Kimse seni kabul etmez. Geri dönersen, buradaki gibi harabelerle karşılaşmayacağını kim söyleyebilir?"

Jason saray avlusuna baktı. Hayali balkonlar ve sütunlar olmadan, çıplak bir tepenin üstündeki bir harabe yığınından başka bir şey gibiydi. Sadece Gaia'nın sonsuz gücünü hatırlatırcasına kum fışkırtan çeşme gerçek görünüyordu.

"Sen bir lejyon askeriydin," dedi Varus'a. "Roma'nın liderlerinden biriydin."

"Sen de öyleydin," dedi Varus. "Bağlılıklar değişir."

"*Bu* kalabalığa mı ait olduğunu düşünüyorsun?" diye sordu Jason. "Gaia'dan bedava dağıtılan bir broşürü bekleyen ve dünyanın onlara bir şeyler borçlu olduğu konusunda sızlanıp duran bir grup ölü eziğe mi aitsin?"

Avludaki hayaletler ve gulyabaniler ağaya fırlayıp silahlarını çektiler.

"Dikkatli olun!" diye bağırdı Piper kalabalığa. "Bu saraydaki herkes düşmanınız. Her biri eline geçen ilk fırsatta sizi sırtınızdan bıçaklayabilir!"

Son birkaç haftadır, Piper'ın büyükonuşu daha da güç kazanmıştı. Gerçekleri söylüyordu ve kalabalık ona inanıyordu. Yan yan birbirlerine bakıp, ellerini kılıçlarının kabzalarına götürdüler.

Jason'ın annesi ona doğru bir adım attı. "Canım, mantıklı davran. Görevini bırak. *2. Argo* hayatta Atina'ya kadar gidemez. Gitse bile, Athena Parthenos meselesi var."

Jason titrediğini hissetti. "Ne demek istiyorsun?"

"Masummuş gibi davranma canım. Gaia, arkadaşın Reyna'dan, Hades'in oğlu Nico'dan ve satir Hedge'den haberdar. Onları öldürebilmek için, Toprak Ana en tehlikeli oğlunu, asla dinlenmeyen avcıyı yolladı. Ama ölmen gerekmiyor."

Gulyabaniler ve hayaletler yaklaştılar; iki yüz kadarı, Jason onlara milli marşı söyletebilirmiş gibi beklentiyle ona baktı.

Asla dinlenmeyen avcı.

Jason bunun kim olduğunu bilmiyordu ama Reyna'yla Nico'yu uyarmalıydı.

Yani, oradan sağ salim kurtulmalıydı.

Annabeth'le Piper'a baktı. Her ikisi de hazırdı, ondan bir işaret bekliyorlardı.

Jason kendini annesinin gözlerine bakmaya zorladı. Onu on dört sene önce Sonoma ormanlarında terk eden kadına benziyordu. Ama Jason artık bebek değildi. Bir savaş gazisi ve defalarca ölümle yüzleşmiş bir melezdi.

Dahası, karşısında gördüğü şey annesi değildi. En azından, annesinin olması gerektiği gibi onu önemseyen, sevecen, kendini düşünmeden onu koruyan birisi değildi.

Bir kalıntı, demişti Annabeth ona.

Michael Varus ona oradaki ruhların en güçlü istekleri tarafından zapt edildiğini söylemişti. Beryl Grace'in ruhu resmen ihtiyaç hissiyle *parıldıyordu.* Bakışları Jason'ın ona ilgi göstermesini ister gibiydi. Kollarını onu ele geçirmek için çaresizce öne uzatmıştı.

"Ne istiyorsun?" diye sordu Jason. "Seni buraya getiren şey nedir?"

"Hayat istiyorum!" diye bağırdı annesi. "Gençlik istiyorum! Güzellik istiyorum! Baban beni ölümsüz yapabilirdi. Beni Olimpos'a götürebilirdi ama beni terk etti. Bunları düzeltebilirsin, Jason. Sen benim gururlu savaşçımsın!"

Limonumsu kokusu bedeni yanmaya başlamış gibi keskinleşti.

Jason, Thalia'nın ona söylediği bir şeyi hatırladı. Anneleri çaresizliği onu delirtene dek giderek tutarsızlaşmıştı. Sarhoş araba kullandığı için bir trafik kazasında ölmüştü.

Jason'ın midesindeki sulandırılmış şarap dönüp duruyordu. O günü sağ salim atlatırsa, bir daha asla alkollü içki içmemeye karar verdi.

"Sen bir *mania*'sın," dedi Jason. Birden bu sözcük uzun süre önce Jüpiter Kampı'ndaki derslerinden aklına gelmişti. "Bir delilik ruhusun. Buna indirgenmişsin."

"Geriye kalandan ibaretim," dedi Beryl Grace ona hak verir gibi. Görünüşü bir renk spektrumu arasında titredi. "Beni kabullen, oğlum. Sahip olduğun tek şey benim."

Jason'ın zihninde Güney Rüzgârı'nın anısı konuştu: *Aileni seçemezsin. Ama mirasını reddedebilirsin.*

Jason kendini katmanları teker teker yeniden düzenleniyormuş gibi hissetti. Kalp atışları düzeldi. Kemiklerine kadar hissettiği soğuk geçti. Teni öğleden sonra güneşinde ılındı.

"Hayır," dedi çatlak bir sesle. Annabeth'le Piper'a baktı. "Bağlılığım değişmedi. Sadece ailem genişledi. Yunanistan'ın ve Roma'nın çocuğuyum." Son kez annesine baktı. "Senin çocuğun değilim."

Eskiden kullanılan nazar işaretini yaptı: Üç parmağını kalbinin önünde ileriye doğru tuttu ve Beryl Grace'in hayaleti bir iç çekiş gibi, hafif bir *fıs* sesiyle kayboldu.

Gulyabani Antinoos kadehini bir kenara fırlattı. Jason'a bezgin bir ifadeyle baktı. "Pekâlâ," dedi. "O halde, sanırım seni öldüreceğiz."

Düşmanlar Jason'ın etrafını sardı.

IV

JASON

Savaş harika gidiyordu ki... Yaralandı.

Jason *gladius*'unu kocaman bir kavis çizerek salladı, en yakındaki talipleri buhara dönüştürdü, sonra da masanın üstüne sıçrayıp doğrudan Antinoos'un kafasının üstünden atladı. Havadayken, kılıcının keskin kısmının bir mızrağa dönüşmesini diledi; bu numarayı o kılıçla daha önceden hiç denememişti ama her nasılsa işe yarayacağını biliyordu.

Elinde neredeyse iki metrelik bir *pilum*'la ayaklarının üstüne düştü. Antinoos ona dönerken, Jason İmparatorluk altınlı ucu gulyabaninin göğsüne doğrulttu.

Antinoos hayretler içinde aşağı baktı. "Sen..."

"Ceza Tarlaları'nın keyfini çıkar." Jason *pilum*'u ileri itince, Antinoos toprağa dönüştü.

Jason savaşmaya, mızrağını savurmaya devam etti; hayaletleri ikiye böldü, gulyabanileri yere yıktı.

Avlunun biraz ilerisindeki Annabeth de bir iblis gibi savaşıyordu. Ejderha kemikli kılıcı karşısına çıkacak kadar aptal tüm talipleri biçti.

Kum çeşmesinin oradaki Piper da Boread Zethes'ten aldığı tırtıklı bronz kılıcını çekmişti. Sağ elindeki kılıcını önüne çıkanlara saplayıp darbeleri savuşturuyor, arada sırada sol elindeki bereket boynuzundan domatesler fırlatıyor, bir yandan da taliplere bağırıyordu. "Kendinizi kurtarın! Çok tehlikeliyim!"

Hayaletlerin duymak istediği de aynen bu olmalıydı, çünkü rakipleri sürekli olarak kaçıyor, sonra tepeden aşağı birkaç metre koştuktan sonra şaşkınlıkla donakalıyorlar ve savaşa geri dalıyorlardı.

Yunanlı zorba Hippias hançerini kaldırıp Piper'a saldırdı ama Piper leziz bir rosto etle ona iyice yaklaşıp göğsünde patlattı. Hippias geri geri yuvarlanıp çeşmeye düştü ve parçalara ayrılırken çığlık attı.

Jason'ın suratına doğru hızla bir ok uçtu. Jason bunu ani bir rüzgârla kenara itti, eli kılıçlı bir sıra gulyabaninin arasından geçti ve çeşmenin yanında bir düzine kadar talibin Annabeth'e saldırmak üzere yeniden toplandığını fark etti. Mızrağını havaya kaldırdı. Ucundan bir yıldırım sekti ve hayaletleri iyona dönüştürerek, toprak çeşmesinin bulunduğu yerde üstünden dumanlar tüten bir krater açtı.

Son birkaç ay boyunca, Jason birçok savaşa katılmıştı ama savaşırken kendini *iyi* hissetmenin nasıl bir şey olduğunu unutmuştu. Tabii ki hâlâ korkuyordu ama omuzlarından büyük bir yük kalkmıştı. Arizona'da hafızası silinmiş bir halde uyandığından beri ilk kez kendini bir *bütün* gibi hissetti. Kim olduğunu biliyordu. Ailesini seçmişti ve bunun Beryl Grace'le, hatta Jüpiter'le ile ilgisi yoktu. Ailesine yanı başında savaşan tüm Romalı ve Yunanlı melezler, eski ve yeni arkadaşları dâhildi.

Rüzgârları çağırıp, üç gulyabaniyi birer bez bebek gibi tepenin kenarından aşağı fırlattı. Dördüncü gulyabaniyi şişledi, sonra da mızrağının tekrar bir kılıca dönüşmesini diledi ve bir diğer ruh grubunun arasına daldı.

Kısa bir süre sonra, artık düşmanlar karşısına çıkmaz oldu. Geriye kalan hayaletler kendi kendilerine kaybolmaya başladılar. Annabeth, Kartacalı Hasdrubal'ı kılıçtan geçirdi, Jason'sa kılıcının kınını takmak gibi bir hata yaptı.

Sırtının alt kısmında keskin bir acı hissetti. O kadar şiddetli ve buz gibi bir histi ki, kar tanrıçası Khione'nin ona dokunduğunu sandı.

Yanı başında duran Michael Varus, "Romalı doğdun, Romalı gibi öl," diye hırladı.

Altın bir kılıcın ucu Jason'ın gömleğinin ön tarafına, tam göğüs kafesinin altına saplandı.

Jason dizlerinin üstüne kapaklandı. Piper'ın çığlığı kilometrelerce öteden duyuldu. Jason tuzlu suya batmış gibi hissetti; bedeni hafiflemiş, başı dönmeye başlamıştı.

Piper ona doğru koştu. Jason, Piper'ın kılıcının başının üstünden geçişini, Michael Varus'un zırhını metalik bir çat sesiyle delişini duygudan yoksun bir halde izledi.

Soğuk bir akım, Jason'ın saçlarını arkadan ayırdı. Etrafında tozlar yerleşti ve boş bir lejyoner miğferi taşların üstünde yuvarlandı. Kötü yürekli melez gitmişti ama geride kalıcı bir iz bırakmıştı.

"Jason!" Piper onu tam yana düşerken omuzlarından yakaladı. Piper sırtındaki kılıcı çıkarırken, Jason nefesinin kesildiğini hissetti. Piper onu yere yatırıp, başını bir taşa yasladı.

Annabeth yanlarına koştu. Boynunun kenarında çok kötü bir yara açılmıştı.

"Tanrılarım." Annabeth, Jason'ın böğründeki yaraya baktı. "Aman Tanrılarım."

"Teşekkürler," diye inledi Jason. "Ben de kötü olabileceğinden korkuyordum."

Bedeni şoka girip tüm kanı göğsünde toplanınca, kolları ve bacakları karıncalanmaya başladı. Tok bir acı hissettiğine şaşırdı ama gömleği kıpkırmızıydı. Yaranın üstünden dumanlar çıkıyordu. Kılıç yaralarının üstünden dumanlar çıkmaması gerektiğine emindi.

"İyileşeceksin." Piper bunları bir emir gibi söyledi. Ses tonu Jason'ın nefes alıp verişini düzeltti. "Annabeth, ambrosia!"

Annabeth harekete geçti. "Tamam. Tamam, bende." Malzeme kesesini açıp, ilahi yiyecek paketinden bir parça çıkardı.

"Kanamayı durdurmamız gerek." Piper hançeriyle elbisesinin altından bir parça kumaş kesti. Kumaşı yırtarak birkaç bandaj yaptı.

Jason onun ilk yardım hakkında ne kadar bilgi sahibi olduğunu düşünür gibi oldu. Piper onun sırtındaki ve karnındaki yaraları sararken, Annabeth de ağzına minik minik ambrosia parçaları koydu.

Annabeth'in parmakları titriyordu. Başından geçen onca şeyden sonra, Jason onun o kadar paniklemesine, Piper'ınsa gayet sakin davranmasına şaşırdı. Sonra, neler olduğunu anladı: Annabeth onun için korkmayı göze *alabilirdi*. Piper'sa bunu yapamazdı. Tamamıyla onu kurtarmaya odaklanmıştı.

Annabeth ona bir lokma daha verdi. "Jason, ben... çok üzgünüm. Annen konusunda yani. Ama bu meseleyi halletme yöntemin... Gerçekten çok cesurdun."

Jason gözlerini kapamamaya çalıştı. Bunu her yaptığında, annesinin ruhunun yok olup gittiğini görüyordu.

"O değildi," dedi. "Daha doğrusu, kurtarabileceğim bir parçası değildi. Başka seçeneğim yoktu."

Annabeth içine titrek bir nefes çekti. "Başka *doğru* bir seçenek olmamış olabilir ama... Luke isimli bir arkadaşımın annesinin de... Benzer bir sorunu vardı. Luke o durumu senin kadar iyi idare edemedi."

Sesi çatladı. Jason Annabeth'in geçmişi hakkında pek bir şey bilmiyordu ama Piper endişeli bir ifadeyle onlara bakıyordu.

"Elimden geldiğince, bandajladım," dedi. "Kanama hâlâ devam ediyor. Dumanlar da öyle. Nedenini anlayamadım."

"İmparatorluk altını," dedi Annabeth titrek bir sesle. "Melezler için ölümcüldür. Şey olması an meselesi-"

"İyileşecek," dedi Piper ısrarla. "Onu gemiye geri götürmemiz gerek."

"Kendimi o kadar da kötü hissetmiyorum," dedi Jason. Doğruyu söylüyordu. Ambrosia zihnini açmıştı. Eklemlerine ılıklık yayılmaya başlamıştı. "Belki de ayağa..."

Jason ayağa kalktı. Her şeyi açık yeşil gördü. "Belki de kalkmasam daha iyi."

Piper yana doğru devrilmek üzere olan Jason'ı omuzlarından yakaladı. "Dur bakalım, Parlak Çocuk. *2. Argo*'ya ulaşıp yardım istemeliyiz."

"Bana uzun süredir Parlak Çocuk dememiştin."

Piper alnından öptü. "Yanımdan ayrılmazsan, sana istediğin kadar hakaret ederim."

Annabeth harabelere göz attı. Büyülü perde kalkmış, geriye sadece kırık duvarlar ve kazılmış çukurlar kalmıştı. "Acil durum çubuklarını kullanabiliriz ama..."

"Hayır," dedi Jason. "Bunu yaparsak, Leo tepeyi Yunan ateşiyle patlatır. Ama yardım edebilirseniz, belki yürüye..."

"Kesinlikle olmaz," diye karşı çıktı Piper. "Çok uzun sürer." Kemerindeki kesede bir şey arayıp, kapaklı bir ayna çıkardı. "Annabeth, Mors kodu biliyor musun?"

"Tabii."

"Leo da biliyor." Piper aynayı ona verdi. "Bizi gemiden izliyordur. Uçurumun kenarına gidip..."

"Onu ikiye ayırayım!" Annabeth'in suratı kızardı. "Yanlış oldu. Ama evet, iyi fikir."

Harabelerin kenarına koştu.

Piper bir matara nektar çıkarıp, Jason'a bir yudum içirdi. "Biraz dayan. Aptal bir piercing yüzünden ölmeyeceksin."

Jason hafifçe gülümseyebildi. "En azından, bu seferki bir baş yaralanması değil. Tüm savaş boyunca bilincim yerindeydi."

"İki yüz düşman yendin herhalde," dedi Piper. "İnsanı *korkutacak* kadar harikaydın."

"Siz de yardım ettiniz."

"Olabilir ama... Hey, uyanık kal."

Jason'ın başı düşmeye başladı. Taşlardaki çatlaklar biraz daha netleşti.

"Azıcık başım döndü," diye mırıldandı.

"Biraz daha nektar iç," dedi Piper emir verir gibi. "İşte. Tadı iyi mi?"

"Evet. Evet, iyi."

Aslında, nektarın tadı sıvı talaş gibiydi ama Jason bir şey demedi. Hades'in Evi'nden ve praetorluktan istifa ettiğinden beri, ambrosia ve nektar Jüpiter Kampı'nda en sevdiği yiyecekler gibi gelmiyordu. Sanki eski yuvasının anısının artık onu iyileştirecek gücü kalmamıştı.

Romalı doğdun, Romalı gibi öl, demişti Michael Varus.

Bandajlarından yükselen dumanlara baktı. Kan kaybından daha fazla endişeleneceği şeyler vardı. Annabeth İmparatorluk altını konusunda haklıydı. Bu altın hem melezler, hem de canavarlar için ölümcüldü. Varus'un kılıcının açtığı yara, Jason'ın yaşam gücünü yiyip bitirmek için elinden geleni yapacaktı.

Bir kere, bir melezin o şekilde öldüğünü görmüştü. Ölümü ne hızlı, ne de hoş olmuştu.

Ölemem, dedi içinden. *Arkadaşlarım bana güveniyor.*

Antinoos'un sözleri, Atina'daki gigantlarla, *2. Argo*'yu bekleyen imkânsız yolculukla ve Gaia'nın Athena Parthenos'un taşınmasını engellemek üzere yolladığı gizemli avcıyla ilgili söyledikleri kulaklarında çınlıyordu.

"Reyna, Nico ve Koç Hedge," dedi. "Tehlikedeler. Onları uyarmamız gerek."

"Bunu gemiye geri döndüğümüzde hallederiz," dedi Piper ona söz vererek. "Şu anki görevin rahatlamak." Ses tonu sakin ve kendine güveniyormuş gibiydi ama gözleri yaşlarla dolmuştu. "Hem o üçü gayet sıkıdır. Onlara bir şey olmaz."

Jason onun haklı olduğunu umdu. Reyna onlara yardım etmek için çok şeyi feda etmişti. Koç Hedge zaman zaman asap bozucu olabiliyordu ama tüm tayfa için sadık bir koruyucu gibi davranmıştı. Nico'ya gelince... Jason özellikle onun için endişeleniyordu.

Piper başparmağını Jason'ın dudağındaki yara izinin üstünde gezdirdi. "Savaş bitince... Nico için her şey yoluna girecek. Onun için elinden geleni yaptın."

Jason ne diyeceğini bilemedi. Piper'a Nico'yla arasında geçen konuşmalardan söz etmemişti. Di Angelo'nun sırrını saklamıştı.

Yine de... Piper neyin yanlış olduğunu hissetmiş gibiydi. Afrodit'in bir kızı olarak, belki de bir kişinin kalp kırıklığıyla başa çıkmaya çalıştığını anlayabiliyordu. Ama Jason'ı bu konuda konuşması için sıkıştırmamıştı. Jason da bunu takdir etmişti.

Bir acı dalgası daha suratını buruşturmasına neden oldu.

"Sesime odaklan." Piper alnından öptü. "Güzel bir şey düşün. Roma'daki parktaki yaş günü pastası..."

"Güzeldi."

"Geçen kış, kamp ateşinin etrafında pişirdiğimiz şekerlemeleri düşün," dedi Piper.

"Ne demek istediğini gayet iyi anladım."

"Günlerce saçlarındaki kalıntıları çıkmamıştı."

"Hiç de öyle olmadı."

Jason'ın aklına daha güzel zamanlar geldi.

İçinden sadece orada kalmak, Piper'la konuşmak, elini tutmak, gigantlar, Gaia veya annesinin çılgınlığı için endişelenmemek geçiyordu.

Gemiye geri dönmeleri gerektiğini biliyordu. Durumu kötüydü. İstedikleri bilgiyi elde etmişlerdi. Ama soğuk taşların üstünde yatarken, Jason bir eksiklik hissetti. Taliplerin ve kraliçe Penelope'nin öyküsü... Ailesiyle ilgili olarak düşündükleri... Yakın tarihte gördüğü rüyalar. Tüm bunlar, zihninde dönüp duruyordu. Orası göründüğünden fazlasıydı; gözden kaçırdığı bir şey vardı.

Annabeth topallayarak tepenin kenarından geri döndü.

"Ayağını mı incittin?" diye sordu Jason.

Annabeth bileğine baktı. "Sorun yok. Sadece Roma mağaralarındaki eski kırık nüksetti. Bazen çok gergin olduğumda... Neyse, önemli değil. Leo'ya sinyal yolladım. Frank şekil değiştirip buraya uçacak ve seni gemiye geri götürecek. Seni dengede tutmak için bir sedye yapmam gerek."

Jason'ın gözlerinin önünden bir hamakta, dev kartal Frank'in pençelerinin arasından sallandığı geçti ama bunun ölmekten daha iyi olacağına karar verdi.

Annabeth işe koyuldu. Taliplerin geride bıraktığı eşyaları toparladı: deri bir kemer, yırtık bir tunik, sandalet kayışları, kırmızı renkli bir battaniye ve birkaç kırık mızrak ucu. Elleri tüm bunların üstünde gidip gelmeye başladı; bunları yırttı, bağladı ve ördü.

"Bunu nasıl yapıyorsun?" diye sordu Jason hayretle.

"Roma görevimde öğrendim," dedi Annabeth gözlerini yaptığı işten ayırmadan. "Daha önceden, örgü örmek için bir nedenim olmamıştı ama örümceklerden kaçmak gibi durumlar için epey faydalı..."

Bir parça deri sicimi de bağladı ve *voilà*... Taşıma kolları olarak mızrak saplarıyla ve ortasındaki emniyet kayışlarıyla, Jason'*ı* taşıyabilecek kadar büyük bir sedye hazırdı.

Piper beğeniyle ıslık *çaldı*. "Bir dahaki sefere elbisemi tadilattan geçireceğimde, derhal sana geliyorum."

"Kes sesini, McLean," dedi Annabeth ama gözleri yaptığı işten duyduğu memnuniyetle parıldıyordu. "*Şimdi*, onu güzelce yatıralım..."

"Durun," dedi Jason.

Kalbi hızla çarpmaya başlamıştı. Annabeth'in ellerindeki malzemeleri kullanarak sedye yapışını izleyince, aklına Penelope'nin öyküsü gelmişti. Nasıl yirmi sene direndiğini, kocası Odysseus'un geri dönmesini beklediğini hatırlamıştı.

"Bir yatak," dedi Jason. "Bu sarayda *özel* bir yatak vardı."

Piper endişeli görünüyordu. "Jason, çok kan kaybettin."

"Hayal görmüyorum," dedi Jason ısrarla. "Evlilik yatağı kutsaldı. Juno'yla konuşacağın *herhangi* bir yer varsa..." İçine derin bir nefes *çekip* seslendi. "Juno!"

Yanıt gelmedi.

Belki de Piper haklıydı. Doğru dürüst düşünemiyordu.

Derken, yirmi metre kadar ötede, zemin çatladı. Topraktan dallar fışkırdı ve kocaman bir zeytin ağacı avluyu gölgesiyle örtene dek hızla büyüdü. Gri yeşil yaprak örtüsünün altında, beyaz elbiseli, omuzlarına leopar desenli bir pelerin örtülmüş koyu renkli saçlı bir kadın duruyordu. Asasının ucunda beyaz renkli bir nilüfer çiçeği vardı. Soğukkanlı ve asil görünümlüydü.

"Kahramanlarım," dedi tanrıça.

"Hera," dedi Piper.

"Juno," dedi Jason hatasını düzelterek.

"Neyse," dedi Annabeth homurdanarak. "Burada ne işiniz var, Büyükbaş Majesteleri?"

Juno'nun koyu renkli gözleri tehlikeli bir ifadeyle parıldadı. "Annabeth Chase. Her zamanki gibi kibarsın."

"Evet, evet," dedi Annabeth. "*Tartarus*'tan yeni geldim, görgülü davranışlarım azıcık paslanmış. Özellikle de erkek arkadaşımın hafızasını silen, aylarca ortadan kaybolmasına sebep olan bir tanrıçaya karşı."

"Yapma, çocuğum. Yine aynı konuyu mu tartışacağız?"

"Bölünmüş kişilik bozukluğu falan geçirmiyor muydunuz?" diye sordu Annabeth. "Yani, her zamankinden daha fazla."

"Dur bakalım," diye araya girdi Jason. Juno'dan nefret etmesini sağlayacak bir sürü nedeni vardı ama başka meselelerle uğraşmak zorundaydılar. "Juno, yardımına ihtiyacımız var. Biz..." Jason doğrulmaya çalıştı ama bunu yaptığına hemen pişman oldu. İç organları kocaman bir spagetti çatalıyla döndürülüyor gibiydi.

Piper düşmesini engelledi. "Önce en acil durumun *çaresine* bakmak gerek," dedi. "Jason yaralandı. Onu iyileştirin!"

Tanrıça kaşlarını çattı. Görüntüsü kesik kesik parıldadı.

"Bazı şeyleri tanrılar bile iyileştiremez," dedi. "Bu yara hem ruhuna, hem de bedenine dokunuyor. Kendini iyileştirmelisin, Jason Grace... *Hayatta* kalmalısın."

"Tamam, teşekkürler," dedi Jason ağzının kuruduğunu hissederek. "Deniyorum."

"Yarası ruhuna dokunuyor da ne demek?" diye sordu Piper. "Neden onu siz..."

"Kahramanlarım, yanınızda uzun kalamayacağım," dedi Juno. "Beni *çağırdığınıza* minnettarım. Haftalarımı acı çekerek, kafa karışıklığı içinde geçirdim... Yunanlı ve Romalı hallerim birbiriyle savaştı. Daha da kötüsü, bir yanlış anlama yüzünden, Gaia'yla olan bu savaşı *benim* başlattığımı düşündüğü için öfkeye kapılan ve beni arayan Jüpiter'den gizlenmek zorunda kaldım."

"Çok şaşırdım," dedi Annabeth. "Neden öyle düşündü acaba?"

Juno *öfkeyle ona baktı.* "Neyse ki, burası benim için kutsal. O hayaletleri temizleyerek burasını temizlediniz ve zihnimi bir an için açtınız. Sizinle konuşabileceğim ama uzun sürmeyecek."

"Burası neden kutsal?" Piper'*ın gözleri irileşti.* "*Ha, evlilik yatağı yüzünden!*"

"Evlilik yatağı mı?" dedi Annabeth. "Ben burada yatak falan..."

"Penelope'yle Odysseus'un yatağı," dedi Piper. "Yerinden asla kıpırdatılmasın diye, yatak direklerinden biri bir zeytin ağacıydı."

"Doğru." Juno elini zeytin ağacının gövdesinde gezdirdi. "Yerinden oynatılamayan bir evlilik yatağı. Ne kadar da güzel bir sembol! Tıpkı Penelope gibi, kocasının geri geleceğini bildiğinden, en sadık, direnen, yüz küstah talibi senelerce kovan eş gibi. Kusursuz bir evliliğin en somut örneği!"

Jason o sersemlemiş halde bile, Odysseus'un yolculuklarında başka kadınlara *âşık* olduğuyla ilgili öyküler duyduğuna emindi ama bundan söz etmemeye karar verdi.

"En azından bize tavsiye verebilir misiniz?" diye sordu. "NE yapmamız gerektiğini söyleyebilir misiniz?"

"Peloponez'in etrafından dolaşın," dedi tanrıça. "Tahmin ettiğiniz gibi, tek mümkün yol orası. Oraya giderken, Olimpiya'da zafer tanrıçasını arayın. Kontrolden *çıkmış durumda. Onu yatıştıramazsanız, Yunalılarla Romalılar arasındaki uçurum asla kapanmayacak.*"

"Nike'yi mi diyorsunuz?" dedi Annabeth. "Nasıl kontrolden çıktı?"

Bir gök gürültüsü koptu ve tepeyi zangırdattı.

"Açıklamak çok uzun sürer," dedi Juno. "Jüpiter beni bulmadan kaçmam gerek. Gittikten sonra, size bir daha yardım edemem."

Jason sert bir laf etmemek için kendini tuttu: *O halde, neden bana ilk seferinde yardım ettin?*

"Bilmemiz gereken başka ne var?" diye sordu.

"Duyduğunuz gibi, gigantlar Atina'da toplandı. Birkaç tanrı size yolculuğunuzda yardım edebilecek ama Jüpiter'le arası bozuk olan tek Olimposlu ben değilim. İkizler de onu öfkelendirdiler."

"Artemis'le Apollon mu?" dedi Piper. "Neden?"

Juno'nun görüntüsü silinmeye başladı. "Delos adasına varabilirseniz, size yardım etmeye hazır olabilirler. Aralarını düzeltmek için her şeyi deneyecek kadar çaresiz durumdalar. Şimdi, gidin. Başarılı olursanız, belki Atina'da yine karşılaşırız. Başarılı olamazsanız..."

Tanrıça ya kayboldu ya da Jason görme becerisini yitirdi. Bedenine yayılan bir acı hissetti. Başı geriye düştü. Tepede daireler çizen kocaman bir kartal fark etti. Sonra, mavi gökyüzü kapkara oldu ve Jason daha fazlasını göremedi.

V

REYNA

Yanardağa kafa üstü atlamak, Reyna'nın yapılacak işler listesinde *değildi.*

Güney İtalya'yı ilk kez on beş bin metre yüksekten görmüştü. Batı'da, Napoli Körfezi'nin hilal biçimindeki kıvrımı boyunca, uyuyan şehirlerin ışıkları, şafak öncesi karanlıkta parıldıyordu. Üç bin metre aşağıda, yedi yüz elli metre genişliğindeki kaldera, ortasından yükselen beyaz renkli buharlarla birlikte bir dağın tepesinde olanca görkemiyle duruyordu.

Reyna birkaç saniye boyunca nerede olduğunu anlamaya çalıştı. Gölge yolculuğu adeta *frigidarium*'un soğuk sularından çıkarılmış ve bir Roma hamamındaki saunaya atılmış gibi onu sersemletmiş, midesini kaldırmıştı.

Sonra, havada asılı olduğunu fark etti. Yerçekimi etkisini gösterdi ve düşmeye başladı.

"Nico!" diye bağırdı.

"Pan'ın kavalları aşkına!" diye bağırdı Koç Hedge.

"Aaaaa!" diye haykıran Nico neredeyse Reyna'nın ellerinden sıyrılacaktı. Reyna onu sıkıca tuttu, Koç Hedge de tam dönerek düşmek üzereyken gömleğinin yakasından yakaladı. Düşerken birbirlerinden ayrılılarsa ölürlerdi.

En büyük yükleri, yani Nico'nun sırtına gayet işe yaramaz bir paraşüt gibi bağlanmış yüz yirmi metrelik Athena Parthenos heykelini peşlerinden sürükleyerek yanardağa doğru hızla alçaldılar.

"Aşağıdaki Vezüv!" diye bağırdı Reyna rüzgârdan sesini duyurmaya çalışarak. "Nico, bizi buradan ışınlaman gerek!"

Gözleri fal taşı gibi açılmış, odağını yitirmişti. Koyu renkli incecik sakalları suratının etrafında gökten hızla fırlamış bir kuzgun gibi savruluyordu. "Ben... Yapamıyorum! Gücüm kalmadı!"

Koç Hedge meledi. "Sana şaşırtıcı bir şey söyleyeyim, evlat! Keçiler uçamaz! Ya bizi buradan başka bir yere ışınlarsın ya da Athena Parthenos'un altından bizi kazırlar!"

Reyna düşünmeye çalıştı. Mecbur kalırsa ölümü kabullenecekti ama Athena Parthenos yok olursa, görevleri başarısızlıkla sonuçlanacaktı. Reyna bunu kabul *edemezdi.*

"Nico, gölge yolculuğu," dedi emreder gibi. "Sana güç vereceğim."

Nico boş boş ona baktı. "Nasıl..."

"Yap şunu!"

Reyna Nico'nun elini daha da sıkı tuttu. Kolunun ön tarafındaki Bellona'nın meşale ve kılıç sembolü canını yakacak kadar ısındı; sembol tenine ilk kez kızgın demirle dağlanıyormuş gibi hissetti.

Nico'nun nefesi kesildi. Suratına renk geldi. Yanardağın buharlarının arasına varmadan önce birden gölgelerin arasına daldılar.

Hava buz gibi oldu. Rüzgârın sesinin yerini bin dilde fısıldayan bir sesler cümbüşü aldı. Reyna içinin parçalanmış buzların üstüne dökülen soğuk şurup, yani kocaman bir *piragua* gibi olduğunu hissetti. Çocukluğunu geçirdiği Viejo San Juan'da en sevdiği içecekti.

Bu anının neden o anda, ölüme o kadar yaklaşmışken aklına geldiğini düşündü. Sonra, görüşü netleşti. Ayaklarının sert bir zemine konduğunu fark etti.

Doğuda gökyüzü aydınlanmaya başlamıştı. Reyna bir an için Yeni Roma'ya geri döndüğünü sandı. Bir beysbol sahası büyüklüğünde, sütunlarla çevrili bir avlu gördü. Tam önünde, mozaik fayanslarla kaplı göçük bir çeşmenin ortasında bronz bir faun duruyordu.

Yakınlardaki bir bahçede oya ağaçları ve gül çalılıkları tomurcuklanmıştı. Palmiye ağaçları ve çam ağaçları da göğe yükseliyordu. Avludan ayrılan çakıl taşlı patikalar birkaç farklı yöne uzanıyordu: Düz, iyi Roma yol yapımını yansıtan engebesiz yollar, sütunlu verandaları olan alçak taş evlerin önünden geçiyordu.

Reyna arkasına baktı. Athena Parthenos sapasağlam ve dimdik duruyordu ve avluyu inanılmaz büyüklükte bir bahçe süsü gibi egemenliği altına almıştı. Çeşmedeki ufak bronz faunun iki kolu havaya kalkmıştı ve Athena'ya dönüktü; bu yüzden de bu yeni gelen misafirin karşısında korkudan sinmiş gibi görünüyordu.

Ufukta, Vezüv Dağı olanca haşmetiyle yükseliyor, birkaç kilometre boyunca devam eden karanlık ve kambur bir şekil gibi uzanıyordu.

"Pompei'deyiz," dedi Reyna nerede olduklarını anlayınca.

"Aa, bu iyi olmadı işte," dedi Nico ve bunu söyler söylemez sendeledi.

"Dur!" Koç Hedge onu yere devrilmeden yakaladı. Satir, Nico'yu Athena'nın ayaklarının dibine yasladı ve heykele bağlayan donanımı çözdü.

Reyna dizlerinin boşaldığını hissetti. Bir tür yan etkinin meydana gelmesini bekliyordu; gücünü her paylaştığında öyle olurdu. Ama Nico di Angelo'dan o kadar da saf bir acı hissedeceğini düşünmemişti. Külçe gibi olduğunu hissedip, bilincini yitirmenin sınırına gelmiş bir halde yere çöktü.

Roma'nın tanrıları aşkına. Nico'nun hissettiği acının sadece bir kısmı bu kadarsa... Nico buna nasıl tahammül edebiliyordu?

Koç Hedge kamp malzemelerinin arasında bir şeyler ararken, Reyna nefes alıp verişini düzeltmeye çalıştı. Nico'nun çizmelerinin etrafındaki taş zemin çatlamıştı. Nico'nun bedeni, arasında yolculuk ettiği tüm gölgeleri dağıtmaya çalışıyor gibiydi ve kapkara çatlaklar, etrafa bir silahtan mürekkep sıçratılmışçasına yukarı doğru yayılıyordu.

Önceki gün daha da kötüydü: Topraktan bir bayırı kurutacak kadar fazla iskelet fırlamıştı. Reyna bunun tekrarlanmasını pek de istemiyordu.

"Bir şeyler iç." Ona bir matara dolusu tek boynuzlu at karışımı verdi. Karışım, Tiber'in suyuyla kutsanmış toz haline getirilmiş boynuzlardan oluşuyordu. Bunun Nico'ya nektardan daha iyi geldiğini, anlık bir patlamadan daha tehlikesiz olduğunu ve sistemindeki yorgunluğu ve karanlığı temizlemesine yardım ettiğini biliyorlardı.

Nico bunu kana kana içti. Berbat görünüyordu. Teni mavimsi bir renge bürünmüştü. Yanakları çökmüştü. Belinde asılı duran Diocletian'ın kral asası, radyasyon çürüğü gibi mosmor bir renk saçıyordu.

Dikkatle Reyna'ya baktı. "Bunu nasıl yaptın? O enerji akımını nasıl verdin?"

Reyna koluna baktı. Dövmesi hâlâ kızgın balmumu gibi yanıyordu: Bellona'nın sembolü, dört senelik hizmetini temsil eden dört çizgili SPQR. "Bu konudan söz etmekten hoşlanmıyorum," dedi. "Ama annemin bana verdiği bir güç. Gücümün bir kısmını başkalarına aktarabiliyorum."

Koç Hedge sırt çantasından başını kaldırdı. "Cidden mi? Neden beni Romalı bir kızla tanıştırmadın? Süper kaslarım olsun istiyorum!"

Reyna kaşlarını çattı. "Bu güç öyle işlemiyor, koç. Bunu sadece ölüm kalım meselesi olduğunda yapabiliyorum ve büyük gruplarda daha çok işe yarıyor. Birlikleri idare ettiğimde, sahip olduğum özelliklerin hepsini, gücümü, cesaretimi ve dayanıklılığımı paylaşıp, birliklerim kadar çoğaltabiliyorum."

Nico kaşını kaldırdı. "Romalı bir praetor için faydalı bir güç."

Reyna yanıt vermedi. İşte tam da bu nedenle gücünden söz etmekten hoşlanmıyordu. Emri altındaki melezlerin onları kontrol ettiğini ya da sırf özel bir büyüye sahip diye bir lider olduğunu düşünmelerini istemiyordu. Sadece sahip olduğu güçleri paylaşabiliyordu ve bir kahraman olmaya değmeyen kimseye yardım edemiyordu.

Koç Hedge homurdandı. "Çok yazık. Süper kaslar iyi olurdu."

İçinde adeta sonsuz bir yemek pişirme malzemesi, hayatta kalma ekipmanları ve çeşitli spor malzemeleri kaynağı bulunan sırt çantasını karıştırmaya devam etti.

Nico tek boynuzlu at karışımından bir yudum daha aldı. Gözleri yorgunluktan kapanacak haldeydi ama Reyna onun uyanık kalmaya çalıştığını görebiliyordu.

"Az önce tökezledin," dedi Reyna'ya. "Gücünü kullandığında... Şey, benden bir tür geri bildirim mi aldın?"

"Bu güç zihin okumak gibi bir şey değil," dedi Reyna. "Bir empati bağı bile değil. Sadece... Geçici bir yorgunluk dalgası hissettim. İlkel duygular gibi. Hissettiğin acı bana geçti. Yükünün bir kısmını ben sırtlandım."

Nico'nun yüzünde temkinli bir ifade belirdi.

Parmağındaki gümüş kafatası yüzüğünü, tıpkı Reyna'nın bir şeyler düşündüğünde *kendi* gümüş yüzüğünü çevirdiği gibi çevirdi. Hades'in oğluyla aynı alışkanlığa sahip olmak, Reyna'yı huzursuz etti.

Nico'yla aralarında oluşan o kısacık bağ sırasında, gigant Polibot'a karşı verdikleri savaşta lejyonunun tamamından hissettiğinden fazla acı hissetmişti. Gücünü *son* kez Atlantik üstünde yaptıkları yolculukta pegasusu Scipio'yu zapt etmek için kullandığından çok daha bitkin düşmüştü.

O anıyı aklından atmaya çalıştı. Cesur kanatlı dostu zehirlenerek öldüğünde, başını kucağına dayadığında ve Reyna acısını dindirmek için hançerini havaya kaldırdığında, hâlâ ona güvenerek bakıyordu. Tanrılarım, hayır, dedi içinden. Bunu düşünürse, bir daha toparlanamazdı.

Ama Nico'dan geçen acı çok daha keskindi.

"Biraz dinlenmelisin," dedi ona. "Tek seferde iki atlayıştan sonra, biraz yardım almış olsan bile... Hayatta olduğun için şanslısın. Gece olmadan yeniden hazır olman gerek."

Nico çenesini sıkıp, tamam der gibi başını salladı. "Şu anda burada mahsur kalmış durumdayız." Harabelere baktı. "Ama Pompei'e inmek için seçeceğim *son* yer olurdu herhalde. Burası ölülerin ruhlarıyla dolu."

"Ölülerin ruhlarıyla mı?" Koç Hedge bir parça uçurtma sicimi, bir tenis raketi ve bir av bıçağıyla bir tür kapan yapıyor gibiydi. "Şu şirin sürüngen şeyleri mi diyorsun?"

"Hayır." Nico bu soruyu çok duymuş gibi sıkkın bir ifadeyle yanıt vermişti. "*Lemurlar.* Dost olmayan hayaletler. Tüm Roma şehirlerinde onlardan vardır ama Pompei'de..."

"Tüm şehir yok olmuştu," dedi Reyna öyküyü hatırlayarak. "M.S. 79'da, Vezüv patlamıştı ve kasabayı külle kaplamıştı."

Nico evet der gibi başını salladı. "Bu tür bir trajedi *birçok* öfkeli ruhu yaratır."

Koç Hedge uzaktaki yanardağa baktı. "Üstünden dumanlar çıkıyor. Kötü bir işaret mi?"

"E-emin değilim." Nico siyah renkli blucininin dizindeki deliği çekiştirdi. "Dağ tanrıları, *ourae*'ler Hades'in çocuklarını hissedebilirler. Bu yüzden rotamızdan çıkmış olabiliriz. Vezüv'ün ruhu bizi kasıtlı olarak öldürmek istemiş olabilir. Ama dağın bize o kadar uzaktan zarar verebileceğini sanmam. Tam bir patlamanın meydana gelmesi çok uzun sürer. Esas tehlike etrafımızda."

Reyna ensesinin karıncalandığını hissetti.

Larlara, Jüpiter Kampı'ndaki dostane ruhlara alışmıştı ama *onlar* bile onu huzursuz ediyordu. Kişisel alanın ne demek olduğunu anlayamıyorlardı. Bazen içinden geçiyorlar, onu bir baş dönmesi hissiyle bırakıyorlardı. Pompei'de olmak da tüm şehir adeta onu tamamıyla yutmuş kocaman bir hayaletmiş gibi, aynı hissi veriyordu.

Arkadaşlarına hayaletlerden ne kadar korktuğunu ya da neden korktuğunu anlatamazdı. Onun ve ablasının seneler önce San Juan'dan kaçmasının nedenini... O sırrın gizli kalması gerekiyordu.

"Onları uzakta tutabilir misin?" diye sordu.

Nico avuçlarını havaya kaldırdı. "Şu mesajı yolladım: *Uzak durun.* Ama uykuya daldığım anda, bunun pek bir faydası olmayacak."

Koç Hedge tenis raketi bıçağı düzeneğine vurdu. "Endişelenme, evlat. Görüş alanımızı alarmlarla ve kapanlarla çevireceğim. Ayrıca, yanında beysbol sopamla sürekli olarak nöbet tutacağım."

Nico bunu duyduğuna rahatlamasa da gözleri çoktan kapanmaya başlamıştı. "Tamam. Ama... Aşırıya kaçma. Bir başka Arnavutluk daha olsun istemeyiz."

"Evet," dedi Reyna.

İki gün önce birlikte yaptıkları ilk gölge yolculuk tam bir fiyaskoya dönüşmüştü ve muhtemelen Reyna'nın tüm kariyerindeki en utanç verici olaydı. Üçü bundan bir daha söz etmeme kararı almışlardı. Arnavutluk'ta olanlar *Arnavutluk'ta* kalacaktı.

Koç Hedge gücenmiş gibiydi. "Tamam, her neyse. Biraz dinlen, evlat. Sana göz kulak olacağız."

"Tamam," dedi Nico pes ederek. "Belki biraz..." Pilot ceketini çıkarıp bir yastık gibi başının altına sıkıştırmayı başardı ve yana kıvrılıp horlamaya başladı.

Reyna onun ne kadar huzurlu göründüğüne hayret etti. Suratındaki endişe çizgileri yok olmuştu. Tuhaf bir biçimde, meleğimsi bir ifade belirmişti. Tıpkı soy ismi, *di Angelo* gibi. Ona bakarken, on dört yaşındaki sıradan bir çocuk olduğuna, 1940'lardan çekilip çıkartılan ve birçok melezin bir hayat boyunca yaşayacakları trajediden ve tehlikeden daha fazlasına katlanmak zorunda bırakılmış Hades'in bir oğlu olmadığına inanması güç değildi.

Nico Jüpiter Kampı'na geldiğinde, Reyna ona güvenmemişti. Babası Pluton'un bir elçisi olduğu öyküsünden çok daha fazlasının söz konusu olduğunu hissetmişti. Ama artık gerçeği biliyordu tabii. Nico bir *Yunan* meleziydi; Roma ve Yunan kampları arasında gidip gelen, iki tarafa da diğerinin var olduğunu söylemeyen, hafızalarda yaşayan, belki de tarihin *ilk* kişisiydi.

Nedense, bu durum Reyna'nın ona daha fazla güvenmesini sağlıyordu.

Evet, Nico Romalı değildi. Lupa'yla asla ava çıkmamış ya da zorlu lejyon eğitimine katlanmamıştı. Ama başka açılardan kendini ispatlamıştı. Kampın sırlarını sırf bir savaş çıkacağı endişesiyle, iyi niyetinden gizlemişti. Tek başına, *gönüllü* olarak Tartarus'a ve Ölümün Kapıları'na gitmişti. Gigantlar tarafından yakalanıp tutsak edilmişti. *2. Argo*'nun tayfasını Hades'in Evi'ne götürmüştü... Şimdi bir de bir başka berbat görevi kabul etmişti: Athena Parthenos'u Melez Kampı'na götürmek için kendini tehlikeye atmıştı.

Yolculuklarının hızı onu deli edecek kadar ağırdı. Her gece sadece birkaç yüz kilometre gölge yolculuğu yapabiliyor, gündüzleri Nico'nun dinlenebilmesi için mola veriyorlardı; ama bu bile Reyna'nın aklına gelmeyecek kadar Nico'nun güç harcamasına neden oluyordu. İçinde o kadar büyük bir hüzün ve yalnızlık, o kadar derin bir kalp kırıklığı taşıyordu ki. Yine de görevini ilk sıraya koyuyordu. Sebat ediyordu. Reyna buna saygı duyuyordu. Anlayabiliyordu.

Asla öyle duygusal birisi olmamıştı ama içinden pelerinini Nico'nun omuzlarına örtmek, onu sıkı sıkı sarmak geçiyordu. Kendi kendini azarladı. Nico bir savaş arkadaşıydı, küçük erkek kardeşi değil. Böyle bir şey yapsa, Nico bunu takdir etmezdi.

"Hey." Koç Hedge onu düşüncelerinden sıyırdı. "Senin de uyuman gerek. İlk nöbeti ben alıp bir şeyler pişireyim. O hayaletler güneş doğmak üzere olduğu için fazla tehlikeli olamazlar."

Reyna havanın ne kadar aydınlandığını fark etmemişti. Doğu ufkunu pembe ve turkuaz renkli bulutlar kaplamıştı. Ufak bronz faun da kuru çeşmenin üstünde bir gölge oluşturmuştu.

"Burası hakkında bir şeyler okumuştum," dedi Reyna. "Pompei'deki en iyi korunmuş villalardan biri. Buna Fuan Evi diyorlar."

Gleeson suratını ekşitip heykele baktı. "Olabilir ama bugün *Satir*'in Evi olacak."

Reyna hafifçe gülümsedi. Satirlerle faunlar arasındaki farkı anlamaya başlamıştı. Görev başında bir *faun* varken uyuya kalsa, uyandığında eşyaları çalınmış, suratına bir bıyık çizilmiş olurdu, faun da çoktan kaçmış olurdu. Koç Hedge çok farklıydı; çoğu fark *iyi* yöndeydi ama uzakdoğu sporlarına ve beysbol sopalarına karşı pek de sağlıklı sayılmayacak bir takıntısı vardı.

"Tamam," dedi. "İlk nöbeti sen al. Aurum'la Argentum'u da nöbet için yanına vereyim."

Hedge itiraz edecek gibiydi ama Reyna tiz bir ıslık çaldı. Metalik tazılar harabelerin arasında belirdiler ve ona doğru farklı yönlerden koşmaya başladılar. Onca sene sonra bile, Reyna nereden geldiklerini, görevleri sona erdiğinde nereye gittiklerini bilmiyordu ama onları görünce morali düzeldi.

Hedge hafifçe öksürdü. "Bunların Dalmaçyalı olmadığına *emin* misin? Dalmaçyalı'ya benziyorlar"

"Onlar tazı, koç." Reyna Hedge'in neden Dalmaçyalılar'dan korktuğunu bilmiyordu ama bunu soramayacak kadar yorgundu. "Aurum, Argentum, biz uyurken bize göz kulak olun. Gleeson Hedge'e itaat edin."

Köpekler avlunun etrafında dolandılar, Romalı olan her şeye karşı düşmanlık yayan Athena Parthenos'tan uzak durmaya çalıştılar.

Reyna da buna yeni yeni alışmaya başlamıştı ve heykelin eski bir Roma şehrinin ortasına getirilmesinden hiç hoşlanmadığına emindi.

Yere uzanıp, mor renkli pelerinini üstüne çekti. Parmakları, kemerinde takılı duran, Annabeth'in ona Epirus'tan ayrılmadan önce verdiği gümüş paranın olduğu kesenin etrafında kıvrıldı.

Bir şeylerin değişebileceğinin işareti, demişti Annabeth. *Artık Athena'nın İşareti senin. Belki para sana şans getirir.*

Reyna bu şansın iyi mi, kötü mü olacağını bilmiyordu.

Güneş tepeye yükselmeden sinmiş gibi duran bronz fauna ve Athena Parthenos'a son kez baktı. Sonra, gözlerini yumup rüyalara daldı.

VI

REYNA

Çoğu zaman, Reyna kâbuslarını kontrol edebiliyordu.

Zihnini tüm rüyalarının en sevdiği yerde, Yeni Roma'nın en yüksek tepesindeki Baküs Bahçesi'nde başlaması için eğitmişti. Orada güvende ve huzurlu hissediyordu. Görüntüler uykusunu ele geçirdiğinde ki melezlerin başına her zaman gelen bir şeydi, bunları bahçenin çeşmesindeki yansımalar olduğunu hayal ederek zapt edebilirdi. Böylece, huzur içinde uyumayı ve ertesi sabah soğuk terler dökmeden uyanmayı başarabilirdi.

Oysa o gece, o kadar da şanslı değildi.

Rüya aslında güzel başlamıştı. Ilık bir öğleden sonra, bahçede durmuş, içine tomurcuk açmış hanımellerinin keskin kokusunu çekiyordu. Ortadaki çeşmede bulunan ufak Baküs heykeli havuza su fışkırtıyordu.

Yeni Roma'nın altın renkli kubbeleri ve kırmızı kiremitli çatıları, altında sere serpe uzanıyordu. Yarım kilometre kadar batıda, Jüpiter Kampı'nın surları yükseliyordu. Bunun ardındaysa Tiber, vadinin etrafında hafif bir kavis çizerek, Berkeley Tepeleri'nin kenarında, puslu ve altın renkli yaz ışığında ilerliyordu.

Reyna'nın elinde en sevdiği içecek olan bir fincan sıcak çikolata duruyordu.

Mutlu mutlu nefesini dışarı bırakıyordu. Orası korunmaya değer bir yerdi. Kendisi, arkadaşları ve tüm melezler için. Jüpiter Kampı'nda geçirdiği dört sene kolay olmasa da hayatının en güzel anlarıydı.

Birden, ufuk karardı. Reyna bir fırtınanın yaklaşıyor olabileceğini düşündü. Sonra, tepelerde hızla ilerleyen kapkaranlık bir killi toprak dalgasının, zeminin altını üstüne getirdiğini, geride hiçbir şey bırakmadığını fark etti.

Toprak dalganın vadinin kenarına gelişini dehşet içinde izledi. Tanrı Terminus kampın etrafına büyülü bir bariyer çekmişti ama bu bariyer yıkımı sadece bir anlığına engelleyebildi. Mor ışık paramparça olan camlar gibi yukarı fışkırdı ve dalga, bariyeri aşıp ağaçları biçerek, yolları yok ederek, Tiber'i haritadan silerek ilerledi.

Bu, bir hayal, dedi Reyna içinden. *Bunu kontrol edebilirim.*

Rüyayı değiştirmeye çalıştı. Yıkılışın, çeşmeden bir yansıma ve zararsız bir video görüntüsü olduğunu düşündü ama kâbus capcanlı bir biçimde devam etti.

Toprak Mars Sahası'nı yuttu, savaş oyunlarındaki tüm kaleleri ve siperleri yok etti. Şehrin su kemeri çocukların oynadığı tahta bloklar gibi çöktü. Jüpiter Kampı yerle bir oldu: Gözlem kuleleri yıkıldı, duvarlar ve barakalar eridi. Melezlerin çığlıkları kesildi ve toprak dalga ilerlemeye devam etti.

Reyna'nın boğazına kadar bir hıçkırık yükseldi. Tapınak Tepesi'ndeki parıldayan tapınaklar ve anıtlar tuzla buz oldu. Kolezyum ve hipodrom da silindi. Toprak dalgası Pomeria Hattı'na vardı ve gürleyerek dosdoğru şehre ilerledi. Aileler forumda koşuşturmaya başladı. Çocuklar dehşet içinde çığlıklar attılar.

Senato binası içeriden patladı. Villalar ve bahçeler ekinleri biçen bir makinenin altında kalmış gibi gözden kayboldu. Dalga döne döne Baküs Bahçesi'ne yöneldi. Orası, Reyna'nın dünyasından geriye kalan son yerdi.

Onları çaresiz bıraktın, Reyna Ramírez-Arellano. Kapkara araziden bir kadın sesi geldi. *Kampın yok olacak. Elinden hiçbir şey gelmez. Avcım seni yakalamak için geliyor.*

Reyna bahçenin tırabzanlarından hızla uzaklaştı. Baküs çeşmesine koştu ve havuzun kenarına tutunup çaresizlik içinde suya baktı. Kâbusun zararsız bir yansıma olmasını diledi.

ÇAT.

Havuz tırmık büyüklüğündeki bir ok tarafından ikiye ayrıldı. Reyna şok içinde kuzgun tüylü oka, bir mercan yılanı gibi kırmızı, sarı ve siyaha boyanmış sapına ve böğrüne saplanmış Styks ucuna baktı.

Acıdan görüşü bulanıklaşmış bir halde başını kaldırdı. Bahçenin ucunda, karanlık bir şekil belirdi. Gözleri minyatür far lambaları gibi parıldayan, Reyna'nın gözlerini kamaştıran bir adamın silueti ortaya çıktı. Reyna demirin deri üstünden sürtünürken çıkardığı sesi duyduğunda, adam kılıfından bir ok daha çıkardı.

Sonra, rüya değişti.

Bahçe ve avcı, Reyna'nın karnına saplanan okla birlikte gözden kayboldu. Kendini ıssız bir asma bahçesinde buldu. Önünde dönümlerce uzanan, ahşap örgü kafeslere asılmış minik iskeletleri andıran ölü üzüm asmaları vardı. Tarlanın en uç kısmındaysa, etrafında bir verandası olan, sedir ağacıyla kaplı bir çiftlik evi duruyordu. Bunun arkasında kara, denize açılıyordu.

Reyna orayı tanıyordu: Long Island'ın kuzey kıyısındaki Goldsmith

Şaraphanesi'ydi. Keşif ekipleri orayı lejyonun Melez Kampı'na yapacağı saldırı için bir ileri üs olarak kullanıyordu.

Lejyonun büyük bir kısmının onlara aksini söylene dek Manhattan'da kalmasını söylemişti ama belli ki Octavian ona karşı gelmişti.

On İkinci Lejyon'un tamamı, en kuzeydeki alanda kamp kurmuştu. Her zamanki askeri titizlikleriyle alanı kazmışlardı: Üç metrelik siperler kazılmış, sivri toprak duvarlar etrafı çevreleyecek biçimde inşa edilmiş ve her köşesinde bir mancınık bulunan bir gözcü kulesi dikilmişti. İçerideki çadırlar düzgünce, beyaz ve kırmızı sıralar oluşturacak şekilde dizilmişti. Beş kohortun bayrakları rüzgârda kıvrılmıştı.

Lejyonu görmek Reyna'yı iyi hissettirmeliydi. Ufak bir güçtü, hemen hemen iki yüz melezden oluşuyordu ama hepsi çok iyi eğitilmiş ve iyi örgütlenmişlerdi. Jül Sezar dirilecek olsa, Reyna'nın birliklerinin Roma'nın değerli askerleri olduğunu hemen anlardı.

Ama Melez Kampı'na o kadar yakın olmaları gerekmiyordu. Octavian'ın başkaldırısı Reyna'nın öfkeyle yumruklarını sıkmasına neden oldu. Octavian kasıtlı olarak Yunanlıları kışkırtıyor, savaş çıkmasını umuyordu.

Reyna'nın rüyası Octavian'ın tuhaf bir biçimde bir tahtı andıran yaldızlı bir sandalyede oturduğu çiftlik evinin verandasına odaklandı. Mavi çizgili senatör togasının, bölük komutanı rozetinin ve kâhin hançerinin yanı sıra, yeni bir nişanı daha vardı: Başının üstündeki beyaz kumaş pelerin, onun *pontifex maximus*, yani tanrıların başrahibi olduğuna işaret ediyordu.

Reyna onu boğmak istedi. Hatıralardaki hiçbir melez, *pontifex maximus*'a sahip olmamıştı. Octavian bunu yaparak kendini neredeyse imparator seviyesine yükseltmişti.

Sağında, alçak bir masanın üstüne saçılmış haritalar ve raporlar duruyordu. Solundaysa, mermer bir sunağın üstü meyvelerle ve altın adaklarla kaplıydı ve bunlar hiç şüphesiz tanrılara sunulmuştu. Ama Reyna'ya Octavian için hazırlanmış bir sunak gibi göründü.

Yanında lejyonun bayrak taşıyıcısı Jacob hazırolda bekliyor, On İkinci Kohort'un altın kartallı bayrağının bulunduğu direği tutarken aslan postu pelerininin altında ter döküyordu.

Octavian'ın etrafı insanlarla çevriliydi. Merdivenin dibinde blucinli ve kırışık, kapüşonlu bir tişört giymiş bir çocuk oturuyordu. Octavian'ın Birinci Kohort'tan arkadaşı olan bölük komutanı Mike Kahale kollarını göğsünde kavuşturmuş, suratında aleni bir hoşnutsuzlukla bir kenarda dikiliyordu.

"Pekâlâ," dedi Octavian bir parşömene göz atıp. "Orcus'un bir torunu olduğunu, onun soyundan geldiğini görüyorum burada."

Kapüşonlu çocuk başını kaldırınca, Reyna'nın nefesi kesildi. *Bryce Lawrence.* Onu dağınık kahverengi saçlarından, kırık burnundan, gaddar yeşil gözlerinden ve küstah, yampiri gülümsemesinden tanımıştı.

"Evet, lordum," dedi Bryce.

"Ha, ben bir lord *değilim.*" Octavian'ın gözlerinin etrafı kırıştı. "Sadece bir bölük komutanı, bir kâhin ve tanrılara hizmet etmek için elinden geleni yapan, mütevazı bir rahibim. Anladığım kadarıyla, lejyondan... Hah, evet, disiplin sorunları yüzünden atılmışsın."

Reyna bağırmaya çalıştı ama sesi çıkmadı. Octavian, Bryce'ın neden atıldığını gayet iyi biliyordu. Tıpkı ilahi atası, yeraltı dünyasının ceza tanrısı Orcus gibi, Bryce da tamamıyla acımasızdı. Bu ufak psikopat, Lupa'yla olan sınavları gayet güzel geçmişti ama Jüpiter Kampı'na vardığı andan itibaren eğitilmesi mümkün olmadığı anlaşılmıştı. Sırf eğlence olsun diye, bir kediyi yakmaya çalışmıştı. Bir atı bıçaklayıp öfkelendirdikten sonra, onu Forum'a salmıştı. Hatta bir kuşatma silahını sabote ettiği ve kendi bölüğünün askerlerinin savaş oyunları sırasında ölmesine neden olduğundan bile şüpheleniliyordu.

Reyna bunu kanıtlamayı başarsaydı, Bryce'ın cezası ölüm olurdu. Ama ikinci dereceden kanıtlar olduğundan ve Bryce'ın ailesinin varlıklı ve Yeni Roma'da sözü geçen güçlü bir aile olmasından dolayı, daha hafif bir ceza olan uzaklaştırmayla kurtulmuştu.

"Evet, başrahip," dedi Bryce yavaşça. "Ama şunu söylemem gerek: O suçlamalar kanıtlanamadı. Sadık bir Romalıyım."

Mike Kahale kusmamak için elinden geleni yapıyormuş gibiydi.

Octavian gülümsedi. "İkinci şanslara inanırım. Gönüllüler için yaptığım çağrıya yanıt verdin. Uygun yeterliliğe sahipsin, tavsiye mektupların da var. Emirlerime itaat edeceğine ve lejyona hizmet vereceğine yemin eder misin?"

"Kesinlikle," dedi Bryce.

"O halde, kendini savaşta ispatlayana dek, *in probatio* haklarını geri aldın," dedi Octavian.

Mike'a bir işaret verdi ve onun cebinden çıkarıp uzattığı, ucunda bir lider *probatio* tableti bulunan deri sicimi Bryce'ın boynuna taktı.

"Beşinci Kohort'a git," dedi. "Biraz taze kan ve yeni bir bakış açısı işlerine yarayabilir. Bölük komutanın Dakota'yla ilgili bir sorun olursa da benimle konuşmasını söyle."

Bryce eline keskin bir bıçak verilmiş gibi gülümsedi. "Büyük bir zevkle."

"Bir de Bryce..." Octavian'ın yüzü beyaz pelerinin altında neredeyse bir gulyabani gibi görünüyordu: Gözleri fazla keskin, yanakları fazla içe göçmüş, dudakları da fazla ince ve renksizdi. "Lawrence ailesi lejyonda ne kadar para, güç ve itibar taşırsa taşısın, *benim* ailemin daha fazlasını taşıdığını unutma. Sana tüm diğer yeni gönüllülerim gibi, *kişisel* olarak sponsor oluyorum. Emirlerime itaat edersen, hızla yükselirsin. Yakında sana vereceğim ufak bir görev olabilir. Değerini ispat edecek bir fırsatın olabilir yani. Ama bana karşı gelirsen, Reyna kadar hoş görülü olmam. Anlaşıldı mı?"

Bryce'ın gülümsemesi silindi. Bir şey söylemek istiyor gibiydi ama fikrini değiştirdi. Evet anlamında başını salladı.

"Güzel," dedi Octavian. "Bir de git saçını kestir. Şu *Graecus* salaklarına benziyorsun. Gidebilirsin."

Bryce gittikten sonra, Mike Kahale başını salladı. "İki düzine oldu."

"İyi haber, dostum," dedi Octavian kendinden emin bir tavırla. "Fazladan insan gücüne ihtiyacımız var."

"Katiller. Hırsızlar. Hainler."

"Sadık ve pozisyonlarını *bana* borçlu olan melezler," dedi Octavian.

Mike kaşlarını çattı. Reyna onunla tanışana dek, insanların onun kaslarına neden *silah* dediklerini anlayamamıştı ama Mike'ın kolları bazuka gövdeleri kadar kalındı. Yüz hatları iriydi, teni kavrulmuş badem renkliydi, oniks renkli saçları ve eski Hawaii kralları gibi gururlu, koyu renkli gözleri vardı. Hilo'dan bir lise defans oyuncusunun annesinin nasıl Venüs olduğunu bilemiyordu ama lejyondaki kimse bu konuda canını sıkmıyordu. Çıplak elleriyle kayaları parçaladığını gördüklerinden beri, kimse ona bulaşmıyordu.

Reyna, Mike Kahale'den her zaman hoşlanmıştı. Ne yazık ki, Mike sponsoruna çok bağlıydı. Sponsoruysa Octavian'dı.

Başrahip kalktı ve gerindi. "Merak etme, eski dostum. Kuşatma timlerimiz Yunan kampının etrafını çevirdi. Kartallarımız havada tamamıyla üstünlük sağlamış durumda. Yunanlılar biz saldırmaya hazır olana dek hiçbir yere gitmiyorlar. On bir gün içinde, tüm güçlerim yerlerini almış olacak. Ufak sürprizlerin de hazır olacak. 1 Ağustos'ta, Spes Şöleni'nde Yunan kampı düşecek."

"Ama Reyna..."

"Bunu konuşmuştuk." Octavian demir hançerini kemerinden çıkardı ve Melez Kampı'nın bir haritasını bölecek şekilde masaya fırlattı. "Reyna pozisyonunu kaybetti. Eski topraklara giderek *yasalara* karşı geldi."

"Ama Toprak Ana..."

"...Toprak Ana uyanmak üzere, çünkü Yunan ve Roma kampları arasında bir savaş var, öyle değil mi? Tanrılar da etkisiz durumda, doğru mu? Bu sorunu nasıl çözeceğiz o zaman Mike? Ayrılığı ortadan kaldıracağız. Tanrıları doğru hallerine, *Romalı* hallerine kavuşturacağız. Tanrılar tam güçlerini kazandıklarında, Gaia uyanmaya cesaret edemeyecek. Uykusuna geri dönecek. Biz melezler de imparatorluğun eski günlerindeki gibi, güçlü ve birleşmiş olacağız. Hem 1 Ağustos günü, atam Augustus'un isminin verildiği en talihli ay. Onun Romalıları nasıl birleştirdiğini biliyor musun?"

"Gücü ele geçirdi ve imparator oldu," dedi Mike gür sesiyle.

Octavian bu lafını elini sallayarak geçiştirdi. "Saçmalama. Roma'yı *Birinci Yurttaş* olarak kurtardı. Güç değil, barış ve bolluk istiyordu! İnan bana, Mike, ben de onun izinden gitmek istiyorum. Yeni Roma'yı kurtaracağım ve bunu yaptığım zaman arkadaşlarımı hatırlayacağım."

Mike iri bedenini kıpırdattı. "Kendinden çok eminsin. Kehanet yeteneğin..."

Octavian onu uyarır gibi elini havaya kaldırdı. Kartalı taşıyan ve hâlâ arkasında hazır olda duran Jacob'a baktı. "Jacob, gidebilirsin. Neden gidip kartalı falan cilalamıyorsun?"

Jacob'ın omuzları rahatlayıp gevşedi. "Peki, Kâhin. Yani Bölük Komutanım! Yani, *Başrahip*! Yani-"

"Git."

"Gidiyorum!"

Jacob sallana sallana uzaklaşınca, Octavian'ın suratına keyfi kaçmış gibi bir ifade yerleşti. "Mike, sana şu benim sorunumdan söz etmemeni söylemiştim. Ama soruna yanıt olarak, hayır diyeceğim; hâlâ Apollon'un bana vermiş olduğu klasik yeteneğimle ilgili bir *müdahale* var gibi." Verandanın köşesine yığılmış bir öbek yarılmış pelüş oyuncağa öfkeyle baktı. "Geleceği göremiyorum. Belki de Melez Kampı'ndaki sahte Kâhin bir tür büyü falan yapıyordur. Ama dediğim gibi, kesinlikle aramızda kalması şartıyla, Apollon geçen sene Jüpiter Kampı'nda benimle gayet *net* bir şekilde konuştu. Şahsen başarılarımı kutsadı. Romalıların kurtarıcısı olarak hatırlanacağıma söz verdi."

Octavian kollarını iki yana açınca, ilahi atasının sembolü olan arp dövmesi göründü. Yedi çizgi hizmet ettiği seneleri temsil ediyordu. Bu çizgiler kampta görev yapmış herkesinkinden, Reyna'nınkilerden bile daha çoktu.

"Asla korkma, Mike. Yunanlıları ezeceğiz. Gaia'yı ve yardımcılarını durduracağız. Sonra da Yunanlıların yanlarında tuttukları harpyayı ele geçireceğiz. *Sibil Kitaplari*'nı ezberleyen harpyayı diyorum. Atalarımızla ilgili bilgileri bize vermesi için onu zorlayacağız. Bundan sonra, Apollon'un bana kehanet gücümü geri vereceğine eminim. Jüpiter Kampı her zamankinden daha güçlü olacak. Geleceği *yöneteceğiz*."

Mike kaşlarını çatmayı kesmedi ama yumruğunu selam vermek için kaldırdı. "Patron sensin."

"Evet, öyleyim." Octavian hançerini masadan aldı. "Şimdi, gidip o yakaladığın iki cüceyi kontrol et. Onları tekrar sorguya çekmeden ve Tartarus'a yollamadan önce çok korkmalarını istiyorum."

Rüya silindi.

"Hey, uyan." Reyna yavaşça gözlerini açtı. Gleeson Hedge üstüne eğilmiş, omuzlarını sarsıyordu. "Başımız dertte."

Sıkkın ses tonu Reyna'yı harekete geçirdi.

"Ne oldu?" Doğrulmaya çalıştı. "Hayaletler mi? Canavarlar mı?"

Hedge kaşlarını çattı. "Daha kötü. *Turistler.*"

VII

REYNA

Gruplar gelmişti.

Yirmili, otuzlu gruplara ayrılmış turistler harabelerin arasına akın etmiş, villaların etrafında geziniyor, kaldırım taşlı patikalarda yürüyor ve hayretle renkli fresklere ve mozaiklere bakıyorlardı.

Reyna turistlerin avlunun ortasındaki on iki metrelik Athena'ya ne tepki vereceğinden endişelendi ama Sis ölümlülerin görüşünü örtmek için aşırı mesai veriyor olmalıydı.

Bir grup her yaklaştığında, avlunun kenarında duruyor ve hayal kırıklığıyla heykele bakıyordu. İngiliz bir tur rehberi açıklama yaptı: "Ah, iskeleler. Sanırım, bu alanda restorasyon çalışmaları yapılıyor. Tüh. Devam edelim."

Böylece, turistler uzaklaştılar.

En azından heykel, "ÖLÜN, SİZİ İNANÇSIZLAR!" diye haykırıp, ölümlüleri toza dönüştürmemişti. Reyna bir keresinde tanrıça Diana'nın bir heykeliyle uğraşmak zorunda kalmıştı. Hayatının en rahat gününü geçirdiği söylenemezdi.

Annabeth'in ona Athena Parthenos'la ilgili olarak söylediklerini hatırladı: Büyülü aurası hem canavarları çekiyor, hem de onları uzak tutuyordu. Hakikaten de, Reyna arada sırada gözünün ucuyla Roma giysileri giymiş beyaz renkli, parlak ruhların harabelerin içinde dolandığını, kaşlarını çatarak, hayretle heykele baktıklarını görüyordu.

"Bu *lemurlar* her yerde," diye mırıldandı Gleeson. "Şimdilik, yaklaşmıyorlar ama hava kararınca gitmeye hazır olsak iyi olur. Hayaletler geceleri hep daha kötüdür."

Reyna'nın bunun hatırlatılmasına ihtiyacı yoktu.

Birbirinin tıpatıp aynısı pastel renkli gömlekler ve bermuda şortlar giymiş bir çiftin yakınlardaki bir bahçede yürüdüğünü gördü. Daha fazla yaklaşmadıklarına sevindi. Kampın etrafında, Koç Hedge her tür tel hattı çekmiş, tuzaklar ve kendisine saygı duyan hiçbir canavarı durduramayacak kadar büyük fare kapanları kurmuştu ama bunlar yaşlı bir vatandaşı düşürebilirdi.

Ilık sabaha rağmen, Reyna rüyaları yüzünden ürperiyordu. Hangisinin daha korkutucu olduğunu bilemiyordu: Yeni Roma'nın yaklaşan yok oluşu mu, yoksa Octavian'ın lejyonu içeriden zehirlemesi mi? *Elinden hiçbir şey gelmeyecek.*

Jüpiter Kampı'nın ona ihtiyacı vardı. On İkinci Lejyon'un da öyle. Ama Reyna dünyanın diğer ucunda, bir satirin yaktığı kamp ateşinin üstüne tuttuğu bir çubukta Eggo marka yabanmersinli *waffle*'lar pişirişini izliyordu.

Kâbusları hakkında konuşmak istiyordu ama Nico uyanana dek beklemeye karar verdi. Bunları iki kere anlatacak cesareti olup olmadığına emin değildi.

Nico horlamaya devam ediyordu. Reyna onun bir kere uykuya

daldığı zaman, onu uyandırmanın çok zor olduğunu görmüştü. Koç, Nico'nun başının üstünde keçi toynaklarıyla dans bile edebilirdi ama Hades'in oğlu kılını kıpırdatmazdı.

"Al." Hedge ona bir tabak dolusu ateşte ızgara edilmiş Eggo, taze dilimlenmiş kivi ve ananas uzattı. Hepsi de şaşılacak derecede güzel görünüyordu.

"Tüm bu malzemeleri nereden buluyorsun?" diye sordu Reyna hayretle.

"Hey, ben bir satirim. Bizler çok iyi valiz hazırlarız." Bir parça waffle ısırdı. "Topraktan neyi nasıl bulacağımızı çok iyi biliriz!"

Reyna yemeğini yerken, Koç Hedge bir not defteri çıkarıp bir şeyler yazmaya koyuldu. İşi bittiğine, kâğıdı bir uçak biçiminde katladı ve havaya fırlattı. Hafif bir esinti kâğıdı öteye sürükledi.

"Karına mektup mu yazdın?" diye sordu Reyna tahmin yürüterek.

Hedge beysbol kasketinin altından ona baktığında, gözleri kan çanağı gibiydi. "Mellie bir bulut nimfası. Hava ruhlar her zaman kâğıt uçaklarla mesaj yollarlar. Umarım kuzenleri mektup ona varana dek okyanusun üstünden götürürler. Bir İris mesajı kadar hızlı değil ama çocuğumuzun benimle ilgili elinde bir şeyler olsun istiyorum. Yani, şey olursa..."

"Seni evine ulaştıracağız," dedi Reyna kararlılıkla. "Çocuğunu göreceksin."

Hedge çenesini sıkıp sessiz kaldı.

Reyna insanları konuşturmakta çok becerikliydi. Savaş arkadaşlarını tanıyabilmesi için, bunun çok gerekli olduğunu düşünüyordu. Ama Hedge'i Melez Kampı'nda doğum yapmak üzere olan karısı Mellie hakkında konuşturmakta çok zorlanmıştı. Reyna koçu bir baba olarak düşünmekte de zorlanıyordu ama ebeveynler olmadan büyümenin nasıl bir şey olduğunu da iyi biliyordu. Bunun Koç Hedge'in çocuğunun başına gelmesine izin vermeyecekti.

"Şey, evet..." Satir bir parça daha Eggo ısırdı ama bu sefer bunu ızgara etmek için kullandığı çubuğu da yedi. "Keşke daha hızlı yol alabilseydik." Çenesiyle Nico'yu işaret etti. "Bu çocuğun bir sıçrayışa daha nasıl dayanacağını bilmiyorum. Bizi eve ulaştırabilmesi için daha kaç yolculuk yapmamız gerekecek?"

Reyna da aynı endişeyi taşıyordu. Sadece on bir günde, gigantlar Gaia'yı uyandırmayı planlıyordu. Octavian aynı gün Melez Kampı'na saldırmayı planlıyordu. Bu, bir tesadüf olamazdı. Belki de Gaia onun kulağına bunu yapmasını fısıldıyor, kararlarını bilinçaltından etkiliyordu. Daha da kötü bir ihtimal daha vardı: Octavian aktif olarak toprak tanrıçasıyla işbirliği yapıyor olabilirdi. Reyna onun bile bilerek lejyona ihanet edeceğine inanmayı istemiyordu ama rüyalarında gördüklerinden sonra bundan emin olamıyordu.

Bir grup Çinli avludan geçerken, Reyna yemeğini bitirdi. Bir saatten daha az bir süreden beri uyanıktı ve çoktan yola çıkmak için sabırsızlanmaya başlamıştı.

"Kahvaltı için teşekkürler koç," dedi. Ayağa kalkıp gerindi. "Bana biraz müsaade. Turistlerin olduğu yerde, tuvalet de vardır. Orayı bir ziyaret etmem gerek."

"Tamam." Koç boynunda duran düdüğü salladı. "Bir şey olursa, düdük çalarım."

Reyna, Aurum'u ve Argentum'u nöbet başında bırakıp, tuvaletleri olan bir ziyaretçi merkezi bulana dek ölümlü kalabalığının arasında ilerledi. Elinden geldiğince temizlendi ama orasının gerçek bir Roma şehri olduğu halde, şöyle güzel ve sıcak bir Roma hamamının keyfini çıkaramayışını tuhaf buldu. Kâğıt havlulara, kırık bir sabun makinesine ve güç bela çalışan bir el kurutucusuna razı oldu. Tuvaletlere gelince... Bunlar hakkında ne kadar az şey söylenirse, o kadar iyi olacaktı.

Geri dönerken, bir vitrini olan ufak bir müzenin önünden geçti. Camın ardında hepsi ölüm anında donakalmış bir sıra alçıdan yapılmış biblo duruyordu. Genç bir kız, fetüs pozisyonunda kıvrılmıştı. Bir kadın acı içinde kıvranırken, çığlık atıyormuş gibi ağzını açmış ve kollarını havaya kaldırmıştı. Bir adam da kaçınılmazı kabullenmiş gibi başını önüne eğip diz çökmüştü.

Reyna dehşet ve tiksinti içinde biblolara baktı. Bu tür bibloların yapıldığını duymuştu ama daha önceden hiç görmemişti. Vezüv'ün patlamasından sonra, yanardağın külleri şehri örtmüş ve ölen Pompeililerin etrafında sertleşip kayaya dönüşmüştü. Bedenleri erimiş, geriye insan biçiminde hava boşlukları kalmıştı. Eski arkeologlar bu boşluklara alçı dökerek bu kalıpları yapmışlardı. Bunlar Eski Romalıların ürkütücü kopyalarıydı.

Reyna bunları rahatsız edici ve *yanlış* buluyordu; insanların ölüm anlarının bir dükkânın vitrininde giysi gibi sergilenmesi ona doğru gelmiyordu ama bir yandan da gözlerini biblolardan ayıramıyordu.

Hayatı boyunca, İtalya'yı görmeyi hayal etmişti. Bunun asla gerçekleşmeyeceğini düşünmüştü. Eski topraklar modern melezlere yasaktı; bu bölge fazlasıyla tehlikeliydi. Yine de, Truva Savaşı'ndan sonra oraya yerleşen ilk melez olan Afrodit'in oğlu Aeneas'ın ayak izlerini takip etmeyi istemişti. Kurt tanrıça Lupa'nın Romulus'la Remus'u kurtardığı orijinal Tiber Nehri'ni görmeyi istemişti.

Ama Pompei mi? Oraya gitmeyi hiç istememişti. Roma'nın en kötü namlı felaketinin, bir şehrin tamamının toprak tarafından yutulduğu yerdi orası... Reyna'nın gördüğü kâbuslardan sonra, Pompei hassas noktasına biraz fazla dokunmuştu.

O ana dek, eski topraklarda istek listesinden bulunan tek bir yeri görebilmişti: Split'teki Diocletian Sarayı'nı görmüştü ama bu ziyaret bile dilediği gibi gitmemişti. Reyna eskiden oraya Jason'la birlikte gitmeyi ve en sevdikleri imparatorun evini görmeyi hayal ederdi. Jason'la o eski şehirde romantik yürüyüşler yapıp, siperlerin üstünde gün batımında piknikler yapmayı düşünürdü.

Ama bunlar yerine Hırvatistan'a onunla değil, peşinde bir düzine kadar öfkeli rüzgâr ruhuyla gitmişti. Sarayda hayaletlerle savaşmıştı. Dışarı çıkarken, grifonlar saldırmış, pegasusunu ölümcül bir biçimde yaralamışlardı. Jason'a en fazla bodrum katındaki Diocletian'ın büstünün altında ona bıraktığı not kadar yaklaşabilmişti. Orayla ilgili sadece acı hatıraları olacaktı.

Bu kadar umutsuz olma, diye azarladı kendi kendini. *Aeneas da acılar çekmişti. Romulus da, Diocletian da, diğerleri de. Romalılar zorluklardan şikâyet etmezler.*

Müzenin vitrinindeki alçıdan yapılmış ölüm biblolarına bakarken, o insanların küller arasında kıvrılıp ölürken neler düşündüğünü merak etti. *Hey, bizler Romalıyız! Şikâyet etmemeliyiz!* dediklerini sanmıyordu.

Harabelerin arasında bir rüzgâr çıktı ve tok bir inleme sesine benzer bir ses çıkardı. Gün ışığı pencereye vurunca, bir anlığına gözleri kamaştı.

İrkilerek başını kaldırdı. Güneş tam tepedeydi. Nasıl öğle vakti olabilirdi? Fauna'nın Evi'nden kahvaltıdan hemen sonra ayrılmıştı. Birkaç dakikadır orada dikiliyordu... Yoksa daha mı uzun süredir oradaydı?

Müzenin vitrininden uzaklaşıp, telaşla yürümeye başladı; ölü Pompeililerin arkasından bir şeyler fısıldadıkları hissini üstünden atmaya çalıştı.

* * *

Öğleden sonrasının geri kalanı huzursuzluk verecek kadar sessiz geçti.

Reyna nöbete geçerken, Koç Hedge uyudu ama zaten etrafta dikkatli olmalarını gerektiren pek bir şey yoktu. Turistler gelip gitti. Arada sırada harpyalar ve rüzgâr ruhları tepede uçtu. Reyna'nın köpekleri onları uyarır gibi hırladı ama canavarlar durup onlara saldırmadılar.

Hayaletler avlunun kenarlarında Athena Parthenos'tan ürktükleri aleni bir biçimde, süklüm püklüm durdular. Reyna onlar hak vermeden edemedi. Heykel Pompei'de ne kadar kalırsa, daha fazla öfke saçıyor gibiydi; bu da Reyna'nın derisini kaşındırıyor, sinirlerini geriyordu.

En sonunda, güneş battıktan hemen sonra, Nico uyandı. Bir avokadoyla peynirli bir sandviçi iştahla yedi ve Hades'in Evi'nden ayrıldıktan beri ilk kez acıktığına dair doğru dürüst bir iştah belirtisi gösterdi.

Reyna onun akşam yemeğini mahvetmeyi istemiyordu ama fazla vakitleri kalmamıştı. Hava kararırken, hayaletler onlara biraz daha yaklaşmaya başlamıştı ve sayıları da giderek artıyordu.

Ona rüyalarından söz etti: toprağın Jüpiter Kampı'nı yuttuğunu, Octavian'ın Melez Kampı'na yaklaştığını ve kendisini karnından bir okla vuran ve gözleri parıldayan avcıyı anlattı.

Nico boş tabağına baktı. "Şu avcı... bir gigant olabilir mi?"

Koç Hedge homurdandı. "Bunu öğrenmesem daha iyi. Yola devam edelim derim."

Nico'nun ağzı seğirdi. "Savaşmaktan *kaçalım* mı diyorsun yani?"

"Bak, şeker, karşıma çıkacak kişiyi yere sermek isterim ama dünyanın bir ucundan bizi izleyen bir ödül avcısı olmadan da endişelenmemiz gereken yeteri kadar canavar var. Şu kocaman oklardan söz edilmesi de hiç hoşuma gitmedi."

"Bir kez olsun Hedge'le aynı fikirdeyim," dedi Reyna.

Nico pilot ceketini giydi. Parmağını ceketinin yakasındaki bir ok deliğine soktu. "Tavsiye isteyebilirim," dedi tereddütle. "Thalia Grace..."

"Jason'ın kız kardeşi," dedi Reyna.

Reyna, Thalia'yla hiç karşılaşmamıştı. Hatta Jason'ın bir kız kardeşi olduğunu daha *yeni* öğrenmişti. Jason'a göre, Thalia bir Yunan meleziydi, Zeus'un bir kızıydı ve Diana'nın... Yok, Artemis'in takipçilerine liderlik ediyordu. Tüm bunlar Reyna'nın başını döndürmüştü.

Nico başını salladı. "Artemis'in Avcıları... Şey, *avcılar* işte. Birisi bu gigant avcıyı tanıyorsa, Thalia'dır. Ona bir İris mesajı yollamayı deneyebilirim."

"Bunu yapmayı pek istemiyormuşsun gibi geldi bana," dedi Reyna. "Siz ikiniz... Anlaşamaz mısınız yoksa?"

"Yok, aramız iyidir."

Birkaç adım ötede, Aurum hafifçe hırladı; yani, Nico yalan söylüyordu.

Reyna konuyu üstelememeye karar verdi.

"Ablam Hylla'ya ulaşmayı da deneyebilirim," dedi Reyna. "Jüpiter Kampı pek korunmuyor. Gaia oraya saldırırsa, belki Amazonlar yardım edebilir."

Koç Hedge kaşlarını çattı. "Alınma ama şey... Bir Amazon ordusu bir toprak dalgasına karşı ne yapabilir ki?"

Reyna korkuya kapılmamaya gayret etti. Hedge'in haklı olduğunu hissediyordu. Rüyalarında gördüğü şeye karşı mümkün olan tek savunma gigantların Gaia'yı uyandırmasını engellemek olabilirdi. Bunun için, *2. Argo* tayfasına güveniyordu.

Hava neredeyse tamamıyla kararmıştı. Avlunun etrafındaki hayaletler bir araya gelmeye başlamışlardı. Spektral sopa veya taş taşıyan ve parıldayan yüzlerce Romalı vardı karşılarında.

"Bir sonraki sıçramadan sonra daha fazla konuşabiliriz," dedi Reyna. "Şu anda, buradan gitmemiz gerekiyor."

"Evet." Nico ayağa kaktı. "Bu sefer şansımız yaver giderse, İspanya'ya ulaşabiliriz belki. Ben önce-"

Tam o sırada, hayalet kalabalığı tek bir nefeste söndürülmüş yaş günü mumları gibi kayboldu. Reyna elini derhal hançerine götürdü. "Nereye gittiler?

Nico harabelere göz attı. Yüz ifadesi insanı pek rahatlatmıyordu. "E-emin değilim ama iyi bir işaret değil. Gözlerinizi etraftan ayırmayın. Ben kendimi heykele bağlayayım. Birkaç saniyeden uzun sürmez."

Gleeson Hedge toynaklarının üstüne dikildi. *"Birkaç saniyen yok."*

Reyna midesinin büzülüp, minnacık kaldığını hissetti.

Hedge bir kadın sesiyle konuşmuştu; ses, Reyna'nın kâbusunda duyduğunun aynısıydı. Hemen hançerini çekti.

Hedge suratı ifadeden yoksun bir halde ona döndü. Gözleri kapkara olmuştu. *"Memnun ol, Reyna Ramírez-Arellano. Bir Romalı olarak öleceksin. Pompei hayaletlerine katılacaksın."*

Zemin zangırdadı. Avlunun dört bir yanında, kül hortumları havaya yükseldi. Hortumlar tıpkı müzedeki alçı kabuklar gibi kaba insan figürlerine dönüştü. Taş suratlarındaki tırtıklı deliklerden oluşan gözlerini Reyna'ya diktiler.

"*Toprak seni yutacak,*" dedi Hedge, Gaia'nın sesiyle. "*Tıpkı onları yuttuğu gibi.*"

VIII

REYNA

"Çok kalabalıklar." Reyna acı acı bu lafı melezlik kariyerinde kaç kere söylediğini düşündü.

Kendisine bir rozet yaptırıp, vakit kazanmak için takmalıydı. Öldüğünde, muhtemelen şu sözler mezar taşına yazılacaktı: Çok kalabalıklardı.

Gri tazıları iki yanında duruyor, toprak kabuklara hırlıyordu. Reyna üstlerine doğru her yönden gelen en az yirmi kadar hayalet saydı.

Koç Hedge gayet kadınsı bir sesle konuşmaya devam etti: *"Ölüler her zaman hayattakilerin sayısını aşar. Bu ruhlar yüzyıllardır öfkelerini ifade edemeden bekliyorlar. Şimdi, onlara toprak bedenler bahşettim."*

Toprak hayaletlerden biri öne çıktı. Ağır hareket ediyordu ama ayağı öylesine ağırdı ki, adım attığında eski fayanslar çatladı.

"Nico?" diye seslendi Reyna.

"Onları kontrol edemiyorum," dedi Nico çılgınlar gibi bağlarını çözerek. "Taş kabuklarla ilgili sanırım. Gölge sıçramasını yapabilmek için birkaç saniye odaklanmam gerek. Yoksa bizi bir diğer yanardağa ışınlayabilirim."

Reyna içinden lanet okudu. Nico kaçmaları için hazırlanırken, Koç

Hedge de bir şey yapamazken, o kadar çok hayaletle tek başına savaşması mümkün değildi. "Asayı kullan," dedi. "Bana birkaç zombi çağır."

"Faydası olmaz," dedi Koç Hedge. *"Kenara çekil Praetor. Bırak da Pompei'in hayaletleri bu Yunan heykelini yok etsinler. Gerçek bir Romalı buna karşı koymazdı."*

Toprak hayaletler ayaklarını sürüyerek öne çıktılar. Ağız boşluklarından boş içecek şişelerinin ağzına üfleniyormuş gibi tok, ıslığımsı sesler çıkarıyorlardı. İçlerinden biri koçun tenis raketinden ve hançerden oluşan tuzağına bastı ve paramparça etti.

Nico belinden Diocletian'ın asasını çekti. "Reyna, daha da fazla ölü Romalı çağırırsam... Onların da bu kalabalığa karışmayacağını nereden bilebiliriz?"

"Ben biliyorum. Ben bir praetorum. Bana birkaç lejyoner bul, onları kontrol etmeyi bana bırak."

"Yok olacaksın," dedi koç. *"Bir daha asla..."*

Reyna Hedge'in kafasına hançerinin dibiyle vurdu. Satir yere yığıldı.

"Pardon koç," diye mırıldandı. "Artık sıkmaya başlamıştın. Nico... Zombiler! Sonra da bizi buradan götürmeye odaklan."

Nico asasını kaldırınca, zemin yine zangırdadı.

Toprak hayaletler saldırmak için o anı seçtiler. Aurum en yakındakinin üstüne atladı ve metal dişleriyle yaratığın kafasını ısırıverdi. Taş kabuk geriye doğru sendeleyip parçalandı.

Argentum o kadar şanslı değildi. O da bir başka hayaletin üstüne atladı ama hayalet ağır kolunu gri tazıya savurup suratına indirdi. Argentum öteye uçtu. Sallanarak doğruldu. Kafası sağa doğru kırk beş derece eğilmişti. Yakut gözlerinden biri de yerinde değildi.

Reyna'nın göğsünde öylesine müthiş bir öfke birikti ki, bedenine kızgın bir mızrak saplanmış gibi hissetti. Pegasusunu zaten kaybetmişti. Köpeklerini de *kaybetmeyecekti.* Hançerini hayaletin göğsüne sapladı, sonra *gladius*'unu çekti. Aslında, iki keskin silahla aynı anda savaşmak pek de Romalı taktiği değildi ama Reyna korsanlarla birlikte vakit geçirmişti. Onlardan birkaç numaradan fazlasını öğrenmişti.

Toprak kabuklar kolaylıkla parçalanıyordu ama birer çekiç gibi darbeler savuruyorlardı. Reyna nasıl olacağını bilemese de tek bir darbe bile almamalıydı. Argentum'un aksine, başı yana eğilirse hayatta kalamazdı.

"Nico!" İki toprak hayaletin arasına daldı ve birbirlerinin kafasını dağıtmalarını sağladı. "Her an olur!"

Avlunun ortasındaki zemin yarıldı. Düzinelerce iskelet asker pençeleriyle toprağı eşeleyerek yüzeye çıktı. Kalkanları kocaman, aşınmış bozuk paraları andırıyordu. Kılıçları metalden ziyade pastı. Ama Reyna destek gördüğüne hiç o kadar sevindiğini hatırlamıyordu.

"Lejyon!" diye bağırdı. *"Ad aciem!"*

Zombiler yanıt verdiler ve bir savaş hattı oluşturmak için toprak hayaletlerin arasına daldılar. Bazıları düştü ve taş yumrukları tarafından parçalandı. Diğerleriyse aradaki mesafeyi kapatıp kalkanlarını kaldırmayı başardı. Nico arkasında bir küfür savurdu.

Reyna çabucak arkasına baktı. Nico'nun elindeki Diocletian'ın asasından dumanlar çıkıyordu.

"Benimle savaşıyor!" diye bağırdı Nico. "Diğer Romalılarla savaşması için Romalıları çağırmak hoşuna gitmedi galiba!"

Reyna, Eski Romalıların vakitlerinin en az yarısını birbirleriyle savaşarak geçirdiklerini biliyordu ama bunu söylememeye karar verdi. "Sen Koç Hedge'i güvende tut yeter. Gölge yolculuk için hazırlan! Ben de biraz vakit-"

Nico cıyakladı. Diocletian'ın asası patlayarak binbir parçaya ayrıldı. Nico yaralanmış gibi değildi ama şok içinde Reyna'ya baktı. "Be-ben ne olduğunu anlamadım. Zombiler yok olmadan önce en fazla birkaç dakikan var."

"Lejyon!" diye bağırdı Reyna. *"Orbem formate! Gladium signe!"*

Zombiler Athena Parthenos'un etrafını çevirip, yakın savaş için kılıçlarını çektiler; Argentum da baygın halde olan Koç Hedge'i, üstüne hâlâ kendini heykele bağlayacak olan kayışlara geçirmek için uğraşan Nico'nun yanına getirdi. Aurum yanına geçti ve çizgiyi aşan tüm hayaletlere saldırdı.

Reyna ölü lejyonerlerle omuz omuza savaştı, gücünü aralarına yolladı. Bunun yeterli olmayacağını biliyordu. Toprak hayaletler kolaylıkla yere yıkılıyordu ama daha da fazlası yerden çıkan kül hortumların arasından geliyordu. Taş yumruklar her hedefe isabet ettiğinde, bir başka zombi yere yığılıyordu.

Bu sırada, Athena Parthenos savaşa tepeden bakıyordu: Asil, mağrur ve ilgisiz görünüyordu.

Reyna içinden birazcık yardım iyi olurdu diye düşündü. Mesela yok edici bir ışın ya da eski usul esaslı bir darbe.

Heykel hem Reyna'ya, hem de saldıran hayaletlere eşit miktarda öfke saçmaktan başka bir şey yapmadı.

Demek beni Long Island'a sürüklemek istiyorsun? O konuda bol şans, Romalı salak, der gibi duruyordu heykel.

Reyna'nın kaderinde şu vardı: Pasif-agresif bir tanrıçayı korumak isterken ölmek.

Savaşmaya ve iradesini daha da fazla yürüyen ölülerden oluşan birliklere yollamaya devam etti. Karşılık olarak, birlikler onu çaresizlikleriyle ve öfkeleriyle bir bombardımana tuttular.

Bir hiç uğruna savaşıyorsun, diye fısıldadı zombi lejyonerler zihnine. *İmparatorluk artık yok.*

"Roma için!" diye bağırdı Reyna boğuk bir sesle. Gladius'unu toprak hayaletlerden birine savurup, hançerini de bir diğerinin göğsüne sapladı. "On İkinci Lejyon Fulminata!"

Etrafındaki zombiler yere yıkıldılar. Bazıları savaşta parçalandı. Diğerleri de Diocletian'ın asasından geriye kalan gücü bitince kendiliğinden yok oldular.

Toprak hayaletler biraz daha yaklaştılar. Boş göz çukurlarıyla, şekilsiz suratlardan oluşan bir denizi andırıyorlardı.

"Reyna, şimdi!" diye bağırdı Nico. "Gidiyoruz!"

Reyna arkasına baktı. Nico kendini Athena Parthenos'a bağlamıştı. Baygın Gleeson Hedge'i başı belada olan bir kadın kahramanmış gibi kollarına almıştı. Aurum'la Argentum da gitmişlerdi. Belki de savaşmaya devam edemeyecek kadar kötü hasar almışlardı. Reyna tökezledi.

Bir taş yumruk göğüs kafesinin üstüne indi ve yan tarafında keskin bir acı hissetti. Başı dönmeye başladı. Nefes almaya çalıştı ama içine hava değil adeta bıçak çekiyormuş gibiydi.

"Reyna!" diye bağırdı Nico yeniden. Athena Parthenos titredi, yok olmak üzereydi.

Toprak bir hayalet yumruğunu Reyna'nın başına doğru savurdu. Reyna eğilip kurtulmayı başardı ama kaburgalarında hissettiği acı yüzünden, neredeyse bayılacaktı.

Pes et, dedi zihnindeki sesler. *Roma'nın mirası tıpkı Pompei gibi öldü ve gömüldü.*

"Hayır," diye mırıldandı kendi kendine. "Ben hayattayken olmaz."

Nico tam gölgelerin arasına dalmak üzereyken elini uzattı. Reyna da son gücüyle, ona doğru atıldı.

IX

LEO

Leo duvardan çıkmak istemiyordu.

Takması gereken üç payanda daha vardı ve kimse sürünülerek girilecek boşluğa sığacak kadar sıska değildi. (Sıska olmanın birçok avantajından biri de buydu.)

Su borularının ve kablolarının bulunduğu gövdenin katmanları arasında sıkışmış haldeyken, Leo düşünceleriyle baş başa kalabiliyordu. Canı sıkıldığında ki her beş saniyede bir öyle hissediyordu, tokmağıyla bir şeylere vuruyordu ve tayfa da onun sinir krizi geçirdiğini değil, çalıştığını düşünüyordu.

Sığınağıyla ilgili sorunlardan biri şuydu: oraya sadece beline kadar sığabiliyordu. Poposu ve bacakları hâlâ herkesin görebileceği kadar dışarıdaydı, bu yüzden de gizlenmesi zor oluyordu.

"Leo!" Piper'ın sesi arkasından bir yerden geldi. "Sana ihtiyacımız var."

İlahi bronz segmanı parmakların arasından kayıp düştü ve boşluğun derinliklerinde kayboldu.

Leo içini çekti. "Pantolonuma söyle Piper! Çünkü ellerim meşgul!"

"Pantolonunla konuşmuyorum. Yemek salonunda toplantı var. Neredeyse Olimpiya'ya geldik."

"Tamam, anladım. Bir saniye sonra oradayım."

"Sen ne yapıyorsun orada? Günlerdir kafanı gövdenin içine gizleyip duruyorsun."

Leo fenerini ağır ağır ama emin bir biçimde yerleştirdiği İlahi bronz plakaların ve iteneklerin üstünde gezdirdi. "Rutin bakım."

Sessizlik oldu. Piper onun ne zaman yalan söylediğini çok iyi anlardı. "Leo..."

"Hey, hazır oradayken bana bir iyilik yap. Popom çok kaşını..."

"Tamam, gidiyorum!"

Leo kayışı bağlamak için kendisine birkaç dakika daha süre verdi. Henüz işi bitmemişti. Hem de hiç. Ama ilerleme kaydetmişti.

Tabii, *2. Argo*'yu inşa ettiğinde, gizli projesi için araştırma yapmıştı ama bundan kimseye söz etmemişti. Aslında, ne yapacağıyla ilgili olarak kendine bile dürüst davrandığı söylenemezdi.

Hiçbir şey sonsuza dek dayanmaz, demişti babası bir keresinde. *En iyi makineler bile.*

Tamam, yani bu doğru olabilirdi. Ama Hephaistos şunu da demişti: *Her şey yeniden kullanılabilir*. Leo bu teoriyi sınamak istiyordu.

Tehlikeli bir riskti. Başarısız olursa, sonu gelirdi. Hem de sırf duygusal olarak değil. *Fiziksel* olarak da sonu gelirdi.

Bunu düşündükçe, boğulduğunu hissediyordu.

Boşluktan kıvranarak çıktı ve kamarasına döndü.

Şey... Orası *teknik* açıdan kamarasıydı ama orada uyumuyordu. Şiltesinin üstü tellerle, çivilerle ve sökülmüş birkaç bronz makinenin içinden çıkanlarla doluydu. Üç kocaman tekerlekli alet dolabı Chico, Harpo ve Groucho odanın büyük bir kısmını işgal ediyordu. Düzinelerce elektrikli alet de duvarlarda asılıydı. İş tezgâhının üstü Leo'nun Roma'daki bir yeraltı atölyesinde bulup kurtardığı unutulmuş Arşimet'in küreler hakkındaki metinden fotokopisi çekilen taslaklarıyla kaplıydı.

Kamarasında uyumak istese bile, içerisi fazla sıkışık ve tehlikeliydi. Motor odasında, makinelerin sürekli uğultusunun uyumasına yardımcı olduğu yerdeki yatağı tercih ediyordu. Hem Ogygia adasında vakit geçirdiğinden beri, kamp yapmaktan hoşlanmaya başlamıştı. İhtiyacı olan tek şey, yere serilmiş bir şilteydi.

Kamarasını sadece depo olarak kullanıyordu... Bir de en zor projelerinin üstünde çalışmak için.

Alet kemerinden anahtarlarını aldı. Aslında, vakti yoktu ama Groucho'nun orta çekmecesini açtı ve içindeki iki değerli nesneye baktı: Bolonya'da bulduğu bronz bir usturlap ve Ogygia'da bulduğu yumruk büyüklüğündeki kristal. Leo bu iki şeyi nasıl bir arada kullanacağını henüz bilemiyordu ve bu durum onu çileden çıkarıyordu.

İthaka'ya gittiklerinde birtakım yanıtlar bulabileceğini ummuştu. Ne de olsa, orası Odysseus'un, yani usturlabı yapan kişinin memleketiydi. Ama Jason'ın anlattıklarından, o harabelerin ona yanıtlar veremeyeceğini anlamıştı. Orada sadece aksi hayaletler ve gulyabaniler vardı.

Zaten Odysseus usturlabı asla çalıştırmamıştı. Hedef bulan bir işaret olarak kullanabileceği bir kristali yoktu. Leo'nunsa vardı. Tüm zamanların en zeki melezinin başarısız olduğu konuda başarılı olması gerekiyordu.

Leo'nun şansına, onu Ogygia'da çok çekici ölümsüz bir kız bekliyordu ama Leo aptal bir kaya parçasını üç bin senelik bir navigasyon aletine nasıl bağlayacağını hâlâ çözememişti. Bazı sorunları ambalaj bandı bile çözemiyordu.

Çekmeceyi kapatıp kilitledi.

Gözü, üstüne yan yana iki resmin asılı durduğu, tezgâhın üstündeki bildiri tahtasına ilişti. Bunlardan ilki, yedi yaşındayken pastel boyalarla yaptığı bir resimdi: Rüyalarında gördüğü uçan geminin bir şemasıydı. İkincisiyse, Hazel'ın kısa süre önce onun için yaptığı bir karakalem resimdi.

Hazel Levesque... Süper bir kızdı. Leo tayfaya Malta'da katılır katılmaz, Hazel onun ne kadar acı çektiğini anlamıştı. Eline geçen ilk fırsatta, Hades'in Evi'ndeki o kargaşadan sonra, Leo'nun kamarasına girip "Anlat," demişti.

Hazel iyi bir dinleyiciydi. Leo ona her şeyi baştan sona anlattı. O gece, daha sonradan Hazel elinde resim defteri ve karakalemleriyle geri gelmişti. "Onu tarif et," demişti ısrarla. "Her ayrıntıyı söyle."

Hazel'ın Kalipso'nun resmini yapmasına yardım etmek biraz tuhaf bir histi. Robot resim çizen bir polisle konuşuyormuş gibi hissetmişti. *Evet, memur bey, kalbimi çalan kız bu işte!* Kulağa salak bir country şarkısı gibi geliyordu.

Ama Kalipso'yu tarif etmek kolay olmuştu. Sürekli gözlerinin önlerindeydi.

O sırada, tıpatıp ona benzeyen bir resmi bildiri tahtasından kendisine bakıyordu: Badem biçimli gözleri, dolgun dudakları ve kolsuz elbisesinin tek omzuna attığı uzun ve düz saçları. Tarçın kokulu parfümünü adeta hissedebiliyordu. Çatık kaşları ve sarkıttığı dudakları ona sanki şöyle diyordu: *Leo Valdez, ne kadar da palavracısın.*

Kahretsin, o kızı seviyordu!

Leo onun resmini kendisine bazen hayallerin gerçekleştiğini hatırlatmak üzere *2. Argo*'nun resminin yanına asmıştı. Küçük bir çocukken, uçan bir gemi hayal ederdi. En sonunda, bu gemiyi inşa etmişti. Bundan sonra da Kalipso'ya geri dönmenin bir yolunu bulacaktı.

Geminin motorlarının uğultusu daha düşük bir seviyeye indi. Kamaranın hoparlöründen Festus'un çatlak ve gıcırtılı sesi duyuldu.

"Tamam, teşekkürler dostum," dedi Leo. "Şimdi gidiyorum."

Gemi alçalmaya başlamıştı, yani Leo'nun projelerinin beklemesi gerekiyordu.

"Sabırlı ol Günışığım," dedi Kalipso'nun resmine. "Tıpkı söz verdiğim gibi sana geri döneceğim."

Leo onun verdiği yanıtı hayal etti: *Seni beklemiyorum Leo Valdez. Sana* âşık *değilim. Verdiğin o aptalca sözlere de inanmıyorum!*

Bunu düşününce gülümsedi. Anahtarlarını tekrar alet kemerine taktı ve yemek salonuna gitti.

Diğer altı melez kahvaltı ediyordu.

Bir zamanlar, Leo herkesin güvertenin altında olmasından ve dümenin başında kimsenin bulunmayışından endişe ederdi ama Piper Festus'u büyükonuşuyla kalıcı olarak uyandırdığından beri ki Leo bunu nasıl yaptığını *hâlâ* anlayamamıştı, ejderha gemi başı *2. Argo*'yu tek başına idare etmekten de fazlasını başarmıştı. Festus yön bulabiliyor, radarı kontrol edebiliyor, yabanmersinli bir içecek yapabiliyor ve düşmanlara kızgın alevler fırlatabiliyordu. Hem de bunları tek bir devresini bile yakmadan, aynı anda yapıyordu.

Dahası, Harika Masa Buford da yedek olarak onlara yardım ediyordu. Koç Hedge gölge yolculuk keşfine gittiğinden beri, Leo üç ayaklı masasının 'yetişkin eşlikçi' görevini gayet güzel bir biçimde yerine getirebileceğine karar vermişti. Buford'un üstünü Koç Hedge'in holografik bir simülasyonunu gösteren büyülü bir parşömenle kaplamıştı. Mini-Hedge, Buford'un üstünde dolanıyor, "KESİN ŞUNU!" "SİZİ ÖLDÜRECEĞİM!" ve o çok sevdikleri lafı "ÜSTÜNÜZE BİR ŞEYLER GİYİN!" gibi şeyler söylüyordu.

O gün, Buford dümendeydi. Festus'un numaraları canavarları korkutmaya yetmezse, Buford'un holografik Hedge simülasyonu kesinlikle korkuturdu.

Leo yemek salonunun kapısında durdu ve yemek masasının etrafındaki manzaraya baktı. Arkadaşlarını sık sık bir arada göremiyordu.

Percy kocaman bir tabak dolusu mavi krep yiyordu (mavi renge olan bu takıntısı nereden geliyordu?), Annabeth'se kreplerin üstüne çok fazla şurup boca ettiği için onu azarlıyordu.

"Boğdun krepleri!" diye sızlanıyordu.

"Hey, ben bir Poseidon çocuğuyum," dedi Percy. "Boğulamam. Kreplerim de boğulmaz."

Sollarında, Frank ve Hazel bir Yunanistan haritasını masada düz tutabilmek için, mısır gevreği kâselerini haritanın köşelerine koymuşlardı. Kafa kafaya vermiş, bunu inceliyorlardı. Frank'in eli arada sırada Hazel'ın elini kaplıyordu; o halleriyle, tıpkı eskiden beri evli bir çift gibi doğal görünüyorlardı. Hazel utanmış gibi bile değildi ki, 1940'lardan kalma bir kız için bu gerçekten de ciddi bir ilerleme sayılırdı. Yakın tarihe kadar, birisi *kahretsin* falan dediğinde, Hazel neredeyse bayılacak gibi oluyordu.

Masanın başında oturan ve tişörtünü göğüs kafesine kadar sıyırmış olan Jason, Hemşire Piper bandajlarını değiştirirken rahat değil gibiydi.

"Kımıldama," dedi Piper. "Canının acıdığını biliyorum."

"Sadece soğuk," dedi Jason.

Leo onun sesindeki acıyı hissedebiliyordu. O aptal *gladius*'un keskin tarafı Jason'ın göğsünü boylu boyunca kesmişti. Sırtından giren *gladius*'un açtığı yara morun çirkin bir tonuydu ve üstünden dumanlar çıkıyordu. Bu da muhtemelen iyiye işaret değildi.

Piper olumlu düşünmeye çalışıyordu ama Leo'ya gizlice ne kadar endişeli olduğunu söylemişti. Ambrosia, nektar ve ölümlü ilaçları ancak bir derece yararlı olabilirdi. İlahi bronzun veya İmparatorluk altınının açtığı derin bir yara resmen bir melezin özünü içinden dışına kadar eritebilirdi. Jason iyileşebilirdi. Kendini daha iyi hissettiğini *iddia ediyordu.* Ama Piper bundan çok da emin değildi.

Jason metal biri otomaton olmaması çok kötüydü. En azından, o durumda Leo en yakın arkadaşına nasıl yardım edeceğine dair bir fikir sahibi olurdu. Ama iş insanlara gelince... Leo kendini çaresiz hissediyordu. İnsanlar çok çabuk bozuluyordu.

Arkadaşlarını seviyordu. Onlar için her şeyi yapardı. Ama her biri birbirine odaklanmış üç çiftten oluşan altı arkadaşına bakarken, İntikam tanrıçası Nemesis'in uyarısını hatırladı: *Kendi türünün arasında bir yer edinemeyeceksin. Her zaman yedinci çark olacaksın.*

Nemesis'in haklı olduğunu düşünmeye başlamıştı. Tabii, yeteri kadar uzun yaşarsa, çılgın planı işe yararsa, kaderi bir başkasıyla birlikte, hiçbir insanın ikinci kere bulmayı başaramadığı bir adada olacaksa.

Ama o an için, elinden gelen en iyi şey eski kuralını izlemek olabilirdi: *Yola devam. Moralini kaybetme. Kötü şeyler düşünme. İçinden gelmese bile, gülümseyip espriler yap. Özellikle de içinden gelmediğinde.*

"N'aber millet?" Yemek salonuna girdi. "Ay, Yaşasın *brownie*!"

Son *brownie*'yi aldı. Bunu Atlantik'in dibinde yaşayan balık sentor

Aphros'un verdiği özel bir deniz tuzu tarifiyle yapmışlardı.

Arayüzden bir parazit sesi geldi. Buford'un Mini-Hedge'i hoparlörlerden seslendi: "ÜSTÜNÜZE BİR ŞEYLER GİYİN!"

Herkes oturduğu yerde sıçradı. Hazel Frank'ten bir buçuk metre öteye kaçtı. Percy şurubu portakal suyunun içine döktü. Jason beceriksizce tişörtünü giymeye çalışırken, Frank bir buldoğa dönüştü.

Piper dik dik Leo'ya baktı. "Şu salak hologramdan kurtulacağını sanıyordum."

"Hey, Buford sadece günaydın demek istiyor. Bu holograma bayılıyor! Hem koçu hepimiz özledik. Frank de çok şirin bir buldog oluverdi doğrusu."

Frank yine iri yarı, asık suratlı Çinli Kanadalı genç oldu. "Sadece otur, Leo. Konuşmamız gereken şeyler var."

Leo, Jason'la Hazel'ın arasına sıkıştı. Kötü espriler yaparsa, onu tokatlama ihtimali en düşük iki arkadaşının onlar olduğunu düşünmüştü. Browniesinden bir ısırık aldı ve Fonzies isimli bir paket İtalyan atıştırmalığını kaparak dengeli bir kahvaltıyı tamamlamaya çalıştı. Bolonya'da bunlardan aldığından beri, bağımlı hale gelmişti. Peynirli ve mısırlı atıştırmalıklardı ve bunlar en sevdiği iki tattı.

"Eee..." Jason öne eğilirken suratını ekşitti. "Havada kalıp, Olimpiya'ya mümkün olduğunca yakın bir yerde demir atacağız. Orasının karanın iç kesimlerinden yaklaşık yedi buçuk kilometre kadar gerisinde olması hoşuma gitmiyor ama fazla seçeneğimiz yok. Juno'ya göre, zafer tanrıçasını bulmamız ve... Şey, onu sakinleştirmemiz gerekiyor."

Masaya huzursuz bir sessizlik çöktü.

Holografik duvarları kaplayan yeni perdelerle, yemek salonu olması gerektiğinden daha karanlık ve kasvetli bir hal almıştı ama bu konuda bir şey yapamıyorlardı. Kerkoplar duvarları kısa devreye uğrattıklarından beri, Melez Kampı'ndan gelen gerçek zamanlı video görüntüleri genellikle bulanıktı ve aşırı yakın çekim cüce suratlarına dönüşüyordu: Kızıl bıyıklar, kocaman burun delikleri ve bakımsız dişler... Bir şeyler yediğinizde ya da dünyanın kaderi hakkında ciddi bir konuşmaya yapacağınızda, bunların bir faydası olmuyordu.

Percy şuruplu portakal suyunu yudumladı. Tadı hoşuna gitmiş gibiydi. "Arada sırada karşılaştığımız tanrıçayla savaşmakla ilgili bir sorunum yok ama Nike iyilerden biri değil miydi? Yani, şahsen zaferi *severim.* Doyamıyorum."

Annabeth, parmaklarını masaya vurdu. "Biraz garip görünüyor. Nike'nin neden Olimpiya'da olacağını da anlayabiliyorum. Orası Olimpiyatların memleketi. Yarışmacılar ona kurban verilirdi. Yunanlılar ve Romalılar ona neredeyse bir iki yüz sene ibadet ettiler, değil mi?"

"Hemen hemen Roma İmparatorluğu'nun çöküşüne dek," dedi Frank. "Romalılar ona Victoria derlerdi ama aynı tanrıça. Onu herkes severdi. Kim kazanmayı sevmez ki? Onu neden yatıştırmamız gerektiğini anlayamadım."

Jason kaşlarını çattı. Gömleğinin altındaki yaradan incecik bir duman yükseldi. "Bildiğim tek şey şu... Antinoos isimli gulyabani, *Zaferin Olimpiya'da her tarafa yayıldığını* söyledi. Juno da bizi zaferi yenemediğimiz takdirde, Yunanlılar ve Romalılar arasındaki uçurumu asla kapatamayacağımız konusunda uyardı."

"Zaferi nasıl yenebiliriz?" dedi Piper. "Şu gerçekleştirmesi imkânsız bilmeceler gibi."

"Taşları uçurmak gibi," dedi Leo. "Ya da sadece bir tane Fonzie yemek gibi." Bir avuç dolusu atıştırmalığı ağzına attı.

Hazel burnunu kırıştırdı. "Bu şey seni öldürecek."

"Dalga mı geçiyorsun? Bunların içinde o kadar çok koruyucu var ki, sonsuza kadar yaşarım. Ama şu zafer tanrıçasının popüler ve harika olmasıyla ilgili... Melez Kampı'ndaki çocuklarının nasıl olduklarını hatırlamıyor musunuz?"

Hazel ve Frank, Melez Kampı'na hiç gitmemişlerdi ama diğerleri sıkkın sıkkın başlarını salladılar.

"Haklı," dedi Percy. "On Yedinci Kulübe'deki o çocuklar... Süper rekabetçiydi. Bayrağı kapmaya gelince, Ares çocuklarından bile kötüler. Şey, üstüne alınma, Frank."

Frank omuzlarını silkti. "Nike'nin karanlık bir yanı mı var diyorsun?"

"Çocuklarının kesin var," dedi Annabeth. "Bir mücadeleyi asla geri çevirmezler. Her şeyde *bir numara* olmak isterler. Anneleri o kadar coşmuş durumdaysa..."

"Bir dakika!" dedi Piper gemi sallanıyormuş gibi ellerini masaya dayayarak. "Arkadaşlar, bütün tanrılar Yunanlı ve Romalı hallerinin arasında gidip geliyor, değil mi? Nike dediğiniz gibiyse ve *zafer* tanrıçasıysa..."

"*Gerçekten* bölünmüş olmalı," dedi Annabeth. "Şu ya da bu tarafın kazanmasını isteyecek ki birisini galip ilan etsin. Resmen kendisiyle savaş halinde olacak."

Hazel mısır gevreği kâsesini Yunanistan haritasına doğru itti. "Ama biz şu ya da bu tarafın kazanmasını istemiyoruz. Yunanlılarla Romalıları aynı tarafa çekmeliyiz."

"Belki de sorun budur," dedi Jason. "Zafer tanrıçası her yere yayılmış durumdaysa, Yunanlılarla Romalılar arasında bölünmüşse, iki kampın bir araya getirilmesini imkânsız hale getiriyor olabilir."

"Nasıl?" dedi Leo. "Twitter'da bir savaş oyunu başlatarak mı?"

Percy kreplerine bıçağını batırdı. "Belki o da Ares gibidir. O adam kalabalık bir odaya girerek bile bir kıvılcım çakabilir. Nike rekabetçi titreşimler falan yayıyorsa, tüm Yunan-Roma rekabetini sonuna kadar alevlendirebilir."

Frank Percy'yi işaret etti. "Atlanta'daki yaşlı deniz tanrısını hatırlıyor musun? Phorkys'i diyorum. Gaia'nın planlarının her zaman çok katmanlı olduğunu söylemişti. Bu da gigantların iki kampı ayrı tutma stratejisinin bir parçası olabilir. Durum böyleyse, Nike'nin bizi birbirimize düşürmesine müsaade edemeyiz. İki Yunanlı, iki Romalıdan oluşan *dört* kişilik bir partiyi karaya yollamalıyız. Bu denge *onu* da dengede tutabilir."

Leo Zhang'i dinlerken, o şaşkınlık anlarından birini yaşıyordu. Arkadaşının son birkaç haftadır ne kadar değiştiğine inanamıyordu. Frank sadece uzayıp daha da güçlü hale gelmemişti. Artık kendisine daha çok güveniyor, daha çok sorumluluk almaya istekli davranıyordu. Belki de bunun sebebi, büyülü çıra yaşam çizgisinin ateş geçirmez bir kesede olması veya bir zombi lejyonuna liderlik edip praetor unvanı almış olmasıydı. Nedeni her ne olursa olsun, Leo onu eskiden bir *iguanaya* dönüşerek Çin kelepçelerinden kurtulan sakar çocuk olarak görmekte zorlanıyordu.

"Bence Frank haklı," dedi Annabeth. "Dört kişilik bir ekip olmalı. Kimlerin gideceği konusunda dikkatli olmalıyız. Tanrıçayı, şey, daha da dengesiz kılacak bir şey yapmamaya çalışmalıyız."

"Ben giderim," dedi Piper. "Büyükonuş kullanmayı deneyebilirim."

Annabeth'in gözlerinin etrafındaki endişe çizgileri derinleşti. "Bu sefer olmaz Piper. Nike sırf rekabetten ibaret. Afrodit'se... Şey, o da kendi çapında öyle sayılır. Nike'nin seni bir tehdit olarak görebileceğini düşünüyorum."

Eskiden olsa, Leo bu konuda bir espri patlatabilirdi. *Piper*'ın bir tehdit olması mı? Bu kız onun için bir kız kardeş gibiydi ama bir grup serseriyi dövmek istese ya da bir zafer tanrıçasını yatıştırmak zorunda olsa, Piper başvuracağı ilk kişi olmazdı.

Ama yakın zamanda... Aslında, Piper Frank kadar belirgin bir biçimde değişmemiş olabilirdi ama *yine de* değişmişti. Kar tanrıçası Khione'yi göğsünden bıçaklamıştı. Boreadları yenmişti. Tek başına, vahşi bir harpya sürüsünü parçalamıştı. Büyükonuş yeteneğine gelince, bunu öylesine geliştirmişti ki, Leo artık huzursuz olmaya başlamıştı. Ona sebzelerini yemesini söylerse, bunu ciddi ciddi *yapabilirdi.*

Annabeth'in sözleri onu gücendirmemiş gibiydi. Piper tamam der gibi başını salladı ve gruba baktı. "O halde, kimin gitmesi gerek?"

"Jason ve Percy birlikte gitmemeli," dedi Annabeth. "Jüpiter ve Poseidon... Kötü bir bileşim. Nike ikinizi kolaylıkla kavga ettirebilir."

Percy ona yan yan bakıp gülümsedi. "Evet, Kansas'taki gibi bir olayı bir daha yaşayamayız. Kardeşim Jason'ı öldürebilirim."

"Ya da ben kardeşim Percy'yi öldürebilirim," dedi Jason dostane bir tavırla.

"Bu da dediğimi doğruluyor," dedi Annabeth. "Ayrıca, Frank'le ben de birlikte gidemeyiz. Mars ve Athena... Bu ikili de en az diğeri kadar kötü."

"Tamam," dedi Leo araya girip. "O zaman, Yunanlı olarak Percy ve ben gideriz. Frank'le Hazel da Romalılar olarak gelirler. İşte bu en müthiş rekabetçi olmayan rüya ekibi değil de ne?"

Annabeth'le Frank birbirlerine savaş tanrıları gibi birer bakış fırlattılar.

"İşe yarayabilir," dedi Frank en sonunda. "Yani, hiçbir birleşim kusursuz olmayacak ama Poseidon, Hephaistos, Pluton ve Mars... Bu grupta öyle büyük bir düşmanlık göremiyorum."

Hazel parmağını Yunanistan haritasının üstünde gezdirdi. "Hâlâ keşke Korint Kanalı'ndan gitseydik diye düşünüyorum. Delphi'ye uğrayıp tavsiye alabileceğimizi umuyordum. Hem Peloponez'in etrafından dolanmak çok uzun sürecek."

"Evet." Leo yanından dolanmaları gereken kıyı şeridine bakınca içini fenalık kapladı. "Şu anda tarih zaten 22 Temmuz. Bugünü de sayarsak, şeye sadece on gün..."

"Biliyorum," dedi Jason. "Ama Juno o konuda çok açık konuştu. Kısa yolun intihardan farksız olacağını söyledi."

"Delphi'ye gelince..." Piper haritaya doğru eğildi. Saçındaki mavi renkli harpya tüyü bir sarkaç gibi sallandı. "Orada neler oluyor? Apollon'un artık Kâhin'i yoksa...

Percy inledi. "Bunun Octavian denen o salakla bir ilgisi olmalı. Belki de geleceği okumakta o kadar kötüydü ki, Apollon'un güçlerini yok etti."

Jason hafifçe gülümsedi ama gözleri çektiği acıdan donuklaşmıştı. "Umalım da Apollon'la Artemis'i bulabilelim. O zaman, ona kendin sorabilirsin. Juno ikizlerin bize yardım etmeye istekli olabileceğini söylemişti."

"Yanıtlanmamış çok soru var," diye mırıldandı Frank. "Atina'ya varmamıza da epey kilometre var."

"Sırayla gidelim," dedi Annabeth. "Sizin Nike'yi bulup, onu bir şekilde yatıştırmanın yolunu anlamanız gerek... Juno bununla her ne demek istediyse artık. Hâlâ zaferi kontrol eden bir tanrıçayı nasıl yenebileceğimizi anlayamadım. Bana imkânsızmış gibi geliyor."

Leo sırıtmaya başladı. Elinde değildi. Evet, gigantların Gaia'yı uyandırmasını durdurmak için on günleri olduğu doğruydu. Akşam yemeği vakti bile gelmeden ölebilirdi. Ama bir şeyin imkânsız olduğunun söylenmesine bayılıyordu. Birisinin ona limonlu bezeli bir pasta vermesi ve bunu fırlatmamasını söylemesi gibi bir şeydi. Bu meydan okumaya dayanması mümkün değildi.

"Bunu göreceğiz." Ayağa fırladı. "El bombaları koleksiyonumu alayım, sonra sizinle güvertede buluşurum!"

X

LEO

"İyi bir seçim yapmışsın," dedi Percy. "Klimalı ortamı seçerek yani."

O ve Leo müzeyi daha yeni aramışlardı. O sırada, Kladeos Nehri'nin üstündeki bir köprüde, Frank'le Hazel'ın harabeleri keşfetmek için çıktıkları geziden geri dönmesini beklerken ayaklarını suya sarkıtmış oturuyorlardı.

Sollarında kalan Olimpik vadi öğleden sonrası sıcağında parıldıyordu. Sağlarında, ziyaretçi alanı tur otobüsleriyle doluydu. *2. Argo*'nun otuz metre havada demir almış olması iyiydi, çünkü asla park yeri bulamazlardı.

Leo nehirde bir taş sektirdi. Hazel'la Frank'in geri dönmesini istiyordu. Percy'yle takılmak onu tuhaf hissettiriyordu.

Bir kere, Tartarus'tan kısa süre önce dönen birisiyle nasıl havadan sudan konuşacağını bilemiyordu. Doctor Who*'nun son bölümünü izledin mi? Ha, doğru ya? O sırada, Sonsuz Lanet Çukuru'nda ilerlemeye çalışıyordun!*

Percy daha önceden de ona göz korkutucu gelirdi. Fırtınalar yaratmasıyla, korsanlarla düello yapmasıyla ve Kolezyum'da gigantları öldürmesiyle... O sıradaysa... Tartarus'ta olanlardan sonra, Percy adeta yeni bir düşman pataklama mertebesine erişmiş gibiydi.

Leo onu aynı *kampın* bir parçası olarak bile düşünmekte zorlanıyordu. İkisi asla aynı zamanda Melez Kampı'nda bulunmamışlardı. Percy'nin deri kolyesinde tamamlamış olduğu yazları temsil eden dört boncuk vardı. Leo'nun deri kolyesindeyse *hiç* yoktu.

Tek ortak noktaları Kalipso'ydu ve Leo *bunu* her düşündüğünde, Percy'nin suratına bir yumruk indirmek istiyordu.

Leo sürekli olarak sırf konu aydınlığa kavuşsun diye bundan söz etmek istiyordu ama zamanlama asla doğru gelmiyordu. Aradan günler geçerken, konuyu açmak gitgide zorlaşıyordu.

"Ne oldu?" diye sordu Percy.

Leo kıpırdandı. "Neye ne oldu?"

"Bana öfkelenmişsin gibi bakıyordun."

"Öyle mi bakıyordum?" Leo bir espri patlatmaya ya da en azından gülümsemeye çalıştı ama beceremedi. "Şey, kusura bakma."

Percy nehre baktı. "Sanırım, konuşmamız gerek." Elini açtı ve Leo'nun nehre fırlatıp sektirdiği taş buharların arasından doğrudan Percy'nin avucuna uçtu.

Hah, dedi Leo içinden, *gösteriş mi yapıyoruz şimdi de?*

En yakındaki tur otobüsüne bir ateş sütunu fırlatıp, benzin deposunu havaya uçurmayı düşündü ama bunun biraz abartılı olabileceğine karar verdi. "Belki de *gerçekten de* konuşmamız gerek. Ama..."

"Arkadaşlar..." Frank otoparkın uç kısmından yanlarına gelmeleri için elini salladı. Yanında duran Hazel karaya ayak basar basmaz beliren atı Arion'un sırtındaydı. Günü Zhang kurtardı, diye düşündü Leo.

O ve Percy koşarak arkadaşların yanına gittiler.

* * *

"Burası çok büyük," dedi Frank. "Harabeler nehirden şuradaki dağın dibine kadar ilerliyor. Yaklaşık olarak yarım kilometre."

"Normal ölçümde ne kadar uzaklıkta?" diye sordu Percy.

Frank gözlerini devirdi. "Kanada'da ve dünyanın *geri* kalanında, bu *zaten* normal bir ölçüm," dedi. "Sadece siz Amerikalılar..."

"Beş ya da altı futbol sahası kadar," diye araya girdi, Arion'a kocaman bir parça altın yediren Hazel.

Percy ellerini iki yana açtı. "Söylemen gereken tek şey buydu."

"Neyse," dedi Frank. "Yukarıdan şüpheli herhangi bir şey görmedim."

"Ben de," dedi Hazel. "Arion beni alanın etrafında tam bir daire çizebileceğim şekilde dolaştırdı. Bir sürü turist var ama çılgın bir tanrıça falan yok."

İri at kişneyip başını geriye attı, boyun kasları karamel rengi tüylerinin altındaki kasları dalgalandı.

"Vay be, atın küfredebiliyor." Percy başını salladı. "Olimpiya'dan pek hoşlanmıyor."

Leo bir kez olsun atla aynı fikirdeydi. Kavurucu güneşin altında harabelerle dolu bir alanda ilerlemek, kişilik bölünmesi yaşayan bir tanrıçayı ararken terli turistlerden oluşan bir kalabalığı yarmak, ona da hoş bir fikir gibi gelmemişti. Ayrıca, Frank tüm vadiyi tepeden bir kartal olarak gezmişti. Keskin gözleri bir şey görmediyse, belki de görecek bir şey yoktu.

Öte yandan, Leo'nun alet kemerinin cepleri bir sürü tehlikeli oyuncakla doluydu. Bir şeyleri havaya uçurmadan gemiye dönmeyi istemiyordu.

"O halde, birlikte dolaşalım ve belanın bizi bulmasını bekleyelim," dedi. "Daha önceden hep işe yaramıştı."

Bir süre, alanda gezindiler, tur gruplarından uzak durmaya çalıştılar ve bir gölgelik yerden diğerine geçtiler.

Leo kim bilir kaçıncı kez Yunanistan'ın memleketi Teksas'a benzediğini düşünüp şaşırıyordu: Alçak tepeler, bodur ağaçlar, ağustosböceği sürüleri ve kavurucu yaz sıcağı aynı Teksas'taki gibiydi. Eski sütunları ve harabeye dönmüş tapınakları, ineklerle ve dikenli tellerle değiştirecek olsa, Leo kendini evinde hissedecekti.

Frank bir turist broşürü buldu (cidden, bu çocuk bir çorba konservesinin üstündeki etiketteki malzemeleri bile okurdu) ve onlara neyin ne olduğuyla ilgili kısa bilgiler verdi.

"Burası Propylon." Yıkık sütunları olan taşlı bir yolu işaret etti. "Olimpik vadinin ana kapılarından biri."

"Moloz yığını!" dedi Leo.

"Şurada da..." Frank bir Meksika restoranının verandası gibi görünen kare biçimli bir alanı işaret etti. "...Hera'nın Tapınağı var; buradaki en eski yapılardan biri."

"Bu da moloz yığını!" dedi Leo.

"Şu daire biçimli orkestra alanına benzeyen yerse, Makedonyalı Philip'e adanan Philipeon."

"Daha da çok moloz yığını! Hem de birinci sınıf!"

Hâlâ Arion'un üstünde olan Hazel Leo'nun kolunu tekmeledi. "*Hiçbir* şey seni etkilemez mi yahu?"

Leo başını kaldırıp ona baktı. Hazel'ın altın sarılı kahverengili kıvırcık saçlarının rengi, miğferinin ve kılıcının rengiyle aynıydı; bu yüzden de İmparatorluk altınından yapılmış gibi görünüyordu. Leo Hazel'ın bunu bir iltifat olarak kabul edeceğine ihtimal vermiyordu ama insanlar söz konusu olduğunda, Hazel birinci sınıf bir işçilik demekti.

Leo, Hades'in Evi'ne yaptıkları yolculuğu hatırladı. Hazel ona ürkünç yanılsamalar labirentinde yol göstermişti. Büyücü Pasiphae'nin zemindeki hayali bir çukurda yok olmasını sağlamıştı. Gigant Clytius'la savaşırken, Leo gigantın karanlık bulutunun arasında boğulmuştu. Hazel Ölümün Kapıları'nı bağlayan zincirleri kesmişti. Bu arada, Leo da... Aslında, hemen hemen hiçbir şey yapmamıştı.

Artık Hazel'a hayran değildi. Kalbi uzaklardaki Ogygia adasında kalmıştı. Yine de Hazel Levesque onu etkiliyordu. Hatta bir denizci gibi küfreden, korkutucu, ölümsüz ve süpersonik bir atın üstünde bile *değilken.*

Bunların hiçbirini söylemedi ama Hazel aklından geçenleri anlamış olmalıydı. Utanıp başını çevirdi.

Bunları fark etmediği için halinden memnun olan Frank tur rehberliğine devam etti. "Şurada da... Aaa." Percy'ye baktı. "Şey, şu yarım ay biçimli tepe, hani oyukların olduğu yer... Orası bir nimfa yuvası, Roma döneminde inşa edilmiş."

Percy'nin suratı sapsarı oldu. "Aklıma bir fikir geldi: En iyisi oraya gitmeyelim."

Leo onun Roma'da Jason'la ve Piper'la nimfa yuvasında yaşadığı ölüme yakın deneyimini duymuştu. "Bu fikre bayıldım."

Yürümeye devam ettiler.

Arada sırada, Leo'nun elleri alet kemerine gidiyordu. Kerkoplar onu Bolonya'da çaldıklarından, yine kemerinin çalınacağından korkuyordu ama hiçbir canavarın o cüceler kadar iyi bir hırsız olduğunu da düşünmüyordu. O ufak, şapşal maymunların New York'ta neler yaptığını merak etti. Romalıları taciz ederek hâlâ eğlendiklerini, bir sürü parlak fermuar çaldıklarını ve lejyonerlerin pantolonlarının düşmesine neden olduklarını umdu.

"Burası Pelopion," dedi Frank bir başka büyüleyici taş yığınını gösterip.

"Yapma Zhang," dedi Leo. "*Pelopion* bir sözcük bile değil. Anlamı neydi? *Dalga geçilen* kutsal bir yer miydi?"

Frank alınmış gibiydi. "Burası Pelops'un gömüldüğü yer. Yunanistan'ın bu bölgesine, yani Peloponez'e olduğu gibi onun ismi verilmiş."

Leo Frank'in suratına bir el bombası atmamak için kendini zor tuttu. "Sanırım, Pelops'un kim olduğunu bilmem gerekiyor."

"Karısını bir savaş arabası yarışında kazanan bir prensti. Öykülere göre, Olimpik oyunları bunu şereflendirmek için başlatmış."

Hazel burnunu çekti. "Ne kadar romantik. 'Karın güzelmiş, Prens Pelops'. 'Teşekkürler. Onu bir savaş arabası yarışında kazandım.'"

Leo bunların zafer tanrıçasını bulmalarına ne faydası olacağını anlayamamıştı. O sırada, kazanmak istediği tek zafer buz gibi bir içecek içmek ve belki biraz da nachos yemekti.

Yine de... Harabelerin içine girdikçe, daha da huzursuz hissetti. Aklına hatırladığı en eski anılarından biri geldi. Bakıcısı Tía Callida, nam-ı diğer Hera, o daha dört yaşındayken zehirli bir yılanı bir değnekle dürtmesi için ona cesaret veriyordu. Psikopat tanrıça ona bunun bir kahraman olabilmek için iyi bir eğitim olduğunu söylemişti. Haklı olabilirdi. Leo o günlerde zamanın büyük bir kısmını başı derde girene dek orada burada dolanarak geçiriyordu.

Turist kalabalığına bakarken, onların sıradan ölümlüler mi, yoksa onları Roma'da kovalamış *eidolonlar* gibi kılık değiştirmiş canavarlar mı olduklarını merak etti. Ara ara tanıdık bir surat gördüğünü sanıyordu: Kabadayı kuzeni Raphael; kötü yürekli üçüncü sınıf öğretmeni Bay Borquin; ona kötü davranan koruyucu annesi Teresa. Kısacası, Leo'ya bir pislik gibi davranan her tür insanı gördüğünü sanıyordu.

Muhtemelen, suratlarını gördüğünü sadece hayal etmişti ama bu durum sinirlerini germişti. Tanrıça Nemesis'in nasıl Rosa Teyze'si, yani hayatta en çok nefret ettiği ve intikam almak istediği kişi gibi belirdiğini hatırladı. Nemesis'in oralarda olup olmadığını, Leo'nun ne yapacağını izleyip izlemediğini merak etti. O tanrıçaya borcunu ödediğinden hâlâ emin değildi. Tanrıçanın onun daha da acı çekmesini istediğinden şüpheleniyordu. Belki de o gün gelip çatmıştı.

Bir başka harap binaya uzanan geniş birkaç basamağın orada durdu. Frank burasının Zeus'un Tapınağı olduğunu söylemişti.

"Eskiden içeride Zeus'un kocaman altın ve fildişi bir heykeli varmış," dedi Zhang. "Eski dünyanın yedi harikasından biri. Athena Parthenos'u yapan adam tarafından yapılmış."

"Lütfen bana onu bulmak zorunda olmadığımızı söyle," dedi Percy. "Tek bir yolculuk için yeteri kadar kocaman büyülü heykeller gördüm."

"Aynen." Hazel huysuzlanmaya başlayan atı Arion'un karnına vurarak onu yatıştırmaya çalıştı.

Leo da kişneyip toynaklarını yere vurmak istiyordu. Sıcaktan bunalmıştı, sinirleri gerilmişti ve acıkmıştı. Zehirli yılanı yeteri kadar dürtüklemişler de yılan saldırıya hazırlanıyormuş gibi hissediyordu. O günlük pes etmek ve yılan saldırmadan gemiye dönmek istiyordu.

Ne yazık ki, Frank *Zeus'un Tapınağı* ve *heykel* sözcüklerini söyler söylemez, Leo'nun beyni bir bağlantı kurmuştu. İstemeye istemeye, bunu arkadaşlarıyla paylaştı.

"Hey, Percy, müzedeki Nike heykelini hatırlıyor musun? Hani, şu paramparça olan."

"Evet?"

"O heykel burada, Zeus'un Tapınağı'nda değil miydi? Yanılıyorsam, söyleyebilirsin. Yanılmayı çok isterim."

Percy elini cebine soktu. Tükenmez kalemi Dalgakıran'ı çıkardı. "Haklısın. Nike bir yerlerdeyse... Orası burası olabilir."

Frank etrafına bakındı. "Bir şey göremiyorum."

"Adidas ayakkabılarını yüceltirsek, Nike bize görünecek kadar öfkelenir mi acaba?" dedi Percy.

Leo gergin gergin gülümsedi. Belki de Percy'yle ortak bir yanı daha vardı: aptal bir espri anlayışı. "Evet, eminim ki onun sponsorluk anlaşmasına *kesinlikle* ters düşer. BUNLAR OLİMPİYATLARIN RESMİ AYAKKABILARI DEĞİL! ŞİMDİ ÖLECEKSİNİZ."

Hazel gözlerini devirdi. "İkiniz de inanılmazsınız."

Leo'nun ardından gelen gök gürültüsünü andıran bir ses, harabeleri zangırdattı: "ŞİMDİ ÖLECEKSİNİZ!"

Leo neredeyse alt kemerinin içinden fırlayacaktı. Arkasına döndü... Bunu yaptığı anda, kendini içinden azarladı. Demode ayakkabılar tanrıçası Adidas'ı çağırmak *zorundaydı*, değil mi?

Altın renkli bir savaş arabasının içindeki tanrıça, elindeki mızrağı Leo'nun kalbine doğrultmuş, tepeden ona bakan Nike'ydi.

XI

LEO

Altın renkli kanatlar aşırı büyüktü.

Leo savaş arabasını ve iki beyaz atı beğenebilirdi. Nike'nin parıltılı kolsuz elbisesi de sorun değildi (Kalipso bu tarzı çok daha iyi taşıyordu ama bunun konuyla bir ilgisi yoktu), yaldızlı bir defne çelengiyle çevrili örgülü koyu renkli saçları da.

Suratındaki ifade şaşkın ve biraz da çılgındı; sanki yirmi tane espresso içmiş, bir hız trenine binmiş gibiydi ama Leo'yu bu da rahatsız etmedi. Hatta göğsüne doğrultulmuş altın uçlu mızrakla da başa çıkabilirdi.

Ama o *kanatlar*... Üstündeki son tüye kadar, her biri altın rengine boyanmıştı. Leo bu müthiş el işçiliğini takdir edebilirdi ama kanatlar çok büyük, çok parlak ve çok gösterişliydi. Kanatları solar paneller olsaydı, Nike Miami'ye yetecek kadar enerji üretebilirdi.

"Leydi," dedi. "Kanatlarınızı kapatabilir misiniz acaba? Parıltıdan her yerim yanmak üzere."

"Ne?" Nike başını ürkmüş bir tavuk gibi ona çevirdi. "Ha... Harika tüylerimi diyorsun. Tamam. Sanırım, kör olup yanarsan, görkemli bir biçimde ölemezsin."

Kanatlarını kapadı. Isı bir yaz öğleden sonrası için daha normal sayılabilecek kırk dereceye düştü.

Leo arkadaşlarına baktı. Frank hareketsiz duruyor, tanrıçayı süzüyordu. Sırt çantası henüz bir yayla ok kılıfına dönüşmemişti; muhtemelen, sağduyulu bir davranıştı. Çok korkmuş olamazdı, çünkü kocaman bir denizanasına da dönüşmemişti.

Hazel Arion'u zapt etmekte zorlanıyordu. Demir kırı at kişneyip şaha kalkıyor, Nike'nin savaş arabasını çeken beyaz atlarla göz göze gelmemeye çalışıyordu.

Percy'yse büyülü tükenmez kalemini kılıcıyla birkaç hareket mi yapsın, yoksa Nike'nin savaş arabasının üstüne imzasını mı atsın gibi bir ifadeyle duruyordu.

Kimse konuşmak için öne çıkmadı. Leo keşke Piper'la Annabeth yanlarında olsaydı diye düşündü. Onlar bu *konuşma* işinde çok daha iyiydiler.

Hepsi görkemli bir biçimde ölmeden önce, birisinin konuşmasının daha iyi olacağına karar verdi.

"Eee?" dedi işaret parmağını Nike'ye doğrultarak. "Bilgilendirici toplantıyı dinlemedim, bilgilerin Frank'in broşüründe olmadığına da eminim. Bana burada neler olduğunu söyleyebilir misiniz?"

Nike'nin şaşkın bakışları sinirini bozmuştu. Burnu falan mı alev almıştı? Bazen stresli olduğunda, burnu yanabiliyordu.

"Zafer elde etmeliyiz!" diye çığlık attı tanrıça. "Yarışa karar verilmeli! Buraya bana kazananı söylemeye geldiniz, değil mi?"

Frank hafifçe öksürdü. "Siz Nike misiniz, Victoria mı?"

"Ahhhhh!" Tanrıça başının yanlarını tuttu. Atları geri çekilince,

Arion da aynı şeyi yaptı.

Tanrıça titredi ve iki farklı görüntüye bölündü. Bunlar Leo'ya saçma bir şekilde küçükken yaşadıkları dairenin zeminine yatıp, süpürgeliğin üstündeki kıvrık kapı tamponuyla oynadığı zamanı hatırlatmıştı.

Tamponu geri çekip *Vın!* diye bırakırdı. Tampon öylesine hızlı bir biçimde ileri geri yaylanırdı ki, iki farklı bobine ayrılmış gibi görünürdü.

Nike de o sırada öyle görünüyordu: ilahi ve ikiye ayrılmış bir kapı tamponu gibi.

Sol tarafta, ilk hali duruyordu: Parıltılı kolsuz bir elbise giymiş, koyu renkli saçları bir defne tacıyla çevrelenmiş, altın renkli kanatları ardında kapalı duran bir tanrıça vardı. Sağdaysa, daha farklı bir versiyon duruyordu: Bir Roma göğüs ve baldır zırhı takıp savaşa hazırlanmış bir tanrıçaydı. Kısa, kestane renkli saçları uzun miğferinin kenarlarından görünüyordu. Kanatları tüy gibi ve beyazdı, elbisesi mor renkliydi ve mızrağının sapına bir plaka büyüklüğünde bir Roma nişanı iliştirilmişti: Bir defne tacı içinde atın renkli bir SPQR.

"Ben Nike'yim!" diye bağırdı soldaki görüntü.

"Ben Victoria'yım!" diye de sağdaki bağırdı.

Leo ilk kez *abuelo*'sunun her zaman dediği bir lafı anladı: *ağzının kenarıyla konuşmak.* Bu tanrıça resmen aynı anda iki farklı şey söylüyordu. Sürekli olarak titriyor ve ikiye ayrılarak, Leo'nun başını döndürüyordu. Aletlerini kemerinden çıkarıp, karbüratörünü boşa almak istiyordu, çünkü o kadar titreşim motorunun havaya uçmasına neden olacaktı.

"Zafere karar veren benim!" diye bağırdı Nike. "Bir zamanlar, burada, Zeus'un tapınağının köşesinde durur, herkes tarafından saygı görürdüm! Olimpiya'da oyunları ben yönetirdim. Her şehir eyaletten adaklar ayaklarımın dibine serilirdi!"

"Oyunlar geçersiz!" diye bağırdı Victoria. "Ben savaşta zaferin tanrıçasıyım! Roma generalleri bana tapardı! Augustus kendi elleriyle sunağımı Senato Binası'nda inşa etti!"

"Ahhhh!" dedi iki görüntü bir ağızdan. "Karar vermeliyiz! Zafer elde etmeliyiz!"

Arion öylesine şiddetli sarsıldı ki, Hazel sırtından yere düşmemek için inmek zorunda kaldı. Onu yatıştırmaya fırsat bulamadan, at gözden kayboldu ve harabelerin arasında dumandan bir iz bıraktı.

"Nike," dedi Hazel ağır ağır öne çıkıp. "Diğer tanrılar gibi senin de aklın karışmış. Yunanlılar ve Romalılar savaşa girmek üzere. İki halinin birbiriyle çatışmasına neden oluyor."

"Biliyorum!" Tanrıça mızrağını sallayınca, ucu lastik gibi iki farklı uca ayrıldı. "Çözümlenmemiş sorunlara tahammül edemem! Kim daha güçlü? Kazanan kim?"

"Leydi, kimse kazanmadı," dedi Leo. "O savaş gerçekleşirse, herkes kaybedecek."

"Kazanan yok mu?" Nike o kadar büyük bir şok yaşıyordu ki, Leo burnunun alev *aldığına* emin oldu. "Her zaman bir kazanan vardır! *Tek* bir kazanan. Geri kalanı yenilmişti! Yoksa zaferin bir anlamı olmazdı. Sanırım, benden tüm yarışmacılara sertifika vermemi isteyeceksiniz. Her atlete veya askere *katılımı* için ufak plastik kupalar mı vereceğim? Hepimiz sıraya dizilip tokalaşalım, sonra da birbirimize İyi yarıştı mı diyelim? Hayır! Zaferin gerçek olması gerek. Kazanılması gerek. Yani, nadir olarak ve güçlükle, tüm şartlara rağmen kazanılan bir şey olmalı ve diğer olasılıkları *elemeli.*"

Tanrıçanın iki atı havaya girmişler gibi, birbirlerini ittirdiler.

"Şey... Peki," dedi Leo. "Bu konuda kararlı olduğunuzu görebiliyorum. Ama gerçek savaş Gaia'ya karşı."

"Doğruyu söylüyor," dedi Hazel. "Nike, sen gigantlarla yapılan son savaşta Zeus'un savaş arabasını sürmüyor muydun?"

"Tabii ki!"

"O halde, gerçek düşmanın Gaia olduğunu biliyorsundur. Onu yenebilmek için yardımına ihtiyacımız var. Savaş Yunanlılarla Romalılar arasında değil."

Victoria kükredi: "Yunanlıların yok olması gerek!"

"Zafer ya da ölüm!" diye haykırdı Nike. "Bir tarafın galip gelmesi gerek!"

Frank homurdandı. "Babamın zihnimin içinde bağırıp durması bana yetiyor da artıyor bile."

Victoria dik dik ona baktı. "Mars'ın bir çocuğusun demek ha? Roma'nın bir praetoru? Hiçbir gerçek Romalı Yunanlıların hayatını bağışlamaz. Bölünmüş ve aklı karışık olmaya dayanamam. Düzgün düşünemiyorum! Öldürün onları! Kazanın!"

"Olmaz," dedi Frank ama Leo Zhang'in sağ gözünün seğirdiğini fark etti.

Leo da bocalıyordu. Nike onlara gerilim dalgaları yolluyor, sinirlerini alev alev yakıyordu. Leo bir yarışın başlama çizgisine eğilmiş, birisinin 'Başla!' diye bağırmasını bekliyormuş gibi hissediyordu. İçinden nedensiz yere Frank'in boğazına sarılmak geçiyordu; aptalca bir düşünceydi tabii, çünkü elleri Frank'in boynunun etrafını saramazdı bile.

"Bak, Bayan Zafer..." Percy gülümsemeye çalıştı. "Bu telaşlı zamanını bölmek istemezdik. Ama belki kendinle yaptığın bu konuşmayı bitirebilirsen, şey, daha sonra daha büyük silahlarla ve biraz da yatıştırıcıyla geri geliriz."

Tanrıça mızrağını kaldırdı. "Bu meseleyi bugün çözeceksiniz. Bugün, şimdi, galibe karar vereceksiniz! Dördünüz mü? Harika! Takımlar kuralım. Belki erkeklere karşı kızlar olabilir!"

Hazel, "Şey... hayır," dedi.

"Formalılara karşı çıplaklar!"

"Kesinlikle hayır," dedi Hazel.

"Yunanlılara karşı Romalılar!" diye bağırdı Nike. "Evet, tabii! İkiye iki. Hayatta kalan son melez kazanır. Diğerleri de görkemli bir biçimde ölür."

Leo bedenine rekabetçi bir isteğin yayıldığını hissetti. Tüm iradesini kullanarak, alet kemerine uzanıp bir tokmak almamayı ve Hazel'la Frank'i indirmemeyi güçlükle başarmıştı.

Annabeth'in oraya ebeveynleri doğal rakipler olan melezleri yollamama düşüncesinin ne kadar isabetli olduğunu anlamıştı. Jason orada olsaydı, o ve Percy büyük bir ihtimalle çoktan yerde debelenip, birbirlerinin beyinlerini patlatıyor olurlardı.

Yumruklarını kendisini zorlayarak açtı. "Bak, leydi, şimdi *Açlık Oyunları*'ndaki gibi birbirimize girecek halimiz yok. Böyle bir şey olmayacak."

"Ama büyük bir şerefe erişeceksiniz!" Nike yanındaki sepete uzanıp, yeşil ve kalın defne yapraklarından yapılmış bir taç çıkardı. "Bu yapraklardan oluşan taç sizin olabilir? Başınıza takabilirsiniz! Elde edeceğiniz zaferi düşünün!"

"Leo haklı," dedi Frank ama gözlerini taca dikmişti. Suratındaki ifade, Leo'nun hiç de hoşuna gitmeyecek kadar istekliydi. "Bizler birbirimize karşı savaşmayız. Gigantlara karşı savaşırız. Bize yardım etmeniz gerek."

"Pekâlâ!" Tanrıça bir eliyle defne tacını, diğer eliyle de mızrağını havaya kaldırdı. Percy'yle Leo birbirlerine baktılar.

"Şey... Yani, bize katılacak mısınız?" dedi Percy. "Gigantlarla savaşmamıza yardım edecek misiniz?"

"Bu, ödülün bir parçası olacak," dedi Nike. "Kim kazanırsa kazansın, sizi bir müttefik olarak kabul edeceğim. Gigantlarla birlikte savaşacağız ve size zafer bahşedeceğim. Ama sadece bir galip olabilir. Diğerlerinin yenilmesi, öldürülmesi ve tamamıyla yok edilmesi gerekiyor. Bu durumda, kararınız nedir melezler? Görevinizde başarılı mı olacaksınız, yoksa yapmacık ve yavan arkadaşlık fikirlerine bağlı kalıp, herkesin *katılım ödülünü* kazanmasını mı sağlayacaksınız?"

Percy tükenmez kaleminin kapağını açtı. Dalgakıran büyüyüp, İlahi bronz bir kılıca dönüştü. Leo onun kılıcı onlara karşı kullanabileceğinden korktu. Nike'nin aurasına karşı çıkmak *o* denli zordu.

Ama Percy kılıcını Nike'ye doğrulttu. "Ya birbirimiz yerine, size karşı savaşırsak?"

"Hah!" Nike'nin gözleri öfkeyle parıldadı. "Birbirinizle savaşmayı reddederseniz, ikna edileceksiniz!"

Tanrıça altın kanatlarını açtı. Savaş arabasının iki tarafında ikişer tane olmak üzere, dört metal tüy aşağı indi. Tüyler jimnastikçiler gibi döndü, büyüdü. Kolları ve bacakları çıktı. Altın mızraklı ve dikenli telli frizbileri andıran İlahi bronzdan birer defne tacı takmış tanrıçaların her biri, metalik insan boyutuna dönüştü. insan boyutunca, dört metalik kopyasına dönüşene ve yere ayak basana dek oluşmaya devam etti.

"Stadyuma!" diye bağırdı tanrıça. "Hazırlanmak için beş dakikanız var. Sonra, kan dökülecek!"

Leo tam, *Ya stadyuma gitmeyi istemezsek?* diyecekti ki, soruyu soramadan yanıtı aldı.

"Koşun!" diye böğürdü Nike. "Hepiniz stadyuma, yoksa Nikailerim sizi durduğunuz yerde öldürecek!"

Metal kadınlar menteşeli çenelerini açıp, Şampiyonluk Müsabakası kalabalığının tezahüratlarını andıran bir ses çıkardılar. Mızraklarını sallayıp, melezlere saldırıya geçtiler.

Bunun Leo'nun en muhteşem anlarından biri olduğunu söylenemezdi. Panikledi ve kaçmaya başladı. Onu rahatlatan tek şey, arkadaşlarının da kaçıyor olmasıydı; üstelik arkadaşları öyle ödlek falan da değillerdi.

Dört metal kadın arkalarında gevşek bir yarım daire oluşturarak hızla onları kuzeydoğu yönüne götürmeye koyuldular. Turistlerin hepsi ortadan kaybolmuştu. Ya müzenin klimalı rahatlığını tercih edip içeri girmişlerdi ya da Nike onları bir şekilde gitmeye zorlamıştı.

Melezler taşlara takılıp tökezleyerek, yıkık duvarların üstünden atlayarak, sütunların ve bilgi tabelalarının yanından dolanarak koştular. Arkalarında, Nike'nin savaş arabasının tekerleklerinin sesi gümbür gümbür geliyor, atları kişniyordu.

Leo her yavaşlamayı düşündüğünde, metal kadınlar yine çığlıklar atıyor, Leo'yu dehşet içinde bırakıyorlardı. Nike onlara nasıl seslenmişti? Nikai mi? Nikette mi?

Dehşete kapılmaktan nefret derdi. İnsanı utandıran bir histi.

"İşte!" Frank üstlerinde taş bir kemer bulunan iki toprak duvar arasındaki sipere benzer bir yere doğru koşmaya başladı. Orası Leo'ya futbol takımlarının sahaya çıkarken geçtikleri tünelleri hatırlattı. "Orası eski Olimpik stadyumun girişi. Mahzen mezar diye de biliniyor!"

"İyi bir isim değil!" diye bağırdı Leo.

"Neden oraya gidiyoruz?" dedi Percy nefes nefese. "Oraya girmemizi istiyorsa..."

Niketteler yine çığlık attı ve Leo artık mantıklı düşünme becerisini yitirdi. Tünele doğru koştu.

Kemere vardıklarında, Hazel, "Durun!" diye bağırdı. Herkes apar topar durdu. Percy göğsünden hırıltılı sesler saçarak, iki büklüm kalmıştı. Leo onun o günlerde çok çabuk yorulduğunu fark etmişti. Bunun nedeni muhtemelen Tartarus'ta solumak zorunda kaldığı o pis asitli havaydı.

Frank geldikleri yöne baktı. "Artık onları görmüyorum. Yok olmuşlar."

"Pes mi ettiler?" diye sordu Percy umutla.

Leo harabelere göz attı. "Hayır. Sadece bizi gitmemizi istedikleri yöne saptırdılar. O şeyler de neydi öyle? Niketteler yani."

"Niketteler mi?" Frank başını kaşıdı. "Bence çoğul anlamda kullanılan *Nikai* demişti tanrıça. *Zaferler* gibi."

"Evet." Hazel ellerini taş kemerin üstünde gezdirirken, epey düşünceli görünüyordu. "Bazı efsanelere göre, Nike'nin dünyanın her tarafına istediklerini yaptırmak için yolladığı ufak zaferlerden oluşan bir ordusu vardı."

"Noel Baba'nın elfleri gibi," dedi Percy. "Ama bunlar kötü. Hem de metal. Dahası, çok da gürültücü."

Hazel parmaklarını kemerin nabzını ölçüyormuş gibi üstüne dayadı. Daracık tünelin ardındaki toprak duvarlar her iki yanında hafifçe yükselen ve izleyici oturma yerlerini andıran tepeler bulunan uzunca bir sahaya açılıyordu.

Leo bunun eski zamanlarda bir açık hava stadyumu olduğunu tahmin etti: Disk fırlatma, mızrak yakalama, çıplak gülle atışı ya da çılgın Yunanlılar birkaç tane yaprak kazanmak için her ne yapıyorsa, bunlar için yeteri kadar büyük bir alandı.

"Burada hayaletler geziniyor," diye mırıldandı Hazel. "Bu taşlara çok büyük acılar işlemiş."

"Lütfen, bana bir planın olduğunu söyle," dedi Leo. "Benim acımı taşlara işlemeyecek bir şey olsun tercihen."

Hazel'ın gözleri, tıpkı Hades'in Evi'nde olduğu gibi çakmak çakmak ve uzaklara dalmış gibiydi. Sanki farklı bir gerçeklik katmanına bakıyordu. "Burası yarışmacıların girişiydi. Nike hazırlanmak için beş dakikamız olduğunu söyledi. O halde, bu kemerin altından geçip, oyunlara başlamamızı bekliyor. Üçümüz ölene dek, o sahadan çıkmamıza izin vermeyecek."

Percy kılıcına yaslandı. "Eminim ki ölüm maçları Olimpik bir spor değildi."

"Eh ama bugün öyleler," diye mırıldandı Hazel. "Ama bize bir avantaj sağlayabilirim. Oradan geçtiğimizde, sahadaki bazı engelleri yükseltebilirim. En azından, biraz vakit kazanmak için ardına gizlenebileceğimiz yerler olur."

Frank kaşlarını çattı. "Mars Sahası'nda olduğu gibi mi? Siperler, tüneller gibi mi? Bunu Sis'le yapabilir misin?"

"Sanırım," dedi Hazel. "Nike muhtemelen engebeli bir saha görmek isteyecektir. Beklentilerini ona karşı kullanabilirim. Ama bundan daha fazlası da olacak. Tüm yeraltı girişlerini, hatta bu kemeri bile Labirent'e erişmek için kullanabilirim. Labirent'i yüzeye çıkarabilirim."

"Dur, dur, dur." Percy eliyle durmasını işaret etti. "Labirent *kötü.* Bunu konuşmuştuk."

"Hazel, Percy haklı." Leo, Hazel'ın ona Hades'in Evi'ndeki hayali labirentte nasıl yol gösterdiğini gayet iyi hatırlıyordu. Her iki metrede bir, ölümle burun buruna gelmişlerdi. "Yani, büyü konusunda iyi olduğunu biliyorum. Ama peşimizde zaten çığlıklar atan dört tane Nikette var."

"Bana güvenmeniz gerek," dedi Hazel. "Sadece birkaç dakikamız kaldı.

Kemerden geçtiğimizde, en azından yarış sahasını lehimize olacak şekilde değiştirebilirim."

Percy nefesini burnundan dışarı bıraktı. "Şimdiye dek, iki kere stadyumlarda savaşmak zorunda kaldım. Biri Roma'daydı, önceki de *Labirent'teydi.* İnsanları eğlendirmek için yarışmaktan nefret ediyorum."

"Hepimiz nefret ediyoruz," dedi Hazel. "Ama Nike'yi gafil avlamamız gerek. O Niketteleri etkisiz hale getirene dek, savaşıyormuşuz gibi yapmamız gerek. Ayyy, ne kötü bir isim. Sonra, Juno'nun dediği gibi, Nike'yi yatıştırmamız gerek."

"Mantıklı," dedi Frank. "Nike'nin ne kadar güçlü olduğunu, bizi birbirimizi gırtlaklamaya itmeye çalıştığını hissettiniz. O titreşimleri tüm Yunanlılara ve Romalılara yolluyorsa, bir savaş çıkmasını engellememiz mümkün olmaz. Onu kontrol altına almalıyız."

"Bunu nasıl yapacağız?" diye sordu Percy. "Kafasına vurup, bir çuvala mı tıkacağız?"

Leo'nun zihnindeki çarklılar dönmeye başlamıştı.

"Aslında, saçma bir şey söylemedin," dedi. "Leo Amcanız siz uslu melezlere birkaç oyuncak getirmişti."

XII

LEO

İki dakika kesinlikle yeterli bir zaman değildi.

Leo herkese doğru aletleri verdiğini ve tüm düğmelerin ne işe yaradığını anlaşılır bir biçimde anlattığını umuyordu. Yoksa işler çirkinleşebilirdi.

Kendisi Frank'le Percy'ye Arşimet'e ait mekanikleri anlatırken, Hazel taş kemere bakıp bir şeyler mırıldandı.

Kemerin ardındaki kocaman, yeşil sahada bir şey değişmiş gibi değildi ama Leo Hazel'ın Sis'le ilgili gizli numaraları olduğuna emindi.

Tam Frank'e kendi Arşimet küresiyle kafasının uçmasını nasıl engellediğini anlatıyordu ki, stadyumda borazanlar çalındı. Nike'nin savaş arabası sahada belirdi ve Niketteler mızraklarını ve defne taçlarını havaya kaldırıp önüne dizildiler.

"Başlayın!" diye kükredi tanrıça.

Percy ve Leo hızla kemerden sahaya geçtiler. Saha anında parıldadı ve tuğla duvarlarla ve siperlerle örülü bir labirente dönüştü. En yakındaki duvarın ardına çömelip, sola koştular. Kemerin oradan "Şey, ölün sizi

Graecus pislikleri!" diye bağırdı. Beceriksizce fırlatılan bir ok, Leo'nun başının üstünden geçti.

"Daha vahşi olun!" diye bağırdı Nike. "Gerçekten istiyormuş gibi öldürün!"

Leo Percy'ye baktı. "Hazır mısın?"

Percy bronz bir el bombası aldı. "Umarım bunlara doğru etiketleri yapıştırmışsındır." Ardından "Romalılara ölüm!" diye bağırıp, el bombasını duvarın üstünden fırlattı.

GÜM! Leo patlamayı görememişti ama havayı tereyağlı patlamış mısır kokusu kapladı.

"Hayır, olamaz!" diye bağırdı Hazel. "Patlamış mısır! En ölümcül zaafımız!"

Frank başlarının üstünden bir ok daha fırlattı. Leo ve Percy sola kaçıp, kendi başına yer değiştirip dönüyormuş gibi görünen bir duvarlar labirentinin arasına daldılar. Leo hâlâ tepesindeki açık göğü görebiliyordu ama klostrofobi hissetmeye, nefes alıp vermeye zorlanmaya başlamıştı.

Nike arkalarından bir yerden "Daha çok deneyin! O patlamış mısır ölümcül değildi!" diye bağırdı.

Savaş arabalarının tekerleklerinin çıkardığı gümbür gümbür seslerden, Leo onun sahanın etrafında bir daire çizdiğini anladı. Zafer bir zafer turu atıyordu.

Bir el bombası daha Percy'yle Leo'nun başlarının üstünde patladı. Yeşil renkli Yunan ateşi yıldız yağmuru Leo'nun saçlarını tütsülerken, bir sipere kaçtılar. Frank patlamanın sadece etkileyici *görünmesi* için, epey yukarı nişan almıştı.

"Daha iyi," diye seslendi Nike. "Ama ne biçim nişan alıyorsunuz? Bu defne tacını *istemiyor* musunuz?"

"Keşke nehir daha yakında olsaydı," diye mırıldandı Percy. "Onu boğmak istiyorum."

"Sabırlı ol, su çocuğu."

"Bana *su çocuğu* deme."

Leo sahanın diğer tarafını işaret etti. Duvarlar yer değiştirmişti ve Nikettelerden biri sırtı dönük vaziyette, otuz metre ötede duruyordu. Hazel büyüsünü konuşturuyor, labirenti hedeflerini tek başlarına bırakacak biçimde değiştiriyor olmalıydı.

"Ben dikkatini çekeceğim," dedi Leo. "Sen de saldır. Hazır mısın?"

Percy evet anlamında başını salladı. "Haydi."

Percy sola fırlarken, Leo da alet kemerinden yuvarlak başlı bir çekiç çıkarıp "Hey, Bronz Popo!" diye seslendi.

Nikette arkasına dönerken, Leo çekici fırlattı. Çekiç hiçbir zarar vermeden metal kadının göğsüne isabet etti ama buna sinirlenmiş olmalıydı. Hızlı adımlarla, dikenli telli defne tacını kaldırarak ona yöneldi.

"Tüh." Metal halka kafasının üstünden geçerken, Leo eğildi. Taç arkasındaki bir duvara çarptı, tuğlaların arasında bir delik açtı, sonra da bir bumerang gibi havada bir kavis çizerek geri uçtu. Nikette tacı yakalamak için elini kaldırınca, Percy metal kadının arkasındaki siperden ortaya çıktı ve Dalgakıran'ı savurarak Nikette'i belinden ikiye ayırdı. Metal taç hızla yanından geçip, mermer bir sütuna gömüldü.

"Faul!" diye bağırdı zafer tanrıçası. Duvarlar yer değiştirdi ve Leo onun savaş arabasıyla üstlerine doğru büyük bir hızla geldiğini gördü. "Ölmek istemiyorsanız, Nikai'ye saldırmazsınız!"

Tanrıçanın yolunda beliren bir siper, atların duraksamasına neden oldu. Leo ve Percy gizlenmek için kaçtılar. Leo gözünün ucuyla, boz ayı Frank'in hemen hemen on beş metre ötede bir duvarın üstünden atladığını ve bir diğer Nikette'i hakladığını gördü. İki Bronz Popo gitmiş, geriye iki tane kalmıştı.

"Hayır!" diye bağırdı Nike öfkeyle. "Hayır, hayır, hayır! Hayatınızı kaybedeceksiniz! Nikai, saldırın!"

Leo ve Percy bir duvarın ardına sıçradılar. Bir saniye orada durup, soluklanmaya çalıştılar.

Leo nerede olduklarını anlamakta güçlük çekti ama bunun Hazel'ın bir planının parçası olduğunu tahmin etti. Hazel etraflarındaki arazinin yer değiştirmesini sağlıyor, yeni siperler açıyor, toprağın eğimini değiştiriyor, yeni duvarlar ve sütunlar yükseltiyordu. Şansı yaver giderse, Nikettelerin onları bulmaları güçleşecekti. Sadece altı metre ilerlemeleri birkaç dakikalarını alacaktı.

Leo yine de yön duygusunu kaybetmekten hoşlanmıyordu. Hades'in Evi'nde ne kadar çaresiz kaldığını, Clytius'un onu karanlığa nasıl boğduğunu, alevlerinin kokusunu alıp sesini ele geçirdiğini hatırladı. Khione'nin onu ani bir rüzgârla *2. Argo*'nun güvertesinden alıp, Akdeniz'in ortasına kadar nasıl fırlattığını da hatırladı.

Cılız ve güçsüz olmak yeteri kadar kötüydü. Leo kendi duyularını, sesini ve bedenini kontrol edemezse... Güvenebileceği pek bir şey kalmıyordu.

"Hey," dedi Percy. "Bu işten sağ kurtulamazsak..."

"Öyle deme dostum. Başaracağız."

"Başaramazsak, şunu bilmeni istiyorum: Kalipso konusunda kendimi kötü hissediyorum. Onu hayal kırıklığına uğrattım."

Leo afallamış bir halde ona baktı. "Beni ve onu biliyor mu..."

"*2. Argo* ufak bir gemi." Percy suratını buruşturdu. "Herkes konuşuyor. Ben sadece... Şey, Tartarus'tayken, Kalipso'ya verdiğim sözü tutmadığımı hatırladım. Tanrılardan onu serbest bırakmalarını istedim ve... bırakacaklarını düşündüm. Sonra, hafıza kaybına uğrayıp Jüpiter Kampı'na da yollanınca, Kalipso'yu pek düşünmedim. Bahane bulmaya çalışmıyorum. Tanrıların verdikleri sözleri tutmalarını sağlamalıydım. Neyse, onu bulduğuna sevindim. Ona geri dönmenin bir yolunu bulacağına söz verdin. Ben sadece bu işten sağ kurtulabilmeyi *başarırsak*, sana yardım etmek için elimden geleni yapacağımı söylemek istiyordum. Bu, *tutacağım* bir söz."

Leo'nun dili tutulmuştu. Büyülü bir savaş alanının ortasında, bir duvarın ardında gizlenmişlerdi ve etraflarından el bombaları, boz ayılar ve Bronz Popo Niketteler geçiyordu ama Percy *konuyu* orada açıyordu.

"Dostum, senin *derdin* ne?" diye homurdandı Leo.

Percy gözlerini kırpıştırdı. "O halde... sorun yok, değil mi?"

"Tabii ki sorun var! Sen de en az Jason kadar kötüsün! Senden kusursuz olduğun, bir kahraman falan olduğun için nefret etmeye çalışıyorum. Sen de kalkmış bir komedyen gibi davranıyorsun. Özür dilersen, bana yardım edeceğine söz verirsen, senden nasıl nefret edebilirim?"

Percy'nin dudakları hafif bir gülümsemeyle kıvrıldı. "Kusura bakma."

Bir el bombası daha patlayıp, göğe sarmal köpüklü kremalar fışkırttı. "Bu, Hazel'ın işareti," dedi Leo. "Bir Nikette'i daha hakladılar." Percy duvarın kenarından ileriye baktı.

O ana dek, Leo Percy'den ne kadar hoşlanmadığını fark etmemişti. Bu çocuk her zaman gözünü korkutmuştu. Kalipso'nun bir zamanlar ondan hoşlandığını bilmek de, on misli kötü hissetmesine neden oluyordu. Ama artık içindeki o öfke düğümü çözülmeye başlamıştı. Leo'nun ondan hoşlanmaması söz konusu değildi. Percy'nin samimiyetle özür dilediği ve yardım etmek istediği belliydi.

Ayrıca, Leo en sonunda Percy Jackson'ın Kalipso'yla bir ilgisi olmadığına ikna olmuştu. Sorun ortadan kalkmıştı. Leo'nun yapması gereken tek şey, Ogygia'ya geri dönmenin bir yolunu bulmaktı. Önündeki on gün içerisinde ölmezse, bunu kesin yapacaktı.

"Geriye tek bir Nikette kaldı," dedi Percy. "Acaba..."

Yakınlardan bir yerden, Hazel acı içinde bağırdı. Leo bir anda ayağa fırladı.

"Dostum, dur!" diye Percy arkasından seslendi ama Leo kalbi gümbür gümbür atarak labirente daldı.

İki yandaki duvarlar yıkıldı. Leo kendini açık ve geniş bir alanda buldu. Frank stadyumun en ucunda duruyor, Nike'nin savaş arabasına alevli oklar fırlatıyordu; tanrıçaysa ona hakaretler savuruyor ve yer değiştiren siper ağlarının arasından ona ulaşmanın bir yolunu arıyordu.

Hazel daha yakındaydı, belki on sekiz metre kadar ilerideydi. Dördüncü Nikette belli ki gizlice ona yaklaşmıştı. Hazel saldırganından topallayarak uzaklaşmaya çalışıyordu; blucini yırtılmıştı ve sol bacağı kanlar içindeydi. Metal kadının mızrağına kocaman süvari kılıcıyla karşılık veriyordu ama ona yenik düşmek üzereydi. Etrafını tamamen bir işaret fişeğinin sönmek üzere olan ışığı gibi Sis sarmıştı. Büyülü labirentin kontrolünü kaybediyordu.

"Ona yardım edeceğim," dedi Percy. "Sen plana bağlı kal. Nike'nin savaş arabasını hallet."

"Ama plan ilk olarak dört Nikette'i yok etmekti!"

"O halde, planı değiştir, ondan *sonra da* yeni planı izle!"

"Hiç mantıklı değil ama git! Ona yardım et!"

Percy hızla Hazel'ın yardımına koştu. Leo da hızla Nike'ye doğru koştu ve "Hey! Sadece bir katılım ödülü istiyorum!" diye bağırdı.

"Pöh!" Tanrıça dizginleri çekip, savaş arabasını ona çevirdi. "Seni yok edeceğim!"

"Güzel!" diye bağırdı Leo. "Kaybetmek kazanmaktan çok daha iyi!"

"NE?" Nike ona görkemli mızrağını fırlattı ama savaş arabası sarsıldığı için iyi nişan alamadı. Silahı çimlere düştü. Ne yazık ki, ellerinde derhal yeni bir mızrak belirdi.

Atlarını dörtnala sürmeye başladı. Siperler silindi ve geriye ufak tefek Latin melezlerin koşması için kusursuz, açık bir alan kaldı.

"Hey!" diye seslendi Frank stadyumun karşı tarafından. "Ben de bir katılım ödülü istiyorum! Herkes kazansın!"

İyi nişan alınmış bir oku Nike'nin savaş arabasının arkasına sapladı ve araba alev aldı. Nike bunu görmezden geldi. Bakışlarını Leo'ya dikmişti.

"Percy?.." Leo'nun sesi bir kobay faresinin cırlaması gibi çıktı. Alet kemerinden hemen bir Arşimet küresi çıkardı ve cihazı çalıştırmak için eş merkezli daireleri ayarladı.

Percy hâlâ sona kalan metal kadınla savaşıyordu. Leo daha fazla bekleyemedi.

Küreyi savaş arabasının yoluna attı. Küre yere çarptı ve bir çukur açtı ama Percy'nin tuzağın üstünden atlaması gerekiyordu. Nike herhangi bir tehdit sezdiyse bile, bunu hiç belli etmiyordu. Leo'nun üstüne gelmeye devam ediyordu.

Savaş arabası el bombasından altı metre ötedeydi. Sonra, dört buçuk metre kaldı.

"Percy!" diye bağırdı Leo. "Su Balonu Operasyonu!"

Ne yazık ki, Percy oradan oraya savrulmakla meşguldü. Nikette onu mızrağının dibiyle geriye itti. Tacını öyle büyük bir hızla fırlattı ki, Percy'nin kılıcını elinden düşürdü. Percy tökezledi. Metal kadın öldürücü hamleyi yapmak üzere ona yöneldi.

Leo uludu. Aradaki mesafenin çok fazla olduğunu biliyordu. O anda yoldan çekilmediği takdirde, Nike'nin üstünden geçeceğini biliyordu. Ama bunun bir önemi yoktu. Arkadaşları parçalanmak üzereydi. Elini uzatıp Nikette'e doğrudan kavurucu bir alev fırlattı.

Alev, metal kadının suratını resmen eritti. Nikette mızrağını indirmeden tökezledi. Ama dengesini yeniden sağlayamadan, Hazel ona *spatha*'sını fırlattı ve metal kadını göğsünden vurdu. Nikette çimlere yığıldı.

Percy zafer tanrıçasının savaş arabasına döndü. O kocaman, beyaz atlar Leo'yu yolda ezmeden önce, savaş arabası Leo'nun yüksek basınçlı bir gayzer gibi patlayan el bombasının üstünden geçti. Sular yukarı doğru fışkırdı ve savaş arabasını, atları, arabanın taşıyıcı kısmını ve tanrıçayı olduğu gibi havaya fırlattı.

Houston'dayken, Leo annesiyle birlikte Freeway Körfezi'nin hemen dışındaki bir dairede oturuyordu. Haftada en az bir kere, araba kazalarının meydana geldiğini duyardı ama bu ses çok daha kötüydü. İlahi bronzlar eğiliyor, ahşaplar kırılıyor, atlar kişniyor ve bir tanrıça gayet belirgin ve her birinin de çok şaşkın olduğu bariz iki farklı sesle çığlık atıyordu.

Hazel yere yığıldı. Percy onu yakaladı. Frank sahanın diğer tarafından onlara koştu.

Tanrıça Nike kalıntıların arasından çıkıp karşısına dikilirken, Leo tek başınaydı. Örgülü saçları artık üstüne basılmış bir tezeği andırıyordu. Bir defne tacı sol ayak bileğine dolanmıştı. Atları toynaklarının üstüne yükseldi ve ıslanan, yarısı yanan savaş arabasının kalıntısını artlarında sürükleyerek panik içinde dörtnala koşmaya başladılar.

"SEN!" Nike öfkeyle, bakışları metal kanatlarından daha kızgın ve parlak bir halde Leo'ya baktı. "Bu *ne* cüret?"

Leo kendini pek de cesur hissetmiyordu ama zoraki bir gülümsemeyle yanıt verdi. "Öyle, değil mi? Harikayım! Artık bir yaprak şapka kazandım mı?"

"Öleceksin!" Tanrıça mızrağını havaya kaldırdı.

"Dur, yapacağını unutma!" Leo alt kemerinde bir şey aradı. "Daha en iyi numaramı görmedin. *Her* türlü yarışı kazanması garanti bir silahım var!"

Nike tereddüt etti. "Hangi silah? Ne demek istiyorsun?"

"Muhteşem zap-o-matik silahımı diyorum!" Leo ikinci bir Arşimet küresi çıkardı; bu, hep birlikte stadyuma girmelerinden önce, sadece otuz saniye değiştirdiği küreydi. "Kaç tane defne tacın var? Çünkü hepsini ben kazanacağım."

Kürenin üstündeki kadranı kurcaladı ve hesaplamalarını doğru yaptığını umdu.

Leo küre yapmakta kendisini geliştirmişti ama küreleri hâlâ tamamıyla güvenilir değildi. Daha ziyade, yüzde yirmi güvenilirdi. Kalipso ona İlahi bronz telleri örmesine yardım etmiş olsaydı iyi olurdu.

Kalipso örgü örmek konusunda bir numaraydı. Ya da Annabeth olabilirdi: Bu işi o da büyük bir özenle yapardı. Ama Leo elinden gelenin en iyisini yapmış, kürenin kablo sistemini değiştirerek iki farklı işlevi olmasını sağlamıştı.

"Dikkat!" Leo son kadranı da çevirdi. Küre açıldı. Bir tarafı bir silah kabzasına olacak şekilde uzadı. Diğer tarafıysa, İlahi bronz aynalardan yapılmış, minyatür bir uydu çanağını ortaya çıkararak açıldı.

Nike kaşlarını çattı. "Ne işe yarıyor bu?"

"Bir Arşimet ölüm ışını!" dedi Leo. "En sonunda, kusursuz hale getirdim. Şimdi, tüm ödülleri bana ver."

"Bu şeyler işe yaramaz!" diye bağırdı Nike. "Bunu televizyonda kanıtladılar! Hem ben ölümsüz bir tanrıçayım. Beni yok edemezsin!"

"Şimdi, dikkatli bak," dedi Leo. "Bakıyor musun?"

Nike istese, onu oracıkta bir yağ birikintisine dönüştürebilir ya da bir peynire kürdan batırır gibi mızrakla deşebilirdi ama merakına yenik düştü. Leo düğmeyi açarken, doğrudan çanağa baktı. Leo hemen başını diğer yöne çevirdi. Ama buna rağmen, parlak ışık huzmesi gözlerinin önünde benekler oluşturdu.

"Ahh!" Tanrıça sendeledi. Mızrağını fırlatıp, elleriyle gözlerini kapadı. "Kör oldum!" Kör oldum!"

Leo ölüm ışınındaki bir başka düğmeye bastı. Düğme kürenin içine girip bir uğultu yaymaya başladı. Leo içinden üçe kadar sayıp, küreyi tanrıçanın ayaklarının dibine fırlattı.

POF! Metal teller yukarı fırladı ve Nike'yi bronz bir ağla kapladı. Ağ ufalırken, tanrıça inleyerek yana düştü ve Yunanlı ve Roman iki halinin titrek, odaksız bir bütün haline gelmesini sağladı.

"Beni kandırdın!" Çift sesi, boğuk alarmlı saat sesi gibi çıktı. "Ölüm ışının beni öldürmedi bile!"

"Seni öldürmeme gerek yok!" dedi Leo. "Seni gayet güzel yendim."

"Ben de şekil değiştiririm!" diye bağırdı tanrıça. "O aptal ağını yırtacağım! Seni yok edeceğim!"

"Ama bunu yapamazsın." Leo haklı olduğunu umdu. "Bu ağ kaliteli İlahi bronzdan yapıldı ve ben Hephaistos'un bir oğluyum. Kendisi ağlarla tanrıçaları yakalamakta ustadır."

"Hayır. Hayırrrr!"

Leo onu debelenirken ve küfürler savururken bırakıp, arkadaşlarına bakmaya gitti. Percy iyiydi, sadece birkaç sıyrığı ve morluğu vardı. Frank

Hazel'ı bir yere yaslamış, ambrosia yediriyordu. Hazel'ın bacağındaki yaranın kanaması durmuştu ama blucini mahvolmuştu.

"İyiyim," dedi. "Sadece fazla büyü yaptım."

"Harikaydın, Levesque." Leo en iyi Hazel taklidini yaptı: *"Patlamış mısır! En ölümcül zaafımız!"*

Hazel hafifçe gülümsedi. Dördü birlikte hâlâ debelenip ağın içinde, altından bir tavuk gibi kanat çırpan tanrıçanın yanına gittiler.

"Onu ne yapacağız?" dedi Percy.

"*2. Argo*'ya götürebiliriz," dedi Leo. "At ahırlarından birine tıkarız."

Hazel'ın gözleri fal taşı gibi açıldı. "Zafer tanrıçasını bir ahırda mı tutacaksın?"

"Neden olmasın? Yunanlılarla Romalılar arasındaki meseleleri çözdüğümüzde, tanrılar zaten normal hallerine dönecekler. O zaman onu serbest bırakırız, o da... Anlarsınız ya, bize zafer bahşeder."

"*Size* zafer bahşetmek mi?" diye bağırdı tanrıça. "Asla! Bu zulmün cezasını çekeceksiniz! Kanınız dökülecek! Dördünüzden biri Gaia'yla savaşırken ölmeye mahkûm!"

Leo bağırsaklarına bir ilmek atılmış gibi hissetti. "Bunu nereden biliyorsun?"

"Zaferleri önceden görebiliyorum!" diye bağırdı Nike. "Ölüm olmadan zafer elde edemeyeceksiniz! Beni serbest bırakın da savaşalım! Olacaklarla yüzleşmektense, burada ölmeniz çok daha iyi!"

Hazel *spatha*'sının sivri ucunu Nike'nin çenesinin altına dayadı. "Hangimiz ölecek? Bunu nasıl durdurabiliriz?"

"Ah, Pluton'un çocuğu! Büyün bu yarışmayı hile yaparak kazanmanı sağladı ama kaderi kandıramazın. Biriniz ölecek. Birinizin ölmesi şart!"

"Hayır," dedi Hazel ısrarla. "Başka bir yolu var. *Her zaman* başka bir yol vardır."

"Bunu sana Hekate mi öğretti?" diye güldü Nike. "Belki de doktorun şifasını bulmayı umuyorsundur. Ama mümkün değil. Yolunuzda çok fazla engel var: Pylos'un zehri, Sparta'daki zincirlenmiş tanrının kalp atışları, Delos'un laneti! Hayır, ölümü kandıramazsınız!"

Frank yere eğildi. Nike'nin çenesinin altındaki ağı tutup, suratını kendisininkine yaklaştırdı. "Neden söz ediyorsun? Bu şifayı nasıl bulacağız?"

"Size yardım etmeyeceğim," diye kükredi Nike. "Sizi ağ olsun olmasın, gücümle lanetleyeceğim!" Eski Yunanca bir şeyler mırıldanmaya koyuldu.

Frank kaşlarını çatıp başını kaldırdı. "Bu ağın içindeyken, bize gerçekten de büyü yapabilir mi?"

"Keşke bilsem," dedi Leo.

Frank tanrıçayı bıraktı. Ayakkabılarından birini tuttu, çorabını çıkardı ve bunu tanrıçanın ağzına soktu.

"Dostum, bu yaptığın iğrenç," dedi Percy.

"Mmmmm!" diye sızlandı Nike. "Mmmmmm!"

"Leo," dedi Frank sıkkın bir tavırla. "Yanında ambalaj bandı var mı?"

"Yanıma almadan, asla evden çıkmam." Alet kemerinden bir rulo bant çıkardı ve Frank derhal bandı Nike'nin başının etrafına sarıp, ağzındaki tıkacın çıkmamasını sağladı.

"Bir defne tacı olmayabilir," dedi Frank, "ama yeni bir tür zafer halkası: ambalaj bandı tıkacı."

"Zhang, tarz sahibisin doğrusu," dedi Leo.

Nike, Percy onu ayağının ucuyla dürtene dek debelenip inledi. "Hey, sus artık. Ya uslu durursun ya da Arion'u buraya geri çağırır, kanatlarını yemesini isteriz. Altına bayılır."

Nike bir kez çığlık attı, sonra kıpırdamadan, sessizce durdu.

"Eee?" Hazel biraz endişeli gibiydi. "Elimizde bağlı bir tanrıça var. Şimdi ne olacak?"

Frank kollarını göğsünde kavuşturdu. "Gidip şu doktorun şifasını arayacağız... Artık her neyse. Çünkü şahsen ölümü kandırmayı severim."

Leo sırıttı. "Pylos'ta zehir mi? Sparta'da zincirlenmiş bir tanrının kalp atışları mı? Delos'ta bir lanet mi? Süper. Çok eğlenceli olacak!"

XIII

NICO

Nico'nun duyduğu son şey, Koç Hedge'in "İşte, bu *hiç* iyi olmadı," diye homurdanması oldu.

Bu sefer ne hata yaptığını düşündü. Belki de onları bir Kiklop yuvasına veya bir başka yanardağın üç bin metre üstüne ışınlamıştı. Bu konuda yapabileceği bir şey yoktu. Görme becerisini yitirmişti. Diğer duyuları da kapanıyordu. Dizleri boşa gitti ve bayıldı. Sonra, baygınlığından en iyi şekilde faydalanmaya çalıştı.

Rüyalar ve ölüm eski dostlarıydı. Bunların karanlık sınırlarında nasıl gezineceğini biliyordu. Düşüncelerini Thalia Grace'i aramak için yöneltti.

Her zamanki acı hatıraların parçalarının arasından hızla geçti: Annesi ona gülümsüyor, suratı Venedik Büyük Kanalı'nın suyuna vuran gün ışığıyla aydınlanıyordu; ablası Bianca onu Washington, D.C.'deki bir alışveriş merkezinde bir yere sürüklerken gülüyordu; yeşil renkli eğri şapkası gözlerine kadar iniyordu ve Nico burnunun üstündeki çilleri görebiliyordu. Sonra, Percy Jackson'ı Westover Hall'un dışında karlı bir yamaçta gördü; Percy onu ve Bianca'yı mantikordan korurken, Nico bir Mitobüyü figürünü alıp, *Korkuyorum*, diye fısıldıyordu. Minos'u, yaşlı hayalet akıl hocasının onu Labirent'in içinden geçirdiğini gördü. Minos'un gülümsemesi soğuk ve gaddardı. *Merak etme, Hades'in o*ğlu. İntikamını alacaksın.

Nico anıları durduramadı. Bunlar rüyalarına Asphodel'in hayaletleri gibi asılmışlardı: Amaçsız ve hüzünlü bir kalabalık, ilgi görmek için yalvarıyordu. *Kurtar beni*, diye fısıldıyorlardı sanki. *Beni hatırla. Bana yardım et. Beni teselli et.*

Onları düşünecek kadar durmaya cesaret edemedi. Onu isteklerle ve pişmanlıklarla sadece ezerlerdi. Elinden gelen en iyi şey, odağını kaybetmemek ve yoluna devam etmek olabilirdi.

Ben, Hades'in oğluyum, diye düşündü. Nereye istersem gidebilirim. Karanlık bana doğuştan verilmiş bir hak.

Gri ve siyah bir arazide güçlükle ilerledi ve Zeus'un kızı Thalia Grace'in rüyalarını aradı. Ama ayaklarının altındaki zemin eridi ve tanıdık bir durgun suya dönüştü: Melez Kampı'ndaki Hypnos Kulübesi'ne.

Kuş tüyü örtülerin altına gömülmüş horlayan melezler ranzalarında uyuyorlardı. Şöminenin üstündeki koyu renkli bir daldan, Lethe Nehri'nin süt beyazı suyu bir kâseye akıyordu. Şöminedeyse, tatlı bir ateş çıtırdıyordu. Bunun önündeki deri bir sandalyede, On Beşinci Kulübe'nin danışmanı olan şişkin karınlı, dağınık sarı saçlı ve tatlı, durgun suratlı bir çocuk, başı önüne düşmüş uyuyordu.

"Clovis," dedi Nico sert bir sesle. "Tanrılar aşkına, o kadar güçlü *rüya görmeyi* kes!"

Clovis gözlerini aniden açtı. Dönüp Nico'ya baktı ama Nico bunun Clovis'in kendi rüya sahnesi olduğunu biliyordu. Gerçek Clovis hâlâ kamptaki sandalyesinde horluyordu.

"Ha, selam..." Clovis ağzını ufak bir tanrıyı yutabilecek kadar açıp esnedi. "Pardon. Seni yine mi yolundan alıkoydum?"

Nico dişlerini sıktı. Canını sıkmasına gerek yoktu. Hypnos Kulübesi rüya faaliyetleri açısından, Grand Central İstasyonu gibiydi. Oradan arada sırada geçmeden, *hiçbir* yere yolculuk edemezdiniz.

"Hazır ben buradayken, benim için bir mesaj ilet," dedi Nico. "Kheiron'a birkaç arkadaşımla birlikte yolda olduğumu söyle. Athena Parthenos'u getiriyoruz."

Clovis gözlerini ovuşturdu. "Demek duyduklarımız doğruydu? Nasıl getiriyorsunuz? Bir kamyonet falan mı kiraladınız?"

Nico mümkün olan en anlaşılır şekilde açıklama yaptı. Rüyalarda yollanan mesajlar bazen pek açık olmazdı; özellikle de bunları Clovis'e anlatıyorsanız anlaşılmazdı. Ne kadar basit bir açıklama yaparsa, o kadar iyiydi.

"Peşimizde bir avcı var," dedi Nico. "Gaia'nın gigantlarından biri sanırım. Bu mesajı Thalia Grace'e iletir misin? İnsanları rüyalarda bulmakta benden daha iyisin. Ondan tavsiye almam gerek."

"Denerim." Clovis yanındaki masadaki bir fincan sıcak çikolatayı almaya çalıştı. "Şey, gitmeden önce, bir saniyen var mı?"

"Clovis, bu bir rüya," dedi Nico. "Zaman akıcı."

Nico bunu söylerken bile gerçek dünyada neler olduğu konusunda endişeleniyordu. Fiziksel hali o sırada baş aşağı düşerek ölüme gidiyor olabilirdi ya da belki etrafı canavarlarla çevrilmişti. Yine de kendisini gölgeyolculuk için harcadığı enerji miktarından sonra uyanmaya zorlayamazdı.

Clovis evet der gibi başını salladı. "Tamam... Ben sadece bugün savaş konseyinde neler olduğunu görmen gerekir diye düşünmüştüm. Büyük bir kısmında uyudum ama..."

"Göster bana," dedi Nico.

Sahne değişti. Nico kendisini Büyük Ev'in dinlenme odasında, tüm kıdemli kamp liderlerinin pinpon masasının etrafında toplandığı yerde buldu.

Masanın bir ucunda sentor Kheiron oturuyordu; belinin at olan alt kısmı büyülü tekerlekli sandalyesinde gizli olduğundan, sıradan bir insan gibi görünüyordu. Kıvırcık, kahverengi saçlarında ve sakalında birkaç ay önce olduğundan daha fazla griler vardı. Suratında derin çizgiler oluşmuştu.

"...Kontrol edemediğimiz şeyler," diyordu. "Şimdi, savunmamızı gözden geçirelim. Ne durumdayız?"

Ares kulübesinden Clarisse öne eğildi. Üstünde tepeden tırnağa zırh olan bir tek o vardı; Clarisse her zaman öyleydi, muhtemelen savaş zırhıyla uyuyordu. Konuşurken hançerini salladığı için, diğer danışmanlar geriye çekildiler.

"Savunma hattımız genel olarak iyi durumda," dedi. "Kampçılar savaşmaya her zamankinden daha fazla hazırlar. Kumsalın kontrolü elimizde. Kadırgalarımız Long Island Körfezi'nde sorunsuz duruyorlar ama o aptal dev kartallar hava sahamızı istila ettiler. Karanın iç kesimlerine doğru, barbarlar üç yönde de yolumuzu kesmiş durumda."

"Romalılar," dedi Rachel Dare blucininin dizini bir keçeli kalemle boyarken. "Barbar değiller."

Clarisse parmağını Rachel'a doğrulttu. "Ya müttefikleri? Dün gelen o iki kafalı adamlardan oluşan kabileyi gördün mü? Ya da köpek kafalı, parıldayan kızıl tüylü ve kocaman, iri saplı baltalı adamları? Bana gayet barbar gibi göründüler. Bunları önceden görebilmiş olsaydın, Kehanet gücün ona en çok ihtiyaç duyduğumuz zamanda yok olmuş olmasaydı, iyi olurdu!"

Rachel'ın suratı saçları kadar kıpkırmızı kesildi. "Ama benim suçum değil. Apollon'un kehanet güçleriyle ilgili bir sorun var. Bunu nasıl düzelteceğimi bilseydim..."

"Haklı," dedi Apollon kulübesinin baş danışmanı Will Solace. Elini nazikçe Clarisse'in bileğine koydu. Çoğu kampçı bunu bıçaklanmadan yapamazdı ama Will'in insanların öfkesini dindirmek gibi bir yeteneği vardı. Clarisse'in hançerini indirmesini sağladı. "Kulübemizdeki herkes bu durumdan etkilendi. Sırf Rachel değil."

Will'in dağınık sarı saçları ve açık mavi renkli gözleri Nico'ya Jason Grace'i hatırlatıyordu ama aralarındaki benzerlik orada sona eriyordu.

Jason bir savaşçıydı. Bunu delici bakışlarından, sürekli olarak tetikte oluşundan, bedeninde sessizce bekleyen enerjiden anlamak mümkündü. Will Solace daha ziyade, güneşin altına sere serpe uzanmış, ince uzun bir kedi gibiydi. Hareketleri rahattı ve tehditkâr değildi, bakışlarıysa yumuşak ve uzaklara dalmış gibiydi. Rengi solmuş *SÖRF BARBADOS* tişörtüyle, kesilmiş bluciniyle ve şıpıdık plaj terlikleriyle, bir melezin olabileceği kadar az saldırgan görünüyordu ama Nico onun tehlikeli zamanlarda cesur olduğunu biliyordu. Manhattan Savaşı sırasında, Nico onun neler yaptığını görmüştü; kampın en iyi savaş doktoru, yaralı kampçıları kurtarmak için hayatını tehlikeye atmıştı.

"Delphi'de neler olup bittiğini bilmiyoruz," dedi Will. "Babam hiçbir duama yanıt vermedi, hiçbir rüyamda da bana görünmedi... Yani, *bütün* tanrıların sessiz olduğunu biliyoruz ama Apollon öyle yapmazdı. Bir terslik var."

Masanın karşısında oturan Jake Mason homurdandı. "Belki de şu Octavian mıdır nedir, saldırıya liderlik eden o Romalı pislik yüzündendir. Apollon olsaydım ve soyumdan gelen birisi öyle davransaydı, utancımdan kimsenin önüne çıkamazdım."

"Haklısın," dedi Will. "Keşke daha iyi bir okçu olsaydım... Romalı akrabamın küstahlığını sona erdirmek için onu vurmaktan kaçınmazdım. Aslında, keşke babamın bana bahşettiği herhangi bir yeteneği kullanıp bu savaşı durdurabilseydim." Sıkkın bir ifadeyle ellerine baktı. "Ne yazık ki, ben sadece bir şifacıyım."

"Ama yeteneklerin son derece gerekli," dedi Kheiron. "Ne yazık ki bunlara kısa bir süre sonra ihtiyacımız olabilir. Geleceği görmeye gelince... Harpya Ella'dan ne haber? Sibil Kitapları'yla ilgili herhangi bir tavsiyede bulundu mu?"

Rachel hayır anlamında başını salladı. "Zavallıcık çok korkuyor. Harpyalar tutsak edilmekten nefret ederler. Romalılar bizi kuşattıklarından beri... Kendini kapana kısılmış hissediyor. Octavian'ın onu yakalamak istediğini biliyor. Tyson'la ben uçup kaçmaması için elimizden geleni yapıyoruz."

"Zaten kaçsa, intihar olur," dedi İris'in oğlu Butch Walker iri kollarını göğsünde kavuşturarak. "Tepedeki o Roma kartalları varken, uçması güvenli değil. Şu ana kadar, iki pegasusumu kaybettim."

"En azından, Tyson birkaç Kiklop arkadaşını yardıma çağırdı," dedi Rachel. "Bu da biraz olsun iyi haber sayılır."

Yiyecek içecek masasında oturan Connor Stoll güldü. Bir elinde, bir avuç dolusu Ritz krakeri, diğerindeyse bir teneke kutu eritme peynir vardı. "Bir düzine kadar yetişkin Kiklop mu? Çok iyi habermiş gerçekten de! Ayrıca, Lou Ellen ve Hekate çocukları büyülü bariyerler yerleştiriyorlar; Hermes kulübesi de olduğu gibi tepeleri tuzaklarla, kapanlarla ve Romalılar için türlü türlü sürprizlerle donatıyor!"

Jake Mason kaşlarını çattı. "Bunların çoğunu 9. Depo'dan ve Hephaistos kulübesinden çaldınız."

Clarisse de ona hak verir gibi homurdandı. "Ares kulübesinin etrafındaki kara mayınlarını bile çaldılar. *Canlı* kara mayınları nasıl çalınır yahu?"

"Onlara savaş çabası kapsamında *el koyduk.*" Connor ağzına bir parça eritme peynir attı. "Hem sizlerde daha bir sürü oyuncak var. Bunları paylaşabilirsiniz!"

Kheiron soluna, satir Kıvırcık Çalıdibi'nin sessizce oturduğu, saz kavallarıyla oynadığı yere baktı. "Kıvırcık? Doğa ruhlarından ne haberler var?"

Kıvırcık iç çekti. "İyi bir günde bile, nimfalarla orman perilerini düzenli bir biçimde bir araya getirmek güç. Gaia uyanmak üzere olduğundan, onlar da en az tanrılar kadar şaşkın durumda. Demeter kulübesinden Katie ve Miranda şu anda oradalar ve yardım etmeye çalışıyorlar ama Toprak Ana uyanırsa..." Endişeyle masadakilere baktı. "Şey, ormanların güvenli olacağı konusunda bir söz veremem. Tepelerin veya çilek tarlalarının da öyle. Ya da..."

"Harika." Jake Mason başı düşüp uyuklamaya başlayan Clovis'i dürtükledi. "Ne yapacağız?"

"Saldıracağız." Clarisse yumruğunu pinpon masasına indirince, herkes irkildi. "Romalılar her geçen gün daha çok destek çağırıyorlar. 1 Ağustos'ta burayı istila etmeyi planladıklarını biliyoruz. Neden zaman çizelgesini *onların* belirlemesine izin veriyoruz ki? Şu anda daha çok destek birliğinin gelmesini beklediklerini tahmin ediyorum. Sayıları çoktan bizimkini aştı. Daha fazla güçlenmelerine izin vermeden onlara saldırmalı, savaşı biz onlara götürmeliyiz!"

Athena kulübesinin vekil baş danışmanı Malcolm elini ağzına götürüp öksürdü. "Clarisse, ne demek istediğini anlıyorum. Ama Roma mühendisliği konusunda bilgin var mı? *Geçici* kampları bile Melez Kampı'ndan daha iyi korunuyor. Onlara karargâhlarında saldırırsak, bizi resmen katlederler."

"O halde, böyle *bekleyecek* miyiz?" dedi Clarisse. "Gaia uyanmaya yaklaşırken, birliklerini toplamalarını mı bekleyeceğiz? Koç Hedge'in hamile karısı korumam altında. Ona bir şey olmasına izin *vermem.* Koça hayatımı borçluyum. Hem kampçıları senden daha çok eğittim, Malcolm. Moralsizler. Herkes korkuyor. Dokuz gün daha kuşatma altında kalırsak..."

"Annabeth'in planına bağlı kalmalıyız." Connor Stoll ağzının etrafına bulaşan eritme peynire rağmen, olabildiğince ciddi görünüyordu. "O büyülü Athena heykelini buraya getirene dek dayanmamız gerek."

Clarisse gözlerini devirdi. "O *Romalı praetor* heykeli buraya getirirse demek istiyorsun. Annabeth'in düşmanla işbirliği yaparken neler düşündüğünü anlayamıyorum. Romalı bize heykeli getirmeyi başarsa bile ki imkânsız olduğunu düşünüyorum, heykelin bize barış sağlayacağına inanmamız mı gerekiyor? Heykel gelince, Romalılar birden silahlarını bırakıp dans etmeye, etrafa çiçekler fırlatmaya mı başlayacaklar?"

Rachel keçeli kalemini bıraktı. "Annabeth ne yaptığını biliyor. Barış adına bunu denememiz gerek. Yunanlılarla Romalıları birleştirmezsek, tanrılar iyileşmeyecek. Tanrılar iyileşmezse de, gigantları öldürmemiz mümkün olmayacak. Gigantları öldüremezsek..."

"Gaia uyanacak," dedi Connor. "Oyun bitecek. Bak, Clarisse, Annabeth bana Tartarus'tan bir mesaj yolladı. *Lanet olasıca* Tartarus'tan. Bunu yapabilen birisi varsa... Ona kulak veririm doğrusu."

Clarisse yanıt vermek üzere ağzını açtı ama Koç Hedge'in sesiyle konuşmaya başladı: "Nico, uyan. Başımız dertte."

XIV

NICO

Nico öylesine hızlı doğruldu ki, satirin burnuna tosladı.

"AH! Of be çocuk, burnun amma sertmiş!"

"Pa-pardon, koç." Nico gözlerini kırpıştırıp nerede olduğunu anlamaya çalıştı. "Neler oluyor?"

Etrafta ani bir tehlike görmedi. Halka açık bir meydanın ortasındaki güneşli bir anda kamp kurmuşlardı. Turuncu renkli kadife çiçekleri dört bir yandan tomurcuk açmıştı. Reyna ayaklarının dibinde iki metal köpeğiyle kıvrılmış uyuyordu. Biraz ötede, küçük çocuklar beyaz mermerden bir çeşmenin etrafında körebe oynuyorlardı. Yakınlardaki kaldırıma taşmış bir kafede, beş, altı kişi tentelerin gölgesi altında kahvelerini yudumluyordu. Birkaç teslimat kamyoneti meydanın kenarına park etmişti ama trafik yoktu. Ortalıktaki tek yayalar da, muhtemelen o civarda yaşayan ve ılık bir öğleden sonrasının keyfini çıkaran mahalleliydi.

Meydan kenarları beyaz binalarla ve limon ağaçlarıyla çevrili çakıl taşlı kaldırımlardan oluşuyordu. Ortasında, bir Roma tapınağının iyi korunmuş iskeleti duruyordu. Tapınağın kare biçimli tabanı yaklaşık olarak on beş metre genişliğinde ve üç metre uzunluğundaydı; dışarıdan hasar görmemiş gibi görünen Korint tarzı sütunlar da bir altı metre daha göğe yükseliyordu. Kemer altının üstündeyse...

Nico ağzının kuruduğunu hissetti. "Ay, Styks..."

Athena Parthenos bir gece kulübünde, bir piyanonun üstüne uzanmış bir şarkıcı gibi, sütunların üstünde yanlamasına yatıyordu. Uzunlamasına, oraya kusursuz bir biçimde sığmıştı ama öne uzanan elindeki Nike biraz fazla geniş kalıyordu. Her an yere devrilebilirmiş gibiydi.

"*Orada* ne işi var?" diye sordu Nico.

"Sen söyle." Hedge incinen burnunu ovuşturdu. "Kendimizi burada bulduk. Neredeyse ölecektik ama neyse ki toynaklarım çevik. Baygındın ve biz seni aşağı indirmeyi başarana dek kayışlarından karmakarışık olmuş bir paraşütçü gibi sarkıyordun."

Nico bunu gözlerinin önüne getirmeye çalıştı ama sonra vazgeçti. "Burası İspanya mı?"

"Portekiz," dedi Hedge. "Fazla ileri gitmişsin. Bu arada, Reyna İspanyolca konuşabiliyor ama Portekizce bilmiyor. Neyse, sen uyurken burasının Évora şehri olduğunu anladık. İyi haber şu: uyuşuk, ufacık bir yer. Bizi kimse rahatsız etmedi. Kimse kocaman Athena'nın Roma tapınağının üstünde uyuduğunu fark etmedi. Merak ediyorsan söyleyeyim, burası Diana'nın Tapınağı. İnsanlar sokak gösterilerime bayıldılar! On altı avro kazandım."

Hedge içinde bozuk paraların şangırdadığı beysbol kasketini aldı.

Nico kendini hasta hissetti. "Sokak gösterileri mi?"

"Azıcık şarkı söyledim," dedi koç. "Biraz uzakdoğu sporları figürleri falan yaptım. Biraz da dans."

"Vay canına."

"Biliyorum! Portekizliler çok zevkliler. Neyse, burasının birkaç günlüğüne dikkat çekmeden kalınacak bir yer olduğuna karar verdim."

Nico koçun suratına baktı. "Birkaç *gün* mü?"

"Hey, evlat, fazla seçeneğimiz yok. Fark etmemiş olabilirsin ama şu gölge yolculuklarla kendini ölesiye yordun. Dün gece, seni uyandırmaya çalıştık. Ama beceremedik."

"Yani, dün geceden beri..."

"Neredeyse otuz altı saattir uyuyorsun. Buna ihtiyacın vardı."

Nico o sırada oturuyor olduğuna sevindi. Yoksa yere yığılabilirdi. Birkaç dakika uyuduğuna yemin edebilirdi ama mahmurluğunu üstünden attıkça, zihninin açıldığını ve Ölümün Kapıları'nı aramaya gitmeden önceki halinden, haftalardır hissettiğinden daha dingin olduğunu fark etti.

Midesi guruldadı. Koç Hedge kaşlarını kaldırdı.

"Aç olmalısın," dedi satir. "Ya öylesin ya da miden kirpi dili konuşuyor. Kirpice epey önemli bir şey söyledin."

"Bir şeyler yesem iyi olur," dedi Nico. "Ama önce, kötü haberi de söyle... Yani, heykelin yanlamasına durmasından başka. Başımızın dertte olduğunu söylemiştin."

"Ha, evet." Koç meydanın köşesindeki kapılı kemeri gösterdi. Gölgelerin arasında, gri alevlerle şekli belli olan, insanımsı bir şey duruyordu. Ruhun surat hatları seçilmiyordu ama Nico'yu yanına çağırıyor gibiydi.

"Yanan Adam birkaç dakika önce belirdi," dedi Koç Hedge. "Daha fazla yaklaşmıyor. Yanına gitmeye çalıştığımda, gözden kayboldu. Bir tehdit olup olmadığından emin değilim ama seni çağırıyor gibi."

* * *

Nico bunun bir tuzak olduğunu düşündü. Birçok şey öyleydi.

Ama Koç Hedge Reyna'ya bir süre daha göz kulak olacağına söz verdi. Hem ruh belki faydalı bir şey söyleyebilir diye, Nico bunun risk almaya değer olduğuna karar verdi.

Styks demir kılıcını kınından çıkarıp, kemerli kapıya doğru ilerledi.

Normalde, hayaletler onu korkutmazdı. (Tabii, Gaia onları toprak kabuklara büründürüp, birer ölüm makinesine dönüştürmezse. Nico da bu tür bir şeyle ilk kez karşılaşmıştı.)

Minos'la yaşadığı deneyimden sonra, Nico çoğu spektrenin onlara bahşettiğiniz kadar güçlü olduğunu anlamıştı. Zihninize girerler ve sizi etkilemek için korkuyu, öfkeyi veya kuvvetli istekleri kullanırlardı. Nico kendisini korumayı öğrenmişti. Bazen durumu lehine çevirip, hayaletlere istediklerini bile yaptırdığı oluyordu.

Alevli, gri hayalete doğru ilerlerken, bunun sıradan bir hayalet; acı içinde ölmüş, kaybolmuş bir ruh olduğuna emindi. Bir sorun çıkmaması gerekirdi.

Nico yine de işini şansa bırakmak istemedi. Hırvatistan'ı gayet iyi hatırlıyordu. O durum karşısında, gayet kendinden emin ve rahat davranmıştı ama hem resmen, hem de duygusal açıdan aklı başından gitmişti. İlk önce, Jason Grace onu yakalayıp bir duvara fırlatmıştı. Sonra, tanrı Favonius onu rüzgâra dönüştürmüştü. O küstah sersem Cupid'e gelince...

Nico kılıcını sıkıca kavradı. Gizlice kimden hoşlandığını paylaşması, işin en kötü yanı da değildi. Bunu eninde sonunda kendi istediği bir zamanda yapabilirdi. Ama Percy hakkında konuşmaya zorlanmak, kabadayılık yapılması, taciz edilmesi ve kaba kuvvet kullanılması, hem de bunların sırf Cupid eğlensin diye yapılması...

O sırada, ayaklarının altından çıkan karanlık filizler etrafa yayılıyor, çakıl taşlı zemindeki çatlakların arasındaki tüm yabani otları öldürüyordu. Nico öfkesini zapt etmeye çalıştı.

Hayalete ulaştığında, üstünde sandaletlerden, yünlü bir cüppeden ve boynuna asılı ahşap bir haçtan oluşan bir keşiş kıyafeti giydiğini gördü. Etrafında dönüp duran gri renkli alevler giysisinin kollarını yakıyor, suratını tütsülüyor, kaşlarını küle dönüştürüyordu. Kalıcı olarak döngüye alınmış siyah beyaz bir video gibi, yandığı ana hapsolmuş gibiydi.

"Diri diri yakılmış," dedi Nico hissettiğini söyleyerek. "Muhtemelen, Orta Çağlarda, değil mi?"

Hayaletin suratı sessiz bir acı çığlığıyla büküldü ama gözleri sanki çığlık kontrol edemediği otomatik bir refleksmiş gibi bıkkın, hatta biraz da sinirlenmiş gibiydi.

"Benden ne istiyorsun?" dedi Nico.

Hayalet Nico'ya peşinden gelmesini işaret etti. Arkasını dönüp, kemerli kapıdan geçti. Nico dönüp Koç Hedge'e baktı. Satir, *Git. Yeraltı* Dünyası şeyini yap, der gibi elini salladı. Nico hayaletin peşinden Évora sokaklarına girdi.

Daracık çakıl taşlı yollarda zikzaklar çizerek ilerlediler, saksılı ebegümeci ağaçlarının bulunduğu avlulardan, kenarları karamela şeritli ve dökme demir balkonlu beyaz binaları bulunan evlerin yanından geçtiler. Kimse hayaleti fark etmedi ama yerel halk Nico'ya yan yan bakıyordu. Bir fox terrier'i olan genç bir kız, yanından geçmemek için yolunu değiştirdi. Köpeği hırladı ve sırtındaki tüyler bir sırt yüzgeci gibi diken diken oldu.

Hayalet Nico'yu bembeyaz boyanmış duvarları ve kireçtaşı kemerleri olan, kare biçimli büyükçe bir kilise avlusunun ucunda bulunan bir başka halka açık meydana götürdü. Hayalet kemer altından geçip, diğer tarafta gözden kayboldu.

Nico tereddüt etti. Kiliselere karşı değildi ama bu kilise ölüm yayıyordu. İçeride mezarlar ya da daha tatsız bir şeyler olmalıydı...

Eğilip içeri girdi. Gözleri içten altın renkli tuhaf bir ışıkla aydınlatılmış, kenardaki bir şapele takıldı. Kapısının üstünde Portekizce bir yazı vardı. Nico bu dili bilmiyordu ama çocukluğunda öğrendiği İtalyancayı yazının anlamını genel olarak çözebilecek kadar iyi hatırlıyordu: *Bizler, buradaki kemikler, sizinkileri bekliyoruz.*

"Ne hoş," diye mırıldandı.

Şapele girdi. En uçta bir sunak vardı ve alevler içindeki bir tayf diz çökmüş dua ediyordu ama Nico'nun asıl dikkatini çeken şey odaydı. Duvarlar kemiklerden ve kafataslarından yapılmıştı: Binlercesi çimentoyla birbirine tutturulmuştu. Kemiklerden oluşan sütunlar, ölümü temsil eden imgelerle süslü, kubbeli bir tavanı tutuyordu. Duvarlardan birinde, bir askıya asılmış ceketleri andıran iki kişinin kurumuş, iskelet artıkları asılıydı: Biri bir yetişkine, diğeriyse ufak bir çocuğa aitti.

"Güzel bir oda, değil mi?"

Nico arkasına baktı. Bir sene önce olsa, babası birden yanı başında belirdiğinde ödü kopardı. Ama artık kalp atışlarını ve babasının bacak arasına bir tekme savurup kaçma dürtüsünü kontrol eder hale gelmişti.

Dua eden tayf gibi, Hades de bir Fransisken keşişi gibi giyinmişti. Nico bunu biraz rahatsız edici buldu. Babasının siyah cüppesi, bel kısmında beyaz renkli, basit bir sicimle bağlanmıştı. Kukuletası geriye itilmiş, kafa derisine yakın kesilmiş koyu renkli saçları ve donmuş zifti andıran gözleri ortaya çıkmıştı. Tanrının suratında sakin ve huzurlu bir ifade vardı. Sanki Ceza Tarlaları'nda bir yürüyüşe çıkmış, lanetlenenlerin çığlıklarından keyif alıp geri gelmişti.

"Yeniden dekorasyon yapmak için fikir mi alıyorsun?" dedi Nico. "Belki de yemek odasını ortaçağ keşişlerinin kafataslarıyla süsleyebilirsin."

Hades kaşını havaya kaldırdı. "Ne zaman espri yaptığını hiç anlayamıyorum."

"Neden buradasın, baba? Buraya *nasıl* geldin?"

Hades parmaklarını en yakındaki sütunun üstünde gezdirdi ve eski kemiklerin üstünde bembeyaz izler bıraktı. "Sen cidden bulunması güç bir ölümlüsün, oğlum. Birkaç gündür seni arıyordum. Diocletian'ın asası patlayınca... Dikkatimi çekmeyi başardı."

Nico birden utandığını hissetti. Sonra, utandığı için kendisine kızdı. "Asanın kırılması benim suçum değildi. O sırada, biz..."

"Ha, asa önemli değil. O kadar eski bir yadigâr ki, onu iki şekilde kullanabildiğine şaşırdım. Patlama sadece biraz zihnimi açtı. Nerede olduğunu anlamamı sağladı. Seninle Pompei'de konuşabilmeyi umuyordum ama orası o kadar... *Romalı* ki. Bu şapel sana kendim olarak görünebileceğim kadar güçlü olabildiğim ilk yer. Yani, Hades, ölülerin tanrısı olarak, diğer *oluşum* yüzünden bölünmemiş olarak demek istiyorum."

Hades bayat, küflü havayı içine çekti. "Burası beni çok çekiyor. Kemik Şapeli'ni inşa etmek için, tamı tamına beş bin keşişin kalıntıları kullanıldı. Hayatın kısa, ölümün sonsuz olduğunu hatırlatıyor. Burada kendimi odaklanmış hissediyorum. Yine de, burada sadece birkaç dakika kalabilirim."

İlişkimizin hikâyesi, diye düşündü Nico. Sadece birkaç dakikan var. "Eee, baba? Ne istiyorsun?"

Hades ellerini cüppesinin kollarının içinde kavuşturdu. "Buraya senden bir şey istemek için değil de, yardım etmek istediğim için gelmiş olabileceğim hiç aklına gelmedi mi?"

Nico neredeyse gülecekti ama göğsü boşalmış gibi hissediyordu. "Buraya birkaç neden yüzünden gelmiş olabileceğin aklıma geliyor."

Tanrı kaşlarını çattı. "Sanırım, buna bir şey diyemem. Gaia'nın avcısıyla ilgili bilgi edinmek istiyorsun. İsmi Orion."

Nico tereddüt etti. Böyle doğrudan, oyunlar, bilmeceler veya görevler olmadan bir yanıt almaya alışık değildi. "Orion. Takımyıldız gibi. O... Artemis'in arkadaşı değil miydi?"

"Öyleydi," dedi Hades. "İkilere, Apollon'a ve Artemis'e karşı gelmesi için dünyaya gelmiş bir gigantti. Ama Artemis gibi, Orion da kaderini reddetti. Kendi bildiği gibi yaşamanın yollarını aradı. İlk olarak, Khios kralı için bir avcı olarak ölümlülerin arasında yaşamayı denedi. Şey, kralın kızıyla başı derde girdi. Kral onu kör etti ve sürgüne yolladı."

Nico Reyna'nın ona anlattıklarını düşündü. "Arkadaşım rüyasında gözleri parıldayan bir avcı gördü. Orion körse..."

"*Eskiden* kördü," dedi Hades. "Sürgüne yollandıktan kısa bir süre sonra, Orion ona acıyıp, orijinal gözlerinden de iyi olan yeni mekanik gözler veren Hephaistos'la tanıştı. Sonra, Artemis'le arkadaş oldu. Onun Avcılarına katılmasına izin verilen ilk erkek oldu. Ama... araları bozuldu. Tam olarak nasıl olduğunu bilmiyorum. Orion öldürüldü. Şimdiyse, Gaia'nın sadık oğullarından bir olarak, annesinin emirlerini yerine getirmek üzere geri döndü. Onu motive eden şey öfke ve karamsarlık. Bunu sen de anlayabilirsin."

Nico'nun içinden, *Ne hissettiğimi sen ne bileceksin?* diye bağırmak geçti.

Ama bunun yerine "Onu nasıl durdurabiliriz?" diye sordu.

"Durduramazsınız," dedi Hades. "Tek şansınız, onu atlatıp, size ulaşmadan görevinizi tamamlamak. Apollon veya Artemis onu *bir ihtimal* öldürebilir, oklarına oklarıyla karşılık verebilir ama ikizler şu anda size yardım edecek durumda değiller. Orion şu anda bile kokunuzu almış durumda. Avcı grubu sizi neredeyse bulmak üzere. Buradan Melez Kampı'na gidene dek, bir daha dinlenme şansınız olmayacak."

Nico göğüs kafesinin adeta bir kemerle sıkıldığını hissetti. Koç Hedge'i Reyna uyurken nöbette bırakmıştı. "Arkadaşlarıma geri dönmeliyim."

"İyi olur," dedi Hades. "Ama dahası da var. Kız kardeşin..." Duraksadı. Her zamanki gibi, Bianca konusu aralarında dolu bir silah gibi duruyordu: Ölümcüldü, uzanıp alması kolaydı ve göz ardı etmek mümkün değildi. "Diğer kız kardeşini, Hazel'ı diyorum... Yediler'den hangisinin öleceğini anladı. Bunu engellemeye çalışabilir. Bunu yaparak, önceliklerinin ne olduğunu unutabilir."

Nico konuşamayacağını hissetti.

Ama düşüncelerinin ilk olarak Percy'ye uzanmamasına kendi de şaşırdı. İlk olarak Hazel, sonra Jason, ondan sonra Percy ve *2. Argo*'dakiler için endişeleniyordu. Onu Roma'da kurtarmışlardı. Gemilerine buyur etmişlerdi. Nico o güne dek, asla arkadaş edinmek gibi bir lüksü kendisine tanımamıştı ama *2. Argo*'nun tayfası hayatında arkadaşlara en yakın kişilerdi. İçlerinden herhangi birisinin ölümü onu boş hissettirdi. Yine gigantların bronz kavanozunun içindeymiş, karanlıkta tek başınaymış ve sadece nar taneleriyle hayatta kalmaya çalışıyormuş gibi.

En sonunda "Hazel iyi mi?" diye sordu.

"Şu anda iyi."

"Ya diğerleri? Kim ölecek?"

Hades başını salladı. "Emin olsam bile, bunu sana söyleyemem. Sana bunu anlatmamın tek nedeni oğlum olman. Bazı ölümlerin engellenemeyeceğini biliyorsun. Bazı ölümlerin engellenmemesi gerekir. Zamanı geldiğinde, harekete geçmen gerekebilir."

Nico bunun ne anlama geldiğini bilemedi. Bilmek de *istemiyordu.*

"Oğlum." Hades'in ses tonu neredeyse sevecen sayılırdı. "Ne olursa olsun, saygımı kazandın. Manhattan'da Kronos'a karşı birlikte direnirken, evimizi şereflendirdin. Öfkeleneceğimi göze alıp, Jackson denen çocuğa yardım ettin, ona Styks Nehri'nde yol gösterdin, hapishaneden kurtardın, ona yardım etmesi için Erebos'un ordularını yollamam için yalvardın. Oğullarımdan biri tarafından hiç bu kadar *taciz* edilmemiştim. *Percy böyle, Percy şöyle.* Seni küle dönüştürmek üzereydim."

Nico içine derin bir nefes çekti. Odanın duvarları titremeye, kemiklerin arasındaki çatlaklardan tozlar düşmeye başlamıştı. "Bunları sırf onun için yapmadım. Tüm dünya tehlikede olduğu için yaptım."

Hades hafifçe gülümsedi ama bakışlarında en ufak gaddarca bir ifade yoktu. "*Birçok* nedenle bunları yaptığını düşünebilirim. Demek istediğim şuydu: Sen ve ben Olimpos'un yardımına gittik, çünkü öfkemi dindirmem gerektiği konusunda beni ikna ettin. Ben de seni aynı şeyi yapamaya teşvik ederdim. Çocuklarım o kadar nadiren mutludur ki. Ben... Senin bir istisna olduğunu görmek isterim."

Nico babasına baktı. Bu sözlere nasıl karşılık vereceğini bilemiyordu. Birçok gerçek dışı şeyi, mesela hayalet ordularını, büyülü labirentleri, gölgelerin arasında yolculuk etmeyi, kemiklerden yapılmış şapelleri kabullenebilirdi. Ama Yeraltı Dünyası'nın lordunun söylediği şefkatli sözleri kabullenebilir miydi? Hayır. Hiç mantıklı değildi.

Sunaktaki alevli hayalet kalktı. Yanarak ve sessizce çığlık atarak, gözleri acil bir mesaj vermeye çalışır gibi onlara yaklaştı.

"Ah," dedi Hades. "Bu, Rahip Paloan. Eski Roma tapınağının yakınlarındaki meydanda diri diri yakılan yüzlercesinden biri. Bildiğin gibi, Engizisyon'un karargâhı buradaydı. Her halükârda, şu anda gitmeni söylüyor. Kurtlar gelmeden önce çok az vaktin kaldı."

"Kurtlar mı? Orion'un sürüsü mü?"

Hades elini salladı. Rahip Paloan kayboldu. "Oğlum, yapmaya çalıştığın şey, yani dünyada gölge yolculuğuyla Athena'nın heykelini taşıyarak ilerlemek... Seni yok edebilir."

"Cesaret verici sözler için teşekkürler."

Hades ellerini kısa bir süre için Nico'nun omuzlarına dayadı.

Nico dokunulmaktan hoşlanmazdı ama nedense babasıyla arasında geçen bu kısacık temas onu rahatlatmıştı. Tıpkı Kemik Şapeli'nin rahatlatması gibi. Ölüm gibi, babasının varlığı da soğuk ve genellikle duygudan yoksundu ama *gerçekti*... Acımasızca dürüst, kaçınılmaz bir biçimde güvenilirdi. Nico en sonunda, ne olursa olsun, babasının tahtının dibinde kendisini bulacağını bilerek, bir parça özgürlük hissediyordu.

"Tekrar görüşeceğiz," dedi Hades söz verir gibi. "Hayatta kalamama ihtimaline karşılık sana sarayda bir oda hazırlatacağım. Belki de odan keşişlerin kafataslarıyla döşenirse güzel görünür."

"Şimdi de ben *senin* espri yapıp yapmadığını anlayamadım."

Hades'in şekli silikleşirken, gözleri parıldadı. "O halde, bazı önemli açılardan birbirimize benziyor olabiliriz."

Sonra, ortadan kayboldu.

Birden, şapel ona boğucu geldi; binlerce boş göz çukuru Nico'ya bakıyordu. *Bizler, buradaki kemikler, sizlerinkini bekliyoruz.*

Telaşla kiliseden çıktı ve arkadaşlarına nasıl geri döneceğini hatırlayacağını umdu.

XV

NICO

"Kurtlar mı?" dedi Reyna.

Yakınlardaki kafelerden birinin avlusunda oturmuş kahvaltı ediyorlardı.

Hades'in acele etmeleri yönündeki uyarısına rağmen, Nico kampta pek bir şeyin değişmediğini görmüştü. Reyna daha yeni uyanmıştı. Athena Parthenos hâlâ tapınağın üstünde yanlamasına yatıyordu. Koç Hedge de tap dansı ve uzakdoğu sporları gösterileri yaparak, arada sırada megafonundan şarkılar söyleyerek civardaki birkaç kişiyi eğlendiriyordu ama kimse ne dediğini anlamıyor gibiydi.

Nico keşke koç megafonu getirmeseydi diye düşündü. Sadece sesi çok yüksek ve sinir bozucu değildi, bir de Nico'nun anlam veremediği bir biçimde bazen *Yıldız Savaşları* filminden, rastgele Darth Vader replikleri söylüyor ya da "İNEK MÖÖÖ DER!" diyordu.

Üçü birlikte yemek yemek için çimlere otururken, Reyna dinlenmiş ve tetikte görünüyordu. O ve Koç Hedge, Nico'nun rüyalarını ve Kemik Şapeli'nde Hades'le karşılaşmasını anlatmasını dinlediler. Nico babasıyla arasında geçen konuşmanın birkaç özel ayrıntısını anlatmamıştı ama Reyna'nın insanın duygularıyla boğuşması konusunda çok şey bildiğini hissetti.

Orion'dan ve babasının dediğine göre yolda olan kurt sürüsünden söz edince, Reyna kaşlarını çattı.

"Çoğu kurt Romalılarla dosttur," dedi. "Orion'un bir kurt sürüsüyle birlikte avlandığına dair hiçbir şey duymamıştım."

Nico salamlı sandviçini bitirdi. Çörek dolu bir tabağa bakınca, hâlâ iştahlı olduğuna şaşırdı. "Lafın gelişi söylemiş olabilir: *kurtlar gelmeden çok az vaktiniz var*, dedi. Belki de Hades gerçek kurtlardan söz etmemiştir. Neyse, hava gölgeler için yeteri kadar kararınca zaten bir an önce gitmemiz gerek."

Koç Hedge çantasına *Guns & Ammo* dergisinin bir sayısını tıkıştırdı. "Tek sorun şu: Athena Parthenos hâlâ on beş metre yüksekte. Sizi ve eşyalarınızı o tapınağın tepesine fırlatmak eğlenceli olacak."

Nico çöreklerden birini ısırdı. Kafedeki kadın bunlara *fartura* demişti. Sarmal çörekleri andırıyorlardı ve tatları harikaydı. Doğru miktarda gevrek, şekerli ve tereyağlıydılar ama Nico *fartura* sözcüğünü ilk duyduğunda, Percy'nin bu isimle ilgili bir espri yapacağını düşünmüştü.

Amerika'da çörekler var, Portekiz'deyse ismi insanın aklına katır kutur bir şeyi getiren bu şeyler var, derdi.

Nico yaşı ilerledikçe, Percy gözünde daha çocuksu görünüyordu, oysa Percy ondan üç yaş büyüktü. Nico onun espri anlayışını hem şirin, hem de sinir bozucu buluyordu. *Sinir bozucu* kısmına odaklanmaya karar verdi.

Bir de Percy'nin son derece ciddi olduğu anlar vardı: Roma'daki o uçurumdan yukarı, Nico'ya baktığı zamanki gibi. Öteki taraf, Nico! Onları oraya götür. Bana söz ver!

Nico da söz vermişti. Percy Jackson'a ne kadar içerlemiş olsa da bunun bir önemi yok gibiydi. Onun için her şeyi yapabilirdi. Bu yüzden kendisinden nefret ediyordu.

"Eee?" Reyna'nın sesini duyunca, düşüncelerinden sıyrıldı. "Melez Kampı 1 Ağustos'u bekleyecek mi, yoksa saldıracak mı?"

"Bekleyeceklerini ummalıyız," dedi Nico. "Biz... Daha doğrusu, *ben* heykeli daha kısa sürede oraya götüremem."

Bu hızla bile, babam ölebileceğimi düşünüyor. Nico bunu diğerlerine söylemedi.

Keşke Hazel yanında olsaydı diye düşündü. Birlikte, *2. Argo*'nun tayfasının tamamını gölge yolculukla Hades'in Evi'nden çıkarmışlardı. Güçlerini paylaştıklarında, Nico her şey mümkünmüş gibi hissediyordu. Melez Kampı'na yolculuk o şekilde yarı sürede tamamlanabilirdi.

Ayrıca, Hades'in içlerinden birinin öleceğine dair söyledikleri içini ürpertmişti. Hazel'ı kaybedemezdi. Bir kız kardeşi daha kaybedemezdi. Bunu bir daha yaşayamazdı.

Koç Hedge beysbol kasketindeki bozuklukları sayarken başını kaldırdı. "Clarisse'in Mellie'nin iyi olduğunu söylediğine emin misin?"

"Evet, koç. Clarisse ona iyi bakıyor."

"Çok rahatladım. Kıvırcık'ın Gaia'nın nimfalara ve orman perilerine fısıldamasıyla ilgili söyledikleri hoşuma gitmedi. Doğa ruhları kötüleşirse... Hiç iyi olmaz."

Nico bu tür bir şeyin gerçekleştiğini hiç duymamıştı. Ama Gaia insanlığın doğuşundan beri uyanık değildi.

Reyna çöreğinden bir ısırık aldı. Zincirli zırhı öğleden sonra güneşinde parıldıyordu. "Şu kurtları düşünüyorum... Mesajı yanlış anlamış olabilir miyiz? Tanrıça Lupa bir süredir çok sessiz. Belki de bize yardım yolluyordur. Kurtları o yollamış olabilir... Bizi Orion'dan ve sürüsünden *korumak* için yani."

Sesindeki umut, bir mendil kadar inceydi. Nico bunu yırtmamaya karar verdi.

"Olabilir," dedi. "Ama Lupa şu sıralarda kamplar arasındaki savaşla meşgul değil midir? Lejyonuna yardımcı olması için kurtları yollar diye düşünmüştüm."

Reyna başını salladı. "Kurtlar ön cephe savaşçıları değildir. Octavian'a yardım edeceğini sanmam. Kurtları Jüpiter Kampı'nın etrafında devriye geziyor, lejyonun yokluğunda koruyor olabilir ama gerisini bilemiyorum."

Ayak bileklerini çaprazlamasına birbirine dayayınca, savaş çizmelerinin demir uçları parıldadı. Nico Romalı lejyonerlerle tekmeleme yarışmalarına girmemesi gerektiğini zihninin bir kenarına not etti.

"Bir şey daha var," dedi Reyna. "Ablam Hylla'ya da ulaşamıyorum. Hem kurtların, *hem* de Amazonların sesinin kesilmesi beni huzursuz ediyor. Batı Kıyısı'nda bir şey olduysa... Her iki kamp için de umutların bize bağlı olduğundan endişe ediyorum. Heykeli kısa sürede geri *götürmeliyiz.* Bu da en büyük yükün sana düştüğü anlamına gelir, Hades'in oğlu."

Nico boğazına kadar yükselen safrayı yutkunarak gidermeye çalıştı. Reyna'ya kızgın değildi. Ondan hoşlanıyor bile sayılırdı. Ama o kadar sık imkânsızı başarması istenmişti ki. Genellikle, bu görevleri başarır başarmaz da unutulurdu.

Kronos'la yapılan savaşın ardından, Melez Kampı'ndaki çocukların ona ne kadar iyi davrandığını hatırladı. *Harika bir iş başardın Nico! Yeraltı Dünyası'nın ordularını bizi kurtarmaları için getirdin, teşekkür ederiz!*

Herkes gülümsemişti. Herkes onu kendi masalarında oturması için davet etmişti. Yaklaşık bir hafta sonra, bu davetler azalmıştı. Arkalarından yürüdüğünde, kampçılar korkup irkiliyorlardı. Kamp ateşinin etrafındaki gölgelerin arasından çıkıyor, birilerini korkutuyor ve gözlerindeki huzursuzluğu görüyordu: *Hâlâ burada mısın? Neden buradasın?*

Kronos'la yapılan savaşın hemen ardından, Annabeth'le Percy'nin çıkmaya başlaması da bunlara tuz biber ekmişti.

Nico *fartura*'sını yere koydu. Birden, tadı o kadar da güzel gelmemişti.

Annabeth'le, Athena Parthenos'la birlikte Epirus'tan ayrılmadan hemen önce yaptığı konuşmayı hatırladı.

Annabeth onu bir kenara çekip "Hey, seninle konuşmam gerek," demişti.

Nico paniğe kapılmıştı. *Biliyor*, demişti içinden.

"Sana teşekkür etmek istiyordum," demişti Annabeth. "Bob... Titan Bob... Bize Tartarus'ta yardım etmesinin tek nedeni senin ona iyi davranman. Ona kurtarılmaya değer olduğumuzu söyledin. Hayatta olmamızın tek sebebi bu."

O kadar rahat bir biçimde çoğul konuşmuştu ki, adeta o ve Percy birmiş, ayrılmazmış gibi söylemişti.

Nico bir keresinde Eflatun'dan bir öykü okumuştu; Eflatun eski zamanlarda, tüm insanların erkek ve kadın karışımı olduğunu iddia ediyordu. Herkesin iki kafası, dört kolu ve bacağı vardı. Öyküye göre, bu kombo-insanlar öylesine güçlüydü ki, tanrıları huzursuz ediyorlardı. Bu yüzden, Zeus onları erkek ve kadın olarak ikiye ayırmıştı. O zamandan beri de insanlar kendilerini eksik hissediyorlardı. Hayatlarını diğer yarılarını arayarak geçiriyorlardı.

O halde, ben ne durumdayım? diye düşündü Nico içinden.

En sevdiği öykü değildi doğrusu.

Annabeth'ten nefret etmek istiyordu ama bunu yapamıyordu. Annabeth ona Epirus'ta teşekkür etmek için çaba sarf etmişti. Samimi ve içten davranmıştı. Onu birçok kişi gibi ne görmezden gelmiş, ne de küçümsemişti. Neden korkunç birisi olamıyordu? Öyle olsa, Nico'nun işi kolaylaşırdı.

Rüzgâr tanrısı Favonius onu Hırvatistan'da uyarmıştı: *Öfkenin seni yönetmesine izin verirsen... kaderin benimkinden de bedbaht olur.*

Ama kaderi zaten bedbahttan *başka* ne olabilirdi ki? Bu görevi sağ salim atlatsa bile, her iki kamptan da sonsuza dek ayrılması gerekecekti. Ancak bu şekilde huzur bulabilirdi. Keşke başka bir seçenek daha olsaydı diye düşündü. Keşke ona Phlegethon'un suları kadar acı çektirmeyecek bir seçenek olsaydı dedi içinden ama bulamadı.

Reyna dikkatle onu inceliyor, muhtemelen aklından neler geçtiğini anlamaya çalışıyordu. Reyna onun ellerine bakınca, Nico'nun gümüş kafatası yüzüğünü, Bianca'nın ona verdiği son hediyeyi çevirdiğini fark etti.

"Nico, sana nasıl yardımcı olabiliriz?" diye sordu Reyna.

Bu da Nico'nun duymaya alışık olmadığı bir başka soruydu.

"Emin değilim," dedi samimiyetle. "Zaten mümkün olduğunca dinlenmemi sağladınız. Bu, önemli. Belki bana yine gücünü ödünç verebilirsin. Bu bir sonraki atlayış en uzunu olacak. Atlantik'i aşabilmek için, yeteri kadar enerjim olması gerek."

"Başaracaksın," dedi Reyna kararlı bir sesle. "ABD'ye geri döner dönmez, daha az canavarla karşılaşmamız gerek. Hatta doğu kıyı şeridindeki emekli lejyonerlerden yardım bile isteyebilirim. Onlardan yardım isteyen tüm Romalı melezlere yardım etmeleri gerekir."

Hedge homurdandı. "Octavian onları kendi tarafına çoktan çekmediyse tabii. Bu durumda, ihanetten tutuklanabilirsin."

"Koç," dedi Reyna onu azarlayarak. "Moralimizi bozma."

"Sadece söylüyorum işte. Şahsen Évora'da biraz daha kalabilmeyi isterdim. Yiyecekleri iyi, parası iyi ve şu ana dek şu mecazi *kurtlar* da-"

Reyna'nın köpekleri birden ayağa dikildi.

Uzaktan kurt ulumaları geldiğini duydular. Nico daha ayağa bile kalkamadan, dört bir yandan kurtlar akın etti. Kocaman, kapkara yaratıklar, çatılardan atlayarak kamp alanlarını kuşattılar. En irileri öne çıktı. Alfa kurt arka ayaklarının üstünde durdu ve şekil değiştirmeye başladı. Ön ayakları kollara dönüştü. Burnu sivri bir burun haline geldi. Gri renkli tüyleri, hayvan postlarından örülmüş bir pelerin oldu. Yıpranmış bir suratı ve parlak kırmızı gözleri olan, ince uzun bir adama dönüştü. Yağlı siyah saçlarının etrafında parmak kemiklerinden yapılmış bir taç vardı.

"Ah, minik satir..." Adam sivri dişlerini göstererek gülümsedi. "Dileğin gerçekleşti! Sonsuza dek Évora'da kalacaksın, çünkü ne yazık ki şu benim mecazi kurtlar, *gerçek.*"

XVI

NICO

"Sen Orion değilsin," deyiverdi Nico.

Aptalca bir laf etmişti ama aklına gelen ilk şeyi söylemişti.

Karşısında duran adamın avcı bir gigant olmadığı belliydi. O kadar uzun değildi. Ejderha bacakları yoktu. Bir yay ya da ok kılıfı taşımıyordu ve Reyna'nın rüyasında gördüğü gibi farı andıran gözleri yoktu.

Gri adam güldü. "Doğru, değilim. Orion beni avına yardım etmem için işe aldı. Ben..."

"Lykaon'sun," dedi Reyna lafını keserek. "İlk kurt adam."

Adam onunla alay eder gibi eğildi. "Reyna Ramírez-Arellano, Roma praetoru. Lupa'nın eniklerinden biri! Beni tanıdığına sevindim. Kâbuslarında gördüğüne eminim."

"Kâbuslarıma değil, sindirimime ait olabilirsin." Reyna kemerindeki keseden katlanan bir kamp bıçağı çıkardı. Bunu açınca, kurtlar tıslayıp geri çekildiler. "Yanımda gümüş bir silah olmadan asla yolculuk etmem."

Lykaon dişlerini gösterdi. "Bir düzine kurtla krallarını bir cep bıçağıyla mı uzak tutacaksın? Cesur olduğunu duymuştum, *filia Romana*. Ama aptal olduğunu bilmiyordum."

Reyna'nın köpekleri çömelip, atlamaya hazırlandılar. Koç beysbol sopasını sıkıca kavradı ama belki de ilk kez bunu savurmaya hevesli değil gibiydi. Nico da kılıcının kabzasına uzandı.

"Hiç zahmet etme," diye mırıldandı Koç Hedge. "Bu heriflere sadece gümüşle veya ateşle zarar verilebilir. Pike Zirvesi'nden hatırlıyorum. Çok sinir bozucular."

"Ben de seni hatırlıyorum, Gleeson Hedge." Kurt adamın gözleri lav kırmızısı bir renge bürünüp parladı. "Sürüm akşam yemeğinde keçi eti yediğine çok sevinecek."

Hedge alaycı bir tavırla güldü. "Yap da görelim, uyuz herif. Artemis'in Avcıları tıpkı geçen seferki gibi buraya geliyorlar! Şuradaki *Diana*'nın tapınaklarından biri, seni sersem. Onların bölgesindesin!"

Kurtlar yine hırlayıp dişlerini gösterdiler. Bazıları endişeyle çatılara baktı.

Lykaon dik dik koça baktı. "İyi denemeydi ama ne yazık ki o tapınağa yanlış isim verilmiş. Roma döneminde, buralardan geçmiştim. Orası aslında İmparator Augustus'a adanmıştır. Tipik melez sığlığı. Yine de, son karşılaşmamızdan beri çok daha dikkatli davranıyorum. Avcılar yakınlarda olsaydı, bunu bilirdim."

Nico bir kaçış planı düşünmeye çalıştı. Etrafı çevrilmişti, sayıları da daha azdı. Ellerindeki tek etkili silah bir cep bıçağıydı. Diocletian'ın asası gitmişti. Athena Parthenos da on beş metre yukarıda, tapınağın tepesindeydi. Ona erişebilseler bile, *gölgeler* oluşana dek gölge yolculuğu yapamazlardı. Güneşin batmasına daha saatler vardı.

Kendini pek cesur hissetmediği halde, öne çıktı. "Tamam, bizi yakaladın. Ne bekliyorsun?"

Lykaon onu kasap vitrininde gördüğü yeni bir tür etmiş gibi süzdü. "Nico di Angelo... Hades'in oğlu. Senden söz edildiğini duymuştum. Seni hemen öldüremediğim için kusura bakma ama patronum Orion'a o gelene dek seni tutacağıma söz verdim. Merak etme. Birkaç dakikaya gelir. Seninle işi bittiğinde, kanını döküp bu bölgeyi yüzyıllarca kendi bölgem olarak işaretleyeceğim!"

Nico dişlerini sıktı. "Melez kanı. Olimpos'un kanı."

"Tabii!" dedi Lykaon. "Yere dökülürse, özellikle de *kutsal* bir yere dökülürse, melez kanı birçok işe yarar. Doğru büyülü sözler söylenirse, canavarları, hatta tanrıları bile uyandırabilir. Yeni hayatın başlamasını ya da bir yerin nesiller boyu çorak kalmasını sağlayabilir. Yazık, *senin* kanın Gaia'nın uyanmasını sağlamayacak. Bu şerefi *2. Argo*'daki arkadaşlarınıza sakladık. Ama korkma. Ölümün en az onlarınki kadar acı verici olacak."

Nico'nun ayaklarının etrafındaki çimler ölmeye başladı. Kadife çiçekleri öbekleri soldu. Çorak topraklar, diye düşündü. Kutsal topraklar.

Kemik Şapeli'ndeki binlerce iskeleti düşündü. Hades'in halka açık o meydan için ne dediğini, Engizisyon'un orada yüzlerce kişiyi diri diri yaktığını söylediğini hatırladı.

Orası eski bir şehirdi. Ayaklarının dibinde kaç ölü olabilirdi?

"Koç, tırmanabilir misin?" dedi.

Hedge ofladı. "Ben yarı *keçiyim.* Tabii ki tırmanabilirim!"

"Heykele çık ve kayışları güvenli hale getir. Bir halat merdiven yapıp, bizim için aşağı sarkıt."

"Ama kurt sürüsü ne..."

"Reyna, sen ve köpeklerin de kaçışımızı güven altına almalısınız."

Praetor ciddi bir ifadeyle başını salladı. "Anlaşıldı."

Lykaon kahkahalarla gülmeye başladı. "Nereye kaçacaksınız, Hades'in oğlu? Kaçış yok. Bizi öldüremezsin!"

"Olabilir," dedi Nico. "Ama sizi yavaşlatabilirim."

Ellerini iki yana açınca, toprak birden yarıldı.

Nico bunun o kadar işe yarayacağını tahmin etmemişti. Daha önce de topraktan kemik parçalarını çıkarmıştı. Fare iskeletlerini canlandırıp, arada sırada insan kafatasları da çıkardığı olmuştu. Ama hiçbir şey onu göğe fışkıran kemik duvarına hazırlayamazdı: yüzlerce uyluk, kaburga ve incik kemiği kurtların etrafını çevirip, insan kalıntılarından bir bariyer oluşturdu.

Kurtların birçoğu kaçamayacakları bir biçimde hapsolmuştu. Bazıları öfkelenip dişlerini gösterdiler ve bu beklenmedik kafeslerden kurtulmaya çalıştılar. Lykaon'sa kaburga kemiklerinden oluşan bir kozanın içine sıkışıp kalmıştı ama bu bile küfürler savurmasını engellemiyordu.

"Seni değersiz çocuk'" diye kükredi. "Kollarından ve bacaklarından etlerini koparacağım!"

"Koç, git!" diye bağırdı Nico.

Satir tapınağa doğru atıldı. Tek bir sıçrayışta podyumun tepesine vardı ve sol sütuna çıktı. İki kurt etraflarını saran kemik kafeslerden kurtuldu. Reyna bıçağını fırlatıp, bir tanesinin boynuna saplamayı başardı. Köpekleri de diğerinin üstüne atladı. Aurum'un dişleri ve pençeleri kurda zarar veremeden postunun üstünden kaydı ama Argentum yaratığı yere devirdi.

Argentum'un başı hâlâ Pompei'deki savaştan yana yatıktı. Sol yakut gözü de hâlâ kayıptı ama dişlerini kurdun ensesine batırmayı başardı. Kurt bir gölge birikintisine dönüştü.

Gümüş köpeklere şükürler olsun, dedi Nico içinden.

Reyna kılıcını çekti. Hedge'in beysbol kasketinden bir avuç gümüş para, malzeme çantasından da ambalaj bandı aldı ve paraları kılıcının etrafına bantlamaya koyuldu. Bu kız yaratıcı değilse, hiçbir şey değildi.

"Git!" dedi Nico'ya. "Seni koruyacağım."

Kurtlar debelenince, kemik kafesler çatlayıp parçalandı. Lykaon sağ kolunu kurtarıp, etrafındaki kaburga kafesi kırmaya başladı.

"Seni diri diri yüzeceğim!" diye bağırdı. "Postunu pelerinime ekleyeceğim!"

Nico koşmaya başladı, sadece Reyna'nın gümüş cep bıçağını yerden almak için durdu.

Bir dağ keçisi değildi ama tapınağın arkasında bir merdiven gördü ve hızla tepeye çıktı. Sütunların dibine varıp, gözlerini kıstı ve Athena Parthenos'un ayaklarının dibinde tehlikeli bir biçimde duran ve halatları açıp bir merdiven yapan Koç Hedge'e baktı.

"Çabuk!" diye bağırdı Nico.

"Aa, niye?" diye seslendi koç aşağıya. "Daha çok vaktimiz var sanıyordum!"

Nico'nun o sırada ihtiyacı olan son şey satir alaycılığıydı. Meydanda, daha da fazla kurt kemik hapislerinden kurtulmaya başlamıştı. Reyna onları üstüne gümüş paralar yapıştırıp değiştirdiği kılıcıyla savuşturuyordu ama bir avuç bozuk para çok uzun süre bir kurt adam sürüsünü geri tutmak için yeterli olmayacaktı. Aurum öfkeyle hırlayıp ağzını açıp kapatıyordu ama düşmanlara zarar veremiyordu. Argentum'sa elinden gelenin en iyisini yapıyordu; pençelerini bir başka kurdun boğazına geçirmişti ama gümüş köpek çoktan yara almıştı. Çok geçmeden, o kadar kurda karşı tek başına kalacaktı.

Lykaon iki kolunu da kurtardı. Bacaklarını kaburga kafesten dışarı çıkarmaya koyuldu. Serbest kalmasına saniyeler kalmıştı.

Nico'nun aklına başka bir şey gelmiyordu. Kemikten bir duvar oluşturmak enerjisini tüketmişti. Geriye kalan tüm enerjisini gölge yolculuk için saklaması gerekiyordu. Tabii, içinde yolculuk yapabilecekleri bir gölge bulabilirse.

Bir gölge.

Elindeki gümüş cep bıçağına baktı. Aklına bir fikir geldi. Muhtemelen, *Hey, Percy'yi Styks Nehri'nde yüzdüreceğim! Bunu yapmama bayılacak!* diye düşündüğünden beri aklına gelebilecek en aptalca ve çılgınca fikirdi.

"Reyna, buraya gel!" diye seslendi.

Reyna bir başka kurda daha kılıcını savurup koşmaya başladı. Koşarken, kılıcını salladı ve uzayıp bir mızrağa dönüşmesini sağladı. Sonra da bunu bir yüksek atlama değneği gibi kullanarak, kendisini yukarı fırlattı. Nico'nun yanına kondu.

"Plan nedir?" diye sordu nefes nefese bile kalmamış bir halde.

"Gösteriş düşkünü," diye homurdandı Nico.

Derken, yukarıdan bir halat merdiven sarkıtıldı.

"Yukarı tırmanın, sizi keçi olmayan şapşallar!" diye bağırdı Hedge.

"Git!" dedi Nico ona. "Yukarı çıkar çıkmaz, halata sıkıca tutun."

"Nico..."

"Dediğimi yap!"

Reyna'nın mızrağı tekrar ufalıp bir kılıca dönüştü. Reyna kılıcını kınına soktu ve zırhına ve yanındaki malzemelere rağmen sütundan yukarı tırmanmaya başladı.

Aşağıdaki meydanda, Aurum ve Argentum ortalıktan kaybolmuştu.

Ya geri çekilmişlerdi ya da yok edilmişlerdi.

Lykaon kemik kafesinden bir zafer ulumasıyla çıktı. "Bunun cezasını çekeceksin, Hades'in oğlu!"

Bilmediğim bir şey söyleseydin, diye düşündü Nico.

Cep bıçağını avuçladı. "Gel de beni yakala, seni mankafa! Yoksa efendin gelene dek uslu bir köpek gibi *beklemen* mi gerekiyor?"

Lykaon pençelerini öne uzatarak, sivri dişlerini göstererek havaya sıçradı. Nico serbest olan elini halatın etrafına sıkıca sarıp odaklandı. Boynundan aşağı terler aktığını hissetti.

Kurt kral üstüne düşerken, Nico gümüş bıçağı Lykaon'un göğsüne sapladı. Tapınağın dört bir yanındaki kurtlar bir ağızdan uludular.

Kurt kral pençelerini Nico'nun kollarına geçirdi. Sivri dişleriyse suratından bir santim ötede durdu. Nico hissettiği acıya aldırış etmeden, cep bıçağını sapına kadar Lykaon'un kaburgalarının arasına soktu.

"Bir işe yara, köpek," dedi öfkeyle. "Gölgelere geri dön."

Lykaon'un gözleri geriye yuvarlandı. Mürekkep kadar koyu bir karanlık birikintisine dönüştü.

Derken, birkaç farklı şey aynı anda oldu. Öfkeden çılgına dönmüş kurt sürüsü öne atıldı. Yakınlardaki bir çatıdan, gök gürültüsünü andıran bir ses geldi: "DURDURUN ONLARI!"

Nico kocaman bir yayın gerilme sesi olduğu şüphe götürmez bir ses duydu.

Sonra, arkadaşlarını ve Athena Parthenos'u da alarak Lykaon'un gölgesinin birikintisine girdi ve nereden çıkacağını bilmeksizin buz gibi havaya daldı.

XVII

PIPER

Piper ölüm zehri bulmanın ne kadar zor olduğuna inanamıyordu.

Bütün sabah, o ve Frank, Pylos rıhtımının altını üstüne getirmişlerdi. Frank sadece Piper'ın onunla gelmesine izin vermişti, çünkü şekil değiştiren akrabalarına rastlayacak olurlarsa, Piper'ın büyükonuşunun işe yarayabileceğini düşünmüştü.

Sonradan anlaşıldı ki, kılıcı daha çok işe yarayacaktı. O ana dek, fırında bir Laistrygonya ogresi öldürmüşler, meydanda devasa bir yabani domuzla savaşmışlar ve Piper'ın bereket boynuzundan iyi nişan alınıp atılan sebzelerle bir Stimfalos kuş sürüsünü yenmişlerdi.

Piper tüm bunları yaptığına memnundu. Önceki gece annesiyle yaptığı konuşmayı düşünüp durmasını engelliyordu. Afrodit ona gelecekle ilgili kimseyle paylaşmamasını söylediği bir bilgi vermişti.

Bu arada, Piper'in Pylos'ta karşılaştığı en büyük zorluk, babasının kasabanın dört bir yanına asılmış olan yeni filminin posterleriydi. Posterler Yunancaydı ama Piper üstlerinde *TRISTAN MCLEAN JAKE STEEL*

ROLÜNDE: KANLA İMZALANMIŞ yazdığını biliyordu.

Tanrılarım, ne korkunç bir isim, diye düşündü. Keşke babası şu Jake Steel kimliğine hiç bürünmemiş olsaydı diye geçirmişti içinden ama babasının en sevilen rollerinden biri olmuştu. Babası gömleğinin düğmeleri kusursuz kaslarını sergileyecek biçimde açık (iğrenç, baba!), ellerinde birer AK-47 ve yontulmuş gibi duran suratında çapkın bir gülümsemeyle posterden ona bakıyordu.

Dünyanın ta öteki ucunda, akla hayale gelebilecek en ufak ve ücra kasabada, babasıyla karşılaşmıştı. Onu görünce, Piper aynı anda hüzünlenmiş, kafası karışmış, evini özlemiş ve sinir olmuştu. Hayat devam ediyordu. Hollywood da öyle. Babası dünyayı kurtarıyormuş gibi rol yaparken, Piper'*ın ve arkadaşlarının gerçekten* de yapması gerekiyordu. Sekiz günleri daha vardı ve Piper Afrodit'in açıkladığı planı gerçekleştiremezse... O zaman, ne filmler, ne tiyatrolar, ne de insanlar olacaktı.

Öğlen bir gibi, Piper en sonunda büyükonuşunu konuşturmaya başladı. Bir *çamaşırhan*ede, eski bir Yunan hayaletiyle konuştu (tuhaf konuşmalar açısından birden ona kadar puan verilecek olursa, kesinlikle on bir almayı hak ederdi) ve Periclymenus'un şekil değiştiren atalarının sözüm ona takıldıkları eski sığınağın nerede olduğunu öğrendi.

Öğleden sonra sıcağında, adada dolandıktan sonra, mağarayı kumsaldaki bir yamacın orta yerinde buldular. Frank kendisi orayı kontrol ederken Piper' ın onu aşağıda beklemesi için ısrar etmişti.

Piper buna çok memnun olmamıştı ama itaatkâr bir biçimde kumsalda onu beklemiş ve *gözlerini kısıp mağaranın girişine bakarken Frank*'i bir ölüm tuzağına yollamadığını ummuştu. Arkasında, beyaz kumlardan oluşan uzunca bir alan tepenin ayağına kadar uzanıyordu. Güneş banyosu yapanlar, yerlere battaniyeler sermişlerdi. Küçük çocuklar dalgalarda oynuyorlardı. Mavi deniz insanı kendisine çekercesine parıldıyordu.

Piper keşke o dalgaların üstünde sörf yapabilseydi diye düşündü. Hazel'a ve Annabeth'e günün birinde Malibu'ya gelecek olurlarsa, sörf yapmayı öğreteceğine söz vermişti... *Tabii, Malibu 1 Ağustos'tan sonra hâlâ yerli yerinde duruyor olursa.*

Yamacın zirvesine baktı. Eski bir şatonun kalıntıları yamacın hemen kenarındaydı. Piper bunun şekil değiştiricilerin sığınağı olup olmadığından emin değildi. Siperlerde hiç hareket yoktu. Mağaranın girişi yamacın ön tarafından yaklaşık olarak yüz yirmi beş metre aşağıdaydı: Devasa boyutlarda bir kalem açacağının deliğini andıran, kireçli sarı kayadaki simsiyah bir daireydi.

Nestor'un Mağarası, demişti çamaşırhanedeki hayalet. Öyküye göre, eski Pylos kralı kriz zamanlarında hazinesini oraya saklarmış. Hayalet ayrıca Hermes'in de bir keresinde Apollon'un çalıntı büyükbaş hayvanlarını oraya sakladığını da iddia etmişti.

İnekler.

Piper ürperdi. Küçükken, babasıyla arabayla Chino'daki bir et işleme tesisinin yanından geçmişlerdi. Koku onu bir vejetaryen yapacak kadar kötüydü. O zamandan beri de inekleri düşünmek bile midesini kaldırırdı. İnek kraliçesi Hera'yla, Venedik'te *katobleponlarla* yaşadığı deneyim ve Hades'in Evi'ndeki ürkütücü ölüm ineklerinin resimleri de bu durumu daha iyiye götürmemişti.

Piper tam, *Frank çok uzun süre orada kaldı*, diye düşünmeye başlamışken, Frank mağaranın ağzında belirdi. Yanında uzun boylu, gri saçlı, beyaz bir keten takım elbise giymiş, açık sarı renkli bir kravat takmış bir adam vardı. Adam Frank'in ellerine bir taşa veya bir cam parçasına benzer ufak ve parlak bir şey tutuşturdu. O ve Frank kısaca konuştular.

Frank kasvetli bir edayla başını salladı. Sonra, adam bir martıya *dönüştü ve uçtu.*

Frank patikadan inip Piper'*ın yanına gel*di.

"Onları buldum," dedi.

"Fark ettim. İyi misin?"

Frank ufka doğru uçan martıya baktı. Kısacık kesilmiş saçları bir ok gibi önde duruyor, bakışlarını daha da delici yapıyordu. Roma nişanları, yani fresk taç, bölük komutanı, praetor nişanları gömleğinin yakasında parıldıyordu. Kolunun ön tarafındaki üstünde Mars'*ın çapraz mızraklarının olduğu SPQR dövmesi, parlak güneş ışığının altında kapkara* görün*üyordu.*

Bu yeni kıyafetiyle hoş olmuştu. Dev yabani domuz eski giysilerini çok kötü pislettiğinden, Piper onu Pylos'ta bir acil durum alışverişine götürmüştü. Frank artık yeni siyah bir blucin, yumuşak derili botlar ve koyu yeşil renkli, üstüne tam olan bir Henley gömleği giyiyordu. Gömlekten biraz rahatsız olmuştu. İri bedenini bol giysilerle gizlemeye alışmıştı ama Piper artık bu konuda endişelenmemesi gerektiğine dair ikna etmişti. Venedik'te aniden geliştiği için, artık tombul sayılmazdı.

Değişmedin, Frank, demişti Piper. *Daha sen gibi oldun.*

Frank Zhang'in hâlâ çok tatlı ve iyi huylu olması iyi bir şeydi. Yoksa ürkütücü bir genç olabilirdi.

"Frank?" dedi Piper yavaşça.

"Ha, pardon." Frank ona odaklandı. "Şey... Kuzenlerim olduklarını söyleyebilirim sanırım... Asırlardır burada yaşıyorlar ve hepsi argonot Periclymenus'un soyundan geliyor. Onlara kendi öykümü, Zhang ailesinin nasıl Yunanistan'dan Roma'ya, Çin'e ve Kanada'ya gittiğini anlattım. Hades'in Evi'nde gördüğüm, beni Pylos'a gitmem için teşvik eden çamaşırhane hayaletinden bahsettim. Onlar... Hiç de şaşırmadılar. Bunun daha önce de olduğunu, uzun süredir görmedikleri akrabalarının evlerine döndüğünü anlattılar.

Piper Frank'in sesindeki hayal kırıklığını hissedebiliyordu. "Daha farklı bir şey umuyordun."

Frank omuzlarını silkti. "Daha büyük bir karşılaşma olabilirdi. Parti balonları falan. Emin değilim. Büyükannem bana halkayı tamamlayacağımı ve ailemize şeref getireceğimi söylemişti. Ama buradaki kuzenlerim... Beni sanki yanlarında istemiyorlarmış gibi soğuk ve mesafeli davrandılar. Mars'ın oğullarından biri olmam hoşlarına gitmedi galiba. Açıkçası, Çinli olmamdan da hoşlandıklarını sanmam."

Piper göğe baktı. Martı çoktan gözden kaybolmuştu ki, bu iyiye işaretti. Yoksa onu bereket boynuzundan fırlatacağı iri bir domuz buduyla vurmayı isteyebilirdi. "Kuzenlerin öyle hissediyorlarsa salaklarmış. Senin ne kadar harika olduğunu bilmiyorlar."

Frank olduğu yerde kıpırdandı. "Onlara sadece geçtiğimi söylediğimde, biraz daha dost canlısı davrandılar. Bana bir veda hediyesi verdiler."

Elini açtı. Avucundaki bir göz damlası şişesi büyüklüğünde metalik bir şişe parıldadı.

Piper geri çekilmemek için kendini zor tuttu. "Zehir bu mu?"

Frank evet der gibi başını salladı. "Buna *Pylos nanesi* diyorlarmış. Anladığım kadarıyla, bu bitki bu civardaki bir dağda çok eskiden ölen bir nimfanın kanından çıkmış. Ayrıntıları sormadım."

Şişe o kadar minikti ki, Piper bunun yeterli olmayacağından endişe etti. Normalde, daha fazla ölümcül zehri olsun istemezdi. Ayrıca, Nike'nin sözünü ettiği *doktor şifasını* yapmalarına da nasıl yardımcı olacağını anlayamamıştı. Ama bu şifa ölümü gerçekten de yenebiliyorsa, Piper bunlardan altı tane yapmak istiyordu: Tüm arkadaşları için birer tane.

Frank şişeyi avucunda yuvarladı. "Keşke Vitellius Reticulus burada olsaydı."

Piper onu doğru duyup duymadığından emin olamadı. "Retiki kim?"

Frank hafifçe gülümsedi. "Gaius Vitellius Reticulus ama ona bazen *gerçekten de* Retiki derdik. Beşinci Kohort'un Larlarından biriydi. Biraz şapşaldı ama şifa tanrısı Aesculapius'un oğluydu. Birisi şu doktor şifasının ne olduğunu biliyorsa... O, biliyordur."

"Bir şifa tanrısı iyi olurdu," dedi Piper düşünceli düşünceli. Gemide çığlıklar atan, elleri kolları bağlı bir zafer tanrıçası olmasından daha iyi."

"Hey, sen şanslısın. Kamaram ahırlara en yakın olan kamara. Bütün gece nasıl bağırdığını duyabiliyorum: *BİRİNCİLİK YA DA ÖLÜM! BİR EKSİ KIRIK NOT DEMEKTİR!* Leo'nun eski çorabımdan daha iyi bir tıkaç tasarlaması gerek."

Piper ürperdi. Hâlâ neden tanrıçayı rehin almalarının iyi bir fikir olduğunu anlayamamıştı. Nike'den ne kadar çabuk kurtulurlarsa, o kadar iyiydi.

"Peki, kuzenlerin... Şimdi neler olacağıyla ilgili bir tavsiye verdiler mi? Sparta'da bulmamız gereken zincirlenmiş tanrıyla ilgili bir şey söylediler mi?"

Frank'in suratı ifadesi keyifsizleşti. "Evet. Ne yazık ki bu konuda bir şeyler söylediler. Gemiye gidelim de anlatayım."

Piper'ın ayakları çok acıyordu. Frank'i kocaman bir kartala dönüp onu taşımaya ikan edebilir mi diye düşünürken, arkalarındaki kumlarda ayak sesleri duydu.

"Selam, iyi turistler!" Pespaye kılıklı, beyaz renkli bir kaptan şapkası takmış, bir ağız dolusu altın dişini göstererek gülümseyen bir denizci geldi. "Tekne gezisine çıkmak ister misiniz? Çok ucuz!"

Kıyıyı, takma motorlu bir teknenin durduğu yeri işaret etti.

Piper da ona gülümsedi. Yerli halkla iletişim kurabilmek çok hoşuna gidiyordu. "Evet, lütfen," dedi en iyi büyükonuşuyla. "Sizden bizi çok özel bir yere götürmenizi isteyeceğiz."

Tekne kaptanı onları denizden çeyrek mil kadar ötede demir atmış olan *2. Argo*'ya götürdü. Piper kaptanın ellerine birkaç kâğıt avro sıkıştırdı. Ölümlüler üstünde de büyükonuş kullanabilirdi ama elinden geldiğince adil ve dikkatli olmaya karar vermişti. Araba galerilerinin önünden BMW'ler çalma günleri artık sona ermişti.

"Teşekkür ederiz," dedi. "Birisi bir şey soracak olursa, bizi adanın etrafında dolaştırıp birkaç turistik yer gösterdiğinizi söylersiniz. Pylos rıhtımında da bırakmış olursunuz. Kocaman bir savaş gemisini de hiç görmediniz."

"Savaş gemisi yok," dedi kaptan. "Teşekkür ederim, iyi Amerikalı turistler!"

2. Argo'ya çıktıklarında, Frank çekinerek ona gülümsedi. "Şey... Seninle dev yaban domuzları öldürmek güzeldi."

Piper güldü. "Seninle de, Bay Zhang."

Piper ona sarılınca, Frank daha da utandı ama Piper onu sevmeden edemiyordu. Frank sadece Hazel için iyi yürekli ve düşünceli bir erkek arkadaş değildi; Piper onun Jason'ın eski praetor nişanını taktığını her gördüğünde, öne çıkıp bu görevi kabul ettiği için minnet hissediyordu. Jason'ın omuzlarından çok büyük bir yük almıştı ve onu Melez Kampı'nda yeni bir yol çizmesi için özgür kılmıştı (Piiper öyle olduğunu umuyordu)... Tabii, hepsinin o sekiz gün boyunca hayatta kaldıkları varsayılacak olursa. Tayfa ön güvertede acil bir toplantı için bir araya geldi.

Ama bunu esas olarak Percy iskele tarafındaki dev kırmızı deniz yılanını izlediği için yaptılar.

"Bu şey *fazla* kırmızı," diye mırıldandı Percy. "Tadı vişneli midir acaba?"

"Neden yanına yüzüp öğrenmiyorsun?" diye sordu Annabeth.

"Hayır desem?"

"Neyse," dedi Frank. "Pyloslu kuzenlerime göre, Sparta'da aradığımız zincirlenmiş tanrı babammış... Şey, Ares yani, Mars değil. Sanırım, Spartalılar şehirlerinde onun zincirlenmiş bir heykelini tutuyorlarmış. Böylece, savaş ruhunun onlardan asla eksik olmayacağını sağlıyorlarmış."

"Peeeki," dedi Leo. "Spartalılar garipmiş. Tabii, biz de alt güvertede Zafer'in elini kolunu bağladık ve rehin tutuyoruz. O yüzden, bu konuda yorum yapamayız."

Jason ön mancınığa yaslandı. "O halde, Sparta'ya yol alıyoruz. Ama zincire vurulmuş bir tanrının kalp atışları ve ölümün şifası bize nasıl yardımcı olacak?"

Piper onun suratındaki gergin ifadeden, hâlâ acı içinde olduğunu anlayabiliyordu. Afrodit'in ona söylediklerini hatırladı: *Mesele sadece* kılıç yarası değil *canım. İthaka'da gördüğü çirkin gerçek. Zavallı çocuk güçlü kalmazsa, gerçekler onu yiyip bitirecek.*

"Piper?" dedi Hazel.

Piper toparlandı. "Pardon, ne dedin?"

"Sana gördüğün görüntüleri soruyordum," dedi Hazel. "Hançerinin keskin kısmında bir şeyler gördüğünü söylemiştin."

"Şey... Evet." Piper tereddütle Katoptris'i kınından çıkardı. Bunu kar tanrıçası Khione'nin üstünde kullandığından beri, keskin kısmındaki görüntüler buza kazınmış gibi daha soğuk ve sert görünmeye başlamıştı. Melez Kampı'nın üstünde uçan kartlar ve New York'u yok eden bir toprak dalgası görmüştü. Geçmişinden görüntüler de vardı: Babasının dövülmüş bir halde Diablo Dağı'nın tepesinde elleri kolları bağlı durduğunu, nehir tanrısı Achelous'un ona gelip, Piper'ın başından kestiği bereket boynuzunu geri vermesi için yalvardığını görmüştü.

"Ben, şey..." Düşüncelerini toparlamaya çalıştı. "Şu anda bir şey görmüyorum. Ama bir görüntü tekrarlıyor. Annabeth'le ben bir harabede keşif yaparken..."

"Harabeler!" Leo ellerini ovuşturdu. "Şimdi konuşmaya başladın. Yunanistan'da kaç harabe olabilir?"

"Sessiz ol Leo," diye azarladı onu Annabeth. "Piper, sence orası Sparta mıydı?"

"Olabilir," dedi Piper. "Neyse... Birden, bir mağara gibi karanlık bir yere girdik. Bronz bir savaşçı heykeline baktık. Görüntülerde, heykelin kafasına dokunduğumda, etrafımızda alevler dönmeye başladı. Sadece bu kadarını gördüm."

"Alevler." Frank kaşlarını çattı. "Bu görüntüden hiç hoşlanmadım."

"Ben de." Percy bir yandan dalgaların arasından kıvrılarak rıhtıma yüz metre kadar süzülerek yaklaşan kırmızı deniz yılanına bakıyordu. "Heykel insanları alevlerle kuşatıyorsa, oraya Leo'yu yollamalıyız."

"Ben de seni seviyorum, dostum."

"Ne demek istediğimi biliyorsun. Ateşe karşı bağışıklığın var. Aman neyse, bana şu güzel su el bombalarından verirsen, *ben* giderim. Ares'le ben daha önce de kötü karşılaşmalar yaşamıştık."

Annabeth uzakta kalmaya başlayan Pylos sahil şeridine baktı. "Piper ikimizin heykelin peşinden gittiğini gördüyse, ikimizin gitmesi gerek. Sorun çıkmaz. Hayatta kalmanın her zaman bir yolu vardır."

"Her zaman değil," diye uyardı onu Hazel.

Gruptan bir tek kendisi gerçekten ölüp geri geldiğinden, bu sözleri havayı biraz değiştirdi.

Frank Pylos nanesi şişesini çıkardı. "Ya bu şeye ne demeli? Hades'in Evi'nden sonra, artık zehir içmeyeceğimizi umuyordum."

"Onu depoda güvenli bir yere koy," dedi Annabeth. "Şimdilik, bundan fazlasını yapamayız. Şu zincirlenmiş tanrı meselesini çözdükten sonra, Delos adasına doğru yola çıkarız."

"Delos'un laneti," dedi Hazel öyküyü hatırlayarak. "Kulağa eğlenceli geliyor."

"Umalım da Apollon orada olsun," dedi Annabeth. "Delos onun yaşadığı adaydı. O, ilaç tanrısı. Bize bu konuda tavsiye verebilmesi gerek."

Piper yine Afrodit'in sözlerini hatırladı: *Romalılarla Yunanlılar arasındaki boşluğa bir köprü kurmalısın, çocuğum. Sensiz ne fırtına, ne de ateş başarılı olabilir.*

Afrodit onu olacaklar konusunda uyarmış ve Piper'ın Gaia'yı durdurabilmek için ne yapması gerektiğini söylemişti. Ama Piper... Bunu yapacak gücü olup olmadığını bilmiyordu.

İskele pruvasının ötesinde, vişneli deniz yılanı buharlar çıkardı.

"Evet, kesinlikle bizi izliyor," dedi Percy. "Belki de bir süre havadan gitmeliyiz."

"Hava yolculuğu, tamamdır!" dedi Leo. "Festus, bu şerefi sana veriyorum!"

Bronz ejderha gemi başı gıcırdayıp tıkırdadı. Geminin motorları harekete geçti. Kürekler kalktı ve doksan şemsiye aynı açılıyormuş gibi bir ses çıkararak hava küreklerine dönüştü. Sonra da *2. Argo* göğe yükseldi.

"Sabaha Sparta'da oluruz," dedi Leo. "Bu gece yemek salonuna gelmeyi unutmayın millet. Şef Leo meşhur tofu takolarından yapacak!"

XVIII

PIPER

Piper üç ayaklı bir masanın ona bağırmasını istemiyordu.

Jason o gece onu kamarasında ziyaret ettiğinde, kapıların açık olduğundan emin oldu, çünkü Harika Masa Buford bir koruyucu olarak görevlerini son derece ciddiye alıyordu. Bir kızla oğlanın yanlarında birisi olmadan aynı kamarada kaldığından biraz bile şüphelenirse, buharlar saçıyor, koridorda tangır tungur koşuyor ve holografi Koç Hedge görüntüsü "KESİN ŞUNU! DERHAL YİRMİ MEKİK ÇEKİN! ÜSTÜNÜZE BİR ŞEYLER GİYİN!" diye bağırmaya başlıyordu.

Jason onun ranzasının kenarına oturdu. "Nöbete gidiyordum. Önce gelip sana bakmak istedim."

Piper Jason'ın bacağını ayağıyla dürttü. "İçinden bir kılıç geçen çocuk *beni* mi kontrol etmek istiyor? Asıl *sen* nasıl hissediyorsun?"

Jason yampiri bir gülümsemeyle ona baktı. Suratı Afrika kıyısında geçirdikleri zamanda o kadar çok yanmıştı ki, dudağındaki yara izi bir tebeşir izi gibi görünüyordu. Mavi gözleriyse her zamankinden daha parlaktı. Saçları mısır püskülü gibi beyaz-sarı bir renge dönüşmüştü ama kafa derisinde haydut Sciron'un filintasının mermisinin sıyırıp geçtiği yerde hâlâ bir çukur vardı. İlahi bronzun yol açtığı küçük bir sıyrığın bile iyileşmesi bu kadar uzun sürüyorsa, böğründeki İmparatorluk altını yarası nasıl iyileşecek diye düşündü Piper.

"Daha kötü olduğum olmuştu," dedi Jason. "Bir keresinde, Oregon'da bir *dracaena* kollarımı kesmişti."

Piper şaşkınlıkla gözlerini kırpıştırdı. Sonra hafifçe Jason'ın koluna vurdu. "Kes sesini."

"Bir an için seni kandırdım."

Tatlı bir sessizlik arasında el ele tutuştular. Piper bir anlığına sıradan gençler olduklarını, birlikte vakit geçirmekten keyif aldıklarını ve bir çift olarak birlikte olmayı öğrendiklerini hayal etti. Jason'la Melez Kampı'nda birkaç ay geçirmişti tabii ama Gaia'yla yapılacak savaş her zaman yaklaşıyordu. Piper her gün on kere ölmek konusunda endişelenmeseler durum nasıl olurdu diye düşündü.

"Sana teşekkür etme fırsatı bulamamıştım," dedi Jason ciddi bir ifadeye bürünerek. "İthaka'da annemin şeyini... kalıntılarını, *mania*'sını gördükten sonra... yaralandığımda, bilincimi kaybetmememi sağladın Piper. Bir yanım..." Duraksadı. "Bir yanım, gözlerimi yummak ve savaşmayı bırakmak istiyordu."

Piper'ın kalbi duracak gibi oldu. Kendi nabzını parmaklarının arasında hissetti. "Jason... Sen bir savaşçısın. Asla pes etmezdin. Annenin ruhuyla yüzleştiğinde... Güçlü davranan *sendin.* Ben değildim."

"Olabilir." Sesi kuru çıkıyordu. "Öylesine ağır bir durumu üstüne yıkmak istemedim, Pipes. Sadece... Annemin DNA'larını taşıyorum. İnsan yanım *sırf* ondan ibaret. Ya yanlış kararları verirsem? Ya Gaia'yla savaşırken, geri alamayacağım bir hata yaparsam? Sonumun annem gibi olmasını istemiyorum... *Mania*'ya indirgenip, sonsuza dek pişmanlıklarımı yaşamak istemiyorum."

Piper elleriyle Jason'ın ellerini örttü. *2. Argo*'nun güvertesine geri dönmüş, patlamadan önce Boreadlar'ın buz el bombasını tutuyormuş gibi hissetti.

"Doğru seçimleri yapacaksın," dedi. "Bizlere neler olacağını bilmiyorum ama sonun *asla* annen gibi olamaz."

"Bundan nasıl bu kadar emin olabiliyorsun?"

Piper Jason'ın kolundaki dövmeye baktı: SPQR, Jüpiter'in kartalı ve lejyonda geçirdiği senelere karşılık on iki çizgi. "Babam bana seçim yapmakla ilgili bir öykü anlatırdı..." Başını salladı. "Hayır, boş ver. Büyükbaba Tom gibi konuşurum."

"Anlat," dedi Jason. "Öykü nasıldı?"

"Peki... İki Cherokee avcısı ormana gitmişler, tamam mı? İkisi de bir tabu altındaymış."

"Bir tabu mu? Yapmamaları gereken bir şey yani."

"Evet." Piper rahatlamaya başlamıştı. Babasıyla büyükbabası bu yüzden mi öykü anlatmayı seviyorlar diye düşündü. Öykü anlatarak, en dehşet verici konuyu bile anlatması kolay bir hale getirebilir, yüzlerce sene önce iki Cherokee avcısının başından geçen bir şey gibi anlatabilirdiniz. Belki de babası bu yüzden bir aktör olmuştu.

"Avcılardan birinin geyik eti yememesi gerekiyormuş. Diğerininse sincap eti yememesi gerekiyormuş."

"Neden?"

"Hey, bilmiyorum. Bazı Cherokee tabuları kalıcı yasaklardı. Kartalları öldürmek gibi." Jason'ın kolundaki sembole hafifçe vurdu. "*Bu*, herkes için kötü talih anlamına gelirdi. Ama bazen, Cherokeeler kişisel olarak kalcı tabular üstlenirlerdi. Ruhlarını temizlemek ya da ruh dünyasına kulak vererek o tabunun önemli olduğunu *bildiklerinden* yaparlardı bunu. İçgüdülerine göre hareket ederlerdi."

"Tamam." Jason tereddütlü gibiydi. "İki avcıya dönelim."

"Bütün günü ormanda avlanarak geçirmişler. Yakaladıkları tek şey de sincaplarmış. Gece kamp kurduklarında, sincap eti *yiyebilen* avcı ateşte eti pişirmiş."

"Leziz."

"Bu da vejetaryen olmamın bir başka nedeni. Neyse, sincap eti yemesi yasak olan ikinci avcı çok acıkmış. Arkadaşı yemeğini yerken, midesini tutarak orada oturmuş. En sonunda, ilk avcı suçlu hissetmeye başlamış. "Haydi, sen de biraz ye," demiş. Ama ikinci avcı direnmiş. "Sincap eti benim için tabu. Yersem, başım büyük derde girer. Bir yılana falan dönüşebilirim." İlk avcı gülmüş. "Bu çılgınca fikir aklına nereden geldi? Sana hiçbir şey olmaz. Yarın sincap eti yememeye devam edersin," demiş. İkinci avcı da bu eti yememesi gerektiğini bildiği halde yemiş."

Jason parmağını Piper'ın parmaklarının eklemlerinde gezdirince, Piper odaklanmakta zorlandı. "Sonra ne olmuş?"

"Gecenin bir yarısı, ikinci avcı acı içinde çığlık atarak uyanmış. İlk avcı ne tür bir sorun olduğunu görmek için yanına gitmiş. Arkadaşının üstündeki örtüyü çekince, bacaklarının kayışımsı bir kuyruk oluşturacak biçimde birleştiğini görmüş. Gözlerinin önünde, arkadaşının bedeni yılan derisiyle kaplanmış. Zavallı avcı ağlayıp ruhlardan özür dilmiş ve korkuyla haykırmış ama yapılacak bir şey yokmuş. İlk avcı onun yanında kalıp, talihsiz adam tamamıyla kocaman bir yılana dönüşüp sürünerek oradan gidene dek onu teselli etmeye çalışmış. Öykü böyle bitiyor."

"Bu Cherokee öykülerine bayılıyorum," dedi Jason. "Çok neşeliler."

"Eh, öyle."

"Demek adam bir yılana dönüşmüş. Alınacak ders şu: Frank bir süredir sincap mı yiyor?"

Piper güldü ve kendini iyi hissetti. "Hayır, şapşal. Mesele, kişinin içgüdülerine güvenmesi gerektiği. Sincap eti bir kişi için sorun olmayabilir ama bir diğeri için tabudur. İkinci avcı içinde bir yılan ruhu olduğunu, onu el geçirmek için beklediğini *biliyordu.* Kötü ruhu sincap eti yiyerek beslememesi gerektiğini de *biliyordu* ama bunu yine de yaptı."

"Peki... Sincap eti *yememem* gerek o zaman."

Piper Jason'ın gözlerinin parıldadığını görünce sevindi. Aklına Hazel'ın birkaç gece önce ona gizlice söylediği bir şey geldi: *Bence Hera'nın tüm planının kilit adamı Jason. İlk numarası oydu, sonuncusu da o olacak.*

"Demek istediğim şu," dedi Piper Jason'ın göğsüne parmağını bastırıp. "Sen Jason Grace kendine ait kötü ruhları çok iyi tanıyorsun ve onları beslememek için elinden geleni yapıyorsun. İçgüdülerin güçlü, bunları nasıl izlemen gerektiğini biliyorsun. Ne kadar sinir bozucu özelliklerin olsa da, her zaman doğru kararı vermeye çalışan gerçekten iyi bir insansın. O yüzden, artık pes etmekten söz etmeyelim."

Jason kaşlarını çattı. "Bir dakika. Sinir bozucu özelliklerim mi var?"

Piper gözlerini devirdi. "Gel buraya."

Tam onu öpmek üzereyken, kapı çalındı. Leo kafasını içeri uzattı. "Bir parti mi var? Davetli miyim?"

Jason hafifçe öksürdü. "Selam, Leo. Ne var ne yok?"

"Pek bir şey yok." Yukarı katı işaret etti. "Her zamanki gıcık *ventuslar* gemiyi yok etmeye çalışıyorlar. Nöbet için hazır mısın?"

"Evet." Jason eğilip Piper'ı öptü. "Teşekkürler. Ayrıca, endişelenme. İyiyim."

"İşte, ben de bunu söylemeye çalışıyordum."

Oğlanlar gittikten sonra, Piper pegasus tüylü yastıklarına uzandı ve tavan lambasından yansıtılan takımyıldızları izledi. Uyuyabileceğini sanmıyordu ama bütün günü yaz sıcağında canavarlarla savaşarak geçirmesi onu bitkin düşürmüştü. En sonunda gözlerini yumdu ve bir kâbusa daldı.

Akropolis.

Piper oraya hiç gitmemişti ama resimlerden biliyordu. En az Cebelitarık kadar etkileyici bir tepenin kenarındaki eski bir kaleydi. Modern Atina'nın gece manzarasının yüz yirmi metre üstünde bulunan derin yamaçlar kireçtaşı duvarlardan oluşan bir taç giymiş gibiydi. Zirvedeyse, harabeye dönmüş tapınaklar ve modern vinçler ay ışığında gümüş rengi bir parıltı saçıyordu.

Rüyasında, Piper Atina'nın eski tapınağı Parthenon'un üstünde uçuyordu ve tapınağın boş kabuğunun son tarafına metal bir iskele kurulmuştu.

Akropolis'te hiç ölümlü yok gibiydi; muhtemelen Yunanistan'daki mali sorunlar yüzündendi. Ya da Gaia'nın güçleri turistleri ve inşaat işçilerini uzak tutmak için yol bulmuşlardı.

Piper'ın görüş alanı tapınağın ortasına zumlandı. Orada o kadar çok gigant vardı ki, ortalık adeta kızılağaçlar için verilen bir parti alanı gibi görünüyordu. Piper birkaçını tanıyordu: Otis ve Ephialtes isimli Romalı korkunç ikizler bir örnek inşaat giysileri giymişlerdi; Polibot tıpkı Percy'nin onu tarif ettiği gibiydi; Rasta saçlarından zehir damlıyordu ve aç ağızları andıracak biçimde şekillendirilmiş bir göğüs zırhı vardı. En kötüsüyse, Piper'ın babasını kaçıran Enceladus isimli gigantı. Zırhının üstüne alev desenleri çizilmişti ve saçları kemiklerle örülmüştü. Bayrak direği uzunluğundaki mızrağı da mor bir alevle yanıyordu.

Piper her gigantın belirli bir tanrıya karşı gelmesi için doğduğunu duymuştu ama Parthenon'da on ikiden çok daha fazla gigant vardı. En azından yirmi gigant saydı. Bu rakam yeteri kadar göz korkutucu değilmiş gibi, gigantların ayaklarının dibinde daha ufak canavarlardan oluşan bir ordu vardı: Kikloplar, ogreler, altı kollu Topraktandoğanlar ve sürüngen bacaklı *dracaenaeler*.

Kalabalığın orta yerinde, harabelerden gelişigüzel alındığı belli olan taş bloklarla ve kıvrımlı iskeleden oluşan boş ve eğreti bir taht duruyordu.

Piper onları izlerken, yeni bir gigant paldır küldür Akropolis'in diğer ucundaki basamaklardan yukarı çıktı. Üstünde kocaman kadife bir eşofman vardı ve boynuna altın zincirler asmıştı. Saçları da jöleyle geriye taranmıştı. Bu yüzden dokuz metrelik bir gangster gibi görünüyordu. Tabii, gangsterlerin ejderha ayakları ve koyu turuncu renkli derileri olsaydı. Mafya gigant Parthenon'a doğru koşup telaşla içeri girerken, birkaç Topraktandoğan'ı da ayaklarının altında ezip düzleştirdi. Durup, tahtın dibinde soluklanmaya çalıştı.

"Porphyrion nerede?" diye sordu. "Haberlerim var!"

Piper'ın eski düşmanı Enceladus öne çıktı. "Her zamanki gibi geç kaldın, Hippolytos. Umarım vereceğin haberler beklediğimize değmiştir. Kral Porphyrion gelmek..."

Zemin aralarında çatladı. Daha da büyük bir gigant toprağı yaran bir balina gibi yukarı fırladı.

"Kral Porphyrion burada," dedi kral.

Tıpkı Piper'ın Sonoma'daki Kurt Evi'nden hatırladığı gibiydi. On iki metre boyundaydı ve kendi ırkının tepesinden bakıyordu. Hatta Piper onun bir zamanlar tapınakta bulunan Athena Parthenos'la aynı boyutlarda olduğunu fark edip iyice huzursuz oldu. Yosun renkli örgülerinin arasında yakaladığı melezlerin silahları parıldıyordu. Açık yeşil renkli suratında gaddar bir ifade vardı ve gözleri Sis kadar beyazdı. Bedeni kendine has bir yerçekimi yayıyor, diğer canavarları ona çekiyordu. Zeminin dört bir yanına toprak ve çakıl taşları yayılıyor, devasa boyutlardaki ejderha ayaklarına doğru gidiyordu.

Gangster gigant Hippolytos önünde diz çöktü. "Kralım, size düşmandan haber getirdim!"

Porphyrion tahtına oturdu. "Konuş."

"Melez gemisi Peloponez'in etrafında dolanıyor. İthaka'daki hayaletleri çoktan yok edip, Olimpiya'da tanrıça Nike'yi yakaladılar!"

Canavar kalabalığı huzursuzca kıpırdandı. Bir Kiklop tırnaklarını kemirdi. İki *dracaenae* bahisler için para topladılar.

Porphyrion gülmekle yetindi. "Hippolytos, düşmanın Hermes'i öldürüp, gigantların habercisi olmayı istiyor musun?"

"Evet, kralım!"

"O halde, daha taze haberler getirmen gerek. Bunları zaten biliyorum. Hiçbiri önemli değil! Melezler *beklediğimiz* yoldan gidiyorlar. Başka bir yolu seçmeleri aptallık olurdu."

"Ama efendim, sabaha Sparta'da olacaklar! *Makhai'yi* serbest bırakmayı başarırlarsa..."

"Sersem!" Porphyrion'un sesi harabeleri zangırdattı. "Erkek kardeşimiz Mimas onları Sparta'da bekliyor. Endişelenmene gerek yok. Melezler kaderlerini değiştiremezler. Öyle ya da böyle, kanları bu taşların üstüne dökülecek ve Toprak Ana'yı uyandıracak!"

Kalabalıktan tezahüratlar yükseldi, silahlar havaya kaldırıldı. Hippolytos eğilip geri çekildi ama bir başka gigant tahta yaklaştı.

Piper irkilerek bu gigantın *dişi* olduğunu fark etti. Gerçi öyle olduğu hemen belli olmuyordu. Dişi gigantın da ejderha bacakları ve diğerleri gibi uzun, örülmüş saçları vardı. Erkekler kadar da uzun boylu ve iriydi ama göğüs zırhı kesinlikle bir kadın için yapılmıştı. Sesi de daha tiz ve inceydi.

"Baba!" diye bağırdı. "Yine soracağım: Neden burada, bu yerde? Neden Olimpos Dağı'nın tepelerinde değil? Halbuki-"

"Periboia," diye kükredi kral. "Bu meseleye karar verildi. Orijinal Olimpos Dağı artık çorak bir zirveden ibaret. Bize zafer bahşedemez. Burada, Yunan dünyasının merkezinde, tanrıların kökleri çok derinlere iniyor. Daha eski tapınaklar olabilir ama bu *Parthenon* anılarını en iyi şekilde muhafaza ediyor. Ölümlülerin zihninde, burası Olimposlular'ın en güçlü sembolü. Son kahramanların kanı burada döküldüğünde, Akropolis yerle bir olacak. Bu tepe yıkılacak ve şehrin tamamı Toprak Ana tarafından yutulacak. Yaradılışın efendileri olacağız!"

Kalabalık yine tezahüratlar edip bağırdı ama dişi gigant Periboia ikna olmuş gibi değildi.

"Kaderi zorluyorsun baba," dedi. "Melezlerin burada düşmanları olduğu kadar dostları da var. Burası akıllıca bir..."

"AKILLICA MI?" Porphyrion tahtından kalktı. "Enceladus, danışmanım, kızıma bilgeliğin ne olduğunu açıkla!"

Alevli gigant öne çıktı. Gözleri birer elmas gibi parıldıyordu. Piper bu gigantın suratından nefret ediyordu. Babası tutsak alındığında, rüyalarında suratını çok fazla görmüştü.

"Endişelenmenize gerek yok, prensesim," dedi Enceladus. "Delphi'yi ele geçirdik. Apollon utanç içinde Olimpos'u terk etti. Gelecek artık tanrılar için kapalı. Kör gibi ilerlemeye çalışıp tökezliyorlar. Kaderi zorlamaya gelince..." Solunu işaret etti ve daha ufak bir gigant ayaklarını sürüyerek öne çıktı. İnce, gri renkli saçları, kırışık bir suratı ve katarakt yüzünden beyazlaşmış gibi görünen gözleri vardı. Bir zırh yerine, lime lime olmuş çuval bezinden yapılmış bir tunik giymişti. Ejderha pullarıyla kaplı bacakları da kar gibi beyazdı.

Pek de heybetli bir görünümü yoktu ama Piper diğer canavarların ondan uzak durduğunu fark etti. Porphyrion bile yaşlı gigantın önünden çekildi.

"Bu, Thoon," dedi Enceladus. "Birçoğumuz nasıl belirli tanrıları öldürmek için dünyaya geldiysek, Thoon da Kaderleri öldürmek üzere dünyaya geldi. O yaşlı kadınları çıplak elleriyle boğacak. İpliklerini parçalayacak, dokuma tezgahlarını yok edecek. Kader'in kendisini yok edecek!"

Kral Porphyrion kalkıp, zafer kazanmış gibi kollarını iki yana açtı. "Artık kehanet yok, dostlarım! Artık gelecek önceden söylenmeyecek! Gaia'nın dönemi bizim çağımız olacak ve kendi kaderimizi yaratacağız!"

Kalabalıktan o kadar yüksek bir tezahürat sesi yükseldi ki, Piper bir an için parçalanacağını hissetti. Sonra, birisinin omuzlarından sarsarak onu uyandırmaya çalıştığını fark etti.

"Hey," dedi Annabeth. "Sparta'ya vardık. Hazırlanabilir misin?"

Piper mahmur mahmur, kalbi hâlâ gümbür gümbür atarak kalktı.

"Evet..." Annabeth'in kolunu tuttu. "Ama önce duyman gereken bir şey var."

XIX

PIPER

Piper rüyasını Percy için tekrar anlattığında, geminin tuvaletleri havaya uçtu.

"Oraya ikiniz kesinlikle tek başınıza gitmeyeceksiniz," dedi Percy.

Leo elinde bir İngiliz anahtarını sallayarak koridordan koşarak geldi. "Dostum, su tesisatını yok etmen gerekiyor muydu?"

Percy onu duymazdan geldi. Koridordan sular akıyordu. Daha da fazla boru patlayıp, musluklar taşınca, geminin gövdesi zangırdadı. Piper, Percy'nin o kadar zarar vermek istemediğini tahmin ediyordu ama suratındaki öfkeli ifadeyi görünce, bir an önce gemiyi terk etmek istedi.

"Bize bir şey olmaz," dedi Annabeth. "Piper ikimizin orada olacağını gördü, dolayısıyla öyle yapmamız gerekiyor."

Percy tüm bunlar Piper'ın suçuymuş gibi sert sert ona baktı. "Bir de şu Mimas denen tip var. O da mı bir gigant?"

"Muhtemelen," dedi Annabeth. "Porphyrion ona *erkek kardeşimiz* dedi."

"Bir de alevlerle çevrili bronz bir heykel var," dedi Percy. "Şu... Sözünü ettiğin diğer şeyler de var. Makiler miydi?"

"Makhai," dedi Piper. "Bu sözcük Yunanca *savaşlar* anlamına geliyor sanırım ama konumuzla ne ilgisi olduğunu tam olarak bilemiyorum."

"Ben de bunu söylemeye çalışıyorum!" dedi Percy. "Orada neler olup bittiğini bilmiyoruz. Ben de sizinle geliyorum."

"Hayır." Annabeth Percy'nin kolunu tuttu. "Gigantlar kanımızı istiyorlarsa, orada isteyeceğimiz *son* şey bir kızla oğlanın olması. Unuttun mu? Büyük adakları için hem erkek, hem de kız melez kanı olması gerek."

"O halde, Jason'la giderim," dedi Percy. "İkimiz-"

"Yosun Kafa, iki oğlanın bu işi iki kızdan daha iyi yapabileceğini mi ima ediyorsun?"

"Hayır. Yani... Hayır. Ama..."

Annabeth onu öptü. "Göz açıp kapayıncaya kadar geleceğiz."

Piper alt güvertenin tamamı tuvalet suyuyla kaplanmadan önce, onun peşinden yukarı çıktı.

Bir saat sonra, ikisi Eski Sparta harabelerine bakan bir tepede duruyorlardı. Modern şehri çoktan keşfe çıkmışlardı ki, orası Piper'a tuhaf bir biçimde Albuquerque'ü hatırlamıştı: Bir grup alçak, kutu gibi, beyaz sıvayla kaplanmış ev, morumsu dağların eteğindeki bir ovaya yayılmıştı. Annabeth arkeoloji müzesine, meydandaki kocaman metal Sparta savaşçısının heykeline, sonra da Zeytin ve Zeytinyağı Milli Müzesi'ne gitmeleri için ısrar etmişti (evet, gerçekten de öyle bir müze vardı). Piper zeytinyağı hakkında bilmek isteyeceğinden de fazla bilgi edindi ama onlara gigantlar saldırmadı. Zincirlenmiş tanrıların heykellerini de bulamadılar.

Annabeth kasabanın hemen dışındaki harabeleri keşfe çıkmak için pek hevesli görünmüyordu ama keşfe çıkacak başka bir yer kalmamıştı.

Orada görecek fazla bir şey yoktu. Annabeth'e göre, üstünde durdukları tepe bir zamanlar Sparta'nın akropolüydü; yeni, en yüksek noktası ve ana kalesiydi ama Piper'ın rüyalarında gördüğü o dev gibi Atina akropolüyle hiç alakası yoktu.

Yıpranmış yokuş ölü otlarla, kayalıklarla ve bodur zeytin ağaçlarıyla kaplıydı. Aşağıda, harabeler belki çeyrek kilometre kadar ilerliyordu. Kireçtaşı blokları, birkaç kırık duvar ve yerde kuyuları andıran birkaç fayanslı çukur vardı.

Piper babasının en meşhur filmi olan *Sparta'nın Kralı*'nı ve Spartalılar'ın nasıl yenilmez süper adamlar olarak gösterildiğini düşündü. Miraslarının yıkıntılarla dolu bir alana ve bir zeytinyağı müzesi olan ufak ve modern bir kasabaya indirgenmiş olmasını üzücü buldu.

Alnındaki terleri sildi. "Etrafta on iki metre boyunda bir gigant olsaydı, onu görürdük."

Annabeth *2. Argo*'nun uzaktan Sparta'nın merkezinin üstünde süzülen şekline baktı. Kolyesindeki kırmızı mercan ucunu elledi. Percy'yle ilk çıkmaya başladıklarında kendisine hediye etmişti.

"Percy'yi düşünüyorsun," dedi Piper bir tahminde bulunarak. Annabeth evet der gibi başını salladı.

Tartarus'tan döndüğünden beri, Annabeth Piper'a orada olup biten bir sürü dehşet verici şeyle ilgili öyküler anlatmıştı. Listesinin en başındaysa şu vardı: Percy'nin bir zehir dalgasını kontrol edişi ve tanrıça Akhlys'i boğması.

"Uyum sağlamaya başladı gibi," dedi Piper. "Daha çok gülümsüyor. Seni her zamankinden çok önemsediğini biliyorsun."

Annabeth birden kireç gibi kesilip oturdu. "Olanların beni neden aniden daha derinden etkilediğini anlayamıyorum," dedi. "O anıyı aklımdan bir türlü atamıyorum... Percy'nin Kaos'un kenarında dururkenki hali gözlerimin önünden gitmiyor."

Belki de Piper sadece onun huzursuzluğunu hissediyordu ama kendisi de gerilmeye başlamıştı.

Jason'ın önceki akşam dediklerini düşündü. *Bir yanım gözlerimi yummak ve savaşmayı bırakmak istiyordu.*

Onu elinden geldiğince teselli etmişti ama hâlâ endişeliydi. Tıpkı öyküdeki bir yılana dönüşen Cherokee avcısı gibi, *tüm* melezlerin içinde kötü ruhlar vardı. Ölümcül kusurlara sahipti. Bazı kriz durumları bunları ortaya çıkarıyordu. Bazı çizgilerin aşılmaması gerekiyordu.

Jason için de aynı şey söz konusuysa, nasıl Percy için olmazdı? Çocuk resmen cehenneme gidip geri gelmişti. Kasıtlı olmadan bile tuvaletleri patlatıyordu. Percy gerçekten ürkütücü davranmak *istese* neler olurdu?

"Ona biraz zaman tanı." Annabeth'in yanına oturdu. "Senin için deli oluyor. Birlikte çok şey yaşadınız."

"Biliyorum..." Annabeth'in gri gözleri zeytin ağaçlarının rengini yansıtıyordu. "Sadece... Titan Bob beni ileride daha fazla fedakârlık olacağı konusunda uyardı. Günün birinde, normal bir hayatım olacağına inanmak istiyorum... Ama kendime geçen yaz, Titan Savaşı'ndan sonra bunu ummaya izin verdim. Sonra, Percy *aylarca* ortadan kayboldu. Sonra da o çukura düştük..." Yanağından bir damla yaş süzüldü. "Piper, tanrı Tartarus'un suratını, dönüp duran o karanlığı, bir şeyleri yutup buhara dönüştüren canavarları görseydin... Kendimi hiç o kadar çaresiz hissetmedim. Bunları düşünmemeye çalışıyorum ama..."

Piper arkadaşının ellerini tuttu. Annabeth'in elleri çok kötü titriyordu.

Melez Kampı'nda geçirdiği, Annabeth'in onu gezdirdiği ilk gününü hatırladı. Annabeth Percy'nin ortadan kayboluşundan söz etmişti ve Piper sersemlemiş ve korkmuş halde olmasına rağmen, Annabeth'i teselli edince ona ihtiyaç duyulduğunu, bu çılgın güçlü melezler arasında gerçekten bir yeri olabileceğini hissetmişti.

Annabeth Chase hayatında tanıdığı en cesur kişiydi. Arada sırada *onun* da başını birisinin omzuna yaslayıp ağlamaya ihtiyacı olmasına rağmen. Piper ona kendi omzunu sunabildiğine memnundu.

"Hey," dedi yavaşça. "Duygularını bastırmaya çalışma. Bunu zaten yapamazsın. Bırak içinden akıp gitsinler. Korkuyorsun."

"Tanrılarım, evet, korkuyorum."

"Öfkelisin."

"Percy beni korkuttuğu için öfkeliyim," dedi Annabeth. "Beni Roma'daki o korkunç göreve yolladığı için anneme öfkeliyim. Şey... Aslında, herkese öfkeliyim. Gaia'ya. Gigantlara. Şapşallık ettikleri için tanrılara."

"Ya bana?" dedi Piper.

Annabeth titrek bir sesle güldü. "Evet, beni sinir edecek kadar sakin olmana kızıyorum."

"Hepsi yalan."

"İyi bir arkadaş olduğun için de."

"Hah."

"Erkekler ve ilişkiler konusunda aklı başında düşündüğün için de."

"Pardon. Benimle *tanışmış* mıydın?"

Annabeth koluna vurdu ama sert değildi. "Tamamlamamız gereken bir görev varken, burada oturmuş bunları anlatmam aptallık."

"Zincire vurulmuş tanrının kalp atışları bekleyebilir." Piper gülümsemeye çalıştı ama kendi korkuları da içinde kabarmıştı. Jason, *2. Argo*'daki arkadaşları ve kendisi için korkuyordu. Afrodit'in önerdiği şeyi yapamazsa, başlarına gelecekler için korkuyordu. *En sonunda, tek bir sözcük için gücün olacak. Doğru sözcük olması gerek, yoksa her şeyi kaybedersin.*

"Ne olursa olsun, arkadaşınım," dedi Annabeth'e. "Bunu... Hatırlaman yeterli."

Özellikle de sana hatırlatmak için yanında olmadığında, diye düşündü. Annabeth tam bir şey diyecekti ki, birden harabelerden bir kükreme sesi geldi. Piper'ın kuyu sandığı taşlarla çevrili çukurlardan birinden üç katlı bir bina yüksekliğinde, alevlerden oluşan bir gayzer fışkırdı ve bir anda gözden kayboldu.

"Bu da neydi?" dedi Piper.

Annabeth iç çekti. "Bilmiyorum ama kontrol etmemiz gereken bir şey olduğunu hissediyorum."

Üç çukur, bir blok flütteki parmak delikleri gibi yan yana duruyordu. Her biri kusursuz yuvarlaklıktaydı, çapları üçer santimdi ve kenarları kireçtaşıyla çevriliydi; üçünün de içi zifiri karanlıktı. Birkaç saniyede bir, üç çukurdan biri tesadüfi bir biçimde göğe alevler püskürtüyordu. Her seferinde, alevlerin rengi ve yoğunluğu da değişiyordu.

"Daha önce alev püskürtmüyorlardı." Annabeth çukurların etrafında geniş bir daire çizdi. Hâlâ hassas ve solgun görünüyordu ama belli ki zihni karşılarındaki sorunla uğraşıyordu. "Bunu belirli bir düzende yapmıyorlar. Zamanlama, renk ve alevlerin yüksekliği... Anlayamıyorum."

"Bir şekilde harekete mi geçti acaba?" dedi Piper. "Belki de tepede hissettiğin korku... Şey, yani *ikimizin* birden hissettiği korku onları tetiklemiştir."

Annabeth onu duymamış gibiydi. "Bir tür mekanizma olmalı... Bir basınç plakası, bir proksimite alarmı olmalı." Alevler ortadaki çukurdan yükseldi. Annabeth içinden saymaya koyuldu. Bir dahaki sefere, solda bir gayzer patladı. Annabeth kaşlarını çattı. "Bir terslik var. Düzenli değil. Bir tür mantık izliyor olması gerekir."

Piper'ın kulakları uğuldamaya başladı. Bu çukurlarla ilgili bir şey... Çukurlardan biri her patladığında, içine korkunç bir his yayılıyordu. Korku ve panik hissediyordu ama bir yandan da alevlere yaklaşmak için kuvvetli bir istek duyuyordu.

"Mantıklı değil," dedi. "Duygusal."

"Ateş çukurları nasıl duygusal olabilir?"

Piper elini sağdaki çukurun üstüne tuttu. Bir anda, alevler yukarı fışkırdı. Piper parmaklarını tam vaktinde geri çekti. Tırnaklarının üstünden dumanlar çıkıyordu.

"Piper?" Annabeth hemen yanına koştu. "Bunu *neden* yaptın?"

"Bir şey düşünerek yapmadım. Hissediyordum. İstediğimiz şey aşağıda. Oraya çukurlardan giriliyor. İçine atlamam gerek."

"Çıldırdın mı? Çukura sıkışmazsan bile, ne kadar derin olduğunu bilmiyorsun."

"Haklısın."

"Diri diri yanarsın!"

"Olabilir." Piper kılıcını çözüp, sağdaki çukura attı. "Güvenli olup olmadığını söylerim. Benden haber bekle."

"Sakın yapma bunu," dedi Annabeth.

Ama Piper atladı.

Birkaç saniyeliğine, havada ağırlıksız kaldı ve kızgın taş çukurun kenarları kollarını yaktı. Ama sonra etrafında yer açıldı. İçgüdüsel bir hareketle, dizlerini karnına çekip yuvarlandı ve taş zemine düşerken darbenin büyük bir kısmını zararsız hale getirdi.

Önünde alevler yükseldi, kaşlarını tütsüledi ama Piper kılıcını kapıp kınından çıkardı ve hareketini hiç kesmeden savurdu. Bronz bir ejderha kafası, gayet güzelce kesilmiş bir halde zeminde yuvarlandı.

Piper ayağa kalkıp nerede olduğunu anlamaya çalıştı. Yere düşen ejderha kafasına baktı ve Festus'u öldürmüş gibi bir an için suçluluk hissetti. Ama o Festus değildi.

Yukarıdaki deliklerin tam altına gelecek biçimde dizilmiş üç bronz ejderha heykeli vardı. Piper ortadakinin kafasını uçurmuştu. Sağlam olan diğer iki ejderha heykeli dokuzar santimdi, burunları yukarı dönüktü ve içinden dumanlar çıkan ağızları da açıktı. Alevlerin kaynağının bu heykeller olduğu belliydi ama otomata benzemiyorlardı. Ne hareket ediyorlar, ne de ona saldırmaya çalışıyorlardı. Piper sakince diğer ikisinin de kafasını kesti. Sonra, bekledi. Yukarı doğru alevler fışkırmadı.

"Piper?" Annabeth'in sesi yukarıdan bir bacadan aşağı sesleniyormuş gibi geldi.

"Evet!" diye bağırdı Piper.

"Tanrılara şükürler olsun! İyi misin?"

"Evet. Bir saniye."

Gözleri karanlığa alıştı. İçinde bulunduğu alana baktı. Tek ışık kaynağı parıldayan kılıcı ve yukarıdaki çukurlardı. Tavan yaklaşık olarak dokuz metre yüksekliğindeydi. Piper'ın düştüğünde iki bacağını da kırmış olması gerekirdi ama şikâyet edecek hali yoktu.

Alan yuvarlaktı ve bir helikopter iniş alanı büyüklüğündeydi. Duvarlar üstlerine Yunanca yazılar kazınmış olan kabaca yontulmuş taşlardan inşa edilmişti. Grafittiyi andıran, binlerce ama binlerce yazı vardı.

Odanın en uç kısmında, taş tabanlığın üstünde bir savaşçının insan boyutlarındaki bronz bir heykeli duruyordu. Piper heykelin bedeninin etrafına sarılı, onu yere mıhlayan ağır bronz zincirlere baktı ve tanrı Ares olabileceğini düşündü.

Heykelin iki yanında, üçer metre yüksekliğinde iki karanlık kapı vardı; üstlerindeki kemerlere nahoş taş birer surat oyulmuştu. Bu suratlar Piper'a gorgonları hatırlattı ama bunların yılan saçları değil, aslan yeleleri vardı.

Piper birden yapayalnız hissetti.

"Annabeth!" diye seslendi. "Yüksek ama aşağısı güvenli. Belki... Şey, yanında bir halat varsa, ikimizin yukarı çıkabilmesi için bir yere bağlayabilirsin!"

"Tamamdır!"

Birkaç dakika sonra, çukurun ortasından aşağı bir halat sarktı. Annabeth kayarak aşağı indi.

"Piper McLean," diye homurdandı. "Bu, kesinlikle birisinin aldığını gördüğüm *en aptalca* riskti. Üstelik ben aptalca risk alan birisiyle çıkıyorum."

"Teşekkürler." Piper ayağıyla en yakınında duran kesik ejderha kafasını itti. "Bunların Ares'in ejderhaları olduğunu tahmin ediyorum. Kutsal hayvanlarından biriydi, değil mi?"

"Zincire vurulmuş tanrı da orada. Sence bu kapılar nereye..."

Piper elini havaya kaldırdı."Duydun mu?"

Ses bir davuldan geliyor gibiydi... Metalik bir yankı yapıyordu.

"Heykelin içinden geliyor," dedi Piper. "Zincire vurulmuş tanrının kalp atışları."

Annabeth ejderha kemiği kılıcını kınından çıkardı. Loş ışıkta, suratı bir hayaletinki kadar solgun, gözleri renksizdi. "Bu işten hiç hoşlanmadım, Piper," dedi. "Gitmemiz gerek."

Piper'ın mantıklı düşünen yanı onunla hemfikirdi. Teni karıncalanıyordu. Bacakları koşmak için can atıyordu. Ama bu oda ona tuhaf bir biçimde tanıdık geliyordu...

"Tapınak duygularımızı yoğunlaştırıyor," dedi. "Annemin yakınlarında olmak gibi ama burası sevgi değil korku yayıyor. Bu yüzden tepede öyle hissetmeye başladın. Burada, her şey bin kat daha yoğun."

Annabeth duvarlara göz gezdirdi. "Tamam... Heykeli çıkarmak için bir plan yapmamız gerek. Belki halatla çekebiliriz ama..."

"Bekle." Piper kapıların üstündeki öfkeli taş suratlara baktı. "Korku yayan bir tapınak. Ares'in iki ilahi oğlu vardı, değil mi?"

"Ph-Phobos ve Deimos." Annabeth ürperdi. "Panik ve Korku. Percy onlarla bir keresinde Staten Island'da karşılaşmıştı."

Piper ikiz panik ve korku tanrılarının orada ne işi olduğunu sormamaya karar verdi. "Kapıların üstündekiler onların suratları olmalı. Burası sadece Ares'in bir tapınağı değil. Bir korku tapınağı."

Odada kalın bir gülme sesi duyuldu.

Piper'ın sağında bir gigant belirdi. İki kapıdan da içeri girmemişti. Duvarın önündeki gölgelerde saklanmış gibi, birden çıkıvermişti.

Bir gigant olarak ufak tefek sayılırdı; olsa olsa yedi buçuk metre kadardı. Yani, etrafında elindeki dev çekici savuracak kadar boşluk vardı. Zırhı, teni ve ejderha pullu bacakları kömür rengiydi. Bakır teller ve parçalanmış devre tahtaları petrol siyahı saç örgülerinin arasında parıldıyordu.

"Aferin Afrodit'in çocuğu." Gigant gülümsedi. "Burası gerçekten de Korku Tapınağı. Ben de sizi inançlı kılmak için buradayım."

XX

PIPER

Piper korkunun ne demek olduğunu biliyordu ama bu farklıydı.

Dehşet dalgaları üstüne çöktü. Eklemleri pelteleşti. Kalbi atmak istemiyor gibiydi.

Aklına en kötü anıları akın etti: Babasının Diablo Dağı'nda elleri kolları bağlı, dövülmüş hali; Percy'yle Jason'ın Kansas'ta ölümüne savaşmaları; üçünün Roma'daki nimfa yuvasında boğuluşları; Khione'ye ve Boreadlara karşı tek başına duruşu. En kötüsü, annesiyle olacaklar konusunda arasında geçen konuşmaydı.

Paralize olmuş bir halde, gigantın çekicini onları dümdüz etmek için havaya kaldırışını izledi. Son anda, yana sıçrayarak Annabeth'i kenara itti. Çekiç yeri çatlattı ve Piper'ın sırtına taş şarapneller yağdı.

Gigant cık cık etti. "Aaa, hiç adilane olmadı!" Çekicini yine indirdi.

"Annabeth, kalk!" Piper kalkmasına yardım etti. Onu odanın karşı tarafına çekti ama Annabeth gözleri fal taşı gibi açılmış, odaklanamamış bir halde sersemlemiş gibi yürüdü.

Piper bunun nedenini biliyordu. Tapınak kişisel korkularını daha da artırıyordu. Piper o güne dek çok korkunç şeyler görmüştü ama bunlar Annabeth'in gördüklerine kıyasla bir *hiç* sayılırdı. O sırada, Tartarus'ta gördüklerini hatırlıyorsa ve bir yandan da tüm diğer kötü anıları zihnine akın ediyorsa, zihni bununla başa çıkamazdı. Resmen çıldırabilirdi.

"Buradayım," dedi Piper ona güven dolu bir sesle cesaret vermeye çalışarak. "Buradan çıkacağız."

Gigant güldü. "Afrodit'in bir çocuğu, Athena'nın bir çocuğuna yol gösteriyor! Artık her şeyi gördüm sanırım. Beni nasıl yeneceksin, melez kız? Makyajla ve modayla ilgili tavsiyeler vererek mi?"

Birkaç ay önce olsa, bu sözler onu incitebilirdi ama Piper bunları aşmıştı. Gigant kaba adımlarla onlara doğru geldi. Neyse ki, hızlı hareket etmiyordu ve elinde ağır mı ağır bir çekiç vardı.

"Annabeth, bana güven," dedi Piper.

"Bi-bir plan," diye kekeledi Annabeth. "Ben sola gittim. Sen de sağa git. Eğer..."

"Annabeth, plan falan yok."

"Ne?"

"Plan *yok*. Peşimden gel yeter."

Gigant çekicini savurdu ama bundan kolaylıkla sıyrıldılar. Piper öne sıçrayıp, kılıcını gigantın dizinin arkasına savurdu. Gigant öfkeyle haykırırken, Piper Annabeth'i en yakındaki tünele soktu. Birden, kendilerini zifiri karanlığın arasında buldular.

"Aptallar!" diye bağırdı gigant arkalarından bir yerden. "Orası yanlış yön!"

"Devam et." Piper Annabeth'in elini sıkı sıkı tuttu. "Sorun yok. Devam et."

Hiçbir şey göremiyordu. Kılıcının parıltısı bile sönmüştü. Yine de hızla ileriye doğru, duygularına güvenerek devam etti. Ayak seslerinin yankılarından, etraflarındaki alanın kocaman bir mağara olması gerektiğini düşündü ama emin olamadı. Sadece korkusunu en keskin hale getiren yöne ilerledi.

"Piper, burası Gece'nin Evi gibi," dedi Annabeth. "Gözlerimizi yummalıyız."

"Hayır!" dedi Piper." Gözlerini açık tut. Gizlenmeyi denememeliyiz."

Gigantın sesi önlerinden bir yerden geldi. "Sonsuza dek kaybolacaksınız. Karanlık sizi yutacak."

Annabeth donakalınca, Piper da durmak zorunda kaldı.

"Neden karanlığa öylesine daldık?" dedi Annabeth. "Kaybolduk. Bizden yapmamızı *istediği* şeyi yaptık! Acele etmemeliydik, düşmanla konuşup bir plan yapmalıydık. Plan yapmak *her zaman* iş yarar!"

"Annabeth, tavsiyelerini asla göz ardı etmem," dedi Piper yumuşak bir sesle konuşmaya çalışarak. "Ama bu sefer öyle yapmalıyım. Burayı mantıkla yenemeyiz. Duygularından sıyrılmak için *düşünemezsin.*"

Gigantın kahkahası bir su altı bombası patlamış gibi yankılandı. "Çaresizlik, Annabeth Chase! Ben Mimas'ım, Hephaistos'u öldürmek için dünyaya geldim. Planları bozan, iyi yağlanmış makineleri yok eden kişiyim. Benim yanımda hiçbir şey yolunda gitmez. Haritalar yanlış okunur. Cihazlar bozulur. Veriler kaybolur. En akıllı zihinler pelteye dönüşür!"

"Be-ben senden daha kötüleriyle de karşılaştım!" diye bağırdı Annabeth.

"Ha, anladım!" Gigantın sesi daha yakından geliyordu. "Korkmuyor musun?"

"Asla!"

"Tabii ki korkuyoruz," dedi Piper. "Dehşete kapılmış durumdayız!"

Hava birden yön değiştirdi. Piper tam zamanında Annabeth'i bir kenara itti.

GÜM!

Birden, kendilerini daire biçimindeki odada buldular ama loş ışık artık gözleri adeta kör ediyordu. Gigant yakınlarda bir yerde, çekicini zeminde sapladığı yerden çıkarmaya çalışıyordu. Piper öne atılıp, kılıcını gigantın bacağına geçirdi.

"AROOO!" Mimas çekici bırakıp sırtını esnetti.

Piper ve Annabeth Ares'in zincirlenmiş ve kalbi hâlâ *güm güm güm* diye metalik bir ses çıkararak atan heykelinin ardından telaşla çıktılar.

Gigant Mimas onlara döndü. Bacağındaki yara çoktan kapanmaya başlamıştı.

"Beni yenemezsiniz," diye kükredi. "Son savaşta, beni alt etmek *iki tanrıyla* mümkün oldu. Hephaistos'u öldürmek için dünyaya geldim ve Ares de beni köşeye sıkıştırmamış olsaydı, bunu başarırdım! Korkudan donakalmış olmanız gerekirdi. Ölümünüz daha çabuk olurdu."

Günler önce, Piper *2. Argo*'da Khione'yle karşılaştığında, düşünmeden konuşmuş, beyni ne derse desin kalbini izlemişti. Şimdi de aynı şeyi yapacaktı. Heykelin önüne geçti, giganta döndü ama mantıklı yanı hâlâ şöyle bağırıyordu: *KOŞSANA SALAK!*

"Bu tapınakla ilgili olarak," dedi. "Spartalılar Ares'in ruhunun şehirde kalmasını istedikleri için zincirlememişlerdi."

"Öyle mi diyorsun?" Gigantın gözleri çok eğleniyormuş gibi parıldadı. Ellerini çekicinin etrafına sarıp, zemine saplandığı yerden çekti.

"Burası, erkek kardeşlerim Deimos'la Phobos'un tapınağıdır." Piper'ın sesi titriyordu ama bunu gizlemeye çalışmıyordu. "Spartalılar buraya savaşa hazırlanmak ve korkularıyla yüzleşmek için geldiler. Ares onlara savaşın sonuçları olduğunu hatırlatmak için zincirlendi. Gücü, yani savaş ruhları *makhai'nin*, bunların ne kadar korkunç olduğunu anlamadan, korku *hissetmeden* serbest bırakılmaması gerekir."

Mimas güldü. "Aşk tanrıçasının bir çocuğu bana savaşla ilgili nutuk çekiyor. *Makhai* hakkında ne bilirsin ki?"

"Göreceğiz." Piper dosdoğru gigantın üstüne atılıp dengesini bozdu. Piper'ın tırtıklı silahının üstüne geldiğini gören gigantın gözleri fal taşı gibi açıldı ve geriye doğru tökezleyip başını duvara vurarak çatlattı. Tırtıklı bir çatlak taşlardan yukarı doğru ilerledi. Tavandan tozlar yağdı.

"Piper, burası güvenli değil!" diye bağırdı Annabeth. "Hemen gitmezsek..."

"Kaçmayı düşünme!" Piper tavandan sarkan halatlarına koştu. Yükseğe sıçrayabildiği kadar sıçrayıp halatı kesti.

"Piper, aklını mı yitirdin?"

Muhtemelen, dedi içinden. Ama Piper bunun hayatta kalmanın tek yolu olduğunu biliyordu. Mantığa karşı gelip duygularına göre hareket etmeli ve gigantın dengesini bozmalıydı.

"Canım acıdı!" Mimas başını ovuşturdu. "Beni bir tanrının yardımı olmadan öldüremeyeceğini *biliyorsun* değil mi? Ares burada değil! O tehditler savuran salakla bir daha karşılaştığımda, onu parçalara ayıracağım. Damasen o ödlek gerzek işini yapsaydı, onunla savaşmak zorunda bile kalmazdım..."

Annabeth'in ağzından boğuk bir ses yükseldi. "*Sakın* Damasen'e hakaret etme!" Annabeth'in ejderha kılıcını çekicinin sapıyla güçlükle savuşturan Mimas'a hücum etti. Mimas Annabeth'i yakalamaya çalışınca, Piper öne atıldı ve kılıcını gigantın suratının yan tarafına geçirdi. "AHHH!" diye bağırıp sendeledi Mimas.

Kopan birkaç rasta saçı, bir başka şeyle birlikte yere düştü. Altın renkli bir ikor birikintisinin ortasında kocaman et gibi bir şey duruyordu.

"Kulağım!" diye inledi Mimas. Ama toparlanmasına fırsat vermeyen Piper, Annabeth'in kolunu kaptığı gibi ikinci kapıya daldı.

"Bu odayı başınıza yıkacağım!" diye kükredi gigant. "Toprak Ana sizi bana getirecek ama yok olacaksınız!"

Zemin zangırdadı. Etraflarında kırılan taşların sesi yankılandı.

"Piper, dur," diye yalvardı Annabeth. "Bu-bununla nasıl başa çıkıyorsun? Onca korku ve öfke..."

"Bunları kontrol altına almaya çalışma. Bu tapınak bununla ilgili. Korkuyu kabullenip uyum sağlayacaksın ve bir nehirdeki çağlayanlar gibi idare edeceksin."

"Bunu *nereden* biliyorsun?"

"Bilmiyorum. Sadece öyle olduğunu hissediyorum."

Yakınlarda bir yerde, bir duvar bir cephanelik patlamış gibi uğuldayarak çöktü.

"Hâlâtı kestin," dedi Annabeth. "Buradan çıkamadan öleceğiz!"

Piper arkadaşının suratını ellerinin arasına aldı. Arkadaşını alınları birbirine değene dek öne çekti. Parmaklarının arasında, Annabeth'in hızla atan nabzını hissedebiliyordu. "Korkuyla mantıkla başa çıkamazsın. Nefretle de öyle. Bunlar tıpkı sevgi gibidir. Neredeyse birbirinin *aynı* olan duygulardır. Bu yüzden Ares'le Afrodit birbirlerine o kadar benziyorlar. İkiz oğulları Korku ve Panik hem savaştan, hem de sevgiden doğdular."

"Ama ben... Bu dediklerin hiç mantıklı değil."

"Doğru," dedi Piper. "Bunu düşünmeyi bırak. Sadece *hisset.*"

"Bundan *nefret* ediyorum."

"Biliyorum. Duyguları planlayamazsın. Percy'yle ve geleceğinle olduğu gibi, her acil durumu kontrol edemezsin. *Bırak* da seni korkutsun. Her şeyin yine de yoluna gireceğine güven."

Annabeth başını salladı. "Bunu yapabileceğimden emin değilim."

"O zaman, şimdilik Damasen'in intikamını almaya odaklan. Bob için de öyle."

Kısa bir sessizlik oldu. "Şimdi daha iyiyim."

"Harika, çünkü yardımına ihtiyacım var. Buradan birlikte kaçacağız."

"Sonra?"

"Hiçbir fikrim yok."

"Tanrılarım, senin bana yön göstermenden hiç hoşlanmıyorum."

Piper kendisini bile şaşırtarak güldü. Korku ve sevgi *gerçekten* de ilişkiliydi. O anda, arkadaşına karşı hissettiği sevgiye tutunmuştu. "Haydi!"

Belirli olmayan bir yöne doğru koşunca, kendilerini yine tapınağın odasında, gigant Mimas'ın tam arkasında buldular. İkisi birden gigantın bacaklarına kılıçlarını savurdu ve onu dizlerinin üstüne çökertti.

Gigant haykırırken tavandan biraz daha taş parçaları düştü.

"Zayıf ölümlüler!" Ayağa kalkmaya çalıştı. "Hiçbir planınız beni yenemez!"

"Bak bu iyi işte," dedi Piper. "Çünkü bir planım yok."

Ares'in heykeline doğru koştu. "Annabeth, arkadaşımızı azıcık oyala!"

"Ha, şu anda gayet meşgul!"

"GIRRRRRR!"

Piper savaş tanrısının gaddar bronz suratına baktı. Heykelden alçak, metalik bir ses geliyordu. Savaş ruhları, diye düşündü. Heykelin içinde beslenmeyi bekliyorlar.

Ama kendisini kanıtlayana dek, onları serbest bırakamayacaktı.

Oda yine zangırdadı. Duvarlarda daha fazla çatlak oluştu. Piper kapıların üstündeki taş oymalara baktı: Korku ve Panik'in asık ikiz suratlarını gördü.

"Kardeşlerim," dedi, "Afrodit'in oğulları... Size bir adak veriyorum."

Ares'in ayaklarının dibine bereket boynuzunu yerleştirdi. Büyülü boynuz Piper'ın duygularına karşı o kadar hassastı ki, öfkesini, sevgisini ya da hüznünü kat kat artırabiliyor, içindekileri buna uygun bir biçimde püskürtüyordu. Piper korku tanrılarının bunları beğeneceğini umdu. Ya da sadece diyetlerine biraz taze meyve ve sebze eklemek hoşlarına gidebilirdi.

"Dehşet içindeyim," dedi doğruyu söyleyerek. "Bunu yapmaktan nefret ediyorum. Ama gerekli olduğunu kabul de ediyorum." Kılıcını savurup, bronz heykelin kafasını uçurdu.

"Hayır!" diye haykırdı Mimas.

Heykelin kopan kafasından alevler yükseldi. Alevler Piper'ın etrafında döndü, odayı duygulardan oluşan bir ateş fırtınasıyla doldurdu: Öfke, kana susamışlık ve korku ama en çok da sevgiyle kapladı. Çünkü kimse *bir şeyi* önemsemeden savaşla yüzleşemezdi: savaş arkadaşları, aile, yuvaları.

Piper kollarını kaldırınca, *makhai* onu girdaplarının ortasına aldılar.

Çağrına yanıt vereceğiz, diye fısıldadılar zihninde. *Sadece bir kere, bize ihtiyaç duyduğunda, kıyım, telef ve katliam sana yanıt verecek.* Şifanı *tamamlayacağız.*

Alevler bereket boynuzuyla birlikte yok oldu ve Ares'in zincirli heykeli toza dönüştü.

"Aptal kız!" Mimas peşinde Annabeth'le ona saldırdı. "*Makhai* seni terk etti!"

"Belki de *seni* terk etmişlerdir."

Mimas çekicini kaldırdı ama Annabeth'i unutmuştu. Annabeth onu bacağından yaralayınca, gigant dengesini kaybedip öne devrildi. Piper sakin bir şekilde öne çıkıp, kılıcını böğrüne batırdı.

Mimas yüz üstü en yakındaki kapıya çarptı. Tam Panik'in taş suratı üstündeki duvardan çatlayıp, bir tonluk bir öpücük vermek için üstüne düşerken, arkasına döndü.

Gigantın çığlığı aniden kesildi. Bedeni hareketsizleşti. Sonra, altı metrelik bir kül birikintisine dönüştü.

Annabeth Piper'a baktı. "Ne oldu şimdi burada?"

"Emin değilim."

"Piper, harikaydın ama serbest bıraktığın ölü ateşli ruhlar..."

"Makhai."

"Bunun aradığımız şifayı bulmamıza nasıl faydası olacak?"

"Bilmiyorum. Bana zamanı gelince onları çağırabileceğimi söylediler. Belki de Artemis'le Apollon açıklayabilir..."

Tam o sırada, duvarın bir kısmı bir buzul gibi devrildi.

Annabeth tökezleyip, neredeyse gigantın kopuk kulağının üstüne düşecekti. "Buradan gitmemiz gerek."

"Ben de bunu yapmaya çalışıyorum," dedi Piper.

"Şey, sanırım bu kulak savaş ganimeti sayılır."

"Iğrenç."

"Ama harika bir kalkan olurdu."

"Kes sesini Chase."

Piper üstünde hâlâ Korku'nun suratı olan ikinci kapıya baktı. "Gigantı öldürmeme yardım ettiğiniz için teşekkür ederim, kardeşlerim. Sizden bir iyilik daha isteyeceğim. Bir kaçış. İnanın ki, cidden dehşet içindeyim. Size, şey, bu harika kulağı adak olarak sunuyorum."

Taş surattan yanıt gelmedi. Duvarın bir kısmı daha çöktü. Tavanda bir yıldız yağmuru gibi çatlaklar oluştu.

Piper Annabeth'in elini sıkıca kavradı. "O kapıdan geçeceğiz. İşe yararsa, kendimizi yeniden yukarıda bulabiliriz."

"Ya işe yaramazsa?"

Piper Korku'nun suratına baktı. "Deneyip görelim."

İkisi birden karanlığa daldıkları anda, odanın tamamı çöktü.

XXI

REYNA

En azından, kendilerini bir başka gezi gemisinde bulmamışlardı.

Portekiz'den yaptıkları sıçrayış, onları, Reyna'nın bütün gününü *Azores Kraliçesi*'nin lido güvertesinde Athena Parthenos'un bir su kayağı olduğunu sanan küçük çocukları kışkışlayarak geçirdiği Atlantik'in tam ortasına götürmüştü. Ne yazık ki, bir sonraki sıçrayış Reyna'yı evine döndürdü. Üç metre havada, Reyna'nın bildiği bir restoranın avlusunun üstünde belirdiler. O ve Nico büyükçe bir kuş kafesinin üstüne düştüler; kafes anında kırıldı ve paniğe kapılan üç papağanın ve bir sürü saksılı eğreltiotlarının bulunduğu alana indiler. Koç Hedge barın üstündeki bir tenteye çarptı. Athena Parthenos da GÜM diye ayaklarının üstüne düşerek verandadaki bir masayı dümdüz etti ve Athena'nın elindeki Nike heykelinin üstüne yığılan koyu yeşil renkli şemsiyeyi fırlattı. Zafer tanrıçası elinde tropikal bir içki varmış gibi görünüyordu.

"Ahh!" diye bağırdı Koç Hedge. Tente yırtıldı ve koç şişeleri ve bardakları büyük bir gümbürtüyle kırarak barın arkasına düştü. Hemen toparlandı. Saçlarındaki bir sürü minyatür plastik kılıçla doğrulup, içecek musluğundan kendisine bir bardak içecek doldurdu.

"Hoşuma gitti!" Ağzına bir dilim ananas attı. "Ama bir dahaki sefere, lütfen üç metre *havaya* değil de zemine konabilir miyiz, evlat?"

Nico eğreltiotlarının arasından güçlükle çıktı. En yakındaki sandalyeye çöküp, kafasına konmaya çalışan mavi renkli bir papağanı kovdu. Lykaon'la savaştıktan sonra, lime lime olan pilot ceketini atmıştı. Siyah renkli, kafatası desenli tişörtü de pek farklı sayılmazdı. Reyna onun kollarına aldığı yaraları dikmişti. Nico bu yüzden biraz ürkütücü biçimde Frankenstein'a benziyordu ama yaraları hâlâ şiş ve kırmızıydı. Isırıkların aksine, kurt adam pençe izleri likantropi bulaştırmıyordu ama Reyna bunların çok ağır iyileştiğini ve asit gibi yaktığını ilk elden biliyordu.

"Uyumam gerek." Nico bir hayal dünyasındaymış gibi ona baktı. "Güvende miyiz?"

Reyna avluya göz attı. Etraf ıssız gibiydi ama bunun sebebini anlayamadı. Gecenin o saatinde, tıklım tıklım olması gerekirdi. Tepelerinde, karanlık gök binanın duvarlarıyla aynı rengi paylaşıyor, bulanık bir tuğla gibi parıldıyordu. Avlunun etrafını bir daire biçiminde çevirmiş olan ikinci katın balkonları da beyaz renkli metal kancalardan sarkan saksılı açelyalar haricinde boştu. Bir cam kapılar duvarının ardında kalan restoranın iç kısmı karanlıktı. Duydukları tek sesse, tek başına guruldar gibi akan çeşmeye ve arada sırada gaklayan huysuz bir papağana aitti.

"Burası Barrachina," dedi Reyna.

"Ne tür bir bar?" diye sordu Koç Hedge. Bir şişe kiraz likörü açtı ve iştahla mideye indirdi.

"Meşhur bir restoran," dedi Reyna. "Eski San Juan'ın merkezinde. Piña Colada'yı burada, 1960'larda icat etmişlerdi galiba."

Nico sandalyesinden kalktı, yere kıvrıldı ve horlamaya başladı.

Koç Hedge geğirdi. "Eh, sanırım bir süre buradayız. Altmışlardan beri hiçbir içki icat etmedilerse, geç kalmışlar demektir. Hemen işe koyulayım!"

Hedge barın ardında bir şeyler yaparken, Reyna ıslık çalıp Aurum'la Argentum'u çağırdı. Kurt adamlarla savaştıktan sonra, köpekler epey hırpalanmış görünüyorlardı ama Reyna onlara nöbet görevi verdi. Avlunun sokak girişini kontrol etti. Süslü demir işi kapılar kilitliydi. İspanyolca ve İngilizce bir yazıyla restoranın özel bir parti dolayısıyla kapalı olduğu söyleniyordu. Bu da tuhaftı, çünkü restoran bomboştu. Yazının altında şu harfler vardı: *HÇÖ*. Bunlar Reyna'yı rahatsız etti ama nedenini anlayamadı.

Girişten dışarı baktı. Calle Fortaleza şaşılacak derecede sessizdi. Mavi renkli, çakıltaşlı kaldırımda trafik ve yayalar yoktu. Dükkânların pastel renkli ön kısımları kapalı ve karanlıktı. Günlerden Pazar mıydı? Bir bayram falan mı kutlanıyordu? Reyna'nın huzursuzluğu arttı.

Arkasında, Koç Hedge birkaç karıştırıcıyı yan yana dizerken, mutlu mutlu ıslık çalıyordu. Papağanlar Athena Parthenos'un omuzlarına tünemişlerdi. Reyna acaba kursal heykelleri tropikal kuş pisliğiyle kaplanırsa, Yunanlılar gücenir mi diye düşündü. Reyna o kadar yer arasında, gide gide... San Juan'a gitmişti.

Bir tesadüf olabilirdi ama öyle olmadığından korkuyordu. Porto Riko, Avrupa - New York yolunda değildi. Çok fazla güneydeydi.

Ayrıca, Reyna günlerdir Nico'ya gücünü ödünç veriyordu. Belki de onu fark etmeden etkilemişti. Nico acı veren düşüncelere, korkuya ve karanlığa çekilmiş olabilirdi. Reyna'nın en karanlık ve acı anısı San Juan'dı. En büyük korkusu mu? Oraya geri dönmekti.

Köpekleri gerilimini hemen hissettiler. Avluda dikkatle gezinip, gölgelere hırladılar. Zavallı Argentum daireler çizerek yan yatmış başını dengelemeye ve geriye kalan tek yakut gözüyle bir şeyler görmeye çalışıyordu.

Reyna olumlu anılara odaklanmaya çalıştı. Minik kurbağaların sesini, mahallede patlayan şişe kapakları gibi şarkı söylemelerini özlemişti. Okyanusun, tomurcuklanan manolyaların ve narenciye ağaçlarının, mahalledeki *panaderías'dan* alınan taptaze ekmeklerin kokusunu özlemişti. Rutubet bile onu rahat ve tanıdık bir ortamdaymış gibi hissettiriyordu. Tıpkı bir kurutucunun ağzından yayılan kokulu hava gibiydi.

Bir yanı kapıları açıp şehri keşfe çıkmayı istiyordu. Yaşlı başlı adamların domino oynadığı, insanın kulaklarının tıkanmasına neden olacak kadar sert espresso satan kahve büfesinin bulunduğu Plaza de Armas'ı ziyaret etmek istiyordu. Eski sokağı Calle San Jose'de yürüyüş yapmak, sokak kedilerini sayıp her birine eskiden ablasıyla yaptığı gibi isimler vermek ve öyküler uydurmak istiyordu. Barrachina'nın mutfağına izinsiz dalıp, kızartılmış muzlu, domuz pastırmalı ve sarımsaklı gerçek *mofongo* pişirmek istiyordu. Bu, öyle harika bir lezzetti ki, ona her zaman Hylla'yla birlikte evden kısa bir süreliğine kaçtıkları ve şansları yaver gittiğinde, oradaki mutfakta, personelin onları tanıdığı ve acıdığı yerde yemek yediği Pazar öğleden sonralarını hatırlatacaktı.

Öte yandan, Reyna oradan derhal gitmek istiyordu. Nico'yu ne kadar yorgun olursa olsun uyandırmak ve onu gölge yolculuğa zorlayarak, onları San Juan'dan başka *herhangi* bir yere götürmesini istiyordu.

Eski evine o kadar yakın olmak, Reyna'yı bir mancınık vinci kadar gerilmiş hissettirdi.

Nico'ya baktı. Ilık geceye rağmen, Nico fayanslı zeminde titriyordu. Reyna sırt çantasından bir battaniye çıkarıp üstünü örttü.

Artık onu korumak istemesiyle ilgili olarak kötü hissetmiyordu. Ne olursa olsun, artık bir bağlantıyı paylaşıyorlardı. Her gölge yolculuk yaptıklarında, Nico'nun yorgunluğu ve azabı üstüne çöküyordu ve onu biraz daha iyi anlıyordu.

Nico inanılmaz derecede yorgundu. Ablası Bianca'yı kaybetmişti. Ona yaklaşmaya çalışan tüm diğer melezleri kendisinden uzak tutmuştu. Melez Kampı'ndaki, Labirent'teki ve Tartarus'taki deneyimleri onu yaralı ve kimseye güvenmez halde bırakmıştı.

Reyna onun hislerini değiştirebileceğinden emin değildi ama Nico'nun destek almasını istiyordu. Tüm kahramanlar bunu hak ediyordu. On İkinci Lejyon'un tüm amacı buydu. Daha yüce bir amaç uğruna savaşmak için güçlerinizi birleştirirdiniz. Yalnız olmazdınız. Arkadaşlar edinir, saygı görürdünüz. Görevleriniz sona erdiğinde bile, toplumda bir yeriniz olurdu. Hiçbir melezin Nico gibi tek başına acı çekmemesi gerekirdi.

O gece, 25 Temmuz'du. 1 Ağustos'a yedi gün daha vardı. Teoride, Long Island'a varmaları için yeteri kadar süre sayılırdı. Görevlerini tamamladıktan sonra, daha doğrusu *tamamlayabilirlerse*, Reyna Nico'nun cesur davranışlarının takdir görmesini sağlayacaktı. Sırt çantasını alarak Nico'nun başının altına yastık yapmaya çalıştı ama parmakları Nico bir gölgeymiş gibi içinden geçti. Elini geri çekti.

Dehşet içinde tekrar denedi. Bu sefer, boynunu kaldırıp çantayı başının altına koymayı başardı. Nico'nun teni soğuktu ama bunun haricinde normaldi. Hayal mi görmüştü?

Nico gölgelerin arasında yolculuk ederken o kadar çok enerji harcamıştı ki... Belki de kalıcı olarak silinmeye başlamıştı. Yedi gün daha kendisini zorlarsa...

Bir karıştırıcı sesi duyunca, düşüncelerinden sıyrıldı.

"Bir smoothie ister misin?" diye sordu koç. "Bu, ananaslı, mangolu, portakallı ve muzlu. Kabukları soyulmuş bir hindistancevizi dağı altında. İsmini Herkül koydum!"

"Be-ben böyle iyiyim, sağ ol." Reyna avluyu çevreleyen balkonlara baktı. Restoranın boş oluşu ona hâlâ tuhaf geliyordu. Özel bir parti. *HÇÖ.* "Koç, sanırım ikinci kata bir göz atacağım. Bu iş hoşuma git..."

Gözünün ucuyla bir kıpırtı gördü. Sağdaki balkonda... Karanlık bir şekil vardı. Bunun üstünde, çatının kenarında da birkaç siluet daha turuncu bulutlara karşı göründü. Reyna kılıcını çekti ama geç kalmıştı.

Gümüşümsü bir parıltı ve hafif bir *vınnn* sesinden sonra, bir iğne ucu ensesine saplandı. Görüşü bulanıklaştı. Eklemleri bir anda pelteye dönüştü. Nico'nun yanına yığıldı.

Gözleri kararırken, köpeklerinin ona doğru koştuğunu gördü ama ikisi de havlarken donakaldılar ve yere devrildiler.

Koç bardan "Hey!" diye bağırdı.

Bir *vınnn* sesi daha geldi. Koç da boynunda gümüş bir dart okuyla yere yığıldı.

Reyna, *Nico uyan*, demek istedi. Sesi çıkmadı. Bedeni tıpkı metal köpekleri gibi devre dışı kalmıştı.

Karanlık şekiller çatıya dizildi. Altı tanesi sessizce ve zarif bir hareketle avluya atladı. Bir tanesi Reyna'nın üstüne eğildi. Reyna o sırada sadece silik gri bir renk görebiliyordu. Boğuk bir ses "Alın onu," dedi.

Kafasına bir çuval geçirildi. Reyna o şekilde mi öleceğini merak etti. Savaşamadan mı ölecekti?

Sonra, hiçbir şeyin önemi kalmadı. Birkaç el onu sert bir biçimde, taşınması zor bir eşya gibi kaldırdı ve Reyna bilincini kaybetti.

XXII

REYNA

Yanıt, ona bilinci tamamıyla yerine gelmeden geldi.

Barrachina'daki harfler: *HÇÖ.* "Hiç komik değil," diye mırıldandı kendi kendine. "*Kesinlikle* komik değil."

Seneler önce, Lupa ona hafif uyumayı, tetikte uyanmayı ve saldırmaya hazır olmayı öğretmişti. Reyna yavaş yavaş kendisine gelirken, ne durumda olduğunu anlamaya çalıştı.

Çuval hâlâ kafasındaydı ama boynunun etrafına tutturulmamış gibiydi. Sert bir sandalyeye bağlanmıştı. Ahşap bir sandalye olmalıydı. Kaburgalarının etrafına sıkı sıkı kablolar sarılmıştı. Elleri arkasından tutturulmuştu ama ayak bilekleri serbestti.

Onu yakalayanlar ya ne yaptıklarını bilmiyorlardı ya da onun o kadar çabuk uyanacağını düşünmemişlerdi.

Reyna el ve ayak parmaklarını oynattı. Nasıl bir uyuşturucu kullandılarsa, etkisi geçmişti. Önünden bir yerden, bir koridorda yankılanan ayak sesleri duydu. Sesler giderek yaklaştı. Reyna kaslarını rahat bıraktı. Çenesini de göğsüne yasladı.

Bir kilit *klik* etti. Bir kapı gıcırdayarak açıldı. Akustiğe bakacak olursa, tuğla veya beton duvarlı bir odada olmalıydı: Bir bodrum katı ya da bir hücre olabilirdi. İçeri bir kişi girdi. Reyna mesafeyi hesapladı. Bir buçuk metreden fazla değildi.

Birden yukarı fırladı ve sandalyenin ayakları onu yakalayan kişinin bedenine çarpacak biçimde döndü. Bu hareketi sandalyenin kırılmasına neden oldu. İçeri giren kişi acı içinde inledi. Koridordan sesler geldi. Sonra, daha fazla ayak sesi duyuldu.

Reyna başındaki çuvalı silkinerek çıkarmaya çalıştı. Geriye doğru yuvarlandı, bağlı ellerini de önüne almak için bacaklarının altından geçirdi. Onu yakalayan kişi, yani gri kamuflaj giysili genç bir kız belinde bir bıçakla, sersemlemiş bir halde yerde yatıyordu.

Reyna bıçağı kapıp, kızın üstüne oturdu ve bıçağı boğazına dayadı. Kapıya üç kız daha geldi. İkisi bıçak çekti. Üçüncüsü de yayına bir ok taktı. Bir an için, herkes donakaldı. Yakaladığı kızın şahdamarı bıçağın altında yatıyordu. Kız da akıllı davranıp hiç kıpırdamıyordu.

Reyna kapıda bekleyen üç kızı nasıl alt edeceğini düşünmeye başladı. Hepsinin üstünde gri renkli kamuflaj tişörtleri, rengi solmuş siyah blucinler, siyah spor ayakkabıları ve kampa ya da tırmanmaya gideceklermiş gibi alet kemerleri vardı. Ava çıkıyor da olabilirlerdi.

"Siz Artemis'in Avcılarısınız," dedi Reyna.

"Sakin ol," dedi yayı olan kız. Tarçın renkli saçlarının yan tarafları tıraş edilmiş, tepesi uzun bırakılmıştı. Profesyonel bir güreşçi gibiydi. "Yanlış bir izlenime kapılmışsın."

Yerdeki kız nefesini dışarı verdi ama Reyna bu numarayı biliyordu. Bir düşmanın ellerini gevşetmek için yapılırdı. Bıçağı daha da sıkı bir biçimde kızın boğazına bastırdı.

"Asıl *siz* yanlış bir izlenime kapılmışsınız," dedi. "Bana saldırıp tutsak alabileceğinizi sanıyorsunuz. Arkadaşlarım nerede?"

"Onlara zarar vermedik, bıraktığın yerdeler," dedi kızıl saçlı kız. "Bak, üçe bir konumdasın, ellerin de bağlı."

"Doğru söylüyorsun," diye kükredi Reyna. "Sizden altı kişi daha çağırın da adilane bir dövüş olsun. Yüzbaşını görmek istiyorum, Thalia Grace."

Kızıl saçlı kız gözlerini kırpıştırdı. Arkadaşları da huzursuz bir biçimde bıçaklarını daha da sıkı kavradılar.

Reyna'nın yerde tuttuğu kız sarsılmaya başladı. Reyna onun bir kriz geçiriyor olabileceğini düşündü. Sonra, kızın güldüğünü fark etti.

"Komik bir şey mi oldu?" dedi Reyna.

Kız boğuk bir sesle fısıldadı. "Jason bana iyi olduğunu söylemişti. Ama ne kadar iyi olduğunu anlatmamış."

Reyna kıza daha dikkatli baktı. On altı yaşlarında, kısacık siyah saçlı ve masmavi gözlüydü. Alnında gümüşten bir taç vardı.

"Thalia *sen* misin?"

"Memnuniyetle açıklarım," dedi Thalia. "Ama bir zahmet boğazımı kesmemen gerek."

Avcılar onu karmaşık koridorlardan geçirdiler. Duvarlar asker yeşiline boyanmış beton bloklardan oluşuyordu ve pencere yoktu. Işık bir tek her altı metrede bir yerleştirilmiş floresan lambalardan geliyordu. Geçitler kıvrılıyor, dönüyor, tekrar kıvrılıyordu ama Phoebe isimli kızıl saçlı avcı önden gidiyordu. Nereye gittiğini biliyor gibiydi.

Thalia Grace sendeleyerek yürüyor, Reyna'nın sandalyesiyle vurduğu kaburgalarını tutuyordu. Avcı acı çekiyor olmalıydı ama mavi gözleri keyifle parıldıyordu.

"Seni kaçırdığımız için tekrar özür dileriz." Ama pek de pişman gibi değildi. "Bu in gizlidir. Amazonların birtakım protokolleri..."

"Amazonlar. Onlara mı çalışıyorsun?"

"*Onlarla* çalışıyorum," dedi Thalia. "Karşılıklı bir anlaşmamız var. Bazen Amazonlar bize yeni kişiler yollarlar. Bazen de sonsuza dek bakire kalmak istemeyen kızlarla karılaşırsak, onları Amazonlara yollarız. Amazonların bekaret yemini etmesi gerekmiyor."

Avcılardan biri tiksintiyle güldü. "Erkek kölelere tasma takıp, turuncu renkli tulumlar giydiriyorlar. Bir köpek sürüsü beslemeyi tercih ederim."

"Erkekler köle değiller Celyn," diye onu azarladı Thalia. "Sadece itaatkârlar." Reyna'ya baktı. "Amazonlar ve Avcılar her konuda anlaşamazlar ama Gaia kıpırdanmaya başladığından beri yakın bir işbirliği içindeyiz. Jüpiter Kampı'yla Melez Kampı da birbirini gırtlaklamaya kalkışınca... Eh, birilerinin onca canavarla başa çıkması gerek. Güçlerimiz tüm kıtaya yayılmış durumda."

Reyna bileklerindeki ip izlerini ovuşturdu. "Jason'a Jüpiter Kampı'yla ilgili hiçbir şey bilmediğini söylediğini sanıyordum."

"*O* zaman için, dediğim doğruydu. Ama Hera'nın planları sayesinde, o günler geride kaldı." Thalia ciddileşti. "Kardeşim nasıl?"

"Onu Epirus'ta bıraktığımda, gayet iyiydi." Reyna ona bildiklerini anlattı.

Thalia'nın gözlerinin dikkat dağıttığını fark etti: Masmaviydi, insanı delip geçiyordu ve tıpkı Jason'ın gözleri gibi keskindi. Gözleri haricinde, iki kardeş birbirine hiç benzemiyordu. Thalia'nın saçları kısacık ve koyu renkliydi. Blucini lime lime olmuştu ve çengelli iğnelerle tutturulmuştu. Boynunda ve bileklerinde metal zincirler vardı; gri renkli kamuflaj tişörtüne üstünde *PUNK ÖLMEDİ: SEN ÖLDÜN* yazan bir rozet takmıştı.

Reyna hep Jason Grace'in tipik bir Amerikalı genç olduğunu düşünmüştü. Thalia'ysa tipik Amerikalı gençleri bir ara sokakta soyan bir kıza benziyordu.

"Umarım hâlâ iyidir," dedi Thalia düşünceli düşünceli. "Birkaç gece önce, rüyamda annemizi gördüm. Hiç... Hoş bir rüya değildi. Sonra, rüyalarımda Nico'nun Orion'un peşinizde olduğuyla ilgili mesajını aldım. Bu, *daha da* kötüydü."

"O yüzden buradasın. Nico'nun mesajı yüzünden."

"Şey, Porto Riko'ya tatile gelmedik. Burası Amazonların en güçlü sığınaklarından biridir. Sizi engellemek için bir riske girdik."

"Engellemek mi? Nasıl? Neden?"

Önden giden Phoebe durdu. Koridor bir çift metal kapıyla sona eriyordu. Phoebe kapılardan birine bıçağının kabzasıyla vurdu. Mors kodunu andıran bir dizi karmaşık vuruşla devam etti.

Thalia incinen kaburgalarını ovdu. "Seni burada bırakmam gerek. Avcılar eski şehirde devriye geziyorlar ve Orion'u arıyorlar. Ön cepheye geri dönmeliyim." Hevesle elini uzattı. "Bıçağımı alabilir miyim lütfen?"

Reyna bıçağı geri verdi. "Benim silahlarım ne olacak?"

"Gideceğin zaman geri verilecek. Kulağa aptalca geldiğini biliyorum. Yani seni kaçırmamız ve gözlerini falan bağlamamızı diyorum ama Amazonlar güvenlik konusunu çok ciddiye alırlar. Seattle'daki ana merkezlerinde bir olay meydana gelmiş. Belki duymuşsundur. Hazel Levesque isimli bir kız bir at çalmış."

Avcı Celyn sırıttı. "Naomi'yle ben o görüntüleri izledik. Efsaneydi."

"Destansıydı," dedi üçüncü Avcı.

"Her halükârda, Nico'yla satire göz kulak oluyoruz," dedi Thalia.

"İzinsiz erkeklerin buraya *yaklaşmalarına* bile izin verilmez ama endişelenmesinler diye onlara bir not bıraktık."

Thalia kemerinden bir kâğıt çıkarıp açtı. Bunu Reyna'ya verdi. El yazısı bir notun fotokopisiydi:

Size Romalı bir praetor borçluyum.
Sağ salim geri getirilecek.
Olduğunuz yerde bekleyin.
Yoksa öldürülürsünüz.
Artemis'in Avcıları.

Reyna notu geri verdi. "Anladım. Bu notu görünce hiç endişelenmeyecekler."

Phoebe sırıttı. "Sorun yok. Athena Parthenos'unuzu tasarımını yaptığım yeni bir kamuflaj ağıyla örttüm. Canavarların, hatta Orion'un bile onu bulmasını engeller. Hem doğru bir tahminde bulunuyorsam, Orion aslında heykelin değil, *sizin* peşinizde."

Reyna suratının ortasına bir yumruk yemiş gibi hissetti. "Bunu nereden bilebilirsiniz?"

"Phoebe en iyi iz sürücümdür," dedi Thalia. "Ayrıca, en iyi şifacımdır. Bir de... Şey, genellikle birçok şey konusunda yanılmaz."

"*Birçok* şey mi?" dedi Phoebe itiraz edermiş gibi.

Thalia *pes ediyorum* der gibi ellerini kaldırdı. "Sizi niye engellediğimize gelince, bunun açıklamasını Amazonlara bırakıyorum. Phoebe, Celyn, Naomi... Reyna'ya içeri kadar eşlik edin. Benim gidip savunmamızı kontrol etmem gerek."

"Bir saldırı bekliyorsunuz," dedi Reyna. "Ama burasının gizli ve güvenli olduğunu söylemiştin."

Thalia bıçağını kınına soktu. "Orion'u tanımıyorsun. Keşke daha fazla vaktimiz olsaydı, Praetor. Kampınla ve buraya nasıl geldiğinle ilgili olarak anlatacaklarını dinlemek isterdim. Bana ablanı çok anımsatıyorsun ama..."

"Hylla'yı tanıyor musun?" dedi Reyna. "Güvende mi?"

Thalia başını hafifçe yana eğdi. "Bugünlerde, hiçbirimiz güvende değiliz, Praetor. Gerçekten de gitmem gerek. İyi avlar!"

Thalia koridorda gözden kayboldu.

Metal kapılar gıcırdayarak açıldı. Üç Avcı, Reyna'yı içeri soktu.

Klostrofobik koridorlardan sonra, deponun büyüklüğü Reyna'nın nefesini kesti. Dev bir kartal geniş tavanın altında uçabilirdi. Üç katlı bir bina yüksekliğindeki rafların sonu gözükmüyordu. Robotumsu forkliftler sıraların arasında zikzaklar çiziyor, kutuları alıyordu. Siyah renkli pantolon ceket takımlar giymiş altı, yedi tane genç kadın tablet bilgisayarlarına notlar yazıyorlardı. Bunların önünde, üstünde PATLAYICI OKLAR VE YUNAN ATEŞİ (16 ons kolay açılır paket) ve GRİFON FİLETOSU (serbest dolaşan organik) yazan sandıklar duruyordu.

Reyna'nın tam önündeki bir konferans masasının üstü raporlarla ve keskin silahlarla doluydu ve ardında tanıdık bir sima oturuyordu.

"Küçük kardeşim." Hylla ayağa kalktı. "İşte, yine eski şehrimizdeyiz. Yine kesin bir ölümle karşı karşıyayız. Artık bu şekilde karşılaşmaktan vazgeçmeliyiz."

XXIII

REYNA

Reyna'nın hisleri *karmakarışık* falan değildi.

Adeta bir miksere atılıp karıştırılmıştı.

Ablasını her gördüğünde, ona sarılsa mı, ağlasa mı, yoksa gitse mi bilemiyordu. Onu çok sevdiği şüphe götürmezdi. Reyna ablası olmasa birçok kere ölmüştü.

Ama ortak geçmişleri karmaşıktan da öteydi.

Hylla masanın diğer tarafına geçti. Siyah deri pantolonuyla ve siyah askılı bluzuyla hoş görünüyordu. Belinde altından bir Labirent zinciri kemeri parıldıyordu. Amazon kraliçesinin kemeriydi. Artık yirmi iki yaşındaydı ama Reyna'nın ikizi gibi görünüyordu. İkisinin de koyu renkli uzun saçları ve kahverengi gözleri vardı. Hatta anneleri Bellona'nın sembolü olan aynı meşaleli ve mızraklı yüzükten takıyorlardı. Aralarındaki en büyük fark, Hylla'nın alnındaki uzun, beyaz renkli yara iziydi. Son dört senedir silikleşmişti. Onu iyi tanımayan birisi, bunun bir endişe kırışığı bile olduğunu düşünebilirdi. Ama Reyna ablasının yarasının bir korsan gemisindeki düellodan kaldığını biliyordu.

"Eee?" dedi Hylla. "Ablan için birkaç güzel söz söylemeyecek misin?"

"Beni kaçırttığın için teşekkürler," dedi Reyna. "Uyuşturuculu dart okuyla vurdurttuğun, kafama bir çuval geçirttiğin ve bir sandalyeye bağlattığın için teşekkürler."

Hylla gözlerini devirdi. "Kurallar öyle: bir praetor olarak, bunu anlaman gerek. Bu dağıtım merkezi en önemli üslerimizden biri. Erişimi kontrol altında tutmamız gerekiyor. Ailem için bile istisnada bulunamıyorum."

"Bence beni kaçırtmak hoşuna gitti."

"O da var tabii."

Reyna ablasının göründüğü kadar soğukkanlı ve sakin olup olmadığını merak etti. Hylla'nın yeni kimliğine bu kadar çabuk uyum sağlamış olması hem inanılmazdı, hem de biraz korkutucuydu.

Altı sene önce, korkan ve Reyna'yı babalarının öfkesinden korumaya çalışan bir ablaydı. Esas becerileri kaçmakla ve gizlenecek yer bulmakla ilgiliydi.

Sonra, Kirke'nin adasında, Hylla fark edilmek için çok çalışmıştı. Gösterişli giysiler giymiş, dikkat çekici makyajlar yapmıştı. Gülümsemiş, gülmüş ve mutluymuş gibi davranmak onu gerçekten de mutlu yapabilirmiş gibi hep neşeli olmuştu. Kirke'nin favori yardımcılarından biri haline gelmişti.

Adalarındaki sığınakları yandıktan sonra, bir korsan gemisine tutsak düşmüşlerdi. Hylla yine değişmişti. Özgürlükleri için savaşmış, korsanları yenmiş ve tayfanın güvenini o kadar çok kazanmıştı ki, Karasakal Hylla gemisini ele geçirmesin diye onları karaya bırakmıştı.

Sonra da Amazonların kraliçesi olarak kendisini baştan yaratmıştı.

Tabii, Reyna ablasının neden böyle bukalemun gibi olduğunu gayet iyi anlıyordu. Değiştiği takdirde, asla babalarının dönüştüğü şey haline gelmezdi...

"Barrachina'daki rezervasyon yazısındaki o harfler," dedi Reyna. "HÇÖ. Hylla Çifte Ölüm, yeni lakabın. Ufak bir şaka mı?"

"Dikkatli olup olmadığını anlamaya çalıştım sadece."

"O avluya düşeceğimizi biliyordun? Nereden bildin?"

Hylla omuzlarını silkti. "Gölge yolculuk büyüdür. Birkaç müridim Hekate'nin kızları. Sizi yoldan çıkarmaları çok basit oldu; özellikle de ikimizin arasında bir bağ varken."

Reyna öfkelenmemeye çalıştı. Onca insan arasında, Porto Riko'ya geri dönmesinin onu nasıl hissettireceğini en iyi Hylla'nın bilmesi gerekirdi.

"Çok zahmete girdin," dedi Reyna. "Amazonların kraliçesi ve Artemis'in teğmeni, bir anda bizi engellemek için Porto Riko'ya koşturdular. Beni özlediğin için geldiğini sanmıyorum."

Kızıl saçlı Avcı Phoebe kıs kıs güldü. "Zeki kız."

"Tabii," dedi Hylla. "Ona bildiği her şeyi ben öğrettim."

Diğer Amazonlar da bir kavga çıkacağını hissedince yanlarına geldiler. Amazonlar şiddet içeren eğlenceleri en az korsanlar kadar severlerdi.

"Orion," diye bir tahminde bulundu Reyna. "Seni buraya getiren şey o. Dikkatini çeken şey onun ismi oldu."

"Seni öldürmesine izin veremezdim," dedi Hylla.

"Bundan daha fazlası var."

"Athena Parthenos'u götürmekle ilgili görevin..."

"Çok önemli. Ama bundan da fazlası var. Senin için kişisel bir mesele. Avcılar için de. Neyin peşindesiniz?"

Hylla başparmaklarını altın kemerinde gezdirdi. "Orion bizim için sorun demek. Diğer gigantların aksine, Orion yüzyıllardır dünyada.

Amazonları veya Avcıları ya da güçlü olmaya cüret eden *tüm* kadınları öldürmeyi görev edinmiş."

"Neden öyle yapıyor?"

Etrafındaki kızların arasında bir dehşet hissi yayılır gibi oldu.

Hylla Phoebe'ye baktı. "Açıklamak ister misin? Sen oradaydın."

Avcı'nın gülümsemesi silindi.

"Eski zamanlarda, Orion Avcılara katılmıştı. Leydi Artemis'in en yakın arkadaşıydı. Okçulukta tek bir rakibi bile yoktu. Tanrıça haricinde tabii. Belki bir erkek kardeşi Apollon haricinde."

Reyna ürperdi. Phoebe olsa olsa on dört yaşlarında görünüyordu. Onun üç veya dört bin sene önce Orion'u tanıyor olması...

"Sonra ne oldu?" diye sordu.

Phoebe'nin kulakları kızardı. "Orion çizgiyi aştı. Artemis'e âşık oldu."

Hylla burnunu çekti. "Erkekler öyledir işte. Arkadaşlık vaat ederler. Sana eşit davranmaya söz verirler. En sonunda, istedikleri tek şeyse sana sahip olmaktır."

Phoebe başparmağını çekiştirdi. Arkasında duran Naomi ve Celyn isimli iki Avcı huzursuzca kıpırdandı.

"Tabii, Leydi Artemis onu geri çevirdi," dedi Phoebe. "Orion buna içerledi. Tek başına vahşi doğada giderek daha uzun gezilere çıkmaya başladı. En sonunda da... Aslında, tam olarak ne olduğundan emin değilim. Bir gün, Artemis kampa geldi ve Orion'un öldürüldüğünü söyledi. Bu konu hakkında konuşmak da istemedi."

Hylla kaşlarını çattı ve kaşının üstündeki beyaz yara izi belirginleşti. "Her ne olduysa, Orion Tartarus'tan geri döndüğünde, Artemis'in en azılı düşmanı haline gelmişti. Hiç kimse birisinden eskiden sevdiği birisi kadar nefret edemez." Reyna bunu anlayabiliyordu. İki sene önce tanrıça Afrodit'le Charleston'da arasında geçen bir konuşmayı hatırladı...

"Madem o kadar büyük bir sorun, neden Artemis onu yine öldürmüyor?"

Phoebe suratını ekşitti. "Söylemesi kolay. Orion çok sinsidir. Artemis ne vakit bizimle birlikte olsa, uzak durur. Biz Avcılar ne zaman şu anda olduğu gibi yalnız olsak... Hiçbir uyarı vermeden saldırır ve yine kaybolur. Son teğmenimiz Zoë Nightshade onu yakalayıp öldürmek için yüzyıllarını harcadı."

"Amazonlar da onu öldürmeyi denediler," dedi Hylla. "Orion bizimle Avcılar arasında bir ayırım yapmıyor. Sanırım, *hepimiz* ona fazlasıyla Artemis'i hatırlatıyoruz. Depolarımızı sabote ediyor, dağıtım merkezlerimizi karıştırıyor ve savaşçılarımızı öldürüyor..."

"Bir başka deyişle," dedi Reyna acı acı, "dünyayı ele geçirme planlarınızı alt üst ediyor."

Hylla omuzlarını silkti. "Aynen öyle."

"Beni bu yüzden engellediniz," dedi Reyna. "Orion'un peşimde olacağını biliyordunuz. Bir tuzak hazırladınız. Yem de benim."

Diğer kızların hiçbiri Reyna'nın suratına bakamadı ve bakışlarını başka yerlere çevirdi.

"Öf, lütfen," diye çıkıştı Reyna, "suçluluk duygusuna kapılma. Bu, iyi bir plan. Ne yapacağız?"

Hylla ona yampiri bir gülümsemeyle karşılık verdi. "Size kız kardeşimin sağlam olduğunu söylemiştim. Phoebe, ayrıntıları anlatır mısın?"

Avcı yayını omzuna astı. "Dediğim gibi, Orion Athena Parthenos'un değil, *sizin* peşinizde. Özellikle de dişi melezlerin nerede olduğunu çok iyi seziyor gibi. Onun doğal avları olduğumuzu söyleyebilirim."

"Harika," dedi Reyna. "Peki, arkadaşlarım, Nico'yla Gleeson Hedge ne durumda? Güvendeler mi?"

"Hâlâ niye *erkeklerle* yolculuk ettiğini anlayamadım," diye homurdandı Phoebe. "Ama bence, yanlarında sen olmadan daha güvendeler. Heykelinizi gizlemek için elimden geleni yaptım. Şansımız yaver giderse, Orion seni buraya kadar takip eder, doğrudan savunma hattımıza girer."

"Ya sonra?" dedi Reyna.

Hylla, Karasakal'ın korsanlarını bile huzursuz edecek, buz gibi bir ifadeyle gülümsedi. "Thalia ve Avcıları'nın çoğu Viejo San Juan civarında keşif gezileri yapıyorlar. Orion yaklaştığı anda haberimiz olacak. Yakınlardaki her yere tuzaklar kurduk. En iyi savaşçılarım tetikte bekliyorlar. Gigantı ele geçireceğiz. Sonra, öyle ya da böyle, onu Tartarus'a geri yollayacağız."

"Onu öldürmek *mümkün* mü?" diye sordu Reyna. "Birçok gigantın sadece bir tanrıyla birlikte çalışan bir melez tarafından öldürülebildiğini sanıyordum."

"Bunu öğrenmeyi planlıyoruz," dedi Hylla. "Orion'u yakaladıktan sonra, göreviniz çok kolaylaşacak. Sizi hayır dualarımızla uğurlayacağız."

"Hayır duasından fazlasına ihtiyacımız var," dedi Reyna. "Amazonlar dünyanın dört bir yanına bir sürü şey yolluyorlar. Neden Athena Parthenos'u güvenli bir biçimde yollamıyorsunuz? Bizi 1 Ağustos'tan önce Melez Kampı'na ulaştırırsanız..."

"Yapamam," dedi Hylla. "Yapabilseydim yapardım tabii kardeşim ama heykelden yayılan öfkeyi sen de hissettin. Biz Amazonlar, Ares'in fahri kızlarıyız. Athena Parthenos asla araya girmemizi kaldıramaz. Hem Kaderlerin nasıl işlediğini sen de biliyorsun. Görevinizin başarılı olabilmesi için, heykeli şahsen götürmeniz gerekiyor."

Reyna hayal kırıklığına uğramıştı.

Phoebe aşırı dost canlısı bir kedi gibi omzuyla ona vurdu. "Hey, o kadar da sıkma canını. Size elimizden geldiğince yardım edeceğiz. Amazon hizmet departmanı metal köpeklerinizi tamir etti. Ayrıca, size süper veda hediyeleri de vereceğiz!"

Celyn Phoebe'ye deri bir sırt çantası verdi.

Phoebe çantayı karıştırdı. "Bakalım neler varmış... iyileştirici iksirler. Ütünde kullandığımıza benzer uyuşturan dart okları. Hmm, başka? Hah, evet!" Phoebe sevinçle gümüş renkli, dikdörtgen biçimli bir kumaş parçası çıkardı.

"Bir mendil mi?" dedi Reyna.

"Daha iyisi. Biraz geri çekil." Phoebe kumaşı yere attı. Kumaş birden üçe üç metrelik bir kamp çadırına dönüştü.

"Klimalı," dedi Phoebe. "Dört kişilik. İçinde bir yiyecek büfesi ve uyku tulumları da var. İçine ne koyarsan koy, çadırla birlikte ufalıyor. Şey, makul şeyler olmalı tabii... İçine devasa boyutlarda bir heykel koymaya kalkışma."

Celyn suratını ekşitti. "Erkek yol arkadaşların sinir bozucu olurlarsa, onları çadırın içinde bırakabilirsin."

Naomi kaşlarını çattı. "Bunu... Yapabilir mi?"

"Neyse," dedi Phoebe. "Bu çadırlar bir harika. Bende de bir tane var; sürekli kullanırım. Bunu kapatacağın zaman, komut sözcüğü *Actaeon.*"

Çadır kapanıp, yine minnacık bir dikdörtgen oldu. Phoebe çadırı aldı, sırt çantasının içine koydu ve çantayı Reyna'ya uzattı.

"Be-ben ne diyeceğimi bilemiyorum," diye kekeledi Reyna. "Teşekkür ederim."

"Ay, canım..." Phoebe omuzlarını silkti. "Senin için en azından bunu..."

On beş metre ötede, bir yan kapı küt diye açıldı. Bir Amazon doğrudan Hylla'ya koştu. Kızın üstünde siyah bir ceket pantolon takım vardı ve kestane renkli saçlarını atkuyruğu biçiminde bağlamıştı.

Reyna onu Jüpiter Kampı'ndaki savaştan hatırladı. "Kinzie'ydin, değil mi?"

Kız ona dalgın dalgın başını salladı. "Praetor." Hylla'nın kulağına bir şeyler fısıldadı.

Hylla'nın surat ifadesi değişti.

"Anlıyorum." Reyna'ya baktı. "Bir terslik var. Dış savunma güçlerimizle iletişimi kaybettik. Galiba Orion..."

Reyna'nın arkasındaki metal kapılar patlar gibi açıldı.

XXIV

REYNA

Reyna elini kılıcına götürdü, sonra kılıcının yanında olmadığını hatırladı.

"Çıkın!" Phoebe yayını hazırladı.

Celyn ve Naomi dumanlar tüten kapıya koştular ama kapkara oklar yollarını kesti.

Phoebe öfkeyle bağırdı. Amazonlar kalkanlarla ve kılıçlarla öne atılırken, o da ok fırlattı.

"Reyna!" Hylla onu kolundan çekiştirdi. "Gitmemiz gerek!"

"Ama böylece..."

"Muhafızlarım sana vakit kazandırır!" diye bağırdı Hylla. "Görevinin başarılı olması *gerek.*"

Reyna hiç hoşuna gitmese de ablasının peşinden koştu.

Yan kapıya vardılar ve Reyna geriye baktı. Düzinelerce kurt, Portekiz'deki gibi gri kurtlar, depoya akın etti. Amazonlar telaşla kurtların yollarını kestiler. Dumanla kaplanan kapının önüne vurulanlar yığılmıştı:

Celyn, Naomi ve Phoebe. Kızıl saçlı, binlerce sene yaşamış olan Avcı yerde hareketsiz yatıyordu; gözleri şoktan fal taşı gibi açılmıştı ve kocaman siyahlı kırmızılı bir ok böğrüne saplanmıştı.

Amazon Kinzie öne atıldı ve uzun kılıçlar parıldadı. Yerdekilerin üstünden atlayıp dumanların arasına daldı.

Hylla Reyna'yı geçide soktu. Birlikte koşmaya başladılar.

"Hepsi ölecek!" diye bağırdı Reyna. "Bir şeyler..."

"Aptallık etme, kardeşim!" Hylla'nın gözleri yaşlarla parıldıyordu. "Orion bizi gafil avladı. Tuzağı bir katliama dönüştürdü. Şu anda yapabileceğimiz tek şey, sen kaçarken onu burada tutmak. Heykeli *mutlaka* Yunanlılara geri götürüp, Gaia'yı yenmelisiniz!"

Reyna'yı basamaklara götürdü. Labirentimsi koridorlardan geçip bir köşeyi döndüler ve bir soyunma odasına daldılar. Kendilerini kocaman, gri renkli bir kurtla burun buruna buldular ama yaratık daha hırlayamadan Hylla gözlerinin arasına bir yumruk indirdi. Kurt yere yığıldı.

"Şuradan." Hylla en yakındaki dolaplara koştu. "Silahların burada. Acele et."

Reyna bıçağını, kılıcını ve sırt çantasını aldı. Sonra, ablasının peşinden yuvarlak metalik merdivene yöneldi.

Merdivenin tepesi tavanda sona eriyordu. Hylla ona dönüp sert sert baktı. "Bunu açıklamak için vaktim yok, tamam mı? Güçlü ol. Yanımdan ayrılma."

Reyna az önce kaçtıkları manzaradan daha kötü ne olabileceğini düşündü. Hylla tavandaki kapağı açtı ve içeri girdiler... Eski evlerindeydiler.

Salon tıpkı Reyna'nın hatırladığı gibiydi. Altı metrelik tavanda, buğulu tavan pencereleri parıldıyordu. Bembeyaz boş duvarlarda hiçbir şey asılı değildi. Mobilyalar meşe, çelik ve beyaz deriydi. Gayet kişisel olmayan, erkeksi eşyalardı. Odanın her iki tarafında da teras vardı; bunlar Reyna'ya hep izlendiği hissini verirdi (çünkü genellikle *izleniyor* olurdu).

Babaları yüzyıllık binayı modern bir eve dönüştürmek için her şeyi yapmıştı. Tavan pencerelerini eklemiş, her şeyi daha aydınlık ve ferah göstermek için beyaza boyamıştı. Ama evi ancak yeni bir takım elbise giymiş, şık bir cesede dönüştürmeyi başarmıştı.

İçinden çıktıkları kapak kocaman bir şömineye açılıyordu. Porto Riko'da neden şömine olduğunu hiç anlamamıştı ama ablasıyla şöminenin babalarının onları bulamayacağı gizli bir sığınak olduğunu düşünürlerdi. İçine girip başka yerlere gidebileceklerini hayal ederlerdi. Hylla bunu gerçekleştirmişti. Yeraltındaki sığınağını çocukluk eviyle birleştirmişti.

"Hylla..."

"Dedim ya, vaktimiz yok."

"Ama..."

"Artık bina bana ait. Kendi ismimle satın aldım."

"*Ne* yaptın?"

"Geçmişten kaçmaktan yoruldum, Reyna. Evi geri almak istedim."

Reyna afallamış bir halde ona baktı. Havaalanında kayıp bir telefonu ya da bir valizi geri alabilirdiniz. Hatta tehlikeli bir atık alanını bile geri alabilirdiniz. Ama bu evi meydana gelen onca şeyden sonra geri almak mı? Bunun geri alınışı falan söz konusu *olamazdı.*

"Kardeşim," dedi Hylla, "vakit kaybediyoruz. Geliyor musun, gelmiyor musun?"

Reyna balkonlara bakınca, tırabzanlarda parlak şekiller göreceğini sandı. "Onları gördün mü?"

"Bazılarını."

"Ya babamı?"

"Tabii ki hayır," diye parladı Hylla. "Onun kalıcı olarak gittiğini biliyorsun."

"Öyle bir şey bilmiyorum. Nasıl geri *gelebildin*? Neden?"

"Anlamak için!" diye bağırdı Hylla. "Ona ne olduğunu öğrenmek istemiyor musun?"

"Hayır! Hayaletlerden bir şey öğrenemezsin, Hylla. Bunu en iyi senin..."

"Gidiyorum," dedi Hylla. "Arkadaşların birkaç sokak ötede. Benimle geliyor musun, yoksa onlara geçmişte kaybolduğun için öldüğünü mü söyleyeyim?"

"Burayı satın alan kişi *ben* değilim!"

Hylla arkasını döndüğü gibi ön kapıdan dışarı çıktı. Reyna bir kez daha etrafına bakındı. Oradaki son gününü, on yaşındaki halini hatırladı. Babasının öfkeli haykırışını, balkonlarda uluyan hayaletlerin sesini salondan duyar gibi oldu.

Çıkışa koştu. Ilık öğleden sonra güneşine çıktı ve sokağın değişmediğini fark etti. Yıpranmış pastel renkli evler, mavi çakıl taşlı kaldırımlar, arabaların veya muz ağaçlarının gölgeleri altında uyuyan düzinelerce kedi...

Reyna nostaljiyi hissedebilirdi... Ama ablası birkaç adım ötede durmuş, Orion'a bakıyordu.

"Şu işe bakın." Gigant gülümsedi. "Bellona'nın iki kızı da burada. Harika!"

Reyna hakarete uğramış gibi hissetti.

Orion'u zihninde Polibot'tan, yani Jüpiter Kampı'na saldıran giganttan daha kötü, bir kule gibi uzun, çirkin bir iblis olarak canlandırmıştı.

Ama Orion'un insan olduğu bile düşünülebilirdi: uzun boylu, kaslı ve *yakışıklı* bir insan. Teni kavrulmuş buğday gibiydi. Koyu renkli saçlarının altları kısaydı ve başının tepesinde diken diken olacak biçimde şekil verilmişti. Siyah deri golf pantolonu, yeleği, av bıçağı, yayı ve ok kılıfıyla, Robin Hood'un kötü yürekli, daha yakışıklı erkek kardeşi olabilirdi.

Yakışıklılığını bir tek gözleri mahvediyordu. İlk bakışta, askeri gece görüşü gözlüğü takmış gibiydi. Sonra, Reyna gördüğü şeyin gözlük olmadığını fark etti. Bunlar Hephaistos'un işiydi: Gigantın göz çukurlarına bronz mekanik gözler yerleştirilmişti. Reyna'ya bakarken, odaklama halkaları dönüp klik etti. Hedef bulucu lazerler kırmızıdan yeşile dönüştü. Reyna gigantın onun bedeninden çok daha fazlasını gördüğü gibi rahatsız edici bir izlenime kapıldı: Isısını, kalp atışlarının hızını ve korku seviyesini de görüyordu sanki.

Yanında en az gözleri kadar etkileyici siyah alaşımdan bir yay vardı. Bir sürü yay minyatür buharlı tren tekerleklerini andıran bir dizi makaranın arasından geçiyordu. Tutacak kısmı cilalı bronzdandı ve üstü kadranlarla ve düğmelerle bezeliydi. Yayına ok takmamıştı. Hiçbir tehditkâr hareket de yapmıyordu. Öylesine büyüleyici bir biçimde gülümsüyordu ki, onun bir düşman olduğunu, oraya varmak için en azından altı Avcı ve Amazon öldürdüğünü hatırlamak güçtü.

Hylla bıçaklarını çekti. "Reyna, sen git. Bu canavarla ben uğraşırım."

Orion cık cık etti. "Hylla Çift Ölüm, çok cesursun. Teğmenlerin de öyleydi. Öldüler."

Hylla öne doğru bir adım attı.

Reyna onu kolundan tuttu. "Orion!" diye bağırdı. "Ellerine yeteri kadar Amazon kanı bulaştı. Belki de artık bir Romalıyı denemelisin."

Gigantın gözleri klik edip irileşti. Kırmızı lazer noktalar Reyna'nın göğüs zırhında gezindi. "Ah, genç praetor. İtiraf edeyim, seni merak ediyordum. Seni öldürmeden önce, belki beni biraz aydınlatırsın. Neden Roma'nın bir çocuğu Yunanlılara yardım etmek için bunca çaba sarf eder? Unvanını kaybettin, lejyonunu terk ettin ve kanun kaçağı oldun... Ne için? Jason Grace seni küçümsedi. Percy Jackson geri çevirdi. Yeteri kadar... Ne denir? Terk edilmedin mi?"

Reyna'nın kulakları uğulduyordu. Afrodit'in iki sene önce Charleston'da yaptığı uyarıyı hatırladı: *Aşkı istediğin ya da umduğun yerde bulamayacaksın. Hiçbir melez kalbini iyileştiremeyecek.*

Gigantın gözlerine bakmamaya çalıştı. "Benden hoşlanabilecek ya da hoşlanmayacak çocuklarla korumam kendimi."

"Cesur sözler." Gigantın gülümsemesi insanı çileden çıkarıyordu. "Ama Amazonlardan, Avcılardan veya Artemis'ten farklısın. Güçten ve bağımsızlıktan söz ediyorsun. *Gerçek* güce sahip bir adamla yüz yüze geldiğindeyse, kendine olan güvenin paramparça oluyor. Hakimiyetim seni tehdit ediyor ama bir yandan da seni *büyülüyor*. O yüzden, ya kaç, ya teslim ol ya da öl."

Hylla Reyna'nın elini itti. "Seni öldüreceğim, gigant. O kadar minik parçalara ayıracağım ki..."

"Hylla," dedi Reyna araya girerek. Orada başka ne olursa olsun, ablasının ölümünü *izleyemezdi*. Gigantın dikkatini kendi üstünde tutmalıydı. "Orion, güçlü olduğunu iddia ediyorsun. Ama Av'ın gerektirdiği yeminleri tutamadın. Reddedilmiş bir halde öldün. Şimdi de annen için ayak işleri yapıyorsun. Bir daha söylesene, nasıl tehditkâr olabilirsin ki?"

Orion'un çene kasları gerildi. Gülümsemesi silindi.

"İyi bir denemeydi," dedi. "Dengemi bozmaya çalışıyorsun. Belki de beni konuşturursan, destek birlikleri yardıma gelir diye umuyorsun. Ama Praetor, destek birliği falan *yok*. Ablanın yeraltı sığınağını kendi

Yunan ateşiyle yaktım. Kimse kurtulamadı."

Hylla kükreyip saldırıya geçti. Orion ona yayının dibiyle vurdu. Hylla geriye, sokağa doğru uçtu. Orion ok kılıfından bir ok çıkardı.

"Dur!" diye bağırdı Reyna.

Kalbi yerinden çıkacak gibiydi. Gigantın zayıf noktasını bulmalıydı.

Barrachina sadece birkaç sokak ötedeydi. Oraya kadar gidebilirlerse, Nico onları hemen gölge yolculukla kaçırabilirdi. Avcıların *hepsi* ölmüş olamazdı... Bir kısmı eski şehrin dört bir yanında devriye geziyordu. Bazılarının hâlâ dışarıda olması gerekirdi...

"Orion, beni neyin motive ettiğini sormuştun." Sakin bir ses tonuyla konuşuyordu. "Bizi öldürmeden önce yanıtı bilmek istemez misin? Kadınların senin gibi güçlü ve yakışıklı bir erkeği neden geri çevirdiğini merak ediyor olmalısın."

Gigant okunu taktı. "Şimdi de beni Narkissos'la karıştırdın galiba. Bana iltifat edemezsin."

"Tabii ki edemem," dedi Reyna. Hylla suratında gigantı öldürecekmiş gibi bir ifadeyle kalktı ama Reyna ona duyularıyla ulaştı ve ablasıyla en zor gücü paylaşmaya çalıştı: dizginleme. "Yine de... Seni sinir ediyor olmalı. İlk önce, ölümlü bir prenses tarafından terk edildin..."

"Merope." Orion suratını buruşturdu. "Güzel bir kızdı ama aptaldı. Bir parça aklı olsaydı, onunla flört ettiğimi anlardı."

"Dur tahmin edeyim," dedi Reyna. "Çığlık atıp muhafızları çağırdı."

"O sırada, yanımda silahlarım yoktu. Bir prensese kur yaparken, yanında yay ve hançerler götürmez kimse. Muhafızlar beni rahatlıkla yakaladılar. Babası kral beni kör ettirdi ve sürgüne yolladı."

Reyna'nın başının tam üstünden bir çakıltaşı geçip, kil karolu bir çatının üstünde sekti. Hayal etmiş olabilirdi ama bu sesi Hylla'nın kendi odasından gizlice kaçıp, onu kontrol etmek için çatıda süründüğü gecelerden hatırlıyordu. Reyna çatıya bakmamak için iradesini zorladı.

"Ama yeni gözlerin oldu," dedi giganta. "Hephaistos sana acıdı."

"Evet..." Orion'un bakışları odağını yitirdi. Reyna bunu anlamıştı, çünkü lazer hedefler göğsünden kaybolmuştu. "Kendimi Artemis'le tanıştığım Delos'ta buldum. İnsanın ölümcül düşmanıyla karşılaşıp, ona karşı bir çekim hissetmesi ne kadar tuhaftır, bilir misin?" Güldü. "Praetor, neler diyorum? *Tabii ki* bilirsin. Belki de benim Artemis'e karşı hissettiklerimi sen de Yunanlılara karşı hissediyorsundur. Suçlulukla karışık bir büyülenme, aşka dönüşen bir hayranlık. Ama çok fazla aşk zehir gibidir; özellikle de karşılıksızsa. Bunu şimdiye dek anlamadıysan da yakında anlayacaksın, Reyna Ramírez-Arellano."

Hylla bıçağı elinde, öne doğru sendeledi. "Kardeşim, neden bu canavarın konuşmasına izin veriyorsun? Birlikte haklayalım şunu."

"Bunu yapabilir misiniz?" dedi Orion düşünceli düşünceli. "Birçok kişi denedi. Artemis'in kendi erkek kardeşi Apollon bile beni eski zamanlarda öldürmeyi başaramadı. Benden kurtulabilmek için oyun çevirmek zorunda kaldı."

"Kız kardeşiyle takılmadan hoşlanmadı mı?" Reyna çatılardan ses geliyor mu diye kulak kesildi ama hiçbir şey duymadı.

"Apollon bizi kıskanmıştı." Gigantın parmakları yay kirişini kavradı, geri çekti ve yayın tekerlekleriyle makaralarını döndürdü. "Artemis'e ettiği bekaret yeminlerini unutturacağımdan korkuyordu. Kim bilir? Apollon araya girmemiş olsaydı, belki de öyle olurdu. Artemis de daha mutlu olurdu."

"Hizmetçin olarak mı?" diye kükredi Hylla. "Pısırık ufak bir ev kadını olarak mı?"

"Bunun hiç önemi kalmadı," dedi Orion. "Zaten, Apollon bana bir çılgınlık bahşetti: Dünyadaki tüm canavarları öldürmeye karşı bir kana susamışlık. Annem Gaia bu taşkınlığımı en sonunda durdurana dek, binlercesini katlettim. Topraktan dev bir akrep çıkardı. Akrep beni sırtımdan ısırdı ve zehri beni öldürdü. Bunu ona borçluyum."

"Seni öldürdüğü için, Gaia'ya borçlusun, öyle mi?"

Orion'un mekanik gözbebekleri dönerek minnacık, parıldayan noktalara dönüştü. "Annem bana gerçeği gösterdi. Kendi doğama karşı savaşıyordum ve bu durum bana mutsuzluktan başka bir şey getirmiyordu. Gigantların ölümlüleri veya tanrıları *sevmemesi* gerekir. Gaia kim olduğumu kabullenmeme yardım etti. Eninde sonunda, hepimiz evimize dönmek zorundayız Praetor. Geçmişimiz ne kadar acı ve karanlık olsa da onu kucaklamamız gerekir." Çenesiyle Reyna'nın arkasındaki villayı işaret etti. "Tıpkı senin yaptığın gibi. Senin de kendi payına düşen hayaletlerin var ha?"

Reyna kılıcını çekti. *Hayaletlerden hiçbir şey öğrenemezsin*, demişti ablasına. Belki gigantlardan da bir şey öğrenemezdi. "Burası evim değil," dedi. "Dahası, ikimiz birbirimize benzemiyoruz."

"Gerçeği gördüm." Gigant gerçekten de onu anlıyormuş gibiydi. "Düşmanlarına kendini sevdirebileceğin fantezisine asılırsın. Bunu yapamazsın, Reyna. Senin için Melez Kampı'nda sevgi yok."

Afrodit'in sözleri zihninde yankılandı: *Hiçbir melez kalbini iyileştirmeyecek.*

Reyna gigantın yakışıklı ve gaddar suratına, parıldayan mekanik gözlerine baktı. O anda, Artemis gibi sonsuza dek bakire olan bir tanrıçanın bile Orion'un tatlı sözlerine nasıl kanabileceğini anladı.

"Seni şimdiye dek yirmi kere öldürmüştüm," dedi gigant. "Bunun farkındasın, değil mi? Bırak da hayatını bağışlayayım. İhtiyacım olan tek şey, basit bir inanç gösterisi. Bana heykelin nerede olduğunu söyle."

Reyna neredeyse kılıcını yere düşürecekti. *Heykelin nerede olduğunu söyle...*

Orion, Athena Parthenos'un yerini bulamamıştı. Avcıların kamuflajı işe yaramıştı. Bunca süredir, gigant Reyna'nın peşindeydi; yani, o anda ölürse, Nico ve Koç Hedge güvende olabilirlerdi. Görev henüz bitmemişti.

Üstünden yüzlerce kiloluk zırh çıkarmış gibi rahatladı. Güldü. Sesi kaldırım taşlı sokağın aşağısında yankılandı.

"Phoebe seni kandırdı," dedi. "Beni izleyerek, heykeli kaybettin. Artık arkadaşlarım görevlerine diledikleri gibi devam edebilirler."

Orion dudağını büktü. "Ha, onları bulacağım, Praetor. Önce seninle işimi bitireyim de."

"O halde, önce seninle işimizin bitmesi gerek," dedi Reyna.

"İşte, benim kız kardeşim," dedi Hylla gururla. Sonra, ikisi birlikte saldırıya geçtiler.

Gigantın fırlattığı ilk ok Reyna'ya isabet edebilirdi ama Hylla daha hızlı davrandı. Oku havada bölüp, Orion'un üstüne atıldı. Reyna göğsünü bıçakladı. Gigant ikisinin de hamlelerini yayıyla engelledi.

Hylla'yı geriye, eski bir Chevy'nin kaportasına doğru savurdu. Altı tane kedi arabanın altından kaçtı. Gigant hızla döndü ve elinde aniden bir hançer belirdi. Reyna kıl payı hançerden de kaçmayı başardı.

Yine kılıcını ona salladı, deri yeleğini yırttı ama sadece göğsünü çizdi.

"İyi savaşıyorsun, Praetor," dedi gigant. "Ama hayatta kalacak kadar değil."

Reyna kılıcının bir *pilum*'a dönüşmesini diledi. "Ölümümün hiçbir anlamı yok."

Arkadaşları huzur içinde görevlerine devam edebilecekse, savaşarak ölmeye kesinlikle razıydı. Ama önce, bu gigantın canını onun ismini asla unutmayacağı kadar çok yakmak istiyordu.

"Ya ablanın ölümü?" diye sordu Orion. "Onun bir anlamı var mı?"

Reyna daha gözünü bile kırpamadan, Orion Hylla'nın göğsüne doğru bir ok fırlattı. Reyna'nın boğazına kadar bir çığlık yükseldi ama Hylla oku *yakaladı*.

Hylla arabanın kaportasından aşağı kayıp, oku tek eliyle kırdı. "Ben Amazonlar Kraliçesiyim, seni gerzek. Kraliyet kemeri takıyorum. Bunun bana verdiği güçle, bugün öldürdüğün Amazonların intikamını alacağım."

Hylla Chevy'nin ön çamurluğunu kavrayıp, giganta bir yüzme havuzunda su sıçratıyormuş gibi kolaylıkla arabayı Orion'a fırlattı.

Chevy, Orion'u en yakındaki evin duvarına mıhladı. Duvar çatladı. Bir muz ağacı devrildi. Bir sürü kedi daha kaçtı.

Reyna enkaza doğru koştu ama gigant böğürüp arabayı itti.

"Birlikte öleceksiniz!" dedi. Yayına takılmış iki ok belirdi ve yayı geriye kadar çekildi. Derken, çatılardan büyük bir patlama sesi geldi.

"ÖL!" Gleeson Hedge Orion'un tam arkasına atladı, beysbol sopasını gigantın kafasına o kadar sert bir biçimde indirdi ki, Louisville Slugger ikiye ayrıldı. Nico di Angelo da aynı anda önüne atladı. Styks kılıcını gigantın yayına doğru savurdu, makaralarla dişlilerin sökülüp çatlamasına ve yayın Orion'un burnuna hidrolik bir kırbaç gibi inene dek yüzlerce kiloluk bir güçle geri tepmesine neden oldu.

"AHHHHHHH!!" Orion geriye doğru sendeleyerek yayını düşürdü.

Artemis'in Avcıları çatılarda belirdi ve Orion'u parıldayan bir kirpiyi andırana dek gümüş bir ok yağmuruna tuttu. Orion gözleri görmeden, burnunu tutarak sendeledi ve suratı altın renkli ikorla kaplandı.

Birisi Reyna'nın kolunu tuttu. "Gel!" Thalia Grace gri gelmişti.

"Onunla git!" diye emretti Hylla.

Reyna kalbi paramparça olmuş gibi hissetti. "Abla..."

"Gitmen gerek! HEMEN!" Hylla ona altı sene önce, babalarının evinden kaçtıkları gece de aynı şeyi söylemişti. "Orion'u elimden geldiği kadar oyalayacağım."

Hylla gigantın bacaklarından birini tuttu. Bacağını çekip dengesini bozdu ve onu Calle San Jose'nin birkaç sokak aşağısına, birkaç düzine daha sokak kedisinin şaşkınlıkla kaçıştığı yere fırlattı. Avcılar çatılardan atlayarak peşinden gittiler, Yunan ateşiyle patlayan oklar fırlattılar ve gigantı alevlerle kapladılar.

"Ablan haklı," dedi Thalia. "Gitmen gerek."

Nico ve Hedge kendilerinden gayet memnun bir ifadeyle yanına geldiler. Belli ki Barrachina hediyelik eşya dükkânına gidip, kirli ve yıpranmış gömleklerini rengârenk, tropikal desenli gömleklerle değiştirmişlerdi.

"Nico," dedi Reyna, "sen..."

"Sakın gömlekle ilgili bir şey deme," dedi Nico. "Tek bir kelime bile."

"Neden beni aramaya geldiniz?" dedi Reyna. "Kaçabilirdiniz. Gigant benim peşimdeydi. İkiniz hemen gitseydiniz..."

"Bir şey değil, şekerciğim," diye homurdandı koç. "Sensiz gidecek halimiz yoktu. Haydi, artık..."

Reyna'nın arkasına bakıp sustu. Reyna arkasına döndü.

Ailesinin evinin ikinci kattaki balkonlarına parıldayan şekiller doluşmuştu: Çatal sakalı ve paslanmış bir fatih zırhı giymiş bir adam; on sekizinci yüzyıl korsan giysileri giymiş, gömleği mermi delikleriyle kaplı bir başka adam; kanlı bir gece elbisesi giymiş bir kadın; bembeyaz üniformalı bir ABD donanma kaptanı ve bir düzine kadar da Reyna'nın çocukluğundan tanıdığı kişiler vardı. Hepsi onu suçlarmış gibi bakarken, Reyna fısıltılarını zihninde duyuyordu: *Hain. Katil.*

"Hayır..." Reyna yine on yaşındaymış gibi hissetti. Odasının bir köşesine kıvrılmak ve elleriyle kulaklarını kapatıp fısıltıları dindirmek istiyordu.

Nico kolunu tuttu. "Reyna, onlar kim? Ne..."

"Yapamam," diye yalvardı Reyna. "Ya-yapamam."

Korkuyu geride tutmak için o kadar uzun seneler içinde bir baraj inşa etmişti ki. Artık, baraj yıkılmıştı. Gücü kalmamıştı.

"Sorun yok." Nico balkonlara baktı. Hayaletler yok olmuştu ama Reyna aslında gitmediklerini biliyordu. Asla *gerçekten* gitmezlerdi. "Seni buradan götüreceğiz," dedi Nico. "Haydi, gidelim."

Thalia Reyna'nın diğer koluna girdi. Dördü restorana ve Athena Parthenos'a koştular. Reyna arkalarından Orion'un acı içinde haykırdığını, Yunan ateşlerini patladığını duydu. Zihnindeyse, sesler fısıldıyorlardı:

Katil. Hain. İşlediğin suçtan asla kaçamazsın.

XXV

JASON

Jason ölüm yatağından tayfanın geri kalanıyla birlikte boğulabilmek için kalktı.

Gemi o kadar şiddetli sallanıyordu ki, revirden çıkabilmek için zeminde sürünmesi gerekmişti. Gövde çatladı. Motor ölmek üzere olan bir bizon gibi inledi. Rüzgârın uğultusunu, ahırdan bağıran tanrıça Nike'nin sesi bölüyordu: "DAHA İYİSİNİ YAPABİLİRSİN, FIRTINA! BÜTÜN KAPASİTENİ KULLAN!"

Jason merdivenden orta güverteye çıktı. Bacakları titriyordu. Başı dönüyordu. Gemi iskele tarafına yatınca, onu karşı duvara fırlattı.

Hazel karnını tutarak apar topar kendi kamarasından çıktı. "Okyanustan *nefret* ediyorum!" Onu görünce, gözleri irileşti. "Ayakta ne işin var?"

"Yukarı çıkacağım!" dedi Jason ısrarla. "Yardım edebilirim!"

Hazel buna karşı çıkacakmış gibiydi. Derken, gemi sancağa doğru eğilmeye başlayınca, sendeleye sendeleye, eliyle ağzını kapatarak tuvalete gitti.

Jason güçlükle merdivenden yukarı çıktı. Bir buçuk gündür, kızlar Sparta'dan döndüğünden beri yataktan çıkmamıştı. Bir anda düşüverdi. Kasları çaba sarf etmesine isyan etmişti. Michael Varus arkasında duruyormuş, onu sürekli olarak bıçaklıyormuş ve *Bir Romalı gibi öl! Bir Romalı gibi öl!* diye bağırıyormuş gibi hissediyordu.

Jason acıyı hissetmemeye gayret etti. İnsanların ona bakmasından, ne kadar endişeli olduklarını fısıldamalarından usanmıştı. Bir şiş kebap olduğunu rüyasında görmekten sıkılmıştı. Böğründeki yaraya yeteri kadar bakmıştı. Yara onu ya öldürecekti ya da öldürmeyecekti. Buna yaranın karar vermesini beklemeyecekti. Arkadaşlarına yardım etmeliydi. Bir şekilde, yukarı güverteye çıkmayı başardı.

Orada gördüğü şey, midesini en az Hazel'ınki kadar bulandırdı. Bir gökdelen büyüklüğünde bir dalga ön güverteye çarptı, öndeki mancınıkları ve iskele tırabzanlarını alıp götürdü. Yelkenler lime lime oldu. Her yönde şimşekler çakıyor, denize birer spot ışığı gibi çarpıyordu. Yağmur Jason'ın suratına yağıyordu. Bulutlar o kadar simsiyahtı ki, gece mi, yoksa gündüz mü olduğunu bile anlayamamıştı.

Tayfa elinden geleni yapıyordu... Daha doğrusu, yapamıyordu.

Leo beline bir *bungee* ipi bağlayıp, kendini konsola atmıştı. Bunu ilk bağladığında, iyi bir fikir gibi gelmişti ama gemiye her dalga vurduğunda sürükleniyor, sonra insandan bir tenis topuymuş gibi kontrol paneline çarpıyordu.

Piper ve Annabeth armayı kurtarmaya çalışıyorlardı. Sparta'dan beri, iyi bir ekip olmuşlardı: Birlikte hiç konuşmadan bile çalışabiliyorlardı ki bu da iyiydi, çünkü fırtına yüzünden zaten seslerini birbirlerine duyuramazlardı.

Frank, daha doğrusu Jason'ın Frank olduğunu *düşündüğü* kişi, bir gorile dönüşmüştü. Sancak tırabzanından baş aşağı sallanıyor, müthiş gücünü ve esnek ayaklarını asılı kalmak için kullanırken kırılan birkaç küreği çözüyordu. Belli ki tayfa gemiyi havada tutmaya çalışıyordu ama havalanabilseler bile, Jason havanın daha güvenli olup olmayacağından emin değildi.

Gemi başı Festus bile yardım etmeye çalışıyordu. Yağmura alevler fırlatıyordu ama bu da fırtınayı dindirmiyordu.

Sadece Percy'nin faydası oluyordu. Orta direkte durmuş, ellerini bir ip üstünde yürüyormuş gibi iki yana açmıştı. Gemi her yana yattığında, Percy diğer tarafa yatıyordu ve gövdeyi dengeliyordu. Okyanustan dev dalgalardan oluşan yumruklar çıkarıyor, daha büyük dalgalar güverteye erişmeden önce onlara yolluyordu. Bu yüzden de okyanus sürekli olarak kendi suratına vuruyormuş gibi görünüyordu.

Fırtına zaten yeteri kadar kötüydü ama Jason Percy bir şey yapmazsa, geminin çoktan alabora olacağını ya da parçalanacağını anlamıştı.

Gemi direğine doğru sendeledi. Leo bir şey söyleyerek bağırdı. Muhtemelen, *Aşağı git!* demişti ama Jason el sallamakla yetindi. Percy'nin yanına gidip omzunu tuttu.

Percy *n'aber* der gibi başını salladı. Ne şaşırmıştı, ne de Jason'ın revire dönmesini istemişti. Jason buna memnun oldu. Percy odaklanırsa, üstü başı da ıslanmayabilirdi ama belli ki o sırada daha önemli şeyler için endişeleniyordu. Kahverengi saçları suratına yapışmıştı. Giysileri de sırılsıklam olmuş, parçalanmıştı. Jason'ın kulağına bağırarak bir şey söyledi ama Jason sadece birkaç sözcüğü anladı. "ŞEY... AŞAĞI... DURDUR!" Percy diğer tarafı işaret etti.

"Fırtınaya bir şey mi sebep oluyor?" dedi Jason.

Percy sırıtıp kulaklarını kapattı. Tek kelime bile duymadığı belliydi.

Eliyle gemiden atlayacakmış gibi bir işaret yaptı. Sonra, Jason'ın göğsüne vurdu.

"Benim mi gitmemi istiyorsun?" Jason bundan şeref duymuştu. Herkes ona cam bir vazo gibi davranıyordu ama Percy... Jason güverteye çıktıysa, harekete geçmeye de hazırdır diye düşünüyor olmalıydı.

"Memnuniyetle!" diye bağırdı Jason. "Ama suyun altında nefes alamam!"

Percy omuzlarını silkti. *Pardon, seni duyamıyorum.*

Sonra, Percy sancak yelkenine koştu, bir başka dev dalgayı gemiden uzaklaştırdı ve suya atladı.

Jason, Piper'la Annabeth'e baktı. Her ikisi de gemi armasına tutunmuşlar, şok içinde ona bakıyorlardı. Piper'ın surat ifadesi, Çıldırdın mı? der gibiydi.

Jason ona her şeyin yolunda olduğunu göstermek için bir işaret yaptı; bunu kısmen ona sorun olmadığını göstermek (ki bundan pek emin değildi), kısmen de gerçekten çılgın olduğunu kabul ettiğini anlatmak için yapmıştı (ki bundan *emindi*). Sendeleyerek tırabzanlara gitti ve fırtınaya baktı.

Rüzgâr uğuldadı. Bulutlar döndü. Jason kocaman bir *ventus* ordusunun tepede uçtuğunu, fiziksel şekil almayacak kadar öfkeli ve gergin olduklarını ama yok etmek için de can attıklarını hissetti.

Kolunu havaya kaldırıp rüzgârdan bir kement oluşturdu. Jason uzun süre önce bir kabadayılar sürüsünü kontrol etmenin en iyi yolunun, aralarındaki en kötü ve iri yarı çocuğu seçip onu dize getirmek olduğunu öğrenmişti. Rüzgâr kemendiyle ileri atıldı ve fırtınadaki en güçlü ve kaba *ventus*'u aradı.

Nahoş bir fırtına bulutunu kementle yakalayıp kendisine çekti. "Bugün bana hizmet edeceksin."

Ventus ona itiraz ederek ve uluyarak etrafında daireler çizdi. Geminin üstündeki fırtına, sanki diğer *ventus*, *Tüh. Bu çocuk ciddi galiba*, diye düşünmüş gibi bir parça dinmişti.

Jason güverteden uçarak indi, kendi mini girdabının içinde hapis kaldı. Bir tirbuşon gibi dönerek suya daldı.

Jason her şeyin suyun altında daha sakin olacağını düşünmüştü. Ama pek de öyle değildi.

Tabii, bunun sebebi oraya nasıl indiğiydi. Okyanusun dibine bir hortumla inmek, beklenmedik bir türbülans yaratmıştı. Belirli bir rota izlemeden düşüp döndü; kulakları tıkandı, midesi kaburgalarına yapıştı.

En sonunda, daha da derin bir boşluğun kenarındaki bir çıkıntıda bekleyen Percy'nin yanında durdu.

"Selam," dedi Percy.

Jason onu gayet iyi duyabiliyordu ama bunun nasıl gerçekleştiğini bilemiyordu. "Neler oluyor?"

Ventus hava kozasının içinde, sesi bir elektrikli süpürgenin içinden konuşuyormuş gibi çıktı. Percy boşluğu işaret etti. "Bekle."

Üç saniye sonra, yeşil renkli bir ışık huzmesi karanlığı bir spot ışığı gibi aydınlatıp gözden kayboldu.

"Aşağıda bir şey var," dedi Percy. "Bu fırtınayı yaratıyor." Dönüp, Jason'ın hortumuna baktı. "Güzel kıyafet. Daha derine inersek, bozulmamasını sağlayabilir misin?"

"Bunu nasıl yaptığıma dair hiçbir fikrim yok," dedi Jason.

"Tamam. Sadece bayılmamaya çalış."

"Kes sesini Jackson."

Percy sırıttı. "Bakalım aşağıda ne varmış?"

O kadar derine gittiler ki, Jason altın ve bronz kılıçlarının hafif ışığında Percy'nin yanında yüzdüğünden başka bir şey göremedi.

Arada sırada, yeşil projektör yukarı fırlıyordu. Percy buna doğru yüzdü. Jason'ın *ventus*'u çatlayıp kükredi ve kaçmaya çalıştı. Ozon kokusu başını döndürse de havadan kabuğuna bir şey olmadı.

En sonunda, karanlık aşağıda biraz açılmaya başladı. Denizanası sürülerini andıran yumuşak, beyaz renkli parçalar Jason'ın gözlerinin önünden süzüldü. Okyanusun tabanına yaklaşırken, bu parçaların bir sarayın harabelerinin etrafını çeviren, parıldayan yosun tarlaları olduğunu fark etti. İnce kumlar, istridyelerle kaplı boş avluların arasında döndü. Kaya midyesiyle kaplı Yunan sütunları karanlıkta belirdi. Yerleşkenin tam ortasında, duvarları incilerle kaplı, kubbeli altın çatısı bir yumurta gibi açılmış, Grand Central İstasyonu'ndan daha da büyük bir hisar vardı.

"Atlantis mi?" dedi Jason.

"O bir mit," diye yanıt verdi Percy.

"Şey... Biz de mitlerle uğraşmıyor muyuz?"

"Hayır, yani *uydurulmuş* bir mit demek istedim. Gerçek ve doğru bir mit değil."

"Annabeth bu yüzden mi operasyonun beyni o zaman?"

"Kes sesini, Grace."

İkisi birlikte kırık kubbenin arasından geçip, gölgelere doğru inmeye başladılar.

"Burası bana tanıdık geldi," dedi Percy gergin bir sesle. "Sanki buraya daha önce geldim..."

Yeşil projektör tam aşağılarından parlayınca, Jason'ın gözleri kamaştı. Bir taş gibi düşerek, pürüzsüz mermer zemine değdi. Tekrar görebildiğinde, yalnız olmadıklarını fark etti.

Yanlarında altı metre boyunca, belinde istridye kabuklarıyla çevrili bir kemeri olan yeşil elbisesiyle süzülen bir kadın duruyordu. Teni en az yosun tarlaları kadar parlak beyazdı. Saçları da denizanası dokunaçları gibi dallanıp parıldıyordu.

Suratı güzeldi ama doğaüstüydü: Gözleri fazla parlaktı, yüz hatları fazla narindi ve gülümsemesi sanki insan gülümsemelerini incelemiş ama henüz tam olarak kendisi gülümsemeyi beceremiyormuş gibi fazla soğuktu.

Elleri çapı yaklaşık olarak bir buçuk metre olan, bronz bir tripodun üstünde duran parlak yeşil renkli bir diskin üstündeydi. Bu, Jason'a bir sokak çalgıcısının San Francisco, Embarcadero'da çaldığı bir çelik davulu anımsatmıştı.

Kadın metal diski bir direksiyon gibi çevirdi. Yeşil renkli bir ışık huzmesi yukarı fırladı, suyu dalgalandırdı ve eski sarayın duvarlarını titretti. Kubbeli tavandan parçalar kopup, ağır çekim gibi aşağı düştü.

"Fırtınayı sen yaratıyorsun," dedi Jason.

"Doğru." Kadının sesi melodikti ama insan duyuşundan öteye gidiyormuş gibi tuhaf bir titreşime sahipti. Jason'ın gözlerinin arasında baskı oluştu. Sinüsleri patlayacak gibiydi.

"Tamam, ben konuşayım," dedi Percy. "Kimsiniz ve ne istiyorsunuz?"

Kadın ona döndü. "Kim olacak, kız kardeşinim, Perseus Jackson! Sen ölmeden önce seninle tanışmak istemiştim."

XXVI

JASON

Jason iki seçenekleri olduğunu düşünüyordu: savaşmak veya konuşmak.

Genellikle, ürkünç, altı metre boyunda, denizanası saçlı bir kadınla karşılaşınca, savaşmayı tercih ederdi. Ama kadın Percy'ye *kardeşim* diye seslenince, tereddüt etmişti.

"Percy, bu... kişiyi tanıyor musun?"

Percy başını salladı. "Anneme benzemiyor, o yüzden ilahi taraftan akraba olmalıyız. Siz Poseidon'un bir kızı mısınız, Bayan... Şey..."

Soluk tenli kadın parmaklarını metal diskin üstünde gezdirince, işkence yapılan bir balinanınki gibi tiz bir ses çıktı. "Beni kimse tanımıyor," diye iç çekti. "Neden *kendi kardeşimin* tanıyacağını sandım ki? Ben Kymopoleia'yım!"

"Anladım..." dedi Percy. "Sana Kym diyelim. Sen, hmm, bir deniz perisi misin? Ufak bir tanrıça mı?"

"Ufak mı?"

"Ufak derken, içki içme yaşından söz ediyor!" dedi Jason hemen.

"Çünkü çok güzel ve gençsin."

Percy ona bir bakış fırlattı. *İyi kurtardın.*

Tanrıça tüm dikkatini Jason'a verdi. İşaret parmağını doğrultup, Jason'ın şeklini suya çizdi. Jason yakaladığı hava ruhunun etrafında dalgalandığını, gıdıklanıyormuş gibi hareket ettiğini hissedebiliyordu.

"Jason Grace," dedi tanrıça. "Jüpiter'in oğlu."

"Evet, Percy'nin arkadaşlarından biriyim."

Kym gözlerini kıstı. "Demek doğruymuş... Bunlar tuhaf arkadaşlar ve beklenmedik düşmanlar edinme zamanları. Romalılar bana asla tapınmadılar. Onlara göre, ben isimsiz bir korkuydum. Neptün'ün en müthiş öfkesiydim. Şiddetli deniz fırtınaları tanrıçası Kymopoleia'ya asla tapınmadılar!"

Diskini çevirdi. Bir başka yeşil ışık huzmesi daha yukarı fırladı, suyu bulandırdı ve yıkıntıları zangırdattı.

"Şey, evet," dedi Percy. "Romalılar pek denizle ilgilenmezler. Sadece bir tane kürekli kayıkları vardı. Onu da ben batırdım. Hazır konu şiddetli fırtınalardan açılmışken, yukarıda harikalar yaratıyorsun."

"Teşekkür ederim," dedi Kym.

"Sorun şu ki, gemimiz bu fırtınaya yakalandı ve parçalanmak üzere. Eminim ki bunu..."

"Yok, yapmak istedim."

"Peki." Percy suratını buruşturdu. "Şey... Çok kötü. Güzelce sorsak da durmazsın o zaman, değil mi?"

"Durmam," dedi tanrıça. "Şu anda bile, gemi batmak üzere. Bu kadar süre dayanmasına şaştım. Harika işçilik."

Jason'ın kollarından hortuma doğru kıvılcımlar uçtu. Çılgınlar gibi gemiyi tek parça halinde tutmaya çalışan Piper'ı ve tayfanın geri kalanını düşündü. Aşağı inerek, o ve Percy diğerlerini savunmasız bırakmışlardı. Hemen harekete geçmeleri gerekiyordu.

Hem Jason'ın havası da azalmaya başlamıştı. Bir *ventus*'u içine çekerek kullanıp kullanamayacağından emin değildi ama savaşmak zorunda kalırsa, oksijeni bitmeden Kym'e saldırmaya isterdi.

Sorun şuydu... Bir tanrıçayla onun bölgesinde savaşmak kolay olmayacaktı. Onu yenseler bile, fırtınanın duracağının garantisi yoktu.

"Eee, Kym?" dedi. "Fikrini değiştirmen ve gemimizi bırakman için ne yapabiliriz?"

Kym ona o ürkünç uzaylı gülümsemesiyle yanıt verdi. "Jüpiter'in oğlu, nerede olduğunu biliyor musun?"

Jason tam suyun altında diyecekti. "Bu harabeler mi? Bu eski saray mı?"

"Aynen öyle," dedi Kym. "Babam Poseidon'un orijinal sarayı."

Percy parmaklarını şaklatınca, boğuk bir patlama olmuş gibi bir ses çıktı. "O yüzden tanıdım. Babamın Atlantik'teki yeni evi de buraya benziyor."

"Bilmiyorum," dedi Kym. "Ailemi görmek için hiç davet edilmiyorum. *Eskiden* yaşadıkları yerlerin harabelerinde dolanabiliyorum sadece. Varlığımı biraz... Hasar verici buluyorlar."

Tekerleğini yeniden çevirdi. Binanın arka duvarı tamamıyla yıkıldı ve içeri bir ince kum ve yosun bulutu yolladı. Neyse ki *ventus* bir pervane görevi de gördüğünden, bunları Jason'ın suratından uzaklaştırdı.

"Hasar verici mi?" dedi Jason. "Sen mi?"

"Babam beni sarayında hoş karşılamıyor," dedi Kym. "Güçlerimi kısıtlıyor. Yukarıdaki fırtına var ya? Kim bilir ne kadar zamandır bu kadar eğlenmemiştim ama yapabileceklerimin sadece *ufacık* bir göstergesi!"

"Ufak şeyler de önemli," dedi Percy. "Neyse, Jason'ın fikrini değiştirmekle ilgili sorusuna dönecek olursak..."

"Babam bir de beni rızam olmadan evlendirdi," dedi Kym. "Binlerce sene önce Kronos'la yapılan savaşta tanrıları desteklediği için yüz tane eli olan Briares'e ödül olarak verdi. Bir kupa gibi!"

Percy'nin suratı aydınlandı. "Hey, Briares'i *tanıyorum*. Arkadaşımdır. Onu Alcatraz'dan kurtarmıştım!"

"Evet, biliyorum." Kym'in gözleri buz gibi bir ifadeyle parıldadı. "Kocamdan *nefret* ediyorum. Geri geldiğine *hiç* sevinmemiştim."

"Ha, peki... Briares buralarda mı?" diye sordu Percy umutla.

Kym'in kahkahası yunus sesi gibi çıktı. "New York'ta, Olimpos Dağı'nda, tanrıların savunmalarını destekliyor. Gerçi bunun bir önemi yok. Asıl demek istediğim şu, sevgili kardeşim: Poseidon bana asla adil bir biçimde davranmıyor. Buraya, eski sarayına gelmeyi seviyorum, çünkü eserini harabe vaziyetinde görmek beni mutlu ediyor. Yakın bir zamanda, *yeni* sarayı da bunun gibi olacak ve denizler kontrolsüz öfkelenecek."

Percy Jason'a baktı. "İşte, bu noktada bize Gaia için çalıştığını söyleyecek."

"Evet," dedi Jason. "Toprak Ana tanrılar yok olduktan sonra daha iyi bir şeylerin vaadini vermiştir, falan filan." Kym'e döndü. "Gaia'nın verdiği sözleri tutmadığını biliyorsun, değil mi? Seni tıpkı gigantları kullandığı gibi kullanıyor."

"Endişen beni duygulandırdı," dedi tanrıça. "Öte yandan, Olimpos tanrıları beni *hiç* kullanmadılar, değil mi?"

Percy kollarını iki yana açtı. "En azından, Olimposlular deniyorlar. Son Titan savaşından sonra, diğer tanrılarla daha çok ilgilenmeye başladılar. Artık birçoğunun Melez Kampı'nda kulübeleri var: Hekate, Hades, Hypnos... Şey, H harfiyle başlamayanlar da vardır. Onlara her yemekte adak sunarız, havalı bayraklar veririz ve yaz programının sonunda mutlaka isimlerine hürmet etmek için..."

"*Bana* bu tür adaklar verildi mi?" diye sordu Kym.

"Şey... Hayır. Var olduğunu bilmiyorduk. Ama..."

"O halde, nefesini tüketme kardeşim." Kym'in denizanası dokunaçlı saçları, yeni avını paralize etmeye can atıyormuş gibi Percy'ye uzandı. "Muhteşem Percy Jackson hakkında çok şey duydum. Gigantlar kafayı seni yakalamaya takmışlar. Şunu söylemem gerek... Neden bu kadar yaygara koptuğunu anlamadım doğrusu."

"Teşekkürler abla. Ama beni öldüreceksen, bunun daha önce de denendiği konusunda seni uyarayım. Yakın tarihte, bir sürü tanrıçayla karşılaştım: Nike, Akhlys, hatta Nyx. Onlara kıyasla, beni korkutmuyorsun. Ayrıca, bir yunus gibi gülüyorsun."

Kym'in narin burun delikleri açıldı. Jason kılıcını çekti.

"Yok, seni öldürmeyeceğim," dedi Kym. "Yaptığım anlaşmaya göre, sadece dikkatini çekecektim. Ama seni öldürmek isteyen birisi daha var burada."

Tepelerinde, kırık çatının kenarında karanlık bir şekil belirdi: Kymopoleia'dan biraz daha uzun boylu bir şeydi.

"Neptün'ün oğlu," dedi kalın bir ses.

Gigant aşağı süzüldü. Mavi teninden, zehir olabilecek koyu renkli, yapış yapış sıvı bulutları çıktı. Yeşil renkli göğüs zırhına, aç ağızlara benzeyecek biçimde şekil verilmişti. Ellerindeyse *retiarius* silahları vardı: üç çatallı bir mızrak ve ağırlıklı bir ağ.

Jason bu gigantla hiç karşılaşmamıştı ama hakkında öyküler duymuştu. "Polibot," dedi. "Poseidon'un karşıtı."

Gigant rasta saçlarını salladı. Bir düzine yılan saçlarının arasından çıktı.

Misket limonu renginde olan yaratıkların her birinin kafasının etrafında fırfırlı bir taç vardı. Bunlar, *basiliskler*di.

"Doğru, Roma'nın oğlu," dedi gigant. "Ama kusura bakmazsan, asıl işim Perseus Jackson'la. Onu ta Tartarus'tan beri izliyorum. Şimdi, burada, babasının harabelerinin arasında, onu sonsuza dek yok etmek istiyorum."

XXVII

JASON

Jason basilisklerden nefret ederdi.

O ufak pislikler Yeni Roma'nın tapınaklarının altına gizlenmeye bayılırlardı. Jason bir Romalı askerken, kohortuna her zaman hiç sevilmeyen bir iş olan basilisk yuvaları temizleme görevi verilirdi.

Bir basilisk pek bir şeye benzemezdi. Bir kol boyu kadar, sarı gözlü ve beyaz fırfırlı yakalı sürüngenlerdi ama hızlı hareket eder ve değdiği her şeyi öldürebilirdi. Jason tek seferde asla ikiden fazla basiliskle uğraşamazdı. O sıradaysa, bir düzine kadarı, gigantın ayaklarının dibinde yüzüyordu. Bu durumun tek iyi yanı şuydu: su altında, basilisklar ateş püskürtemezlerdi ama öyle olmaları daha az ölümcül oldukları anlamına gelmezdi.

Yılanlardan ikisi Percy'ye doğru hızla ilerledi. Percy onları ikiye böldü. Diğer on tanesi, kılıcının biraz ilerisinde etrafında dönmeye başladı. Hipnotize eden bir ritimde ileri geri kıvrılıyor, bir boşluk arıyorlardı. Her şeyin sona ermesi, bir ısırığa, bir dokunuşa bağlıydı.

"Hey!" diye bağırdı Jason. "Buraya biraz ilgi göstersen nasıl olur?"

Yılanlar onu görmezden geldiler.

Gigant da öyle davranıyor, suratında bilmiş bir ifadeyle geri çekilmiş onları izliyordu; evcil hayvanları öldürme işini yapacakları için mutlu olduğu belliydi.

"Kymopoleia." Jason ismi elinden gediğince doğru telaffuz etmeye çalıştı. "Bunu durdurman gerek."

Tanrıça ona parıldayan beyaz gözleriyle baktı. "Neden durdurayım ki? Toprak Ana bana sınırsız güç vaat etti. Daha iyi bir teklifte bulunabilir misin?"

Daha iyi bir teklif...

Jason karşısına bir fırsat çıktığını, bir anlaşma yapabileceğini hissetti. Ama bir fırtına tanrıçasının isteyebileceği neye sahipti?

Basiliskler Percy'ye daha da yaklaştılar. Percy onları su akımlarıyla ileri atıyordu ama yaratıklar yine de etrafında dönmeye devam ediyorlardı.

"Hey, basiliskler!" diye bağırdı Jason.

Yine tepki vermediler. Saldırıya geçip yardım edebilirdi ama ikisi birlikte bile tek seferde on basiliskle başa çıkamayabilirdi. Daha iyi bir çözüm bulmalıydı.

Yukarı baktı. Yukarıda gök gürültülü bir fırtına kopuyordu ama o sırada yüzlerce metre aşağıdaydılar. Denizin dibinde bir şimşek yaratabilir miydi? Bunu yapabilse bile, su elektriği gayet iyi iletirdi. Percy'yi kızartabilirdi.

Ama aklına daha iyi bir fikir de gelmiyordu. Kılıcını yukarı kaldırdı. Kılıcı anında kıpkırmızı kesilip parıldadı.

Sarı renkli dağınık bir ışık, birisi suya likit neon dökmüş gibi derinlere dalga dalga yayıldı. Işık Jason'ın kılıcına değdi ve on ayrı dokunaca ayrılıp basilisklere hücum etti.

Yaratıkların gözleri simsiyah oldu. Fırfırları eridi. On yılan da karınları tepeye bakacak biçimde döndü ve cansız bir halde suda süzüldü.

"Bir dahaki sefere seninle konuştuğumda *bana* bak," dedi Jason.

Polibot'un gülümsemesi silindi. "Ölmeye çok mu heveslisin Romalı?"

Percy kılıcını kaldırdı. Gigantın üstüne atıldı ama Polibot elini suda gezdirip, geride siyah renkli yağlı bir zehir kavisi oluşturdu. Percy daha Jason'ın, *Dostum, ne yapıyorsun?* demesine fırsat bile vermeden zehrin arasına daldı.

Percy Dalgakıran'ı düşürdü. Nefessiz kalıp, ellerini boğazına götürdü.

Gigant ağırlıklı ağını fırlatınca, etrafında zehrin yoğunlaştığı Percy çaresizlik içinde ağlara yakalandı ve zemine yığıldı.

"Bırak onu!" Jason'ın sesi panikten çatlamıştı.

Gigant cık cık etti. "Merak etme Jüpiter'in oğlu. Arkadaşının ölmesi uzun sürecek. Başıma açtığı onca dertten sonra, onu çabucak öldürmeyi düşünemem."

Gigantın etrafında genişleyen zehirli bulutlar, harabeleri yoğun bir puro dumanı gibi kapladı. Zehir her yanını çevirirken, minyatür hortumlar daha hızlı dönmeye ve bulutları dağıtmaya başladı. Kymopoleia burnunu kırıştırıp karanlığı elini sallayarak dağıtmaya çalıştı ama bunun haricinde zehirden etkilenmiş gibi görünmüyordu.

Percy ağın içinde kıvranırken, suratı yemyeşil kesildi. Jason ona yardım etmek için harekete geçti ama gigant onu kocaman üç çatallı mızrağıyla durdurdu.

"Yok, eğlencemi bozmana izin veremem," dedi Polibot onu azarlayarak. "Zehir onu eninde sonunda öldürecek ama önce paralize olacak ve saatlerce tahammül edilmez bir acı çekecek. Bu deneyimi sonuna kadar yaşamasını istiyorum! Ben seni yok ederken, o da bizi izleyebilir Jason Grace!"

Polibot ağır ağır ilerledi ve Jason'a üstüne gelen üç katlı bir bina yüksekliğindeki zırhı ve kasları inceleyecek vakti verdi.

Üç çatallı mızraktan sıyrılıp, *ventus*'unu kullanarak öne atıldı ve kılıcını gigantın sürüngen bacağına sapladı. Polibot kükreyip sendeledi, yarasından altın renkli ikor aktı.

"Kym!" diye bağırdı Jason. "İstediğin şey gerçekten de bu mu?"

Fırtına tanrıçası sıkılmış gibiydi ve dalgın dalgın metal diskini çeviriyordu. "Sınırsız güç mü? Neden olmasın?"

"Ama eğlenceli mi?" dedi Jason. "Gemimizi yok edeceksin. Dünyanın kıyı şeridini olduğu gibi yok edeceksin. Gaia insan medeniyetini silip süpürünce, geride senden korkacak kim kalacak? Hâlâ kimse ismini duymamış olacak."

Polibot ona döndü. "Sen bir baş belasısın Jüpiter'in oğlu. Yok olacaksın!"

Jason biraz daha şimşek oluşturmaya çalıştı. Hiçbir şey olmadı. Babasıyla karşılaşacak olursa, günlük şimşek sınırını artırmasını isteyecekti.

Jason üç çatallı mızrağın sivri uçlarından kaçmayı yine başardı ama gigant, mızrağın diğer ucunu da savurup göğsüne indirdi.

Jason şoke olmuş vaziyette, acı içinde geri çekildi. Polibot son hamlesini yapmak üzere ilerledi. Mızrak onu buhara dönüştürmeden, Jason'ın *ventus*'u kendi başına harekete geçti. Yana doğru dönerek ilerledi ve Jason'ı avlunun dokuz metre ilerisine fırlattı.

Sağ ol dostum, dedi Jason içinden. *Sana biraz oda spreyi borçluyum.* *Ventus*'un bu tekliften hoşlanıp hoşlanmadığını anlayamadı.

"Aslında, Jason Grace," dedi Kym tırnaklarına bakarak, "hazır konu açılmışken söyleyeyim: Ölümlülerin benden korkması *hoşuma* gidiyor. Benden yeterince korkulmuyor."

"Bu konuda yardımcı olabilirim!" Jason üç çatallı mızraktan yine kaçtı. *Gladius*'unu uzatıp bir mızrağa dönüştürdü ve Polibot'un gözüne sapladı.

"AHHH!" Gigant sendeledi.

Percy ağın içinde kıvranıyordu ama hareketleri giderek ağırlaşıyordu. Jason'ın elini çabuk tutması gerekiyordu. Percy'yi revire götürmeliydi ama fırtına o şiddette devam ederse, onu götürebileceği bir revir de olmayacaktı.

Kym'in yanına süzüldü. "Tanrıların ölümlülere bağlı olduğunu biliyorsun. Sizi ne kadar şereflendirirsek, o kadar güç kazanırsınız."

"Bunu bilemiyorum. Bugüne dek hiç şereflendirilmedim!"

Tanrıça, etrafında sert adımlarla dolanan ve Jason'ı hortumlarından uzaklaştırmaya çalışan Polibot'u görmezden geldi. Jason tanrıçayı aralarında tutmak için elinden geleni yapıyordu.

"Bunu değiştirebilirim," dedi. "Yeni Roma'daki Tapınak Tepesi'ne senin için şahsen bir tapınak yapılmasını sağlayabilirim. Düşünsene, ilk Roman tapınağın olacak! Bir tane de Long Island Körfezi'nin sahilinde, Melez Kampı'nda inşa edilir. Bu şekilde şereflendirildiğini hayal-"

"Ve korkulmayı."

"Hem Yunanlılar, hem de Romalılar tarafından korkulmayı hayal et. Meşhur olacaksın!"

"KES SESİNİ!" Polibot mızrağını bir beysbol sopası gibi savurdu.

Jason eğildi ama Kym olduğu yerde durdu. Gigant tanrıçanın kaburgalarına öylesine sert bir darbe indirdi ki, tanrıçanın denizanası saçlarının telleri koptu ve zehirli suya yayıldı.

Polibot'un gözleri fal taşı gibi açıldı. "Özür dilerim, Kymopoleia. Ayağımın altıda dolaşmamalıydın!"

"AYAĞININ ALTINDA MI?" Tanrıça doğruldu. "*Ben* mi senin ayağının altında dolanıyorum?"

"NE dediğini duydun," dedi Jason. "Gigantlar için bir aptaldan başka bir şey değilsin. Ölümlüleri yok ettikten sonra, seni hemen bir kenara atacaklar. Sonra, ne melezler, ne tapınaklar, ne korku, ne de saygı olacak."

"YALAN!" Polibot mızrağını sallamaya çalıştı ama Jason tanrıçanın elbisesinin arkasına gizlendi. "Kymopoleia, Gaia hüküm sürdüğünde, kimse sana karışmadan şiddetli fırtınalar yaratacaksın!"

"Korkutabileceğim ölümlüler olacak mı?" diye sordu Kym.

"Şey... Hayır."

"Yok edecek gemiler olacak mı? Ya dehşet içinde bir yere sinen melezler?"

"Şey..."

"Yardım et," dedi Jason. "Bir tanrıça ve bir melez bir gigantı öldürebilir."

"Hayır!" Polibot birden paniğe kapılmış gibiydi. "Hayır, bu çok kötü bir fikir. Gaia çok kızacak!"

"*Uyanırsa* tabii," dedi Jason. "Yüce Kymopoleia bunun asla gerçekleşmemesi için bize yardım edebilir. Sonra, bütün melezler seni *inanılmaz* derecede şereflendirirler!"

"Korkacaklar mı?" dedi Kym.

"Hem de nasıl! İsmin yaz programında da olacak. Sana özel bir bayrağın olacak. Melez Kampı'nda bir kulüben de. İki tapınak. Bunların yanı sıra, bir de hareketli bir Kymopoleia bebeği yaptırırız."

"Hayır!" diye inledi Polibot. "Satış ve pazarlama hakları olmaz!"

Kymopoleia giganta döndü. "Ne yazık ki bu teklif, Gaia'nınkinden daha iyi."

"Olamaz!" diye böğürdü gigant. "Bu alçak Romalıya güvenemezsin!"

"Bu anlaşmaya sadık kalmazsa, Kym beni her zaman öldürebilir. Gaia'ya gelince, onun sözünü tutacağının hiçbir garantisi yok."

"İşte, buna bir şey diyemem," dedi Kym.

Polibot bir şeyler demeye çalışırken, Jason öne atıldı ve mızrağını gigantın böğrüne sapladı.

Kym de bronz diskini tabanlıktan aldı. "Veda et Polibot."

Diski gigantın boynuna fırlattı. Diskin kenarının epey keskin olduğu anlaşıldı.

Polibot artık bir kafası olmadığı için, veda etmekte zorlandı.

XXVIII

JASON

"Zehir kötü bir alışkanlıktır." Kymopoleia elini sallayınca, bulanık bulutlar silindi. "Kullanılmış zehir öldürücü olabilir."

Jason hiç kullanılmamış zehirden de pek hoşlanmazdı ama bir şey dememeye karar verdi. Percy'nin ağlarını kesti ve onu tapınağın duvarına yaslayıp, *ventus*'un hava kabuğunun içine aldı. Oksijen giderek azalıyordu ama Jason en azından arkadaşının ciğerlerine dolan zehri atmasına yardımcı olacağını düşünmüştü.

İşe yaramış gibiydi. Percy iki büklüm olup öğürdü. "Ahh. Teşekkürler."

Jason derin bir oh çekti. "Beni korkuttun, kardeşim."

Percy şaşı bir halde gözlerini kırpıştırdı. "Hâlâ biraz sersem gibiyim. Ama sen az önce... Kym'e hareketli bir bebeğinin olacağına dair söz mü verdin?"

Tanrıça tepelerine dikildi. "Evet, söz verdi. Bu sözünü tutmasını bekliyorum."

"Tutacağım," dedi Jason. "Bu savaşı kazandığımızda, tüm tanrıların tanınmasını sağlayacağım." Elini Percy'nin omzuna koydu. "Bu arkadaşım bunu geçen yaz gerçekleştirmeye başladı. Olimposlulara size daha çok önem vermeleri konusunda ikna etti."

Kym burnunu çekti. "Bir Olimposlunun verdiği sözün ne kadar değerli olduğunu biliriz."

"İşte, ben de bu yüzden bu işi sonuna kadar götüreceğim." Jason bunları nereden düşünüp de söylediğini bilemiyordu ama bu fikir ona çok doğru gelmişti. "Kampta hiçbir tanrının unutulmamasını sağlayacağım. Belki tapınakları, kulübeleri ya da en azından mabetleri olacak..."

"Koleksiyon değiş tokuş kartları da olabilir," dedi Kym.

"Tabii." Jason gülümsedi. "Bu iş tamamlanana dek, iki kamp arasında mekik dokuyacağım."

Percy bir ıslık çaldı. "Düzinelerce tanrıdan söz ediyorsun."

"Yüzlerce," dedi Kym.

"O zaman, biraz vakit alabilir," dedi Jason. "Ama listenin en başında sen varsın, Kymopoleia... Bir gigantın kafasını uçuran ve görevimizi kurtaran fırtına tanrıçası."

Kym denizanası saçlarını okşadı. "Çok hoş olur." Percy'ye baktı. "Gerçi öldüğünü görmeyeceğim için yine de üzgünüm."

"Bunu sık sık duyarım," dedi Percy. "Şimdi, gemimiz..."

"Hâlâ tek parça halinde," dedi tanrıça. "Çok iyi durumda değil ama Delos'a varabilirsiniz."

"Teşekkürler," dedi Jason.

"Evet," dedi Percy. "Kocan Briares iyi birisi. Ona bir şans vermelisin."

Tanrıça bronz diskini aldı. "Şansını zorlama, kardeşim. Briares'in elli suratı vardır, hepsi de çirkindir. Yüz eli vardır ama evde hâlâ beceriksizdir."

"Peki," dedi Percy pes ederek. "Şansımı zorlamıyorum."

Kym diskin arkasını çevirince, alt kısmında bir zırhı andıran kayışlar belirdi. Bunları Kaptan Amerika gibi omuzlarına geçirdi. "İlerlemenizi izleyeceğim. Polibot kanınızın Toprak Ana'yı uyandıracağını söylerken uydurmuyordu. Gigantlar buna gayet emin."

"Özellikle benim kanım mı?" diye sordu Percy.

Kym daha da ürkütücü bir biçimde gülümsedi. "Ben bir Kâhin değilim. Ama kâhin Phineas'ın sana Portland şehrinde söylediklerini duydum. Yapamayacağın bir fedakârlıkla yüz yüze gelebilirsin. Bu, tüm dünyanın sonu olabilir. Ama daha ölümcül kusurunla yüzleşeceksin. Etrafına bak. Tanrıların ve insanların yaptıkları eninde sonunda harabeye dönüşecek. Şu kız arkadaşınla derinlere dalman daha kolay olmaz mıydı?"

Percy elini Jason'ın omzuna koyup kalkmaya çalıştı. "Juno da Melez Kampı'nı bulduğumda bana bu tür bir teklif yapmıştı. Sana da aynı yanıtı vereceğim. Arkadaşlarım bana ihtiyaç duyduğunda kaçmam."

Kym ellerini iki yana açtı. "İşte, ölümcül kusurun bu. Gidemiyorsun. Derinlere dalıp bu savaşın nasıl seyrettiğini izleyeceğim. Okyanustaki güçlerin de savaştığını bilmelisiniz. Arkadaşınız Hazel deniz insanlarını ve akıl hocaları Aphros'la Bythos'u çok etkiledi."

"Balık midilli adamlar," diye mırıldandı Percy. "Benimle tanışmak istememişlerdi."

"Şu anda bile, sizin için savaşıyorlar," dedi Kym. "Gaia'nın müttefiklerini Long Island'dan uzak tutmaya çalışıyorlar. Hayatta kalıp kalmayacaklarıysa... Bunu göreceğiz. Sana gelince, Jason Grace... Senin yolun da arkadaşınınkinden daha kolay değil. Kandırılacaksın. Tahammül edilmez bir hüzünle karşılaşacaksın."

Jason kıvılcımlar saçmamak için kendini zor tuttu. Percy'nin kalbinin şoka dayanıp dayanamayacağından emin değildi. "Kym, bir Kâhin olmadığını söylemiştin. Ama bu görevi sana vermeliler. Yeteri kadar moral bozuyorsun."

Tanrıça yunus sesiyle kahkaha attı. "Beni güldürüyorsun, Jüpiter'in oğlu. Umarım Gaia'yı yenecek kadar yaşarsın."

"Teşekkürler," dedi Jason. "Yenilmesi imkânsız bir tanrıçayı yenmek konusunda verebileceğin ipuçları var mı?"

Kymopoleia başını hafifçe yana eğdi. "Ama sen yanıtı zaten biliyorsun. Göğün çocuklarından birisin, kanında fırtınalar var. İlkel tanrılardan biri de eskiden yenilmişti. Kimden söz ettiğimi biliyorsun."

Jason'ın içi *ventus*'tan daha hızlı dönüyordu. "Uranüs, ilk gök tanrısı. Ama o zaman-"

"Evet." Kym'in doğaüstü suratında neredeyse şefkati andıran bir ifade belirdi. "Umalım da iş o raddeye gelmesin. Gaia *uyanırsa*... İşiniz kolay olmayacak. Ama kazanırsanız, verdiğin sözü unutma Pontifex."

Jason bir süre bu sözleri idrak etmeye çalıştı. "Ben bir rahip değilim."

"Öyle mi?" Kym'in beyaz gözleri parıldadı. "Bu arada, *ventus* hizmetkârın serbest kalmak istediğini söylüyor. Sana yardım ettiği için, yüzeye vardığınızda onu bırakacağını umuyor. Seni üçüncü kere rahatsız etmeyeceğine de söz veriyor."

"Üçüncü kez mi?"

Kym bir şey dinliyormuş gibi durdu. "Senden intikam almak için yukarıdaki fırtınaya katıldığını ama Büyük Kanyon'dan beri ne kadar güçlendiğini bilseydi, gemine asla yaklaşmayacağını söylüyor."

"Büyük Kanyon..." Jason gök-geçitteki o günü, salak sınıf arkadaşlarından birinin bir rüzgâr ruhu olduğu günü hatırladı. "Dylan mı? Dalga mı geçiyorsun? *Dylan*'ı mı soluyorum yani?"

"Evet," dedi Kym. "İsmi Dylan."

Jason ürperdi. "Yüzeye varır varmaz onu bırakacağım. Merak etme."

"Elveda, o zaman," dedi tanrıça. "Kaderler yüzünüze gülümsesin... Tabii, Kaderler hayatta kalırsa."

Gitmeleri gerekiyordu.

Jason'ın havası tükenmek üzereydi (Dylan havası... iğrenç!) ve *2. Argo*'daki herkes onlar için endişeleniyordu.

Ama Percy hâlâ zehir yüzünden kendine gelememişti. Bu yüzden, altın renkli kubbede birkaç dakika oturup, Percy'nin soluklanmasını beklediler. Ya da sulanmasını. Poseidon'un bir oğlu okyanusun dibindeyken buna ne deniyorsa artık.

"Teşekkürler, dostum," dedi Percy. "Hayatımı kurtardın."

"Hey, arkadaşlarımız için bunu yaparız."

"Ama şey, Jüpiter'in bir oğlunun okyanusun dibindeki Poseidon'un bir oğlunu kurtarması... Bunu kendimize mi saklasak acaba? Yoksa herkesin diline düşerim."

Jason sırıttı. "Tamamdır. Kendini nasıl hissediyorsun?"

"Daha iyiyim. Ben... Aslında şunu itiraf etmem gerek: O zehir yüzünden boğuluyordum ve sürekli olarak Tartarus'taki mutsuzluk tanrıçası Akhlys'i düşünüyordum. Onu neredeyse zehirle yok etmiştim." Ürperdi. "Bunu yapmak *iyi* hissettirmişti ama kötü bir biçimde: Annabeth beni durdurmamış olsaydı..."

"Ama durdurdu," dedi Jason. "Bu da arkadaşlar için yapılan başka bir şey."

"Evet... Asıl sorun başka. Az önce boğulurken şunu düşündüm: Akhlys'e yaptığımın karşılığını aldım. Kaderler beni de o tanrıçayı öldürmeye çalıştığım gibi öldüreceklerdi. Hem... Cidden, bir yanım bunu hak etti. O yüzden gigantın zehrini kontrol etmeye ve kendimden uzaklaştırmaya çalışmadım. Kulağa çılgınca geliyor olmalı."

Jason annesinin ziyareti karşısında çaresizlik hissettiği İthaka'yı düşündü. "Hayır. Anlıyorum sanırım."

Percy dikkatle arkadaşının suratına baktı. Jason başka bir şey demeyince, Percy konuyu değiştirdi. "Kym, Gaia'yı yenmekle ilgili olarak ne demek istedi? Uranüs'ten söz ettin..."

Jason eski sarayın sütunlarının arasında dönüp duran ince kumlara baktı. "Gök tanrısı... Titanlar onu dünyaya çağırarak yenmişlerdi. Yani, onu ana bölgesinden uzaklaştırdılar, tuzak kurdular, zapt ettiler ve paramparça ettiler."

Percy'nin midesi yine bulanmaya başlamıştı. "Bunu Gaia'yla nasıl yapacağız?"

Jason kehanetten bir dize hatırladı: *Dünya fırtınada ya da ateşte yok olacak.* Bunun ne anlama gelebileceğiyle ilgili bir fikir oluşmuştu aklında... Ama bu konuda haklıysa, Percy'nin bir yardımı olmazdı. Hatta istemeden her şeyi zorlaştırabilirdi.

Arkadaşlarım bana ihtiyaç duyduklarında kaçmam, demişti Percy.

Kym de, *İşte, ölümcül kusurun bu*, diye onu uyarmıştı. *Gidemiyorsun.*

Günlerden 27 Temmuz'du. Beş gün içinde, Jason doğru bir tahminde bulunup bulunmadığını anlayacaktı.

"Önce, Delos'a varalım," dedi. "Apollon'la Artemis bize tavsiyede bulunabilirler."

Percy tamam der gibi başını salladı ama bu yanıt onu tatmin etmemişti. "Kymopoleia neden sana bir *Pontiac* diye hitap etti?"

Jason'ın kahkahası gerilimi dağıttı. "*Pontifex.* Rahip anlamına gelir."

"Ha, tamam." Percy kaşlarını çattı. "Kulağa bir araba ismi gibi geliyor. 'Yeni Pontifex XLS'. Bir yaka takıp insanları kutsaman mı gerekecek?"

"Yok. Romalıların eskiden bir *pontifex maximus*'u vardı; bu kişi doğru adakların neler olup olmadığını görür, böylece tanrıların öfkelendirilmemesini sağlardı. Ben de bunu yaptım... Sanırım, yaptığım şey bir *pontifex*'in yaptığına benziyor."

"Yani, doğruyu mu söylüyordun? Gerçekten de ufak tanrıların hepsi için mabetler mi yaptıracaksın?"

"Evet. Daha önceden aklıma gelmemişti ama iki kamp arasında gelip gitme fikri hoşuma gitti... Tabii, önümüzdeki haftayı atlatırsak ve iki kamp hâlâ duruyor olursa. Geçen sene Olimpos'ta yaptığın, ölümsüzlüğü geri çevirip tanrıların iyi davranmasını istemen... Çok asil bir davranıştı, dostum."

Percy homurdandı. "İnan bana, bazen bu kararımdan pişmanlık duyuyorum. *Ha, teklifimizi geri mi çeviriyorsun? Tamam, olur! ZAP! Hafızanı kaybet! Tartarus'a git!*"

"Bir kahramanın yapması gerektiği şeyi yaptın. Bunu çok takdir ediyorum. Hayatta kalırsak, en azından bunu devam ettirebilirim... Tüm tanrıların tanınmasını sağlayabilirim. Kim bilir? Tanrılar daha iyi anlaşırsa, belki biz de daha fazla savaş çıkmasını engelleyebiliriz."

"Harika olurdu," dedi Percy. "Biliyor musun, farklı görünüyorsun... İyi anlamda yani. Yaran hâlâ acıyor mu?"

"Yaram..." Jason gigantla ve tanrıçayla o kadar meşguldü ki, daha bir saat önce revirde ölmek üzere olduğu halde, böğründeki kılıç yarasını unutmuştu.

Gömleğini kaldırıp, bandajları çıkardı. Duman yoktu. Kanama durmuştu. Yara izi de yoktu. Acı hissetmiyordu.

"Gitmiş," dedi şok içinde. "Kendimi gayet normal hissediyorum. Nasıl olur?"

"Başarmışsın, dostum!" Percy güldü. "Kendi şifanı bulmuşsun."

Jason bunu düşündü. Percy haklı olmalıydı. Belki de arkadaşlarına yardım etmek için ağrısını bir kenara koymak işe yaramıştı. Belki de her iki kampta da tanrılara saygı gösterme fikri onu iyileştirmiş, geleceğiyle ilgili olarak ona temiz bir sayfa açmıştı. Romalı ya da Yunanlı kamplar... Fark etmezdi. İthaka'daki hayaletlere dediği gibi, ailesi sadece genişlemişti. Artık ailesindeki yerini biliyordu. Fırtına tanrıçasına verdiği sözü tutacaktı. Bu yüzden de Michael Varus'un kılıcının bir önemi kalmamıştı.

Bir Romalı gibi öl.

Hayır. Ölmesi gerekiyorsa, Jüpiter bir oğlu, tanrıların bir çocuğu ve Olimpos'un kanı olarak ölecekti. Ama feda edilmesine izin vermeyecekti. En azından, savaşmadan izin vermeyecekti.

"Gel." Jason arkadaşının sırtına vurdu. "Gidip gemimize bakalım."

XXIX

NICO

Buford Zippy Mart ve ölüm arasında bir seçim hakkı tanınsa, Nico karar vermekte zorlanırdı. En azından, Ölüler Diyarı'nı biliyordu. Hem yiyecekler de daha tazeydi.

"Hâlâ anlamıyorum," diye homurdandı Koç Hedge ortadaki sıraya girdiklerinde. "Bir kasabaya Leo'nun masasının ismini mi vermişler?"

"Bence kasaba masadan önce vardı koç," dedi Nico.

"Hah." Koç bir paket pudra şekerli çörek aldı. "Haklı olabilirsin. Bunlar en az yüz yıllık görünüyor. Portekiz *farturalarını* özlüyorum."

Nico kolları acımadan Portekiz'i düşünemiyordu. Kollarının ön tarafındaki kurt adam izleri hâlâ şiş ve kırmızıydı. Mağazadaki görevli Nico'ya bir sokak kedisiyle kavga edip etmediğini sormuştu.

Bir ilk yardım çantası, bir tomar kâğıt (böylece Koç Hedge karısına kâğıt uçak mesajları yazabilecekti) biraz atıştırmalık yiyecek ve içecek aldılar (Reyna'nın büyülü çadırındaki açık büfe masasında sadece sağlıklı yiyecekler ve taze su vardı). Bir de Koç Hedge'in beş para etmez ama akıllara durgunluk verecek kadar karmaşık canavar tuzakları için çeşitli kamp malzemeleri aldılar.

Nico biraz temiz giysi de bulabileceğini umuyordu. San Juan'dan döneli iki gün olmuştu ve ortalıkta tropik desenli gömleğiyle dolaşmaktan sıkılmıştı; özellikle de Koç Hedge aynı gömleği giydiğinden bunalmıştı. Ne yazık ki, Zippy Mart'ta sadece üstünde Konfederasyon bayrakları ve SAKİN OL VE BEYAZ TAŞRALIYI İZLE gibi basmakalıp laflar yazan tişörtlerden vardı. Nico papağan ve palmiye ağacı desenli gömleğinden bir süre daha vazgeçmemeye karar verdi.

Kavurucu güneşin altında, iki şeritli bir yoldan tekrar kamp kurdukları yere yürüdüler. Güney Carolina'nın o bölgesinin büyük bir kısmı yabani otlarla kaplı tarlalarla, telefon direkleriyle ve Japon sarmaşıklarıyla kaplı ağaçlardan ibaret gibiydi. Buford kasabası da portatif metal baraka koleksiyonuyla doluydu. Altı, yedi baraka vardı ki, zaten kasabanın nüfusu da o kadar gibiydi.

Nico pek güneşi seven bir tip değildi ama bir kez olsun ılık hava hoşuna gitmişti. Kendini daha somut ve ölümlü dünyasına demir atmış gibi hissediyordu. Her gölge yolculukla birlikte, geri gelmek zorlaşmaya başlamıştı. Güpegündüzken bile, elleri katı nesnelerin içinden geçiyordu. Kemeri ve kılıcı sürekli olarak durup dururken ayak bileklerine düşüyordu. Bir keresinde, nereye gittiğine bakmadığı bir anda, doğrudan bir ağacın içinden geçmişti.

Nico'nun aklına Jason Grace'in ona Notos'ta söylediği bir şey geldi. *Belki de artık gölgelerin arasından çıkma vaktin gelmiştir.*

Keşke, dedi içinden. Hayatında ilk kez, karanlıktan korkmaya başlamıştı, çünkü kalıcı olarak karanlığa karışıp eriyebilirdi.

Nico ve Hedge kampa geri dönmekte zorlanmadılar. Athena Parthenos kilometreler boyunca, ortalıktaki en yüksek şeydi. Yeni kamuflaj ağıyla birlikte, gösterişli, on iki metrelik bir hayalet gibi gümüşümsü bir parıltı saçıyordu.

Belli ki Athena Parthenos eğitimsel bir değeri olan bir yeri ziyaret etmelerini istemişti, çünkü dosdoğru Hiçbir Yer ve Hiçbir Şey kavşağının kaldırım taşlı dönemecinde duran ve üstünde BUFORD KATLİAMI yazan bir tarihi işaretin yanına konuvermişti. Reyna'nın çadırı yoldan otuz metre gerideki bir korulukta duruyordu. Yakınlarda dikdörtgen biçimli bir höyük vardı. Yüzlerce taş granit bir dikilitaşın mezar taşı görevi gördüğü kocaman bir mezar biçiminde üst üste yığılmıştı. Etrafına da rengi solmuş taçlar ve plastik çiçeklerden yapılmış ezik buketler saçılmıştı. Bunlar manzarayı daha da hüzünlü hale getiriyordu.

Aurum ve Argentum korulukta koçun hentbol toplarından biriyle at-yakala oyunu oynuyorlardı. Amazonlar tarafından tamir edildiklerinden beri, köpekler sahiplerinin aksine canlı ve enerji doluydu.

Reyna bağdaş kurmuş, çadırın girişinde oturuyordu ve anıtsal dikilitaşa bakıyordu. İki gün önce, San Juan'dan kaçtıklarından beri pek konuşmamıştı. Yolda hiç canavarla karşılaşmadıkları için, Nico huzursuzdu. Avcılardan veya Amazonlardan da başka haber almamışlardı. Hylla'ya, Thalia'ya veya gigant Orion'a ne olduğunu bilmiyorlardı.

Nico Artemis'in Avcıları'ndan hoşlanmıyordu. Trajedi peşlerini avcı köpekleri ve kuşları gibi izliyordu. Ablası Bianca Avcılara katıldıktan sonra ölmüştü. Sonra, Thalia Grace liderleri olmuştu ve daha da çok genç kadını aralarına almıştı. Bu da sanki Bianca'nın öldüğü unutulabilirmiş gibi Nico'yu sinir ediyordu. Bianca'nın yerini birisi alabilirmiş gibi davranılıyordu.

Nico Barrachina'da uyanıp da Avcıların Reyna'yı kaçırdığına dair notu okuyunca, öfkeyle avluyu yerle bir etmişti. Avcıların ondan bir önemli kişiyi daha çalmasını istemiyordu.

Neyse ki, Reyna'yı geri almıştı ama onun çok karamsar bir hal içinde oluşu hoşuna gitmemişti. Ona ne vakit Calle San Jose'deki olayla, balkondan ona bakan ve suçlamalar fısıldayan hayaletlerle ilgili bir şey soracak olsa, Reyna onu susturuyordu.

Nico hayaletlerle ilgili bir şey biliyordu. Onları zihninize sokmanız tehlikeliydi. Reyna'ya yardım etmek istiyordu ama stratejisi sorunlarla tek başına başa çıkmak ve ona yaklaşmaya çalışan herkesi uzaklaştırmak olduğundan, aynı şeyi yaptığı için Reyna'yı eleştiremiyordu.

Oraya yaklaşırlarken, Reyna başını kaldırıp onlara baktı. "Olayı çözdüm," dedi.

"Hangi tarihi alan olduğunu mu?" dedi Hedge. "Güzel, çünkü deli olmak üzereydim."

"Waxhaw Savaşı," dedi Reyna.

"Ha, tamam..." Hedge bilge bir tavırla başını salladı. "Vahşi bir galibiyetti."

Nico etrafta huzursuz ruhlar olup olmadığını anlamaya çalıştı ama hiçbir şey hissetmedi. Bir savaş alanı için tuhaf bir durumdu. "Emin misin?"

"1780 senesi," dedi Reyna. "*Amerikan İhtilali.* Çoğu koloni lideri Yunan meleziydi. İngiliz generallerse Romalı melezlerdi."

"Çünkü İngiltere o zamanlar Roma gibiydi," dedi Nico bir tahminde bulunarak. "Yükselmekte olan bir imparatorluktu."

Reyna yerdeki ezik buketlerden birini aldı. "Sanırım, neden buraya geldiğimizi biliyorum. Benim hatam."

"Ay, yapma," dedi Koç Hedge oflayarak. "Buford Zippy Mart kimsenin hatası değil. Olur böyle şeyler."

Reyna soluk renkli plastik çiçekleri çekiştirdi. "İhtilal sırasında, dört yüz Amerikalı burada İngiliz süvariler tarafından sıkıştırıldı. Koloni birlikleri teslim olmaya çalıştı ama İngilizler kana susamışlardı. Amerikalıları silahlarını yere attıkları halde katlettiler. Aralarından sadece birkaçı hayatta kaldı."

Nico buna çok şaşırması gerektiğini düşündü. Ama Yeraltı Dünyası'nda yolculuk yaptıktan, kötülükle ve ölümle ilgili bir sürü öykü dinledikten sonra, savaş sırasında gerçekleştirilen bir katliam pek de tuhaf gelmemişti. "Reyna, nasıl senin hatan olabilir?"

"İngiliz komutanı Banastre Tarleton'dı."

Hedge alaycı bir ses çıkardı. "İsmini duymuştum. Çatlağın teki. Ona Kasap Benny derlermiş."

"Evet..." Reyna içine titrek bir nefes çekti. "Bellona'nın bir oğluydu."

"Ha, tamam." Nico kocaman mezara baktı. Hâlâ hiç ruh hissetmemiş olması onu huzursuz ediyordu. Yüzlerce asker oracıkta katledilmişti... *Bir tür* ölüm titreşimi yaymaları gerekirdi.

Reyna'nın yanına oturup, şansını denemeye karar verdi. "Hayaletlerle bir çeşit bağlantın var diye mi buraya geldiğimizi düşünüyorsun? San Juan'da olanlar gibi mi?"

Reyna on saniye boyunca bir şey demedi, elindeki plastik buketi evirip çevirdi. "San Juan'dan söz etmek istemiyorum."

"Ama etmelisin." Nico kendi bedeninde bir yabancı gibi hissediyordu. Neden Reyna'yı bu olayı paylaşmaya teşvik ediyordu? Soru sormak ne tarzıydı, ne de onu ilgilendirirdi. Ama buna rağmen konuşmaya devam etti. "Hayaletlerle ilgili esas şey şu: Birçoğu sesini kaybetmiş durumda. Asphodel'de, milyonlarca hayalet amaçsızca dolanır, kim olduklarını hatırlamaya çalışır. Neden öyle olurlar, biliyor musun? Çünkü yaşadıkları zamanlarda, öyle ya da böyle asla bir şeye karşı direnmezler. Seslerini duyurmadıkları için de hissettiklerini kimse bilmez. Sesin senin kimliğindir. Bunu kullanmazsan," dedi omuzlarını silkip, "Asphodel'e yolu çoktan yarılamışsın demektir."

Reyna kaşlarını çattı. "Hep böyle mi moral konuşması yaparsın?"

Koç Hedge hafifçe öksürdü. "Bu konuşma benim için fazla psikolojik olmaya başladı. Birkaç mektup yazacağım."

Defterini çıkarıp ormana yöneldi. Son birkaç gündür, çok sık yazmaya başlamıştı. Dolayısıyla, sadece Mellie'ye yazmadığı belliydi. Koç bu konuda ayrıntı vermemişti ama görevle ilgili olarak birkaç iyilik istediğinden söz etmişti. Nico onun Jackie Chan'i bile çağırmış olabileceğini düşündü.

Sonra, Nico alışveriş torbasını açtı. İçinden bir kutu yulaflı bisküvi paketi çıkarıp, Reyna'ya bir bisküvi uzattı.

Reyna burnunu kırıştırdı. "Bunlar bana dinozorlar zamanından kalmış gibi geldi."

"Olabilir. Ama bugünlerde çok iştahlıyım. *Ne* yersem yiyeyim, tadı güzel geliyor... Belki nar taneleri hariç. Onlarla işim bitti."

Reyna bir bisküvi alıp ısırdı. "San Juan'daki hayaletler... Onlar atalarım."

Nico bekledi. Bir esinti Athena Parthenos'un kamuflaj ağını hışırdattı.

"Ramírez-Arellano ailesinin kökleri çok eskilere gider," dedi Reyna. "Öykünün tamamını bilmiyorum. Atalarım İspanya'nın bir Roma eyaleti olduğu sırada orada yaşarlarmış. Büyük büyük büyük büyükbabam da bir fatihmiş. Ponce de León ile Porto Riko'ya gelmiş."

"Balkondaki hayaletlerden biri fatih zırhı giyiyordu," dedi Nico.

"İşte, o."

"Peki... Tüm ailen Bellona'nın soyundan mı geliyor? Senin ve Hylla'nın onun sadece akrabaları değil, kızları olduğunuzu sanıyordum."

Nico, Hylla'nın ismini söylememesi gerektiğini çok geç fark etti. Reyna'nın yüzünden anlık bir çaresizlik ifadesi geçti ama bunu hemen gizlemeyi başardı.

"Onun *kızlarıyız,*" dedi. "Ramírez-Arellano ailesinin ilk gerçek Bellona'dan olma kızlarıyız. Bellona her zaman klanımıza destek vermiştir. Milenyum kadar önce, birçok savaşta çok önemli roller oynayacağımıza karar vermişti."

"Şimdiki gibi," dedi Nico.

Reyna çenesindeki kırıntıları silkeledi. "Olabilir. Atalarımın bazıları kahramandı. Bazıları da haindi. Göğsünde silah izleri olan hayaleti gördün mü?"

Nico evet der gibi başını salladı. "Bir korsan mıydı?"

"Hem de Porto Riko tarihinin en meşhur korsanıydı. Korsan Cofresí olarak bilinirdi ama aile ismi Ramírez de Arellano'ydu. Evimiz, aile villamız onun gömdüğü hazineden gelen parayla inşa edilmiş."

Nico bir an için kendini yine ufak bir çocuk gibi hissetti. İçinden, *Vay canına!* demek geçti. Mitobüyü'ye merak salmadan önce bile kafayı korsanlara takmıştı. Muhtemelen, Percy'den, deniz tanrısının bir oğlundan o kadar hoşlanmasının nedeni de buydu. "Ya diğer hayaletler?"

Reyna bisküviden bir ısırık daha aldı. "ABD Donanması üniforması giymiş adam... O, 2. Dünya Savaşı'nda savaşmış büyük büyük amcam, ilk Latin denizaltı komutanı. Anla artık. Çok savaşçı var. Bellona nesiller boyu bizi destekleyen tanrıça oldu."

"Ama ailenizde hiç melez çocuğu olmadı... Size kadar."

"Tanrıça... Babam Julian'a âşık oldu. Babam Irak'ta askerdi. O..." Sesi çatladı. Plastik çiçek buketini öteye fırlattı. "Bunun yapamam. Onun hakkında konuşamam."

Tepeden bir bulut geçti ve ormanı gölgelerle kapladı.

Nico onu zorlamak istemiyordu. Buna ne hakkı vardı?

Bisküvisini bıraktı... ve parmak uçlarının dumana dönüştüğünü gördü. Gün ışığı geri geldi. Elleri tekrar katılaştı ama Nico'nun sinirleri fena gerilmişti. Yüksek bir balkonun kenarından geri çekilmiş gibi hissetti.

Sesin kimliğindir, demişti Reyna'ya. *Kullanmazsan, Asphodel'e yolu çoktan yarılamışsın demektir.*

Kendi tavsiyesini kendisine uygulayamamaktan hiç hoşlanmazdı.

"Babam bana bir keresinde bir hediye verdi," dedi Nico. "Bir zombiydi."

Reyna suratına baktı. "Ne?"

"İsmi Jules-Albert. Fransız."

"Fransız bir zombi mi?"

"Hades babaların en iyisi değildir ama arada sırada *oğlumu daha iyi tanımak istiyorum* anları yaşar. Sanırım, zombinin bir zeytin dalı olduğunu düşündü. Jules-Albert'in şoförüm olabileceğini söyledi."

Reyna gülmemek için kendini zor tutuyor, dudakları titriyordu. "Fransız bir zombi şoför."

Nico bunun kulağa ne kadar saçma geldiğini biliyordu. Kimseye, Hazel'a bile Jules-Albert'ten söz etmemişti. Ama konuşmaya devam etti. "Hades benim modern bir genç gibi davranmaya çalışmam gerektiğini düşünüyordu. Arkadaş edinmeliydim. Yirmi birinci yüzyılı tanımalıydım. Ölümlü ebeveynlerin çocukları hep arabayla bir yerlere götürdüğünü biraz anlamıştı. Ama kendisi bunu yapamazdı. O yüzden de bana bir zombi hediye ederek sorunu çözdü."

"Seni alışveriş merkezine, bir fast-food restoranının araba sipariş bölümüne götürsün diye," dedi Reyna.

"Öyle sanırım." Nico'nun sinirleri biraz yatışmıştı. "Zaten hiçbir şey Fransız aksanlı, çürümeye yüz tutmuş bir cesetten daha fazla arkadaş edinmene yardımcı olamaz."

Reyna güldü. "Özür dilerim... Dalga geçmemeliyim."

"Sorun değil. Şunu demek istiyordum: Ben de babamdan söz etmekten hoşlanmıyorum. Ama bazen," dedi gözlerinin içine bakıp, "zorunda kalıyorsun."

Reyna'nın ifadesi ciddileşti. "Babamın daha iyi olduğu zamanları hiç bilmiyorum. Hylla küçüklüğünde, ben doğmadan önce onun daha yumuşak başlı olduğunu söylerdi. İyi bir askerdi... Korkusuz, disiplinli ve güçlükler karşısında serinkanlıydı. Yakışıklıydı. İstediği zaman çok etkileyici olabiliyordu. Bellona birçok atamı kutsadığı gibi, onu da kutsadı ama babam için bu yeterli değildi. Bellona'nın karısı olmasını istiyordu."

Koç Hedge ormanda mektuplarını yazarken, kendi kendine mırıldanıyordu. Üç kâğıt uçak çoktan esintiye döne döne yükselmiş, tanrılar bilir nereye gidiyordu.

"Babam kendini tamamıyla Bellona'ya adadı," diye devam etti Reyna. "Savaşın gücüne saygı göstermek bir şey, buna âşık olmak başka bir şey. Nasıl becerdiğini bilmiyorum ama Bellona'nın kalbini en sonunda kazandı. Ablam, babam son görev turu için Irak'a gitmeden hemen önce dünyaya geldi. Şerefli bir şekilde görevini tamamladı ve bir kahraman oldu. Eğer... sıradan hayata uyum sağlamayı başarmış olsaydı, her şey farklı olabilirdi."

"Ama bunu yapamadı," dedi Nico.

Reyna başını salladı. "Döndükten kısa bir süre sonra, tanrıçayla son kez karşılaştı... Şey, dünyaya gelmemin nedeni de bu. Bellona ona geleceğin küçük bir kısmını gösterdi. Ailemizin neden onun için önemli olduğunu anlattı. Soyumuz devam ettiği ve anavatanımızı korumak için savaştığımız müddetçe, Roma'nın mirasının asla başarısız olmayacağını söyledi. Bu sözler... Sanırım, bunları onun rahatlaması için söylemişti ama babam bunları kafaya taktı."

"Savaş unutulması zor bir şey olabilir." Nico çocukluğunun geçtiği İtalya'daki Pietro isimli komşularından birini hatırlamıştı. Pietro sağ salim Mussolini'nin Afrika seferinden dönmüş ama dönmeden önce Etiyopyalı sıradan vatandaşları hardal gazıyla öldürmüştü. Sonra da zihni asla eskisi gibi olmamıştı.

Reyna sıcağa rağmen pelerinini omuzlarına çekti. "Sorunun bir kısmı post-travmatik stresti. Savaşı düşünmeden edemiyordu. Bir de sürekli olarak ağrı içindeydi. Yol kenarına patlayan bir bombanın şarapnelleri omzuna ve göğsüne saplanmıştı. Ama dahası da vardı. Aradan seneler geçtikçe, büyüdüğüm senelerde, o... değişmeye başladı."

Nico bir şey demedi. O güne dek, belki Hazel haricinde kimse onunla o kadar çok konuşmamıştı. Bir kuş sürüsünün bir tarlaya konuşunu izliyormuş gibi hissediyordu. Tek bir yüksek ses, kuşları ürkütüp kaçırabilirdi.

"Paranoyaklaştı," dedi Reyna. "Bellona'nın sözlerinin soyumuzun sona ereceğine ve Roma'nın mirasının başarısız olacağına dair bir uyarı olduğunu düşündü. Her yerde düşman görüyordu. Silah topluyordu. Evimizi bir kaleye çevirmişti. Geceleri, beni ve Hylla'yı odalarımıza kilitliyordu. Gizlice çıkarsak, bize bağırıp eşyalar fırlatıyor ve... Kısacası, bizi dehşete boğuyordu. Bazen *bizim* bile düşman olduğumuzu sanıyordu.

Onu gözetlediğimize ve güçten düşürmeye çalıştığımıza inanmaya başladı. Sonra, hayaletler ortaya çıktı. Sanırım, hep oradaydılar ama babamın sıkıntısını hissedip görünmeye başlamışlardı. Ona bir şeyler fısıldıyor, şüphelerini besliyorlardı. Ve sonunda, bir gün... Tam olarak tarihi bilemiyorum ama artık babam olmaktan çıktığını fark ettim. Hayaletlerden biri olmuştu."

Nico göğsünde buz gibi bir ağırlık hissetti. "Bir *mania*," dedi tahmin yürüterek. "Bunu daha önce de gördüm. Bir insan artık insanlıktan çıkana dek solar. Geriye sadece en kötü özellikleri kalır. İnsanlığı..."

Reyna'nın suratındaki ifadeden yaptığı açıklamanın faydalı olmadığını anladı.

"Her neye dönüştüyse," dedi Reyna, "onunla yaşamak imkânsız hale geldi. Hylla ve ben evden sık sık kaçmaya başladık ama eninde sonunda... geri dönüyor... öfkesiyle yüzleşiyorduk. Başka ne yapacağımızı bilemiyorduk. Bildiğimiz tek aile oydu. Eve son döndüğümüzde, o kadar öfkelenmişti ki, resmen parlıyordu. Artık fiziksel olarak bir şeylere dokunamıyordu ama oynatabiliyordu... Kötü ruhlar gibi. Zemindeki fayansları söküyordu. Koltuğu parçalıyordu. En sonunda, bir sandalyeyi fırlattı ve Hylla'ya isabet etti. Hylla yere yığıldı. Sadece bayılmıştı ama öldüğünü sandım. Senelerce beni korumuştu... Kendimi kaybettim. En yakınımda gördüğüm silahı aldım... Bir aile yadigarı olan Korsan Confresi'nin süvari kılıcıydı. Bu-bunun İmparatorluk altınından yapıldığını bilmiyordum. Babamın ruhuna koştum ve..."

"Onu buhara dönüştürdün," dedi Nico.

Reyna'nın gözleri yaşlarla dolmuştu. "Babamı öldürdüm."

"Hayır. Reyna, hayır. O, baban değildi. Bir hayaletti. Daha da kötüsüydü: Bir *mania*'ydı. Ablanı koruyordun."

Reyna parmağındaki gümüş yüzüğü çevirdi. "Anlamıyorsun. Baba katili olmak, bir Romalının işleyebileceği en büyük suçtur. Affedilemez."

"Ama babanı öldürmedin. Adam çoktan ölmüştü," dedi Nico ısrarla. "Bir hayaleti yok ettin."

"Fark etmez!" dedi Reyna ağlayarak. "Bu olay Jüpiter Kampı'nda duyulursa..."

"İnfaz edilirsin," dedi yeni bir ses.

Ormanın kenarında, tepeden tırnağa Roma zırhına kuşanmış, elinde bir *pilum* tutan bir lejyoner duruyordu. Dağınık kahverengi saçları gözlerine düşmüştü. Burnunun birden fazla kırıldığı belliydi; bu haliyle, gülümsemesi daha da sinsi görünüyordu. "İtirafın için teşekkürler, *eski* praetor. İşimi çok kolaylaştırdın."

XXX

NICO

Koç Hedge açklık alana kâğıt bir uçağı sallayarak ve "İyi haberlerim var millet!" diye bağırarak dalmak için tam o anı seçmişti.

Romalıyı görünce donakaldı. "Ha... Neyse, boş verin." Kâğıt uçağı kırıştırdı ve yedi.

Reyna ve Nico ayağa fırladılar. Aurum ve Argentum derhal Reyna'nın yanına gelip, yabancıya hırladılar.

Nico adamın *hiçbiri* fark etmeden nasıl oraya geldiğini anlayamamıştı.

"Bryce Lawrence," dedi Reyna. "Octavian'ın en yeni saldırı köpeği."

Romalı başını kaldırdı. Gözleri yeşildi ama Percy'ninki gibi deniz yeşili değildi... Daha ziyade, pis süs havuzu yeşiliydi.

"Kâhinin birçok saldırı köpeği var," dedi Bryce. "Ben sadece sizi bulan şanslı olanım. Şuradaki *Graecus* arkadaşının," çenesiyle Nico'yu işaret etti, "izini sürmek kolaydı. Buram buram Yeraltı Dünyası kokuyor."

Nico kılıcını kınından çıkardı. "Yeraltı Dünyası'nı bilir misin? Bir ziyaret ayarlamamı ister miydin?"

Bryce güldü. Ön dişleri sarının iki farklı tonuydu. "Beni korkutabileceğini mi sanıyorsun? Ben Orcus'un, tutulmayan yeminler ve ebedi ceza tanrısının soyundan geliyorum. Ceza Tarlaları'ndaki çığlıkları ilk elden duydum. Kulağıma müzik gibi geldi. Çok yakında, bu koroya bir lanetli ruh daha ekleyeceğim."

Reyna'ya bakıp sırıttı. "Baba katili olmak, ha? Octavian bu habere bayılacak. Roma yasalarını pek çok kez çiğnemekten tutuklusun."

"*Senin* burada olman Roma yasalarına karşı bir kere," dedi Reyna. "Romalılar tek başlarına göreve çıkmazlar. Bir görevin birlik komutanı ya da daha yüksek rütbeli birisi tarafından idare edilmesi gerekir. Sen *probatio*'dasın ve *bu* rütbenin bile sana verilmesi bir hata. Beni tutuklama yetkin yok."

Bryce omuzlarını silkti. "Savaş zamanında, bazı kurallar daha esnek olabilir. Ama merak etme. Seni yargılanman için götürdüğümde, lejyona tam üyelikle ödüllendirileceğim. *Centurion*, yani birlik komutanı rütbesi de alırım herhalde. Hiç şüphesiz yaklaşmakta olan savaşta birkaç yer boşalacaktır. Bazı askerler hayatta kalamayacaklar. Özellikle de bağlılıkları doğru yerde değilse."

Koç Hedge beysbol sopasını kaldırdı. "Roma görgü kurallarını doğru dürüst bilmem ama artık bu çocuğu haklayabilir miyim?"

"Bir faun," dedi Bryce. "İlginç. Yunanlıların ciddi ciddi keçi adamlarına *güvendiklerini* duydum."

Hedge meledi. "Ben bir satirim. Bu sopayla kafanı dağıtacağımdan da emin olabilirsin, seni küçük serseri."

Koç öne çıktı ama ayağı mezara değer değmez, taşlar zangırdadı.

Mezar alanının dışında, iskelet savaşçılar topraktan dışarı fırladı. Bunlar, paçavraya dönmüş kırmızı ceketli İngiliz üniformaları giymiş *spartus*'tu.

Hedge telaşla geri çekildi ama iskeletlerden ilk ikisi kollarını yakalayıp onu yerden kaldırdı. Koç sopasını bırakıp, toynaklarıyla tekmeler savurdu. "Bırakın beni, sizi gerzek kemik kafalılar!" diye böğürdü.

Nico donakalmış bir halde mezarın daha da çok ölü İngiliz askerler fışkırtışını izledi. Beş, on, yirmi derken, bu rakam o kadar arttı ki, Nico daha kılıcını kaldırmaya fırsat bile bulamadan Reyna'nın ve metal köpeklerinin etrafı sarıldı.

Bu kadar çok ölüyü, o kadar yakından nasıl *sezememişti?*

"Söylemeyi unuttum," dedi Bryce. "Bu göreve tek başıma çıkmadım. Gördüğünüz gibi, destek birliğim var. Bu kırmızı ceketliler kolonicilere saldırmayacaklarını söylediler. Sonra, onları katlettiler. Şahsen iyi bir katliam hoşuma gider ama yeminlerini çiğnedikleri için ruhları lanetlendi ve sonsuza dek Orcus'un gücü altındalar. Yani, bir yandan da *benim* gücüm altındalar." Reyna'yı işaret etti. "Kızı yakalayın."

Spartus öne atıldı. Aurum ve Argentum ilk birkaçını yere indirdiler ama kısa sürede ağızlarını birer mengene gibi kapatan iskelet elleri yüzünden yere yığıldılar. Kırmızı ceketliler Reyna'yı kollarından yakaladılar. Ölü yaratıklar olmalarına rağmen, inanılmaz derecede hızlı hareket ediyorlardı.

En sonunda, Nico kendine geldi. *Spartus*'a saldırdı ama kılıcı hiç zarar vermeden içlerinden geçti. İradesini zorlayarak, iskeletlere un ufak olmalarını emretti. İskeletler adeta Nico orada değilmiş gibi davranıyorlardı.

"Sorun nedir Hades'in oğlu?" Bryce'ın sesindeki sahte bir sevecenlik vardı. "Gücünü mü kaybetmeye başladın?"

Nico iskeletlerin arasından geçmeye çalıştı. Çok kalabalıklardı. Bryce, Reyna ve Koç Hedge metalden bir duvarına arkasında duruyormuş gibiydi.

"Nico, kaç buradan!" dedi Reyna. "Heykeli al ve kaç."

"Evet, kaç!" dedi Bryce. "Tabii, bir sonraki gölge yolculuğunun son olacağını da bil. Bir yolculuğu daha kaldıracak gücün kalmadı. Haydi, Athena Parthenos'u hemen al."

Nico aşağı baktı. Styks kılıcı hâlâ elindeydi ama elleri karanlık ve buğulu cam gibi şeffaftı. Doğrudan gün ışığı altında bile eriyordu.

"Durdur şunu!" diye bağırdı.

"Ben hiçbir şey yapmıyorum," dedi Bryce. "Ama neler olacağını merak ediyorum. Heykeli alırsan, onunla birlikte sonsuza dek kaybolursun. *Almazsan*... Eh, o zaman Reyna'yı öldürmeden, ihanet suçundan yargılanması için geri götüreceğim. Seni ya da faunu sağ geri götürmek gibi bir emir almadım."

"Satir!" diye bağırdı koç. İskeletlerden birinin kemik poposuna bir tekme savurdu ama kırmızı ceketliden çok kendi canı yandı. "Ah! Aptal ölü İngilizler!"

Bryce mızrağını indirip, koçun karnını dürtükledi. "Acaba bunun acı toleransı ne kadar? Çeşitli hayvanlar üstünde deneyler yaptım. Bir keresinde, kendi *centurion*'umu bile öldürdüm. Ama bir faun üstünde hiç deney yapmadım... Pardon, bir *satir* demek istemiştim. Sizler reenkarnasyon geçiriyorsunuz, değil mi? Bir papatya öbeğine dönüşmeden önce ne kadar acıya tahammül edebilirsin?"

Nico'nun öfkesi kılıcı gibi buz kesip karardı. Kendisi de o güne dek birkaç bitkiye dönüşmüştü ve bundan hiç hoşlanmamıştı. Bryce Lawrence gibi sırf eğlence için acı çektiren insanlardan nefret ederdi.

"Onu rahat bırak," dedi.

Bryce kaşını kaldırdı. "Yoksa ne olur? Haydi, Yeraltı Dünyası'na ait bir şey yapsana Nico. Görmeyi çok isterim. Önemli bir şey yaparsan, sonsuza dek silinip gideceğini hissediyorum. Haydi, yapsana."

Reyna debelendi. "Bryce, onları unut. Beni tutsak almak istiyorsan, tamam. Sana zorluk çıkarmadan geleceğim ve Octavian'ın aptal mahkemesiyle yüzleşeceğim."

"İyi bir teklif." Bryce mızrağını çevirip, ucunu Reyna'nın gözlerinden birkaç santim ötede tuttu. "Octavian'ın ne planladığını gerçekten de bilmiyorsun, değil mi? Kendisine yandaş topladı, lejyonun parasını harcadı."

Reyna yumruklarını sıktı. "Octavian'ın bunu yapmaya hakkı-"

"*Güç* hakkı var," dedi Bryce. "Eski topraklara kaçıp, yetkilerini yitirdin. 1 Ağustos'ta, Melez Kampı'ndaki dostların Octavian'ın ne kadar güçlü bir düşman olduğunu öğrenecekler. Makinelerinin tasarımlarını gördüm... *Ben* bile etkilendim."

Nico'nun kemikleri adeta helyuma dönüşüyordu. Tıpkı tanrı Favonius'un onu bir esintiye dönüştürdüğü zamanki gibi hissediyordu.

Sonra, Reyna'yla göz göze geldi. Reyna'nın gücü içine doldu; bir cesaret ve dayanıklılık dalgası onu yeniden somut ve ölümlü dünyasına demir atmış gibi hissettirdi.

"Nico," dedi Reyna, "ne yapman gerekiyorsa yap. Seni koruyacağım."

Bryce kıs kıs güldü; çok eğlendiği belliydi. "Ah, Reyna. Onu koruyacak mısın? Seni bir mahkemeye sürükleyip, babanı öldürdüğünü itiraf etmeye zorlamak çok eğlenceli olacak. Umarım seni eski yöntemlerle infaz ederler. Kuduz bir köpekle bir çuvala tıkarlar ve bir nehre atarlar.

Hep bunun nasıl bir şey olduğunu görmeyi istemişimdir. Ufak sırrının ifşa olması için can atıyorum."

Ufak sırrının ifşa olması için...

Bryce *pilum*'unun ucunu Reyna'nın suratında gezdirip kanattı.

Bunu gören Nico'ysa öfkeden patladı.

XXXI

NICO

Ona olanları daha sonradan anlattılar. Hatırladığı tek şey çığlıklardı.

Reyna'ya göre, etrafındaki hava donma noktasına kadar düştü. Zemin karardı. Tek bir dehşet verici çığlıkla, Nico içinde biriken tüm acıyı ve öfkeyi açıklık alandakilere yöneltti. Reyna ve koç onun Tartarus'taki yolculuğunu, gigantlar tarafından yakalanışını, bronz kavanozun içinde geçirdiği günleri deneyimlediler. Nico'nun *2. Argo*'daki günlerden kalan sıkıntısını ve Salona harabelerinde Cupid'le karşılaşışını hissettiler.

Bryce Lawrence'a hiçbir şey demeden meydan okuduğunu gayet açık ve net bir biçimde duydular: *Sır mı istiyorsun? Al sana.*

Spartoi küle dönüştü. Mezar alanının kayaları buzla kaplanıp bembeyaz oldu. Bryce Lawrence sendeledi, başını tuttu ve her iki burun deliğinden kanlar aktı.

Nico üstüne yürüdü. Bryce'ın *probatio* tabletini tutup, boynundan çekip kopardı.

"Bunu hak etmiyorsun," diye kükredi.

Bryce'ın ayaklarının altındaki toprak yarıldı. Beline kadar yere gömüldü. "Dur!" Elleriyle topraklara ve plastik buketlere tutunmaya çalışsa da bedeni sürekli olarak batıyordu.

"Lejyona bağlı kalacağına dair bir yemin ettin." Nico'nun nefesi soğukta buhar oluşturuyordu. "Kurallarını çiğnedin. Acı çektirdin. Kendi *centurion*'unu öldürdün."

"Be-ben, bunu yapmadım! Ben..."

"İşlediğin suçlar için ölmeliydin," dedi Nico. "Cezan bu olmalıydı. Ama bunun yerine, sürgüne yollandın. Gittiğin yerde kalmalıydın. Baban Orcus çiğnenen yeminlerden hoşlanmayabilir. Ama babam Hades, cezasından kaçanları *gerçekten* de hiç sevmez."

"Lütfen!"

Bu sözcüğün Nico için hiçbir anlamı yoktu. Yeraltı Dünyası merhametsizdi. Orada sadece adalet geçerliydi.

"Çoktan öldün," dedi. "Dili, hafızası olmayan bir hayaletsin. Kimseyle sırları paylaşamayacaksın."

"Hayır!" Bryce'ın bedeni kararıp, dumanlar saçtı. Göğsüne kadar toprağa gömüldü. "Hayır, ben Bryce Lawrence'ım! Hayattayım!"

"Kimsin?" dedi Nico.

Bryce'ın ağzından çıkan bir sonraki ses diş takırtısını andıran bir fısıltıydı. Suratının şekli bulanıklaştı. Herhangi birisi olabilirdi. Milyonlarca isimsiz ruhun arasında bir başka ruha dönüşmüştü.

"Defol," dedi Nico.

Ruh kayboldu. Toprak kapandı. Nico arkasına bakınca, arkadaşlarının iyi olduğunu gördü. Reyna ve koç dehşet içinde ona bakıyorlardı. Reyna'nın yüzü kanıyordu. Aurum ve Argentum mekanik beyinleri kısa devre yapmış gibi daireler çiziyorlardı.

Nico yere yığıldı.

* * *

Rüyaları hiç mantıklı değildi ama öyle olmaması onu neredeyse rahatlatan bir şeydi.

Bir kuzgun sürüsü, karanlık gökte geziniyordu. Sonra, kuzgunlar köpüklü dalgaların arasında dörtnala koşan atlara dönüştüler.

Ablası Bianca'nın Artemis'in Avcıları'yla birlikte Melez Kampı'nın çardağında oturduğunu gördü. Bianca gülümsüyor, yeni arkadaş grubuyla gülüp eğleniyordu. Derken, Bianca Hazel'a dönüştü ve Hazel Nico'yu yanağından öpüp "Bir istisna olmanı istiyorum," dedi.

Ella isimli, dağınık kızıl saçlı ve kırmızı tüylü, çikolata renkli gözleri olan harpyayı gördü. Harpya Büyük Ev'in oturma odasında koltukta oturuyordu. Yanında da içi doldurulmuş büyülü leopar kafası Seymour oturuyordu. Ella ileri geri sallanıyor, leopara Cheetos yediriyordu.

"Peynir harpyalara iyi gelmez," diye mırıldandı. Sonra, yüzünü ekşitti ve kehanetin ezberlediği dizelerinden birini söyledi: "*Güneşin düşüşü, son dize.*" Seymour'a biraz daha Cheetos yedirdi. "Peynir leopar kafalarına iyi gelir."

Seymour aynı fikirdeymiş gibi kükredi.

Ella koyu renk saçları olan, karnı burnunda bir bulut nimfasına dönüştü; nimfa kamptaki bir ranzada acı içinde kıvranıyordu. Clarisse La Rue yanında oturuyor, nimfanın alnını nemli bir bezle siliyordu.

"Mellie, her şey yolunda," dedi Clarisse endişeliymiş gibi.

"Hayır, hiçbir şey yolunda değil!" diye cıyakladı Mellie. "Gaia uyanıyor!"

Görüntü değişti. Nico, Hades'le birlikte, Hades'in onu Jüpiter Kampı'na ilk getirdiği gün Berkeley Tepeleri'nde duruyordu. "Onlara git," dedi tanrı. "Kendini Pluton'un bir çocuğu olarak tanıt. Bu bağlantıyı yapman çok önemli."

"Neden?" diye sordu Nico.

Hades kayboldu. Nico kendini yine Tartarus'ta, mutsuzluk tanrıçası Akhlys'in yanında dururken buldu. Tanrıçanın yanakları kan olmuştu. Gözlerinden akan yaşlar, kucağında duran Herkül'ün kalkanına damlıyordu. "Hades'in çocuğu, senin için başka ne yapabilirim? Sen kusursuzsun! Öylesine büyük bir üzüntü ve acı çekiyorsun ki!"

Nico nefessiz kaldı. Aniden gözlerini açtı.

Sırt üstü yerde yatıyor, ağaç dallarının arasından sızan gün ışığına bakıyordu.

"Tanrılara şükürler olsun." Reyna üstüne eğilip, eliyle alnını yokladı. Yüzündeki kanayan yara tamamıyla iyileşmişti.

Yanında duran Koç Hedge kaşlarını çatmıştı. Ne yazık ki, Nico yattığı yerden koçun iri burun deliklerinin içini olduğu gibi görebiliyordu.

"Güzel," dedi koç. "Sadece birkaç şey daha kaldı."

Üstünde kahverengi yapış yapış bir şey olan, kare biçimli kocaman bir bandajı Nico'nun burnuna yapıştırdı.

"Bu da ne? Ayy."

O yapış yapış şey saksı toprağı, çedarlı cips, üzüm suyu ve bir parça da gübre gibi kokuyordu. Nico'nun bandajı burnundan çekip çıkaracak gücü bile yoktu.

Duyuları işlemeye başladı. Çadırın önündeki, bir uyku tulumunda yattığını fark etti. Üstünde boxer şortundan başka bir şey yoktu; bedeninin her yanı da iğrenç, kahverengi bandajlarla kaplıydı. Kolları, bacakları ve göğsü kuruyan çamur yüzünden kaşınıyordu.

"Yo-yoksa beni bir yere mi ekmeye çalışıyorsun?" diye mırıldandı.

"İlaçla karışık bir parça doğa büyüsü," dedi koç. "Hobim sayılır."

Nico Reyna'nın yüzüne odaklanmaya çalıştı. "Buna izin mi verdin?"

Reyna yorgunluktan bayılacak gibiydi ama hafifçe gülümsedi. "Koç Hedge seni uçurumun kenarından döndürdü. O kadar kötü silinip gidiyordun ki."

"Siliniyor muydum?"

"Bunu şimdi dert etme evlat." Hedge Nico'nun ağzına bir kamış yanaştırdı. "Biraz meyve suyu iç."

"Be-ben istemi-"

"Biraz meyve suyu içeceksin."

Nico biraz içti. Sonra, ne kadar susadığına şaşırdı.

"Bana ne oldu?" dedi. "Bryce'a ne oldu? İskeletlere?"

Reyna ve koç huzursuz bir ifadeyle bakıştılar. "Sana verecek hem iyi haberlerimiz var, hem de kötü," dedi Reyna. "Ama önce, bir şeyler ye. Kötü haberi duymadan önce biraz gücünü toplamalısın."

XXXII

NICO

"Üç gün mü?"

Nico onu ilk başta yanlış duyduğunu sanmıştı.

"Seni yerinden kımıldatamadık," dedi Reyna. "Yani... *Cidden* kıpırdatamadık. Bedenin yok gibiydi. Koç Hedge olmasaydı..."

"Sorun değil," dedi koç. "Bir keresinde, bir şampiyonluk maçının ortasında, bir oyun kurucunun bacağını sadece ağaç dallarıyla ve ambalaj sicimiyle sarmak zorunda kalmıştım."

Kayıtsızlığına rağmen, satirin gözlerinin altı torba torba olmuş, avurtları çökmüştü. En az Nico'nun hissettiği kadar berbat görünüyordu.

Nico o kadar uzun süre baygın olduğuna inanamadı. Tuhaf rüyalarından söz etti: Harpya Ella'nın mırıldandıklarını, bulut nimfası Mellie'yi (bu kısım koçu endişelendirdi) anlattı ama Nico bu görüntüler sadece saniyeler sürmüş gibi hissetmişti. Reyna'ya göreyse, 30 Temmuz öğleden sonrasıydı. *Günlerdir* bir gölge komasındaydı.

"Romalılar yarından sonraki gün Melez Kampı'na saldıracaklar." Nico soğuk ama tattan yoksun bir meyve suyu içti. Tat alma organları da kalıcı olarak gölge dünyasına gitmiş gibiydi. "Acele etmemiz gerek. Hazırlanmam gerek."

"Hayır." Reyna eliyle koluna bastırınca, bandajlar kırıştı. "Bir daha gölge yolculuk yaparsan ölürsün."

Nico dişlerini sıktı. "Ölürsem öleyim. Heykeli Melez Kampı'na götürmemiz gerekiyor."

"Hey, evlat," dedi koç. "Bağlılığını takdir ediyorum ama hepimizi Athena Parthenos'la birlikte sonsuz bir karanlığa geçerirsen, bunun kimseye bir faydası olmaz. Bryce Lawrence o konuda haklıydı."

Bryce'ın ismini duyan Reyna'nın metalik köpekleri kulaklarını dikip hırladılar.

Reyna kayalardan yapılmış mezara acı bir ifadeyle baktı. Mezardan daha da fazla davetsiz ruh çıkabilirmiş gibi endişeliydi.

Nico içine bir nefes çekip, Hedge'in ev yapımı pomadının kokusunu olanca keskinliğiyle hissetti. "Reyna, ben... düşünemedim. Bryce'a yaptıklarım..."

"Onu yok ettin," dedi Reyna. "Bir hayalete dönüştürdün. Evet, bana babamın başına gelenleri hatırlattı."

"Seni korkutmak istemezdim," dedi Nico acı acı. "Ben bir başka... Arkadaşlığı daha zehirlemek istememiştim. Özür dilerim."

Reyna dikkatle yüzüne baktı. "Nico, itiraf etmem gerekiyor ki, baygın olduğun o ilk gün ne düşüneceğimi veya hissedeceğimi bilemedim. Yaptıklarını izlemek zordu... İdrak etmek de öyle."

Koç Hedge bir çubuk kemiriyordu. "Onunla aynı fikirdeyim evlat. Birisinin kafasını bir beysbol sopasıyla parçalamak ayrı konu. Ama o salağı bir hayalete dönüştürmek mi? Çok *nahoş* bir manzaraydı."

Nico bunları duyduğuna kızacağını, onu yargıladıkları için onlara bağıracağını sandı. Normalde, öyle yapardı.

Ama bir türlü öfkelenmedi. Bryce Lawrence'a, Gaia'ya ve gigantlara karşı hâlâ çok öfkeliydi. Octavian denen kâhini bulup, onu zincirli kemeriyle boğmak istiyordu. Ama Reyna'ya veya koça kızgın değildi.

"Beni neden geri getirdiniz?" dedi. "Size artık faydalı olmayacağımı biliyordunuz. Heykelle yola devam etmenin başka bir yolunu bulmalıydınız. Ama bana bakarak üç gün kaybettiniz. Neden?"

Koç Hedge alaycı bir ses çıkardı. "Sen ekibin bir parçasısın şapşal. Seni geride bırakacak değiliz."

"Bundan da öte." Reyna elini Nico'nun elinin üstüne koydu. "Sen uyurken, ben de epey düşündüm. Sana babamla ilgili olarak anlattıklarım... Bunları bugüne dek kimseye anlatmamıştım. Sanırım, bunları anlatabileceğim doğru kişi sendin. Yükümü hafiflettin. Sana güveniyorum Nico."

Nico şaşkınlıkla ona baktı. "Bana nasıl güvenebilirsin? Her ikiniz de öfkemi hissettiniz, en kötü hislerimi gördünüz..."

"Hey, evlat," dedi Koç Hedge daha yumuşak bir sesle. "Hepimiz öfkeleniriz. Benim gibi tatlı birisi bile."

Reyna sırıttı. Nico'nun elini sıktı. "Koç haklı Nico. Arada sırada içindeki karanlığı serbest bırakan tek kişi sen değilsin. Sana babamla ilgili olayları anlattım, sen de bana destek verdin. Acı deneyimlerini paylaştın; sana nasıl destek olmayız? Bizler arkadaşız."

Nico ne diyeceğini bilemedi. En derin sırlarını görmüşlerdi. Kim ve ne olduğunu biliyorlardı. Ama umurlarında değil gibiydi. Hayır... *Daha* fazla umurlarındaydı.

Onu yargılamıyorlardı. Onun için endişeliydiler. Bunlar Nico'ya akıl almaz geliyordu. "Ama Bryce. Ben..." Lafının gerisini getiremedi.

"NE yapman gerekiyorsa, onu yaptın. Bunu şimdi anlıyorum," dedi Reyna. "Bana sadece artık mümkünse insanları hayalete dönüştürmeyeceğine söz ver."

"Evet," dedi koç. "Tabii, önce üstlerine benim uçmamı istemiyorsan. Hem sadece kötü haberlerimiz de yok."

Reyna evet der gibi başını salladı. "Başka Romalılara dair hiçbir işaret görmedik; dolayısıyla, sanırım Bryce nerede olduğunu kimseye söylememiş. Orion da ortada yok. Umarım ortalıkta olmaması Avcılar tarafından haklandığı anlamına geliyordur."

"Ya Hylla?" diye sordu Nico. "Hylla?"

Reyna'nın ağzının kenarlarındaki çizgiler derinleşti. "Hiç haber yok. Ama hâlâ hayatta olduklarına inanıyorum."

"Ona en iyi haberi söylemdin," dedi koç araya girip.

Reyna kaşlarını çattı. "Çünkü inanması çok zor. Koç Hedge heykeli götürmenin bir başka yolunu bulduğunu düşünüyor. Son üç gündür, sadece bundan söz etti. Ama henüz ne yapacağına dair..."

"Hey, olacak!" Koç, Nico'ya sırıttı. "Ürkünç Lawrence gelmeden hemen önce size göstermek üzere olduğum kâğıt uçağı hatırlıyor musun? Mellie'nin Aeolus'un sarayındaki bağlantılarından gelen bir mesajdı. Nuggets, Mellie'nin çok eski bir arkadaşı olan bir harpya... Neyse, bu harpya birisini tanıyormuş, o da başka birisini tanıyormuş, o bir atı tanıyormuş, at bir keçiyi arıyormuş, keçi de bir başka atı tanıyor..."

"Koç," dedi Reyna onu azarlayıp. "Nico'yu komadan çıktığına pişman edeceksin."

"Tamam," dedi satir oflayıp. "Uzun lafın kısası, bir sürü kişiden iyilik istedim. Yardıma ihtiyacımız olduğuna dair doğru rüzgâr ruhlarına haber uçurdum. Yediğim mektup vardı ya? Süvari birliklerinin geldiğinin teyidini aldım. Toparlanmalarının biraz vakit alacağını ama çok geçmeden buraya varacaklarını söylemiş. Hatta her an burada olabilir."

"*Kimden* söz diyorsun?" diye sordu Nico. "Ne süvari birliği?"

Reyna birden ayağa fırladı. Yüzünde şaşkın bir ifadeyle kuzey yönüne baktı. "Şu süvari birliği..."

Nico da o yöne baktı. Bir kuş sürüsü yaklaşıyordu. Hem de *kocaman* kuşlardan oluşan bir sürü.

Sürü biraz daha yaklaşınca, Nico onların kanatlı atlar olduğunu fark etti. En az yarım düzinesi V şeklinde bir arada ve üstlerinde biniciler olmadan uçuyorlardı. En öndeyse, altın postlu ve bir kartalınki gibi rengârenk tüylü iri mi iri, kanat boyu diğer atlarınkinin iki misli bir at vardı.

"*Pegasuslar,*" dedi Nico. "Bir heykeli taşımaya yetecek kadar çağırmışsın."

Koç neşeyle güldü. "Hem de öyle sıradan pegasuslar değil evlat. "Ne kadar özel olduklarını şimdi göreceksin."

"Şu öndeki at..." Reyna hayretle başını salladı. "Ama o *asıl* Pegasus, atların ölümsüz lordu."

XXXIII

LEO

Tipik bir durumdu.

Leo tam gemide yaptığı değişiklikleri bitirmek üzereyken, kocaman bir fırtına tanrıçası geldi ve simit halkalarını uçuruverdi. Kymopo'yla – ismi her neyse artık – karşılaştıktan sonra, *2. Argo* Ege'de uçamayacak kadar hasarlı, canavarlardan kaçamayacak kadar ağır bir biçimde güç bela ilerlemişti. Her saat aç deniz yılanlarıyla savaşmışlar, meraklı balık sürülerini gemiye çekmişlerdi. Hatta bir ara bir kayaya takıldılar ve Percy'yle Jason'ın gidip gemiyi itmeleri gerekti.

Motorun hırıldar gibi çıkardığı ses yüzünden, Leo'nun içinden hüngür hüngür ağlamak geçiyordu. Üç uzun gün boyunca, en sonunda tam Mikonos Adası'nın rıhtımına yaklaşırlarken geminin iyi kötü işlemesini sağlamıştı. Bu da yine paramparça olabilecekleri anlamına geliyordu.

Percy ve Annabeth keşif yapmak için karaya çıkarlarken, Leo kıç güvertesinde kaldı ve kontrol konsolunda ince ayar çekti. Kablolama işine kendini o kadar kaptırmıştı ki Percy, "Selam, dostum. Gelato dondurması," diyene dek, keşif ekibinin geri döndüğünü fark etmemişti.

Leo'nun günü anında daha iyi geçmeye başladı. Tüm tayfa günlerdir ilk kez bir fırtınanın çıkacağından veya bir canavarın saldıracağından endişe etmeden güverteye oturdu ve dondurma yedi. Frank dışında, çünkü laktoz yetersizliği vardı. Onun yerine bir elma yedi.

Hava sıcak ve rüzgârlıydı. Deniz köpüklü dalgalarla parıldıyordu ama Leo stabilizörleri tamir ettiği için Hazel'ın midesi tutmamıştı.

Sancak tarafına doğru kıvrılan yer Mikonos kasabasıydı... Beyaz renkli, mavi çatılı ve mavi kapılı bir binalar öbeğiydi.

"Kasabada dolanan pelikanlar gördük," dedi Percy. "Dükkânlara girip, barlara bakıyorlardı."

Hazel kaşlarını çattı. "Kılık değiştirmiş canavarlar mı?"

"Hayır," dedi Annabeth gülerek. "Sadece sıradan pelikanlar. Kasaba maskotu falan herhalde. Bir de kasabada 'Küçük İtalya' bölgesi var. Dondurma o yüzden bu kadar lezzetli."

"Avrupa çok karışık." Leo başını salladı. "Önce, İspanyol merdivenleri için Roma'ya gidiyoruz. Sonra da İtalyan dondurması almak için Yunanistan'a..."

Ama dondurmaya bir şey diyemeyecekti doğrusu. Çifte çikolata katmanlı dondurmasını yedi ve arkadaşlarıyla birlikte tatile çıktıklarını ve güzel vakit geçirdiklerini hayal etmeye çalıştı. Bunu düşününce, keşke Kalipso da yanında olsaydı diye geçirdi içinden. Keşke savaş sona erseydi ve herkes hayatta olsaydı diye düşünüp hüzünlendi. Temmuz'un 30'uydu. Çamur Prensesi Gaia'nın muhteşem toprak suratıyla uyanmasına kırk sekiz saatten az kalmıştı.

İşin en tuhaf yanıysa, 1 Ağustos'a yaklaştıkça, arkadaşlarının daha neşeli davranmasıydı. Belki de neşeli tam olarak doğru sözcük değildi. Aslında, hepsi son aşama için hazırlanıyordu. Önlerindeki iki günde, ya batacaklarını ya çıkacaklarını biliyorlardı. Eli kulağında bir ölümle karşı karşıya olduğunuzda, surat asmanın bir anlamı yoktu. Dünyanın sonu, dondurmanın daha da lezzetli olmasını sağlıyordu.

Tabii, tayfanın geri kalanı Leo'yla birlikte ahırlara inmemiş, zafer tanrıçası Nike'yle son üç gündür konuşmamıştı...

Piper dondurma kâsesini bıraktı. "Demek Delos adası rıhtımın hemen karşısında. Apollon'la Artemis'in esas bölgesi. Kimler gidiyor?"

"Ben," dedi Leo hemen. Herkes ona baktı.

"Ne?" dedi. "Diplomatik birisiyim. Frank'le Hazel bana destek çıkmaya da razı geldiler."

"Geldik mi?" dedi Frank yarısı yenmiş elmasını indirip. "Yani, tabii ki razı geldik."

Hazel'ın altın renkli gözleri günışığında parıldadı. "Leo, bununla ilgili bir rüya falan mı gördün?"

"Evet," deyiverdi Leo. "Şey... Hayır. Pek sayılmaz. Ama... Bu konuda bana güvenmelisiniz arkadaşlar. Apollon ve Artemis'le konuşmam gerek. Aklıma onlardan yardım isteyebileceğim bir konu geldi."

Annabeth kaşlarını çattı. Buna itiraz edecek gibiyken, Jason araya girdi.

"Leo'nun aklına bir şey geldiyse, ona güvenmemiz gerek," dedi.

Leo bunu duyunca suçluluk hissetti; özellikle de aklına gelen şeyin ne olduğunu düşününce kötü hissetti ama gülümsemeye çalıştı. "Sağ ol dostum."

Percy omuzlarını silkti. "Tamam. Ama bir tavsiye vereyim: Apollon'u gördüğünüzde, haiku lafı etmeyin."

Bu sefer, Hazel kaşlarını çattı. "Neden? Apollon şiir tanrısı değil mi?"

"Güven bana."

"Tamam." Leo ayağa kalktı. "Ha, bir de Delos'ta bir hediyelik eşya dükkânı varsa, size kesinlikle Apollon'un ve Artemis'in kafaları sallanan bebeklerinden getireceğim!"

Apollon pek haikuyla ilgilenecek halde değildi. Kafası sallanan bebekler de satmıyordu.

Frank dev bir kartala dönüşüp Delos'a uçmuştu ama Leo Hazel'la birlikte Arion'la gitmişti. Frank'in alınmasını istemezdi ama Sumter Kalesi'ndeki fiyaskodan sonra, Leo dev kartallara binmek konusuna dürüstçe karşı çıkıyordu. Frank'in başarısızlık oranı yüzde yüzdü.

Adayı terk edilmiş bir halde buldular; bunun sebebi denizin turist tekneleri için fazla dalgalı olması olabilirdi. Rüzgârın dövdüğü tepeler kayalar, çimler ve yabani çiçekler haricinde bomboştu. Bir de birkaç yıkık tapınak dışında tabii. Yıkıntılar muhtemelen epey etkileyiciydi ama Olimpiya'dan beri Leo'nun içi dışı antik tapınak olmuştu. Beyaz mermer sütunlar görmeye doymuştu. En eski binaların devlet okulları ve McDonald's'ların olduğu ABD'ye geri dönmek istiyordu. Birlikte iki yanı yüz hatları zamanla neredeyse tamamıyla silinmiş beyaz taş aslanlarla çevrili bir caddede yürümeye başladılar.

"Ürkütücü," dedi Hazel.

"Hayalet falan hissediyor musun?"

Hazel başını salladı. "Zaten hiç hayalet *hissetmemem* ürkütücü. Delos kutsal topraklar sayılıyor. Hiçbir ölümlünün burada doğmasına veya ölmesine izin verilmezdi. Yani, bu adanın tamamında gerçekten de hiçbir ölümlünün ruhu *yok*."

"Bana uyar," dedi Leo. "Kimsenin bizi öldürmesine izin verilmediği anlamına mı geliyor?"

"Öyle demedim," dedi Hazel ufak bir tepenin zirvesinde durup. "Bak. Aşağıya bakın."

Aşağıda, tepenin kenarına bir amfiteatr inşa edilmişti. Sıra sıra taş sıraların arasında yabani otlar çıktığından, dikenli çalılara verilen bir konser gibi görünüyordu. En altta, sahnenin ortasında bir taş bloğunun üstünde, tanrı Apollon bir ukulelenin üstüne eğilmiş, hüzünlü bir melodi çalıyordu.

En azından, Leo onun Apollon olduğunu sanıyordu. Adam on yedi yaşlarındaydı, kıvırcık sarı saçları ve kusursuz bronz bir teni vardı. Üstünde yıpranmış bir blucin, siyah renkli bir tişört ve Elvis/Ramones/Beach Boys karışımı bir tarzı deniyormuş gibi yapay elmaslarla kaplı yakaları olan beyaz renkli keten bir ceket vardı.

Leo genellikle ukulelenin hüzünlü bir çalgı olduğunu düşünmezdi. (Acınasıydı, orası kesindi. Ama hüzünlü değildi.) Yine de Apollon'un çaldığı melodi o kadar melankolikti ki, Leo duygulandığını hissetti.

En ön sırada on üç yaşlarında, siyah bir tayt ve gümüş renkli bir tunik giymiş, koyu renkli saçları atkuyruğu biçiminde bağlanmış bir kız oturuyordu. Kız uzunca bir tahta parçasını yontup bir yay yapıyordu.

"Tanrılar bunlar mı?" diye sordu Frank. "İkize benzemiyorlar."

"Eh, düşünsene," dedi Hazel. "Bir tanrıysan, dilediğin gibi görünebilirsin. Bir ikizin olsaydı..."

"İkizim *haricinde* her şey gibi görünmek isterdim," dedi Frank. "Peki, planımız nedir?"

"Bizi vurmayın!" diye bağırdı Leo. Okçu iki tanrıyla karşı karşıya olduklarından, iyi bir açılış yaptığını düşünüyordu. Kollarını kaldırıp, sahneye doğru inmeye koyuldu. İki tanrı da onları gördüğüne şaşırmamıştı. Apollon içini çekip, ukulelesini çalmaya devam etti.

En ön sıraya vardıklarında Artemis, "Geldiniz demek. Nerede kaldığınızı merak etmeye başlamıştık," diye mırıldandı.

Bu sözleri duyunca, Leo'nun keyfi kaçtı. Kendisini tanıtmaya, barışçıl amaçlarla geldiklerini açıklamaya, belki birkaç espri patlatmaya ve nane şekeri vermeye hazırlamıştı kendini.

"Demek bizi bekliyordunuz," dedi. "Belli zaten, ikiniz de çok heyecanlısınız."

Apollon *Camptown Races* şarkısının cenaze versiyonunu andıran bir şarkı çalmaya başladı.

"Bulunmayı, rahatsız edilmeyi ve canımızın sıkılmasını bekliyorduk. Kimin geleceğini bilmiyorduk. Bizim mutsuzluğumuzla baş başa bırakamaz mısınız?"

"Bunu yapamayacaklarını biliyorsun," diye azarladı onu Artemis. "Görevleriyle ilgili olarak yardımımıza ihtiyaçları var. Hem de durum ne kadar umutsuz olsa da."

"Siz ikiniz harika bir neşe kaynağısınız," dedi Leo. "Sahi, neden burada gizleniyorsunuz? Şey olmanız gerekmez miydi... Ne bileyim, gigantlarla savaşta falan?"

Artemis'in açık renkli gözleri Leo'yu iç organları deşilmek üzere olan bir geyik gibi hissettirdi.

"Delos doğduğumuz yer," dedi tanrıça. "Buradayken, Yunan-Roma bölünmesinden etkilenmiyoruz. İnan bana, Leo Valdez, elimde olsaydı Avcılarımın yanında olur, eski düşmanımız Orion'la yüzleşirdim. Ne yazık ki, bu adadan dışarı adımımı attığım anda acıdan etkisiz hale gelirim. Orion müritleri katlederken, yapabileceğim tek şey ne yazık ki olanları çaresizlik içinde izlemek. Birçoğu hayatlarını arkadaşlarınızı ve o lanet olasıca Athena heykelini korurken verdi."

Hazel boğuluyormuş gibi bir ses çıkardı. "Nico'yu mu diyorsun? O, iyi mi?"

"İyi mi?" Apollon ukulelesinin tepesinden hıçkırıklarla ona baktı. "*Hiçbirimiz* iyi değiliz kızım! Gaia uyanmak üzere!"

Artemis dik dik ona baktı. "Hazel Levesque, erkek kardeşin hâlâ hayatta. Senin gibi cesur bir savaşçı. Keşke aynı şeyi *kendi* erkek kardeşim için de söyleyebilseydim."

"Haksızlık ediyorsun!" diye cıyakladı Apollon. "Gaia ve o korkunç Romalı çocuk beni yanlış yönlendirdiler!"

Frank hafifçe öksürdü. "Şey, Lord Apollon, Octavian'ı mı diyorsunuz?"

"İsmini ağzına alma!" Apollon minör bir akor çaldı. "Ah, Frank Zhang, keşke benim çocuğum olsaydın. Bir tanrının seni sahiplenmesi için haftalarca ettiğin dualarını duydum. Ama olmadı! En iyi çocukları hep Mars sahiplenir. Benimse... Soyumdan gelen *o yaratık* var. Zihnimi iltifatlarla doldurdu. Bana şerefime inşa edeceği muhteşem tapınaklardan söz etti."

Artemis alaycı bir tavırla güldü. "Seni iltifatlarla tavlamak çok kolay kardeşim."

"Çünkü iltifat edilecek çok harika yönlerim var! Octavian Romalıları yeniden güçlü kılmak istediğini söyledi. Ben de tamam dedim! Ona hayır dualarımı verdim."

"Hatırladığım kadarıyla, seni lejyonun en önemli tanrısı yapacağını, Zeus'tan bile önemli kılacağını da söylemişti."

"Tamam işte, kim bu tür bir teklifi geri çevirebilir ki? Zeus'un kusursuz bir ten rengi var mı? Ukulele çalabiliyor mu? Hiç sanmam! Ama Octavian'ın bir savaş başlatacağı hiç aklıma gelmedi! Gaia düşüncelerimi bulanıklaştırmış, kulağıma fısıldamış olmalı."

Leo Gaia'nın sesini duyduktan sonra intihar etmek isteyen çılgın rüzgâr tanrısı Aeolus'u hatırladı.

"Şimdi, durumu düzeltin o zaman," dedi. "Octavian'a geri çekilmesini söyleyin. Yoksa onu oklarınızdan biriyle vuracağınızı falan söyleyin. O da olur."

"Yapamam!" diye inledi Apollon. "Bak!"

Ukulelesini bir yaya dönüştürdü. Göğe nişan alıp bir ok fırlattı. Altın renkli ok altmış metre kadar havalandıktan sonra buhara dönüştü.

"Yayımla ok fırlatabilmek için, Delos'tan gitmem gerekiyor," diye bağırdı Apollon. "Ama gidersem, ya etkisiz kalırım ya da Zeus beni haklar. Babam beni hiç sevmedi. Milenyumdur güvenmiyor bana!"

"Eh, adil olmak gerekirse, Hera'yla birlik olup onu alt etmeye çalıştığın bir zaman da olmadı değil," dedi Artemis.

"O olay bir yanlış anlaşılmaydı!"

"Sonra, Zeus'un Kikloplarını öldürdün."

"Çok iyi bir nedenim vardı! Her halükârda, Zeus *her şey* için beni suçluyor. Octavian'ın planları, Delphi'nin çöküşü..."

"Bir dakika." Hazel eliyle mola işareti yaptı. "Delphi'nin çöküşü mü?"

Apollon'un yayı yine bir ukulele oldu. Dramatik bir akor çaldı. "Yunanlılar ve Romalılar arasındaki bölünmeler başladığında, ben kafa karışıklığıyla mücadele ederken, Gaia bunu fırsat bildi! Eski düşmanım olan büyük yılan Piton'u diriltti ve Delphi Kâhin'ini ele geçirdi. O meşum yaratık şu anda eski mağaralarda kıvrılmış bekliyor, kehanet büyüsünü engelliyor. Ben de buraya tıkılıp kaldığım için, onula savaşmaktan bile yoksunum."

"Tüh," dedi Leo ama içinden daha fazla kehanette bulunulmamasının iyi bir şey olduğunu da düşündü. Yapılacaklar listesi zaten epey uzundu.

"Ya, tüh!" dedi Apollon içini çekip. "Zeus *zaten* Rachel Dare denen kızı Kâhinim yaptığım için bana kızgındı. Zeus bunu yaparak, Gaia'yla savaşı *hızlandırdığımı* düşündü, çünkü Rachel ben onu kutsar kutsamaz Yediler Kehaneti'nde bulundu. Ama kehanetler öyle işlemez! Babam sadece suçlayacak birisini arıyordu. O yüzden de en yakışıklı, yetenekli ve inanılmaz derecede harika tanrıyı seçti."

Artemis kusuyormuş gibi yaptı.

"Of, yapma kardeşim!" dedi Apollon. "Senin de başın dertte!"

"Sırf Zeus'un isteğinin aksine Avcılarımla iletişim halinde kaldım diye," dedi Artemis. "Ama her zaman babamı beni affetmesi için etkileyebilirim. Bana asla kızgın kalamaz. Beni endişelendiren şey *sensin.*"

"Ben de kendim için endişeleniyorum!" dedi Apollon. "Bir şeyler yapmalıyız. Octavian'ı öldüremeyiz. Hmm. Belki de *bu* melezleri öldürmeliyiz."

"Dur bakalım Bay Müzisyen." Leo, Frank'in ardına gizlenip, *Şu iri yarı Kanadalı çocuğu al!* diye bağırmamak için kendini zor tuttu. "Aynı tarafta olduğumuzu unuttun galiba. Neden bizi öldüreceksin ki?"

"Kendimi daha iyi hissedebilirim!" dedi Apollon. "Bir şey yapmalıyım!"

"Ya da bize yardım edebilirsin," dedi Leo hemen. "Bak, aklıma bir şey..."

Onlara Hera'nın nasıl onları Delos'a yönlendirdiğini ve Nike'nin doktorun şifasının malzemelerini tarif ettiğini anlattı.

"Doktorun şifası mı?" Apollon kalkıp ukulelesini taşlara fırlattı ve kırdı. "Planın bu mu?"

Leo ellerini havaya kaldırdı. "Hey, ukulelelerin kırılması taraftarıyım ama..."

"Size yardım edemem!" diye bağırdı Apollon. "Doktorun şifasının sırrını söylersem, Zeus beni *asla* affetmez!"

"Başın çoktan dertte," dedi Leo. "Durumun nasıl daha kötü olabilir ki?"

Apollon öfkeyle ona baktı. "Babamın neler yapabileceğini bilseydin, ölümlü, bunu sormazdın. Hepinizi şuracıkta vursam çok daha iyi. Belki Zeus buna memnun olur..."

"Kardeşim..." dedi Artemis.

İkizler göz göze geldi ve sessiz bir tartışma yaşadılar. Artemis'in kazandığı belliydi. Apollon derin derin içini çekip, kırık ukulelesini tekmeleyip sahneden ileri fırlattı.

Artemis ayağa kalktı. "Hazel Levesque, Frank Zhang, benimle gelin. On İkinci Lejyon hakkında bilmeniz gereken şeyler var. Sana gelince Leo Valdez..." Tanrıça buz gibi, gümüş renkli gözlerini ona çevirdi. "Apollon seni dinleyecek. Bakalım bir anlaşma yapabilecek misin? Kardeşim her zaman iyi bir pazarlıktan hoşlanır."

Frank'le Hazel, Leo'ya, *Sakın, yalan söyleme*, der gibi baktılar. Sonra, Artemis'in peşinden amfiteatrın basamaklarını çıkıp, tepenin zirvesine tırmandılar.

"Eee, Leo Valdez?" Apollon kollarını göğsünde kavuşturdu. Gözleri altın sarısı parlıyordu. "Pazarlık yapalım o halde. Beni seni öldürmektense, yardım etmeye nasıl ikna edeceksin?"

XXXIV

LEO

"Bir pazarlık." Leo parmaklarının seğirdiğini hissetti. "Evet, kesinlikle."

Daha zihni ne yaptığını algılayamadan, elleri işe koyuldu. Büyülü alet kemerinin cebinden bir şeyler çıkarmaya başladı: bakır teller, birkaç cıvata ve bronz bir huni. Aylardır, ufak tefek makine parçalarını biriktiriyordu, çünkü neye ne zaman ihtiyacı olacağını bilemiyordu. Hem kemeri ne kadar uzun kullanırsa, sezgileri bir o kadar güçleniyordu. Elini kemerin içine soktuğu anda, doğru parçaları buluveriyordu.

"Şimdi, şöyle," dedi Leo bakır teli bükerken. "Zeus seni çoktan göz ardı etti, değil mi? Gaia'yı yenmemize yardım edersen, hatanı telafi edebilirsin."

Apollon burnunu kırıştırdı. "Olabilir sanırım. Ama seni öldürmek daha kolay olurdu."

"*Bundan* ne biçim bir balad olurdu ama?" Leo'nun elleri heyecanla çalışıyor, eski bir vites koluna kaldıraçlar ve metal huniyi ekliyordu. "Sen müzik tanrısıydın, değil mi? *Apollon Cılız ve Ufak bir Melezi Öldürdü* diye bir şarkı dinler miydin? Ben dinlemezdim. Ama *Apollon Top-*

rak Ana'yı Yendi ve Muhteşem Evren'i Kurtardı diye bir şarkı dinlerdim... İşte, *bu* bir Billboard hit şarkılar listesine girecek türden bir şey!"

Apollon ismini bir manşete okuyormuş gibi havaya baktı. "Tam olarak ne istiyorsun? Ayrıca, çıkarım ne olacak?"

"İhtiyacım olan ilk şey şu: tavsiye." Leo huninin ağzına birkaç bakır tel bağladı. "Planımın işe yarayıp yaramayacağını öğrenmek istiyorum."

Leo ona fikrini anlattı. Günlerdir, Jason okyanusun dibinden geldiğinden ve kendisi Nike'yle konuştuğundan beri bunu düşünüyordu.

İlkel bir tanrı da eskiden yenilmişti, demişti Kymopoleia Jason'a. *Kimden söz ettiğimi biliyorsun.*

Leo'nun Nike'yle yaptığı konuşmalar planının ince ayrıntılarını da oluşturmasına yardımcı olmuştu ama hâlâ bir başka tanrıdan ikinci bir fikir almak istiyordu. Çünkü Leo bu işe bir kalkıştı mı, geri dönüşü olmayacaktı.

Aslında, Apollon'un ona gülüp bunu unutmasını söyleyeceğini de umuyordu. Ama tanrı düşünceli düşünceli başını salladı. "Sana bu tavsiyeyi beleşe vereceğim. Dediğin şekilde Gaia'yı yenmen *mümkün.* Tıpkı Uranüs'ün binlerce sene önce yenildiği gibi. Ama yakınlardaki tüm ölümlüler son derece..." Apollon sustu. "Ne yaptın öyle?"

Leo elindeki mekanizmaya baktı. Katman katman, bir sürü gitar teli takımını andıran bakır tel, huninin içinde birbirinin üstünden geçiyordu. Sıra sıra vurma dişlisi de huninin dış tarafındaki kaldıraçlar tarafından kontrol ediliyordu. Bu kaldıraçlar birkaç manivela kolu bulunan kare biçimli metal bir tabana iliştirilmişti.

"Ha, bu mu?" Leo'nun beyni aşırı hızda çalışmaya başladı. Elindeki alet, eski model bir gramofonla bir müzik kutusu karışımı bir şeyi andırıyordu ama *neydi? Bir pazarlık eşyasıydı.* Artemis ona Apollon'la bir anlaşma yapmasını söylemişti.

Leo kampta On Birinci Kulübe'deki çocukların böbürlenerek anlattıkları öyküyü hatırladı: Babaları Hermes'in Apollon'un kutsal ineklerini çaldıktan sonra nasıl cezadan kurtulduğuyla ilgili bir öyküydü. Hermes yakalandığında, bir müzik aleti, yani ilk liri yapmıştı ve onu Apollon'la değiş tokuş ederek anında affedilmişti.

Birkaç gün önce, Piper Hermes'in o inekleri Pylos'ta sakladığı mağarayı gördüğünden söz etmişti. Anlattıkları Leo'nun bilinçaltını harekete geçirmiş ve Leo, fark etmeden bir müzik aleti icat etmiş olmalıydı. Buna kendisi de şaşırmıştı, çünkü müzik hakkında hiçbir şey bilmezdi.

"Şey, dünyanın en harika çalgısı sadece!" dedi.

"Nasıl çalışıyor?" diye sordu tanrı.

İyi soru, dedi Leo içinden.

Manivela kollarını çevirdiğinde, çalgının suratına patlamamasını umdu. Çalgıdan birkaç berrak ses çıktı. Metalik bir sesti ama yumuşaktı. Leo kollarla dişlileri oynattı. Sonra, çalgıdan yayılan müziği tanıdı: Kalipso'nun ona Ogygia'da söylediği vatan hasreti ve özlemle ilgili şarkıydı. Ama pirinç huniden çıkan melodi daha hüzünlüydü. Adeta kalbi kırık bir makineden çıkıyor gibiydi. Festus şarkı söyleyebilse, herhalde öyle söylerdi.

Leo Apollon'un orada olduğunu unuttu. Şarkıyı sonuna kadar çaldı. Şarkı bittiğinde, gözleri dolmuştu. Kalipso'nun mutfağından yayılan taze pişirilmiş ekmek kokusunu adeta hissedebiliyordu. Kalipso'nun ona verdiği tek öpücüğün tadını alabiliyordu.

Apollon hayretle ona baktı. "Buna sahip olmalıyım. İsmi nedir? Karşılığında ne istiyorsun?"

Leo birden çalgıyı gizleyip, kendisine saklamak için büyük bir isteğe kapıldı. Ama yutkunup hislerini içine attı. Tamamlaması gereken bir görev vardı. Kalipso... Onun için başarılı olmalıydı.

"Buna valdenizatör deniyor, tabii ki!" dedi. Göğsünü şişirdi. "Şeyle çalışıyor. Siz dişlileri çevirirken, eeee, hislerinizi müziğe aktarıyor. Aslında bu benim için, yani Hephaistos'un bir çocuğunun kullanması için. O yüzden, senin..."

"Ben müzik tanrısıyım!" diye bağırdı Apollon. "Valdenizatörü çalmayı *gayet iyi* öğrenebilirim. Bunu yapmalıyım! Bu, görevim!"

"O zaman, pazarlığımızı tamamlayalım Bay Müzisyen," dedi Leo. "Ben sana bunu vereyim, sen de bana doktorun şifasını ver."

"Hmm..." Apollon ilahi dudağını ısırdı. "Şey, aslında, doktorun şifası *bende* değil."

"Ama ilaç tanrısı olduğunu sanıyordum."

"Öyleyim ama *birçok* şeyin tanrısıyım! Şiir, müzik, Delphi Kâhini..." Birden, hıçkırmaya başladı ve yumruğuyla ağzını kapadı. "Pardon, iyiyim, iyiyim. Dediğim gibi, bir sürü etki alanım vardır. Bir de tabii Helios'tan miras aldığım şu 'güneş tanrısı' olayı var. Neyse, demek istediğim şu: Beni bir dahiliye doktoru gibi düşün. Doktorun şifasını öğrenebilmek için, belirli bir uzmanlığı olan birisiyle görüşmen gerek. Ölümü tedavi eden tek bir kişi vardır: şifacılar tanrısı, oğlum Asklepios."

Leo bunları duyunca, hayal kırıklığına uğradı. İhtiyaçları olan *son* şey, büyük bir ihtimalle kendi anısına yapılan bir tişört veya valdenizatör isteyecek olan bir başka tanrıyı bulmak için bir başka göreve gitmekti.

"Çok yazık Apollon. Bir anlaşma yapabileceğimizi umuyordum." Leo, valdenizatörünün kollarını çevirince, daha da hüzünlü bir melodi çalmaya başladı.

"Dur!" diye inledi Apollon. "Muhteşem bir şey! Sana Asklepios'u nerede bulacağını söyleyeceğim. Aslında, bize çok yakın!"

"Bize yardım edeceğini nereden biliyoruz? Gaia'nın uyanmasına sadece iki gün kaldı."

"Yardım edecek!" dedi Apollon. "Oğlum çok yardımseverdir. Ona gittiğinde, seni benim yolladığımı söyle. Onu Epidaurus'taki eski tapınağında bulabilirsin."

"Dezavantaj nedir?"

"Ha... Şey, hiçbir şey. Korunuyor olması dışında tabii."

"Ne tarafından korunuyor?"

"Bilmiyorum!" Apollon çaresizlik içinde ellerini iki yana açtı. "Sadece, Zeus'un Asklepios'un dünyanın dört bir yanına koşturup insanları iyileştirmemesi için gözetim altında tuttuğunu biliyorum. Asklepios ilk ölüleri dirilttiğinde... Epey bir karmaşa yaratmıştı. Uzun hikâye. Ama eminim ki onu yardım etmeye ikna edebilirsin."

"Kulağa pek bir anlaşma gibi gelmiyor," dedi Leo. "Ya son malzeme? Delos'un laneti nedir?"

Apollon istekle valdenizatöre baktı. Leo tanrının onu öylece alacağından korktu. Onu nasıl durdurabilirdi ki? Güneş tanrısını ateşle vurmanın bir faydası olmazdı.

"Son malzemeyi ben verebilirim," dedi Apollon. "O zaman Asklepios'un iksiri hazırlaması için bütün malzemeler tamamlanmış olur."

Leo farklı bir taktik denedi. "Bilmem. Bu güzelim valdenizatörü bir Delos lanetine karşılık vermek..."

"O dediğin şey aslında bir lanet değil! Bak..." Apollon en yakınındaki yabani çiçeklere koşup, taşların arasındaki çatlaklardan birinden sarı renkli bir çiçek aldı. "Delos laneti *bu* işte."

Leo çiçeğe baktı. "Lanetli bir papatya mı?"

Apollon bıkkınlıkla içini çekti. "Bu, sadece lakabı. Annem Leto, Artemis'le beni doğurmaya hazır olduğunda, Hera öfkelenmişti, çünkü Zeus onu yine aldatmıştı. Bu yüzden, dünyadaki bütün büyük kara parçalarını dolaştı. Gittiği her yerde doğa ruhları yaratıp, annemi geri çevirmelerini ve doğum yapmasını engellemelerini söyledi."

"Tam Hera'ya göre bir davranış."

"Aynen, değil mi? Neyse, Hera dünyadaki her kara parçasından bu sözü aldı ama Delos'tan *alamadı.* Çünkü Delos o zamanlar yüzen bir adaydı. Delos'un doğa ruhları annemi güzel karşıladılar. Burada beni ve kız kardeşimi dünyaya getirdi. Ada yeni kutsal evimiz olduğuna öylesine sevindi ki, her yanını bu minik sarı çiçeklerle kapladı. Bu çiçekler biz muhteşem olduğumuz için bir kutsama. Ama aynı zamanda bir laneti de temsil ediyorlar, çünkü biz doğar doğmaz, Delos karaya bağlandı ve bir yüzen ada olmaktan çıktı. Bu sarı papatyalara bu yüzden Delos'un laneti deniyor."

"Yani, istesem papatyalardan birini kendim de koparıp gidebilirdim."

"Hayır, hayır! Aklındaki iksir için olmaz. Bu çiçeğin ya benim ya da kız kardeşim tarafından koparılması gerekiyor. Ne dersin, melez? Asklepios'un yerini tarif edip son büyülü malzemeni, yeni müzik çalgın karşılığında sana vereceğim. Anlaştık mı?"

Leo kusursuz bir valdenizatörü yabani bir çiçek karşılığında vermeyi hiç istemiyordu ama başka seçeneği yoktu. "Sıkı pazarlık ediyorsun Bay Müzisyen." Sonra, değiş tokuşu yaptılar.

"Harika!" Apollon Valdenizatör'ün kollarını çevirince, çalgıdan bir araba motorundan çıkan sese benzer bir ses çıktı.

"Hmm... Belki biraz pratik yapmam gerekiyordur ama başaracağım! Şimdi, gidip arkadaşlarını bulalım. Ne kadar çabuk gidersen, o kadar iyi!"

* * *

Hazel ve Frank onu Delos rıhtımında bekliyorlardı. Artemis ortalıkta yoktu.

Leo Apollon'a veda etmek için arkasını dönünce, onun da gittiğini fark etti.

"Vay canına," dedi, "valdenizatörde pratik yapmaya cidden çok hevesli galiba."

"*Neyde* pratik yapmaya?" dedi Hazel.

Leo onlara müzik hunilerinin dâhi mucidi olarak edindiği yeni hobisini anlattı.

Frank başını kaşıdı. "Bunun karşılığında bir papatya mı aldın?"

"O papatya, ölümü tedavi etmek için gereken son malzeme Zhang. Süper bir papatya! Siz neler yaptınız? Artemis'ten bir şey öğrenebildiniz mi?"

"Ne yazık ki evet." Hazel *2. Argo*'nun demir atıp sallandığı denize baktı. "Artemis menzilli silahlarla ilgili çok şey biliyor. Bize Octavian'ın Melez Kampı için birtakım *sürprizler* hazırladığını söyledi. Lejyonun hazinesinin büyük bir kısmını Kikloplar tarafından inşa edilmiş yaban eşekleri satın almış."

"Ay, hayır, yaban eşekleri almış olmasın!" dedi Leo. "Dur bir dakika. Yaban eşeği de ne?"

Frank kaşlarını çattı. "Sen makineler inşa diyorsun. Bir yaban eşeğinin ne olduğunu nasıl bilmezsin? Roma ordusu tarafından kullanılmış en büyük ve kötü mancınıktır."

"Tamam," dedi Leo. "Ama *yaban eşeği* aptalca bir isim. Onlara katapult deselerdi bari."

Hazel gözlerini devirdi. "Leo, ciddi bir şeyden söz ediyoruz. Artemis doğruyu söylüyorsa, bu makinelerden altı tanesi yarın akşam Long Island'a yanaşacak. Octavian'ın beklediği şey buydu. 1 Ağustos'ta şafak söktüğünde, tek bir Romalı bile ölmeden Melez Kampı'nı tamamıyla yok edecek güce sahip olacak. Bunun onu bir kahramana dönüştüreceğini sanıyor."

Frank Latince bir küfür savurdu. "Ama bir yandan da o kadar çok canavar 'müttefik' edindi ki, lejyon tamamıyla yabani sentorlarla, köpek kafalı *cynocephali* kabileleriyle ve kim bilir başka nelerle çevrili. Lejyon Melez Kampı'nı yok ettikten sonra, canavarlar Octavian'a düşman kesilip lejyonu yok edecek."

"Sonra da Gaia uyanacak," dedi Leo. "Kötü şeyler olacak." Bu yeni bilgileri duyduktan sonra, zihnindeki dişliler dönmeye başlamıştı. "Tamam... Bu durum planımı daha da önemli hale getiriyor. Doktorun şifasını elde ettikten sonra, yardımınıza ihtiyacım olacak. İkinizin de."

Frank endişeyle lanetli sarı renkli papatyaya baktı. "Ne tür bir yardım?"

Leo onlara planını anlattı. Konuştukça, arkadaşları daha da şaşırdılar ama lafı bittiğinde ikisi de ona çıldırdığını söylemedi. Hazel'ın yanağında bir damla yaş parıldadı.

"Öyle olması gerekiyor," dedi Leo. "Nike de öyle söyledi, Apollon da. Diğerleri bunu asla kabul etmezler ama siz... Sizler Romalısınız. O yüzden Delos'a benimle gelmenizi istedim. Şu fedakârlık meselesini iyi biliyorsunuz. Görevinizi yapıyor, olanları kabulleniyorsunuz."

Frank gülümsedi. "Yenilgiyi kabulleniyoruz demek istedin herhalde."

"Her neyse," dedi Leo. "Yanıtın *bu* olması gerektiğini biliyorsunuz."

"Leo..." Frank daha fazla konuşamadı.

Leo bir valdenizatör gibi ağlamak istiyordu ama istifini bozmadı.

"Hey, koca adam, sana güveniyorum. Bana Mars'la aranda geçen konuşmayı anlattığını hatırlıyor musun? Baban öne çıkman gerektiğini söylememiş miydi? Kimsenin yapmaya niyetli olmadığı şeyi yapacaksın."

"Yoksa savaş ters gider," dedi Frank. "Ama yine de..."

"Sen Hazel," dedi Leo. "Çılgın Sis büyülü Hazel, beni koruman gerek. Bunu yapabilecek tek kişi sensin. Büyük büyükbabam Sammy ne kadar özel olduğunu anlamıştı. Beni bir bebekken kutsamıştı, çünkü bir şekilde geri geleceğini ve bana yardım edeceğini biliyordu. Tüm hayatımız, *mi amigo*, bizi bu noktaya varmamız için hazırladı."

"Ah, Leo..." Hazel o anda gerçekten de hüngür hüngür ağlamaya başladı. Onu kaptığı gibi sıkıca sarıldı. Frank de ağlamaya başlayana ve onları kollarına alana dek her şey çok tatlıydı. Sonra, Leo durumun tuhaflaştığını hissetti.

"Şey, tamam..." Nazikçe geri çekildi. "Anlaştık, değil mi?"

"Bu plandan nefret ediyorum," dedi Frank.

"Ben de tiksiniyorum," dedi Hazel.

"*Benim* neler hissettiğimi düşünsenize," dedi Leo. "Ama en iyi şansımızın bundan ibaret olduğunu biliyorsunuz."

İkisi de bir şey demedi. Leo keşke deselerdi diye düşündü.

"Haydi, gemiye dönelim. Bulmamız gereken şifacı bir tanrı var."

XXXV

LEO

Leo gizli girişi hemen gördü.

"Ah, ne güzel." Gemiyi Epidaurus'un yıkıntılarının üstüne yönlendirdi.

2. Argo gerçekten de uçabilecek durumda değildi ama Leo sadece bir gece çalıştıktan sonra onu havalandırmayı başarmıştı. Ertesi sabah dünya sona ereceği için de canla başla çalışmıştı.

Kürek boşluklarını suyla doldurarak hazırladı. Teknik parçaları Styks suyuyla doldurdu. Festus gemi başına en sevdiği yemeği yedirdi: otuz kiloluk motor yağı ve Tabasco sosu. Harika Masa Buford bile yardıma koştu, alt güvertelerde takır tukur sesler çıkararak işleri yaptı; bu sırada holografik Mini Hedge'i "OTUZ MEKİK ÇEK!" diye bağırıyor, motoru gaza getiriyordu.

En sonunda, şifa tanrısı Asklepios'un eski tapınak bölgesinin üstünde havada duruyorlardı. Doktorun şifasını, belki biraz da ambrosia, nektar ve Fonzie bulmayı umuyorlardı, çünkü Leo'nun stokları tükenmeye başlamıştı.

Kış güvertesinde yanında duran Percy tırabzanlardan aşağı bakıyordu. "Yine yıkıntılar," dedi.

Yüzü, deniz altında zehirlendiği için hâlâ yeşildi ama en azından kusmak için sık sık tuvalete koşturmuyordu. Onun ve Hazel'ın mide tutması arasında, son birkaç gündür gemide boş bir tuvalet bulmak imkânsız hale gelmişti.

Annabeth iskele tarafının elli metre kadar ilerisindeki disk biçimli bir yapıyı işaret etti. "Orası."

Leo gülümsedi. "Aynen. Mimar işini biliyor." Tayfanın geri kalanı yanlarına geldi.

"Neye bakıyoruz?" diye sordu Frank.

"Ah, *Senyor* Zhang," dedi Leo, "bana hep şöyle dersin ya? 'Leo, melezler arasındaki tek gerçek dâhi sensin'."

"Bunu hiç söylemediğime eminim."

"Ah, başka gerçek dâhiler de var! Çünkü içlerinden biri aşağıdaki şu muhteşem eseri yaratmış."

"Aşağıda taşlardan yapılmış bir halka var," dedi Frank. "Eski bir tapınağın temeli olmalı."

Piper başını salladı. "Hayır, ondan daha fazlası. Kenarlarına ve kenarların etrafına kazınmış oyuklara baksana."

"Bir çarklının dişleri gibi," dedi Jason.

"Ya şu iç içe geçmiş halkalar." Hazel yapının ortasında kıvrımlı taşların bir tür mercek oluşturduğu merkezini işaret etti. "Bu desen bana Pasiphae'nin kolye ucunu hatırlattı: Labirent'in sembolü."

"Hah." Leo kaşlarını çattı. "İşte, bu aklıma gelmemişti. Ama *mekanik* düşünün. Frank, Hazel... daha önce iç içe geçmiş halkaları nerede görmüştük?"

"Roma'nın altındaki laboratuvarında," dedi Frank.

"Kapıdaki Arşimet kilidinde içe içe geçmiş halkalar vardı," dedi Hazel.

Percy alaycı bir ses çıkararak güldü. "Bunun devasa boyutlarda taş bir kilit mi olduğunu söylüyorsunuz? Çapı on beş metre olmalı."

"Leo haklı olabilir," dedi Annabeth. "Eski zamanlarda, Asklepios'un tapınağı Yunanistan'ın Devlet Hastanesi gibiydi. *Herkes* en iyi tedaviyi almak için buraya gelirdi. Zeminin üstünde kalan kısmı büyük bir şehir kadardı ama asıl olayın yeraltında kalan kısmında olduğu söylenirdi. Orada, baş rahipler yoğun bakım hizmeti verirdi; süper büyülü bir alandı ve ancak gizli bir geçitten girilebiliyordu."

Percy kulağını kaşıdı. "Bu kocaman şey bir kilitse, anahtarı nereden bulacağız?"

"Bunu düşündüm bile, Deniz Adam," dedi Leo.

"Tamam, bana sakın *Deniz Adam* deme. *Su adam* isminden bile kötü."

Leo, Jason'la Piper'a baktı. "Hani şu inşa ettiğim kocaman Arşimet kavrayıcı kolunu hatırlıyorsunuz, değil mi?"

Jason kaşını havaya kaldırdı. "Dalga geçtiğini sanıyordum."

"Ah, dostum, dev kavrayıcı kollarla ilgili asla şaka yapmam!" Leo heyecanla ellerini ovuşturdu. "Ödülleri toplamak için gitsek iyi olacak!"

Leo'nun gemide yaptığı diğer değişikliklere kıyasla, kavrayıcı kolu inşa etmek çok kolay olmuştu. Esas olarak, Arşimet bunu düşman gemilerini sudan almak için tasarlamıştı. Leo bunun için başka bir işlev bulmuştu.

Gövdenin ileri erişim vanasını açtı ve kolu, konsol monitörü ile dışarıda uçup yönle ilgili talimatlar yağdıran Jason'ın yardımıyla uzattı.

"Sola!" diye bağırdı Jason. "Birkaç santim... Tamam! Şimdi, aşağı. Devam et. İyi gidiyorsun."

Leo dokunmatik faresiyle ve döner plakalı kontrolleri kullanarak kolu açtı. Kolun çatal dişleri aşağıdaki yuvarlak taş yapının çıkıntılarının etrafına yerleşti. Hava stabilizörlerini ve monitördeki video görüntülerini kontrol etti.

"Tamam, dostum." Leo dümene yerleştirdiği Arşimet küresini okşadı. "Sıra sende." Küreyi çalıştırdı.

Kavrayıcı kol bir tirbuşon gibi dönmeye başladı. Taşın gıcırdayan ve homurdanan dış halkasını çevirdi ama neyse ki ufalanmadı. Derken, kol ayrıldı, ikinci taş halkanın etrafına yerleşti ve bunu aksi yönde çevirdi.

Yanında monitörün karşısında duran Piper yanağını öptü. "İşe yarıyor Leo, harikasın."

Leo sırıttı. Tam ne kadar muhteşem olduğuyla ilgili bir şey söyleyecekti ki, aklına Hazel ve Frank'le geliştirdiği plan geldi. Bir de Piper'ı ertesi günden sonra hiç görememe ihtimali. Esprisini yuttu. "Şey, evet... Teşekkürler Güzellik Kraliçesi."

Aşağıdaki son taş halka da döndü ve boğuk bir hırıltı çıkararak yerleşti. On beş metrelik tabanlığın içinden helezoni bir merdiven gözüküyordu.

Hazel nefesini dışarı bıraktı. "Leo buradan bile o merdivenin dibinde hoş bir şeyler olmadığını hissediyorum. Büyük... kocaman ve tehlikeli bir şey var. Seninle gelmemi istemediğine emin misin?"

"Teşekkürler Hazel ama biz idare ederiz." Piper'ın sırtına vurdu. "Ben, Piper ve Jason... Kocaman ve tehlikeli şeyler konusunda uzman sayılırız."

Frank ona Pylos nanesini uzattı. "Sakın kırma."

Leo kasvetli bir tavırla başını salladı. "Ölümcül zehir şişesini kırma. Dostum, bunu söylediğine sevindim. Asla aklıma gelmezdi."

"Kes sesini Valdez." Frank ona arkadan sarıldı. "Ayrıca, dikkatli ol."

"Kaburgalarım," diye cıyakladı Leo.

"Pardon."

Annabeth ve Percy onlara şans dilediler. Sonra, Percy gidip kusmak için müsaade istedi.

Jason rüzgârları çağırdı ve Piper'la Leo'yu aşağı uçurdu.

Merdiven döne döne yirmi metre kadar iniyor, sonra 9. Depo kadar büyük bir odaya açılıyordu. Ama oda cidden çok büyüktü.

Duvarlardaki ve zemindeki beyaz fayanslar Jason'ın kılıcının ışığını o kadar iyi yansıtıyordu ki, Leo'nun ateş oluşturmasına gerek kalmadı. Uzun taş sıralar tüm odayı kaplıyor, Leo'ya Houstan'da hep reklamı yapılan mega kiliseleri anımsatıyordu. Odanın en karşı tarafında, yani bir sunağın olması gerektiği yerde, sarf beyaz su mermerinden yapılmış, üç metrelik bir heykel duruyordu: Beyaz cüppeli, suratında huzurlu bir gülümseme olan bir kadın heykeliydi. Tek eliyle bir kâseyi kaldırmıştı ve altın renkli bir yılan, kolundan yukarı kıvrılmıştı. Başınıysa kâsenin kenarına götürmüş, içindeki şeyi içmek üzereymiş gibi duruyordu.

"Kocaman ve tehlikeli şey bu olmalı," dedi Jason.

Piper odaya göz attı. "Burası uyku alanı olmalı." Sesi Leo'yu huzursuz edecek kadar çok yankılandı. "Hastalar geceleri burada kalırdı. Tanrı Asklepios onlara bir rüya yollar, hangi şifayı istediklerini sorardı."

"Bunları nereden biliyorsun?" dedi Leo. "Annabeth mi anlattı?"

Piper gücenmiş gibi ona baktı. "Ben de bir şeyler biliyorum. Bu heykel Asklepios'un kızı Hygieia'nın heykeli. İyi sağlık tanrıçasıdır. *Hijyen* sözcüğü de oradan gelir."

Jason temkinle heykele baktı. "Yılanla kâsenin anlamı ne?"

"Şey, emin değilim," dedi Piper. "Ama eski zamanlarda, burası, yani

Asklepion, hem bir hastaneydi, hem de bir tıp okuluydu. En iyi doktor rahiplerin hepsi burada eğitim görürdü. Hem Asklepios'u, hem de Hygieia'ya tapmış olmalılar."

Leo, *Tamam, güzel turdu. Gidelim*, demek istiyordu.

Sessizlik, parlak beyaz fayanslar ve Hygieia'nın suratındaki ürkütücü gülümseme... Tüm bunlar onu tedirgin etmişti. Ama Jason ve Piper heykele giden orta sıraya doğru ilerlemeye başlayınca, Leo da peşlerinden gitse iyi olur diye düşündü.

Sıraların arasında eski dergiler saçılmıştı: *Çocuklara Haberler, Son bahar, 20 B.C.E., Hephaistos Haftalık TV Dergisi – Afrodit'in Son Hamileliği; A: Asklepios Dergisi – Sülük İşleminden En İyi Sonuçları Almak İçin On Basit İpucu!*

"Burası bir bekleme odası," diye mırıldandı Leo. "Bekleme odalarından *nefret* ederim."

Zeminde yer yer toz öbekleri ve kırık kemikler vardı. Yani, ortalama bekleme süresi pek de iç açıcı olmamalıydı.

"Şuna bakın," dedi Jason bir şeyi işaret edip. "İçeri girdiğimiz o işaretler burada mıydı? Ya şu kapı?"

Leo öyle olduğunu sanmıyordu. Heykelin sağındaki duvarda, kapalı bir metal kapının üstünde iki tane elektronik tabela vardı. Üsttekinde şöyle yazıyordu:

DOKTOR: GÖZETİM ALTINDA.

Alttakinde de şöyle diyordu:

HİZMET VERİLECEK NUMARA: 0000000

Jason gözlerini kıstı. "O kadar uzağı okuyamıyorum. *Doktor...*"

"Gözetim altındaymış," dedi Leo. "Apollon beni Asklepios'un gözetim altında olduğuna dair uyarmıştı. Zeus onun tıbbi bilgilerini tüm dünyayla paylaşmasını istemiyormuş sanırım."

"Yirmi papele ve bir paket şekerlemesine bahse girerim ki, heykel onun koruması," dedi Piper.

"Bahse girmeyeceğim," dedi Leo. Bekleme odasındaki toz öbeklerinden en yakındakine baktı. "Şey... Sanırım, artık bir numara alabiliriz."

Dev heykelinse aklından başka fikirler geçiyordu.

Bir buçuk metre kadar yaklaştıklarında, heykel başını çevirip onlara baktı. Yüz ifadesi değişmedi. Ağzı kımıldamadı. Ama yukarıdan bir yerden gelen bir ses odada yankılandı.

"Randevunuz var mıydı?"

Piper hemen yanıt verdi. "Selam, Hygieia! Bizi Apollon yolladı. Asklepios'la görüşmemiz gerek."

Su mermeri heykel tabanlığından indi. Mekanik olabilirdi ama Leo hareket eden parça sesi duymuyordu. Emin olmak için ona dokunması gerekiyordu ama ona o kadar yaklaşmak istemiyordu.

"Anlıyorum." Heykel gülümsemeye devam etti ama sesi bu durum hoşuna gitmemiş gibiydi. "Sigorta kartlarınızın kopyalarını çıkarmak için alabilir miyim?"

"Ha, şey..." Piper sustu. "Yanımızda getirmedik ama..."

"Sigorta kartınız yok mu?" Heykel başını salladı. Odada bıkkınlık dolu bir oflama sesi yankılandı. "Herhalde ziyaretiniz için hazırlık da yapmamışsınızdır. Ellerinizi iyice yıkadınız mı?"

"Şey... Evet?" dedi Piper.

Leo her zamanki gibi yağla ve kirle kaplı ellerine baktı. Sonra, ellerini arkasına gizledi.

"Temiz iç çamaşırları giydiniz mi?" dedi heykel.

"Hey, hanımefendi, biraz özel sorular sormuyor musunuz?" dedi Leo.

"Doktorun ofisine gelirken, her zaman temiz iç çamaşırı giymelisiniz," diye azarladı onu Hygieia. "Ne yazık ki bir sağlık tehdidisiniz. Devam etmeden önce, sterilize edilmeniz gerek."

Heykelin kolundaki altın renkli yılan harekete geçti ve aşağı indi. Başını geriye atıp tısladı ve kılıç gibi keskin dişlerini gösterdi.

"Şey, biliyor musunuz, iri yılanlar tarafından sterilize edilmek sağlık planımızda yok. Tüh," dedi Jason.

"Hiç sorun değil," dedi Hygieia. "Sterilize işlemi herkese verilir. İkramdır!"

Yılan öne atıldı.

Leo mekanik canavarlardan kurtulmakta deneyimliydi ve bu da iyi bir şeydi, çünkü altın yılan çok hızlıydı. Leo bir kenara sıçradı, yılan da başını bir santimle kaçırdı. Leo yerde yuvarlandı ve elleri alevler içinde doğruldu. Yılan ona saldırınca, Leo alevleri gözlerine fırlatıp yılanın sola kaçmasına ve sıraya çarpmasına neden oldu.

Piper ve Jason da Hygieia'ya saldırıya geçtiler. Kılıçlarını heykelin bacaklarına savurarak onu su mermerinden yapılmış bir Noel ağacı gibi devirdiler. Heykel başını bir sıraya çarptı. Elindeki kâse yere yuvarlanıp, asit gibi üstünden buharlar çıkardı. Jason'la Piper öldürücü hamleyi yapmaya hazırlandılar ama daha buna fırsat bulamadan Hygieia'nın bacakları manyetikmiş gibi bir araya geldi. Tanrıça hâlâ gülümseyerek doğruldu.

"Kabul edilemez," dedi. "Doktor sizi doğru dürüst sterilize edilmeden kabul edemez."

Kâsesini Piper'a fırlattı, Piper da yana kaçtı; bu arada, daha fazla asit en yakındaki sıralara sıçradı, tıslayarak bir buhar bulutu oluşturup sırayı eritti.

Bu sırada, yılan kendine geldi. Eriyen metal gözleri nasıl olduysa düzelmişti. Suratı da darbelere dayanıklı bir araba kaportası gibi tekrar eski şeklini aldı.

Yılan Leo'ya saldırdı; Leo eğilip boynunu tutmaya çalıştı ama bunu yapmak tıpkı saatte elli kilometre hızla giden bir zımpara kâğıdını tutmaya çalışmak gibiydi. Yılan hızla yanından geçerken, sert metal derisi Leo'nun ellerini sıyırdı ve kanlar içinde bıraktı. Bu ani temas, Leo'ya bir şey düşündürdü. Yılan bir *makineydi.* Yılanın iç mekanizmasını hissetti. Hygieia'nın heykeli de benzer bir sistemle çalışıyorsa, bir şansı olabilirdi...

Odanın karşı tarafında, Jason havaya yükseldi ve tanrıçanın kafasını uçurdu. Ne yazık ki, kafa heykelin bedenine geri uçtu.

"Kabul edilemez," dedi Hygieia sakin sakin. "Kafa uçurmak sağlıklı bir yaşam biçimi değildir."

"Jason, buraya gel!" diye bağırdı Leo. "Piper, bize biraz zaman kazandır."

Piper onlara *Söylemesi kolay,* der gibi baktı.

"Hygieia!" diye bağırdı. "Benim sigortam var!"

Bu sözleri heykelin dikkatini çekti. Altın renkli yılan bile sigorta sanki leziz bir fareymiş gibi ona döndü.

"Sigorta mı?" dedi heykel hevesle. "Hangi şirket?"

"Şey... Mavi Şimşek," dedi Piper. "Kartım yanımda. Bir saniye."

Bir süre, abartılı bir tavırla ceplerini yokladı. Yılan onu izlemek için sürünerek yaklaştı.

Jason nefes nefese Leo'nun yanına geldi. "Plan nedir?"

"Bu şeyleri yok edemeyiz," dedi Leo. "Kendi kendilerini iyileştirecek şekilde tasarlanmışlar. Akla gelebilecek hemen hemen her hasara karşı bağışıklıkları var."

"Harika," dedi Jason. "Eee?"

"Kheiron'un eski oyun sistemini hatırlıyor musun?"

Jason'ın gözleri fal taşı gibi açıldı. "Leo... Bu, Super Mario oyunu değil."

"Aynı prensip ama."

"Gerzek modu mu?"

Leo sırıttı. "Senin ve Piper'ın müdahale etmesi gerek. Önce yılanı, sonra Büyük Bertha'yı yeniden programlayacağım."

"Hygieia."

"Her neyse işte. Hazır mısın?"

"Hayır."

Leo ve Jason yılana doğru koşmaya başladılar.

Hygieia Piper'ı sağlık hizmetiyle ilgili bir soru yağmuruna tutmuştu. "Mavi Şimşek bir Sağlık Hizmet Kuruluşu mu? İndirimli hizmetler hangileri? Esas hizmet tanrısı kim?"

Piper bunlara yanıtlar uydururken, Leo yılanın sırtına sıçradı. Bu sefer, ne aradığını biliyordu; yılan bir an için onu fark etmemiş gibiydi. Leo yılanın kafasının yanındaki bir hizmet panelini açtı. Bacaklarıyla yılana tutundu ve yılanın elektrik sistemini yeniden bağlarken, kanlı ellerinde hissettiği acıya ve ellerinin yapış yapış olmasına aldırış etmemeye çalıştı.

Jason saldırmaya hazır bir biçimde yanında duruyordu ama yılan Piper'ın Mavi Şimşek sigortasına dâhil olan hizmetleri dinlemeye dalmıştı. "Sonra, bilgi veren hemşire bir hizmet merkezini aramamı söyledi," diyordu Piper. "İlaçlar planıma dâhil değilmiş! Ondan sonra..."

Leo son iki kabloyu da takarken, yılan saldırıya geçti. Leo aşağı atladı ve altın yılan kontrolsüzce titremeye başladı.

Hygieia hızla onlara döndü. "Ne yaptınız? Yılanımın tıbbi desteğe ihtiyacı var!"

"Sigortası var mı?" dedi Piper.

"NE?" Heykel yine ona dönünce, Leo sıçradı. Jason bir rüzgâr oluşturdu ve Leo'nun bir geçit töreninde omuzlara alınan küçük bir çocuk gibi heykelin omzuna taşınıp oturtulmasına yardım etti. Leo heykelin başının arkasındaki bölmeyi açarken, heykel de sendeleyerek etrafa asit sıçrattı. "İn üstümden! Bu yaptığın hiç hijyenik değil!"

"Hey!" diye bağırdı Jason etrafında daireler çizerek uçarken. "Planıma nelerin dâhil olduğuyla ilgili bir şey sormam gerek!"

"NE?" diye bağırdı heykel.

"Hygieia!" dedi Piper. "Medicare'e vermek üzere bir fatura kesmen gerek."

"Hayır, lütfen!"

Leo heykelin regülatör çipini buldu. Birkaç kadranı çevirip birkaç teli çekti ve Hygieia'nın sadece kocaman ve tehlikeli bir Nintendo oyun sistemi olduğunu düşünmeye çalıştı.

Devreleri bağlayınca, Hygieia dönmeye, bağırıp çağırmaya ve kollarını etrafa savurmaya başladı. Leo başka bir yöne sıçrayıp bir asit banyosundan son anda kurtuldu.

O ve arkadaşları geri çekilirken, Hygieia ve yılanı acılı bir deneyim yaşadılar.

"Ne yaptın?" dedi Piper.

"Gerzek modu," dedi Leo.

"Pardon?"

"Kamptayken, dinlenme odasında Kheiron'un çok eski bir oyun sistemi vardı," dedi Jason. "Bazen Leo'yla oyun oynardık. Bilgisayar tarafından kontrol edilen rakiplere karşı oynarken..."

"...Oyunda üç zorluk derecesi vardı," dedi Leo. "*Kolay, Orta* ve *Zor*."

"Ben de video oyunları oynamıştım," dedi Piper. "Ne yaptınız peki?"

"Şey... O seviyelerden sıkılmıştım." Leo omuzlarını silkti. "O yüzden, dördüncü bir zorluk seviyesi oluşturmuştum: *gerzek modu*. Bilgisayarları o kadar aptal yapıyordu ki, oynamak çok komik oluyordu. Her zaman aynı yanlışları yapıyorlardı."

Piper, her ikisinden de dumanlar tüten heykele ve yılana baktı. "Onları *gerzek moduna* ayarladığına emin misin?"

"Şimdi anlarız."

"Ya çok zor seviyesine ayarladıysan?"

"Onu da anlarız."

Yılanın titremesi kesildi. Kıvrılıp, şaşırmış gibi etrafına bakındı.

Hygieia donakaldı. Sağ kulağından biraz duman çıktı. Sonra, Leo'ya baktı. "Ölmelisin! Merhaba! Ölmelisin!" Kâsesini kaldırıp, kendi suratına asit boca etti. Ondan sonra da arkasını dönüp, en yakındaki duvara suratını geçirdi. Yılan gerileyip, başını tekrar tekrar yere vurmaya başladı.

"Tamam," dedi Jason." Sanırım, *gerzek modu* olmuş."

"Merhaba! Öl!" Hygieia duvardan geri çekilip, tekrar suratını geçirdi.

"Gidelim." Leo tabanlığın yanındaki metal kapıya koştu. Kapı kolunu tuttu. Hâlâ kilitliydi ama Leo içindeki mekanizmaları hissetti. Çerçevenin etrafında teller vardı ve bunlar...

Kapının üstünde yanıp sönen elektronik tabelalara tekrar baktı.

"Jason, beni yukarı kaldır," dedi.

Bir rüzgâr daha onu havalandırdı. Leo penseleriyle işe koyuldu ve en üstteki tabelada şu yazana dek tabelaları yeniden programladı:

DOKTOR: BURADA.

Alttakini de şöyle değiştirdi:

HİZMET NUMARASI:
TÜM KIZLAR LEO'YA BAYILIR!

Metal kapılar açıldı ve Leo yere indi.

"Gördünüz mü, o kadar da çok beklemedik!" Arkadaşlarına sırıttı. "Doktor şimdi bizi içeri alacak."

XXXVI

LEO

Koridorun sonunda, üstünde bronz bir levha bulunan ceviz ağacından bir kapı vardı:

MD, DMD, DME, DC, DVS, FAAN, OMG, EMT, TTYL, FRCP, ME, IOU, OD, OT, PHARMD, BAMF, RN, PHD, INC., SMH

Listede daha da çok akronim olabilirdi ama o aşamaya dek Leo'nun beyni patlamış durumdaydı.

Piper kapıyı tıklattı. "Dr. Asklepios?"

Kapı ardına kadar açıldı. İçeride, tatlı tatlı gülümseyen, gözlerinin etrafı kırışıklarla kaplı, kırçıllı kısa saçlı ve düzgünce şekillendirilmiş bir sakalı olan bir adam duruyordu. Bir takım elbisenin üstüne laboratuvar önlüğü giymiş, boynuna da stetoskop asmıştı. Sıradan bir doktor kıyafeti sayılırdı. Tek bir farkla: Asklepios'un elinde, üstüne yeşil renkli canlı bir pitonun sarıldığı, parlak siyah bir asası vardı. Piton ona soluk sarı gözleriyle bakıyordu. Leo bu yılanın *gerzek moduna ayarlanmadığı* hissine kapıldı.

"Merhaba!" dedi Asklepios.

"Doktor." Piper'ın suratında o kadar sıcak bir gülümseme belirdi ki, bir Boread'ı bile eritebilirdi. "Yardımlarınıza *minnettarız*. Doktorun şifasına ihtiyacımız var."

Piper büyükonuşuyla Leo'yu hedef almadığı halde, Leo bile etkilenmişti. Ona şifayı vermek için her şeyi yapabilirdi. Tıp okuluna gidebilir, on doktora derecesi alabilir, bir değneğe sarılı yeşil renkli kocaman bir piton bulabilirdi.

Asklepios elini kalbine götürdü. "Ah, canım, size memnuniyetle yardım ederim."

Piper'ın gülümsemesi silinir gibi oldu. "Öyle mi? Yani, tabii edersiniz."

"Gelin! Gelin!" Asklepios onları ofisine aldı.

Adam o kadar iyiydi ki, Leo şaşırmıştı. Doktorun odasının bir sürü işkence aletleriyle dolu olacağını sanıyordu ama içerisi... Sıradan bir doktor ofisi gibiydi: Kocaman akçaağaç bir masa, tıp kitaplarıyla dolu raflar ve Leo'nun küçükken oynamaktan hoşlandığı plastik organ modellerinden vardı. Bir keresinde başının derde girdiğini de hatırlıyordu. Bir böbrekle birkaç iskelet bacağını, böbrek canavarına dönüştürüp hemşireyi korkutmuştu.

Hayat o zamanlar çok daha basitti.

Asklepios rahat doktor koltuğuna geçti ve asasıyla yılanını masasına koydu. "Oturun, lütfen!"

Jason'la Piper karşıda duran iki hasta koltuğuna geçtiler.

Leo ayakta kaldı ama bunu umursamadı. Bir yılanla göz göze oturmayı istemiyordu.

"Pekâlâ," dedi Asklepios geriye yaslanarak. "Hastalarla gerçekten konuşmanın ne kadar güzel bir şey olduğunu anlatamam. Son birkaç bin senedir, evrak işleri kontrolden çıktı. Koşturmacadan başka bir şey değil. Formları doldur. Formalitelerle uğraş. Bekleme odasındaki herkesi öldüren o dev su mermeri heykelden hiç söz etmiyorum bile. Tıbbın tüm keyfini kaçırıyor!"

"Evet," dedi Leo. "Hygieia hakikaten de moral bozuyor."

Asklepios sırıttı. "*Gerçek* kızım Hygieia öyle değildir, buna emin olabilirsiniz. Çok tatlıdır. Ama heykeli başarıyla yeniden programladın. Bir cerrahın ellerine sahipsin."

Jason ürperdi. "Leo ve neşter mi? Sakın onu teşvik etmeyin."

Doktor kıs kıs güldü. "Peki, sorun nedir?" Öne eğilip Jason'a baktı. "Hmm... İmparatorluk altını yarası ama güzelce iyileşmiş. Kanser yok, kalp sorunları yok. Sol ayağındaki o bene dikkat et ama habis olmadığına eminim."

Jason'ın suratı kireç gibi kesildi. "Bunu nereden..."

"Tabii ya!" dedi Asklepios. "Biraz da miyopsun. Hemen hallederiz."

Çekmecesini açıp bir reçete defteri ve bir gözlük kılıfı çıkardı. Deftere bir şeyler arkalayıp, gözlüğü ve reçeteyi ona verdi. "Reçete ilerisi için kalsın ama bu merceklerin işe yaraması gerek. Denesene."

"Bir dakika," dedi Leo. "Jason miyop mu?"

Jason kılıfı açtı. "Şey... Son zamanlarda uzağı görmekte zorlanmaya başlamıştım," dedi. "Sadece yorgun olduğumu düşünmüştüm." İmparatorluk altınından yapılmış ince bir çerçevesi olan gözlüğü taktı. "Vay canına. Evet. Çok daha iyi görüyorum."

"Bilemiyorum, dostum," dedi Leo. "Yerinde olsam lens takardım... Hani şu kedi gözü gibi parlak turuncu olanlar var ya? Süper havalı olurdu."

"Gözlük gayet iyi," dedi Jason. "Teşekkürler, şey, Dr. Asklepios ama biz buraya bunun için gelmemiştik."

"Öyle mi?" Asklepios parmaklarını birbirine dayadı. "Tamam, devam edelim o zaman." Piper'a döndü. "Sen gayet iyisin, canım. Altı yaşındayken kolunu kırmışsın. Bir attan mı düşmüştün?"

Piper'ın ağzı açık kaldı. "Bunu nereden biliyorsunuz?"

"Vejetaryen diyeti," dedi doktor. "Tamam, sorun değil. Sadece yeteri kadar demir ve protein aldığından emin ol. Hmm... Sol omzun biraz güçsüz. Bir ay kadar önce ağır bir darbe mi almıştın?"

"Roma'dayken bir kum torbası çarptı," dedi Piper. "İnanılmaz bir şey."

"Sorun çıkarırsa, ara ara soğuk ve sıcak pansumanlar yap," dedi Asklepios. "Sana gelince..." Leo'ya döndü. "Vay canına." Yüzünde tatsız bir ifade belirdi. Gözlerindeki o dostane parıltı da kayboldu. "Hmm, anladım..." Doktorun yüzünde, *Çok üzgünüm, çok üzgünüm*, der gibi bir ifade vardı.

Leo'nun kalbi sıkıştı. Olacakları zerre kadar engelleme umudu taşıdıysa bile, o anda bunu yitirmişti.

"Ne?" Jason'ın yeni gözlüğü parıldadı. "Leo'nun nesi var?"

"Hey, doktor." Leo ona *kes artık* der gibi bir bakış fırlattı. Eski Yunanistan'da hasta gizliliği denen şeyden haberdar olduklarını umdu. "Doktorun şifası için geldik. Bize yardımcı olabilir misiniz? Yanımda biraz Pylos nanesi ve çok güzel sarı renkli bir papatya var." Malzemeleri masaya koydu ve yılanın ağzına elini yaklaştırmamaya gayret etti.

"Bir dakika," dedi Piper. "Leo'nun bir şeyi var mı, yok mu?"

Asklepios hafifçe öksürdü. "Ben... Boş verin. Bir şey dediğimi unutun. Şimdi, demek doktorun şifasını istiyorsunuz."

Piper kaşlarını çattı. "Ama..."

"Cidden, arkadaşlar," dedi Leo. "Ben iyiyim ama Gaia yarın dünyayı yok edecek. İşimize odaklanalım."

Arkadaşları bunu duyduklarına pek memnun olmadılar ama Asklepios devam etti. "Demek papatyayı babam Apollon kopardı."

"Evet," dedi Leo. "Size sevgilerini yolluyor, öpüyor."

Asklepios çiçeği alıp kokladı. "Umarım babam bu savaşı sağ salim atlatır. Zeus bazen... Çok mantıksız davranabiliyor. Bu durumda, eksik olan tek malzeme zincire vurulmuş bir tanrının kalp atışları."

"O da bende," dedi Piper. "Daha doğrusu... *Makhai*'yi çağırabilirim."

"Harika. Bir dakika, canım." Pitonuna baktı. "Diken, hazır mısın?"

Leo gülmemeye çalıştı. "Yılanının ismi Diken mi?"

Diken ona pis pis baktı. Tıslayıp, boynundaki bir basiliskininkini andıran dikenli tacı gösterdi.

Leo'nun kahkahası anında dindi. "Pardon," dedi. "Tabii ki ismin Diken olacak."

"Biraz huysuzdur," dedi Asklepios. "İnsanlar *asamı* hep Hermes'inkiyle karıştırırlar. Onunkinde iki yılan var tabii. Aradan yüzyıllar geçtikçe, insanlar Hermes'inkini tıbbı temsil eden asa olarak gördüler ama tıbbı temsil eden asanın *benimki* olması gerekiyordu. Diken buna çok alınıyor. George'la Martha tüm dikkatleri üstlerine çekiyorlar. Neyse..."

Asklepios papatyayla zehri Diken'in önüne koydu. "Pylos nanesi... Ölümün kesinliği. Delos'un laneti... Sabitlenemeyeni sabitlemek. Son malzemeye gelince; zincire vurulmuş bir tanrının kalp atışları: kaos, şiddet ve ölüm korkusu." Piper'a baktı. "Canım, artık *makhai*'yi serbest bırakabilirsin."

Piper gözlerini yumdu.

Odada bir rüzgâr esti. Öfkeli sesler inledi. Leo'nun içinden tuhaf bir biçimde Diken'in kafasına bir çekiç indirmek geçiyordu. İyi kalpli doktoruysa elleriyle boğmak istiyordu.

Derken, Diken çenesini açtı ve öfkeli rüzgârı yutuverdi. Savaş ruhlar boğazından aşağı kayarken, boynu balon gibi şişti. Papatyayı ve Pylos nanesini de tatlı niyetine yedi.

"Zehir ona zarar vermez mi?" dedi Jason.

"Yok, yok," dedi Asklepios. "Bekleyip görelim."

Birkaç saniye sonra, Diken yeni bir şişe geğirdi. Leo'nun parmağı kadar, tıpalı cam bir tüp. İçindeki koyu kırmızı renkli sıvı parıldıyordu.

"Doktorun şifası." Asklepios tüpü alıp ışığa tuttu. Yüzü önce ciddileşti, sonra şaşırır gibi oldu. "Durun... Bunu yapmaya neden razı oldum?"

Piper avucunu ters çevirip masaya koydu. "Çünkü dünyayı kurtarmak için buna ihtiyacımız var. Çok önemli. Bize yardım edebilecek tek kişi de sensin." Büyükonuşu öylesine güçlüydü ki, Diken bile rahatladı. Asasının etrafına kıvrılıp uyumaya başladı. Asklepios'un ifadesi yumuşadı ve sıcak suyla dolu bir küvete giriyormuş gibi onlara baktı.

"Tabii," dedi tanrı. "Unutmuşum. Ama dikkatli olmalısınız. Hades insanları diriltmemden hoşlanmaz. Bu iksiri birisine son verdiğimde, Yeraltı Dünyası'nın lordu beni Zeus'a şikâyet etti. O da beni bir şimşekle öldürdü. GÜM!"

Leo irkildi. "Ölü olmana rağmen gayet iyi görünüyorsun."

"Ha, sonra iyileştim. Fedakârlığın bir parçası oydu. Şöyle ki: Zeus beni öldürünce, babam Apollon çok üzüldü. Ama öfkesini doğrudan Zeus'tan çıkaramazdı; tanrıların kralı çok güçlüydü. O yüzden, Apollon şimşekleri oluşturanlardan intikam aldı. Büyük Kikloplar'dan bazılarını öldürdü. Zeus da buna karşılık Apollon'u cezalandırdı... Hem de çok kötü bir biçimde. En sonunda, barış yapabilmek için Zeus beni tıp tanrısı yapmayı kabul etti ama kimseyi diriltmeme şartını koydu."

Asklepios'un gözlerinde şüpheli bir ifade belirdi. "Ama şimdi... Şifayı size veriyorum."

"Çünkü ne kadar önemli olduğunun farkındasın," dedi Piper. "Bir istisna yapıyorsun."

"Evet..." Asklepios tereddütle tüpü Piper'a verdi. "Her halükârda, iksirin ölümden sonra en kısa sürede kullanılması gerekiyor. İğneyle yapılabilir ya da ağızdan alınabilir. Tek bir kişiye yeter. Anlıyor musunuz?" Doğrudan Leo'ya baktı.

"Anlıyoruz," dedi Piper. "Bizimle gelmek istemediğine emin misin Asklepios? Muhafızların etkisiz durumda. *2. Argo*'da bize çok faydan dokunurdu."

Asklepios özlemle gülümsedi. "*Argo*... O zamanlar, bir melezdim ve bildiğiniz gibi orijinal gemiye binmiştim. Ah, yeniden hiçbir şeyi umursamayan bir maceracı olmak!"

"Evet..." diye homurdandı Jason. "Umursamaz."

"Ama ne yazık ki gelemem. Zeus zaten size yardım ettiğim için bana çok kızacak. Hem muhafızım çok geçmeden kendisini yeniden programlar. Gitmeniz gerek." Ayağa kalktı. "Bol şans, melezler. Babamı görürseniz, lütfen... ona pişmanlıklarımı iletin."

Leo bunun ne anlama geldiğinden pek emin değildi ama oradan ayrıldılar. Bekleme odasından geçerlerken, Hygieia'nın heykeli bir sıraya oturmuş, suratına asit döküyor ve *Minik Yıldız şarkısı* söylüyordu. Altın yılanıysa ayağını kemiriyordu. Bu huzurlu manzara, Leo'nun neredeyse keyfini yerine getirecek kadar tatlıydı.

2. Argo'da, yemek salonunda toplandılar ve tayfanın geri kalanına bilgi verdiler.

"Hoşuma gitmedi," dedi Jason. "Asklepios'un Leo'ya bakışı..."

"Aman, sadece kalp rahatsızlığımı sezmiştir." Leo gülümsemeye çalıştı. "Anlarsınız ya, Kalipso'yu görmek için can atıyorum."

"Ay, ne tatlısın," dedi Piper. "Ama sorunun bundan ibaret olduğunu sanmıyorum."

Percy masanın ortasında duran parlak kırmızı tüpe bakıp kaşlarını çattı. "Aramızdan herhangi birisi ölebilir, değil mi? İksiri hazırda tutsak iyi olur."

"Tabii, sadece birimizin öleceğini düşünürsek," dedi Jason. "Bu, sadece bir kişilik bir doz."

Hazel'la Frank Leo'ya baktılar.

O da onlara, *Kesin şunu*, der gibi baktı.

Diğerleri olan bitenin farkında değillerdi. *Dünya fırtınada ya da ateşte yok olacak*: Jason veya Leo. Olimpiya'da, Nike onları oradaki dört melezden birinin öleceği konusunda uyarmıştı: Percy, Hazel, Frank veya Leo. *İsimlerden* sadece biri bu iki listede de vardı: Leo. Leo'nun planı işe yararsa, tetiği çektiğinde yanında kimsenin olmasına izin veremezdi.

Arkadaşları kararını asla kabul etmeyeceklerdi. Ona karşı çıkacaklardı. Onu kurtarmayı deneyeceklerdi. Bir başka yol bulmak için ısrar edeceklerdi.

Ama bu sefer, Leo başka bir yol olmadığı konusunda kararlıydı.

Annabeth'in onlara hep dediği gibi, bir kehanete karşı gelmeye çalışmanın hiçbir faydası yoktu. Başlarına sadece daha fazla dert açılırdı. Bu savaşın sonsuza dek bittiğinden emin olmalıydı.

"Seçeneklerimizi açık bırakmalıyız," dedi Piper. "İksiri taşımak için bir ilk yardım görevlisi seçmemiz gerekiyor. Hızlı müdahale edecek ve ölen kişiyi hemen iyileştirecek birisi olmalı."

"İyi fikir, Güzellik Kraliçesi," diye yalan söyledi Leo. "Seni öneriyorum."

Piper gözlerini kırpıştırdı. "Ama... Annabeth daha bilge. Hazel Arion'da daha hızlı hareket edebilir. Frank bir hayvana dönüşebilir..."

"Ama sen yüreklisin." Annabeth arkadaşının elini sıktı. "Leo haklı. Vakti gelince, ne yapacağını bileceksin."

"Evet," dedi Jason. "En iyi seçenek olduğunu düşünüyorum, Piper. Bu işin sonunda, başımıza ne gelirse gelsin, fırtınada veya ateşte, bizimle olacaksın."

Leo tüpü aldı. "Herkes hemfikir mi?"

Kimse karşı çıkmadı. Hazel'la göz göze geldi. *Ne yapılması gerektiğini biliyorsun.*

Alt kemerinden güderi bir kumaş çıkardı ve abartılı bir tavırla doktorun şifasını sardı. Sonra, bunu Piper'a uzattı.

"Tamam o zaman," dedi. "Yarın sabah Atina'dayız millet. Gigantlarla savaşmaya hazırlanın."

"Evet..." diye mırıldandı Frank. "Bu gece, iyi bir uyku çekeceğime *eminim.*"

Akşam yemeğinden sonra, Jason'la Piper Leo'yla konuşmaya çalıştılar. Asklepios'un tepkisiyle ilgili sohbet etmek isteseler de Leo onlardan kaçtı.

"Motor üstünde çalışmam gerek," dedi ki doğruyu söylüyordu. Motor odasına girer girmez, yanında bir tek Harika Masa Buford kaldığında, derin bir oh çekti. Alt kemerinden gerçek doktorun şifasını çıkardı. Piper'a Sis'le oluşturulmuş versiyonunu vermişti.

Buford suratına buhar *üfledi.* "Hey, dostum, bunu yapmak zorundaydım," dedi Leo.

Buford holografik Hedge'i çalıştırdı. "ÜSTÜNE BİR ŞEYLER GİY!"

"Bak, en iyi yol bu. Yoksa *hepimiz* öleceğiz."

Buford itiraz edercesine cıyakladıktan sonra, surat asar gibi tangır tungur odanın köşesine çekildi.

Leo motora baktı. Bunu bir araya getirmek için o kadar çok uğramıştı ki. Aylarca ter dökmüş, acı ve yalnızlık çekmişti.

Artık *2. Argo* yolculuğunun sonuna yaklaşmıştı. Leo'nun tüm hayatı, Tia Callida'yla geçen çocukluğu; annesinin depoda çıkan yangında ölüşü; başka ailelerle yaşayışı ve Jason'la ve Piper'la Melez Kampı'nda geçirdiği aylar... Bunların hepsi ertesi sabah son bir savaşta doruk noktasına ulaşacaktı.

Erişim panelini açtı.

Festus'un çatlak sesi arayüzden duyuldu.

"Evet, dostum," dedi Leo. "Vakit geldi." Yine gıcırtı sesleri geldi. "Biliyorum," dedi Leo. "Sonuna kadar birlikte miyiz?" Festus heyecanla gıcırtı sesi çıkardı.

Leo eski bronz usturlabı kontrol etti; usturlaba artık Ogygia'dan bulduğu kristali de yerleştirmişti. Leo bunun sadece işe yaramasını umabilirdi.

"Sana geri döneceğim Kalipso," diye mırıldandı. "Styks Nehri üstüne *yemin ettim.*"

Bir düğmeye bastı ve navigasyon aracını *çevrimiçi* yaptı. Zamanı yirmi dört saate ayarladı.

Son olarak, motorun havalandırma hattını açtı ve doktorun şifasının bulunduğu tüpü içine itti. Tüp dehlizin içinde ilerleyerek kayboldu, tok bir sesle bir yere düştü.

"Artık geri dönmek için çok geç," dedi Leo.

Yere kıvrılıp gözlerini yumdu ve son gecesinde motorun o tanıdık sesinin keyfini çıkarmaya niyetli bir halde yattı.

XXXVII

REYNA

"Geri dön!"

Reyna Uçan Atların Lordu Pegasus'a emir vermekten hoşlanmasa da, havada vurulma fikri ona daha tatsız geliyordu.

1 Ağustos'ta şafak daha sökmeden Melez Kampı'na yaklaşırlarken, altı Roma yaban eşeği görmüştü. Karanlıkta bile, bu dev mancınıkların İmparatorluk altınından yapılmış kaplamaları parıldıyordu. Devasa fırlatma kolları, bir fırtınada eğilmiş gemi direkleri gibi geriye çekilmişti. Cephaneciler makinelerin etrafında koşuşturuyor, sapanları dolduruyor, halatların bükülme açılarını kontrol ediyorlardı.

"Onlar da ne?" dedi Nico.

Koyu renkli pegasusu Karakorsan'ın üstünde, Reyna'nın yaklaşık olarak altı metre yanında uçuyordu.

"Kuşatma silahları," dedi Reyna. "Biraz daha yaklaşırsak, bizi havada vururlar."

"Bu kadar yüksekteyken mi?"

Sağında, Koç Hedge atı Guido'nun sırtından seslendi. "Onlar yaban eşekleri, evlat! O şeyler Bruce Lee'den bile yükseğe tekme atabilirler!"

"Lord Pegasus," dedi Reyna elini atın boynuna yaslayıp. "Güvenli bir yere inmemiz gerek."

Pegasus dediğini anlamış gibiydi. Hemen sola döndü. Diğer uçan atlar da onu izlediler: Karakorsan, Guido ve Athena Parthenos'u kablolarla uçuran diğer altı at.

Kampın batı kenarının etrafından dolanırlarken, Reyna aşağıya baktı. Lejyon doğu tepelerine kamp kurmuştu ve şafakta saldırmaya hazırdı. Yaban eşekleri de üç yüz metrelik aralıklarla, gevşek bir yarım daire oluşturacak şekilde arkalarına sıralanmıştı. Silahların büyüklüğüne bakan Reyna, Octavian'ın vadideki tüm canlıları yok edecek güce sahip olduğunu hesaplamıştı.

Ama bunlar tehdidin sadece bir kısmıydı. Lejyonun yan kısımlarında yüzlerce *auxilia* gücü konumlanmıştı. Reyna karanlıkta iyi göremiyordu ama en azından bir yabani sentor kabilesi ve bir de lejyonla yüzyıllar önce güçlükle barış yapan köpek kafalı *cynocephali*'den oluşan bir ordu gördü.

"İşte." Nico büyük bir yatın ışıklarının kıyıdan yarım kilometre öteye kadar parıldadığı Long Island Körfezi'ni işaret etti. "Şu geminin güvertesine inebiliriz. Denizi Yunanlılar kontrol ediyor."

Reyna Yunanlıların Romalılardan daha dost canlısı olacaklarından şüpheliydi ama Pegasus bu fikirden hoşlanmış gibiydi. Körfezin karanlık sularına doğru alçalmaya başladı.

Gemi otuz metre uzunluğunda, kaygan hatları ve rengi karartılmış kapıları olan beyaz renkli bir eğlence aracıydı. Pruvaya kırmızı renkli harflerle *MI AMOR* yazılmıştı. Ön güvertede Athena Parthenos'u indirebilecekleri kadar geniş bir helikopter pisti vardı.

Reyna tayfa görmedi. Yatın o gece için demir atmış bir ölümlü aracı olabileceğini düşündü ama yanılıyorsa ve yat bir tuzaksa...

"En iyi seçeneğimiz bu," dedi Nico. "Atlar yoruldu. İnmemiz gerek."

Reyna tereddütle başını sallayarak tamam dedi. "İnelim o zaman."

Pegasus, Guido ve Karakorsan'la birlikte ön güverteye indi. Diğer altı at da yavaşça Athena Parthenos'u helikopter pistine indirip etrafına kondular. Kablolarıyla ve koşum takımlarıyla, atlıkarınca atlarını andırıyorlardı.

Reyna pegasustan indi. İki gün önce Pegasus'la tanıştığında olduğu gibi, atın önünde diz çöktü.

"Teşekkür ederim, yüce yaratık."

Pegasus kanatlarını açıp başını eğdi.

O sırada, Doğu Yakası'nın yarısını birlikte uçtuktan sonra bile, Reyna hâlâ ölümsüz atın sırtına binmesine izin verdiğine inanamıyordu.

Reyna onu her zaman katı, beyaz renkli, güvercin kanatlı bir yaratık olarak hayal etmişti ama Pegasus'un postu koyu kahverengiydi, burun kısmında da kırmızılı altın renkli benekler vardı. Hazel bunların atın kafası kesilen annesi Medusa'dan çıkarken üstüne bulaşan kan ve ikor lekeleri olduğunu iddia etmişti. Pegasus'un kanatları bir kartalınki gibiydi: altın, beyaz, kahverengi ve pas. Bu yüzden, sadece beyaz renkli olmasından çok daha yakışıklı ve asil görünüyordu. Tüm atların rengiydi, *tüm* yavrularını temsil ediyordu.

Lord Pegasus kişnedi.

Hedge yanlarına gelip, ne dediğini tercüme etti. "Pegasus kayan yıldızlardan önce gitmesi gerektiğini söylüyor. Yaşam gücü onu tüm pegasuslara bağlıyor. O yüzden, kendisi yaralanırsa, *tüm* kanatlı atlar acı hisseder. O yüzden dışarı pek çıkmıyormuş. *Kendisi* ölümsüz ama yavruları değil. Onun yüzünden acı çekmelerini istemiyor. Diğer atlardan görevimizi tamamlamamıza yardım etmeleri için burada kalmalarını istemiş."

"Anlıyorum," dedi Reyna. "Teşekkür ederim."

Pegasus kişnedi.

Hedge'in gözleri fal taşı gibi oldu. Hıçkırmamak için kendini zor tuttu, sonra sırt çantasından bir mendil çıkarıp gözlerini sildi.

"Koç?" Nico endişeyle kaşlarını çattı. "Pegasus ne dedi?"

"O... Bize benim yolladığım mesaj yüzünden, kendiliğinden gelmediğini söyledi." Reyna'ya döndü. "*Senin* yüzünden gelmiş. Tüm kanatlı atların hissettiklerini o da hissediyor. Scipio'yla olan arkadaşlığını izlemiş. Pegasus bugüne dek hiçbir melezin kanatlı bir at için o kadar şefkat hissetmediğini ve bunun onu çok duygulandırdığını söylüyor. Sana At Dostu unvanını vermek istiyor. Bu, büyük bir şeref."

Reyna'nın gözleri yanmaya başladı. Başını önüne eğdi. "Teşekkür ederim, lordum."

Pegasus güverteyi eşeledi. Diğer kanatlı atlar kişneyip onu selamladılar. Sonra efendileri yükseldi ve döne döne gecenin karanlığına karıştı.

Hedge hayretle bulutlara baktı. "Pegasus yüzlerce senedir ortaya çıkmıyordu." Reyna'nın sırtını sıvazladı. "İyi bir iş başardın, Romalı."

Reyna Scipio'ya o kadar acı çektirdiği için itibar görmeyi hak etmediğini düşünüyordu ama suçluluk duygusunu bastırmaya çalıştı.

"Nico, gemiyi kontrol etmemiz gerek," dedi. "Burada birileri varsa..."

"Çoktan kontrol ettim bile." Karakorsan'ın burnunu okşadı. "İki ölümlü ana kamarada mışıl mışıl uyuyor. Başka kimse yok. Hypnos'un bir çocuğu değilim ama onlara derin rüyalar yolladım. Güneş doğduktan sonra bile uzun süre uyurlar."

Reyna ona hayretle bakmamaya çalıştı. Son birkaç günde, Nico çok daha güçlenmişti. Hedge'in doğa büyüleri onu ölümün kıyısından döndürmüştü. Nico'nun daha önce de etkileyici şeyler yaptığını görmüştü ama rüyaları manipüle etmek mi? Nico bunu yapmayı önceden biliyor muydu?

Koç Hedge heyecanla ellerini ovuşturdu. "Peki, ne zaman kıyıya gidebiliriz? Karım beni bekliyor!"

Reyna ufka baktı. Bir Yunan kadırgası kıyıdan biraz ötede devriye geziyordu ama oraya geldiklerini fark etmemiş gibiydi. Alarm falan çalmıyordu. Kumsalda da hiç hareket yoktu. Batı yönünde, yarım kilometre kadar uzakta ay ışığının altında gümüş bir parıltı görür gibi oldu. Siyah renkli bir su motoru ışıklarını yakmadan son sürat onlara doğru geliyordu. Reyna bunun bir ölümlü motoru olmasını umdu. Sonra, motor yaklaşınca, Reyna'nın kılıcının kabzasında parmakları sıkılaştı. Motorun pruvasında üstünde SPQR harfleri olan bir defne tacı deseni vardı.

"Lejyon bir karşılama komitesi yolluyor."

Nico o yöne baktı. "Romalıların bir donanması olmadığını sanıyordum."

"Yoktu," dedi Reyna. "Belli ki Octavian düşündüğümden de çok meşgulmüş."

"O zaman, saldırıyoruz!" dedi Hedge. "Çünkü kampa bu kadar yaklaşmışken, kimse gitmemi engelleyemez."

Reyna motorda üç kişi olduğunu gördü. Bunlardan ikisi miğferliydi ama motoru kullanan kişinin takoz biçimli suratını ve iri omuzlarını tanımıştı: Michael Kahale.

"Durumu lehimize çevirmeye çalışalım," dedi. "Octavian'ın sağ kollarından biri orada ama kendisi iyi bir lejyonerdir. Onunla bir anlaşma yapabilirim."

Rüzgâr Nico'nun siyah saçlarını suratına savurdu. "Ama yanılıyorsan..."

Siyah renkli motor yavaşlayıp yanlarında durdu. Michael seslendi: "Reyna! Seni tutuklamak ve heykele el koymak için emir aldım. Diğer iki *centurion*'la birlikte yata çıkacağız. Bunu kan dökmeden yapmayı tercih ederim."

Reyna titreyen dizlerine hâkim olmaya çalıştı. "Gel, Michael!"

Nico'yla Koç Hedge'e baktı. "Yanılıyorsam, hazır olun. Michael Kahale iyi bir savaşçıdır."

Michael'ın üstünde savaş giysileri yoktu. Mor renkli kamp tişörtü, blucin ve spor ayakkabılar giymişti. Üstünde herhangi bir silah görünmüyordu ama Reyna yine de rahatlayamadı. Kolları köprü kabloları kadar kalındı ve yüz ifadesi de olsa olsa bir tuğla duvar kadar samimiydi. Kolunun ön etrafındaki güvercin dövmesi bir avcı kuşu andırıyordu.

Yata bakarken, gözlerinde karanlık bir parıltı belirdi: Pegasus grubuna bağlı Athena Parthenos'a, Styks kılıcını çekmiş Nico'ya, beysbol sopasını kavramış Koç Hedge'e baktı. Michael'ın destek *centurion*'ları Dördüncü Kohort'tan Leila ve Beşinci Kohort'tan Dakota'ydı. Tuhaf seçimlerdi doğrusu... Ceres'in kızı olan Leila öyle saldırgan bir tip değildi. Gayet aklı başında bir kızdı. Dakota'ysa... Reyna, Baküs'ün oğlunun, en yumuşak başlı askerlerden birinin Octavian'ın yanında olduğuna inanamadı.

"Reyna Ramírez-Arellano," dedi Michael bir parşömeni okuyormuş gibi. "Eski praetor..."

"Ben *hâlâ* praetorum," dedi Reyna. "Yani, Senato'nun tamamı aksi yönde oy kullanmadıysa tabii. Öyle mi oldu?"

Michael derin derin iç çekti. Bu işi yapmak istemediği belliydi. "Seni tutuklamak ve mahkemeye çıkarmak için emir aldım."

"Hangi yetkili sana bu emri verdi?"

"Kim olduğunu bili..."

"Suçlama nedir?"

"Bak, Reyna..." Michael avucunu baş ağrısını dindirebilirmiş gibi alnına koydu. "Bu işten ben de senin kadar hoşlanmıyorum. Ama emir aldım."

"Tartışmak için çok geç. Octavian olağanüstü hal ilan etti. Lejyon arkasında."

"Öyle mi?" Reyna imalı imalı Dakota'yla Leila'ya baktı. Leila gözlerine bakamadı. Dakota'ysa bir mesaj vermeye çalışıyormuş gibi gözlerini kırpıştırdı ama onun ne demek istediği pek belli olmazdı. Fazla şekerli meyve suyu içtiği için gözü falan seğiriyor da olabilirdi.

"Savaş halindeyiz," dedi Michael. "Toparlanmalıyız. Dakota ve Leila pek de hevesli destekçiler olmadılar doğrusu. Octavian kendilerini kanıtlamaları için, onlara bu son şansı verdi. Seni, tercihen diri ama gerekirse ölü geri götürürsem, unvanlarını koruyabilecek, bağlılıklarını ispatlamış olacaklar."

"Octavian'a," dedi Reyna. "Lejyona değil."

Michael birer beysbol eldiveninden sadece biraz daha küçük olan ellerini iki yana açtı. "Diğer lejyonerleri sırf emirleri yerine getiriyorlar diye suçlayamazsın. Şafak söktüğünde, o yaban eşekleri Yunan kampını tek bir Romalı hayatını kaybetmeden yok edecekler. Tanrıların iyileştirilmesi gerek."

Nico araya girdi. "Tanrıları *iyileştirmek* için, dünyadaki melezlerin yarısını, tanrıların mirasının yarısını mı yok edeceksiniz? Gaia uyansa bile Olimpos'u yerle bir edeceksiniz. Gaia gerçekten de uyanıyor, Centurion."

Michael kaşlarını çattı. "Pluton'un elçisi, Hades'in oğlu... Kendine ne dediğini bilmiyorum ama bir düşman ve casus ilan edildin. Seni infaz edilmen için geri götürmek üzere emir aldım."

"İstersen, dene," dedi Nico buz gibi bir sesle.

Bu yüzleşme öylesine saçmaydı ki, komik bile olabilirdi. Nico ondan birkaç yaş daha küçük, on beş santim daha kısa ve yirmi kilo daha zayıftı. Ama Michael harekete geçmiyordu. Boynundaki damarlar seğiriyordu.

Dakota öksürdü. "Şey, Reyna... Sorun çıkarmadan bizimle gel. Lütfen. Bu meseleyi çözebiliriz." Göz kırptığı o anda barizdi.

"Yeter, fazla bile konuşuldu." Koç Hedge Michael Kahale'yi tepeden tırnağa süzdü. "Bırakın da bu soytarıyı haklayayım. Daha irilerini yendiğim olmuştu."

Michael alaycı bir tavırla güldü. "Cesur bir faun olduğuna eminim ama..."

"Satir!"

Koç Hedge centurion'un üstüne atladı. Beysbol sopasını var gücüyle üstüne indirdi ama Michael sopayı yakalayıp koçun elinden çekti. Sonra da tek dizinin üstünde kırdı. Koçu geri itti ama Reyna onun koçun canını acıtmaya niyetli olmadığını anladı.

"Sabrım taştı artık!" diye kükredi Hedge. "İşte, şimdi beni çok kızdırdın!"

"Koç," dedi Reyna onu uyararak. "Michael çok güçlüdür. Onu yenebilmek için, ya bir ogre ya da bir..."

İskele tarafından, su hizasından birisi seslendi: "Kahale! Neden bu kadar uzun sürüyor?"

Michael irkildi. "Octavian?"

"Tabii ki benim!" diye bağırdı ses karanlıktan. "Emirlerimi yerine getirmeni beklemekten sıkıldım! Oraya geliyorum. Her iki taraf da silahlarını indirsin!"

Michael kaşlarını çattı. "Şey... Efendim? Herkes mi? Biz de mi?"

"Her sorunu bir yumrukla veya bir kılıçla çözemezsin, seni sersem! Bu *Graecus* salaklarıyla ben uğraşırım!"

Michael ne yapması gerektiğinden emin değil gibiydi ama Leila'ya ve Dakota'ya sırtlarındaki kılıçları güverteye koymalarını işaret etti.

Reyna Nico'ya baktı. Bariz bir biçimde bir terslik vardı. Octavian'ın neden oraya gelip kendisini tehlikeye atmış olabileceğine bir anlam verememişti. Dahası, Octavian kendi lejyonerlerine silahlarını bırakmalarını asla emretmezdi. Ama Reyna'nın içgüdüleri ona bir şey dememesini söylüyordu. Kılıcını yere bıraktı. Nico da aynı şeyi yaptı.

"Herkes silahsız, efendim," diye seslendi Michael.

"Güzel!" diye karşılık verdi Octavian.

Merdivenin başında karanlık bir şekil belirdi ama Octavian olamayacak kadar iriydi. Daha ufak ve kanatlı bir şekilde arkasında kanat çırptı. Bir harpya mıydı? Reyna neler olduğunu fark edene dek, Kiklop iki uzun adımda güvertede yanlarına gelmişti. Michael Kahale'nin kafasına vurdu. Centurion bir çuval dolusu taş gibi yere yığıldı. Dakota ile Leila panik içinde geri çekildiler.

Harpya kaptan köşkünün çatısına uçtu. Ay ışığında, tüyleri kurumuş kan rengi görünüyordu.

"Güçlü," dedi Ella kanatlarını açarak. "Ella'nın erkek arkadaşı Romalılardan daha güçlü."

"Arkadaşlar!" diye bağırdı Kiklop Tyson. Reyna'yı bir koluna, Hedge'le Nico'yu da diğer koluna attı. "Sizi kurtarmaya geldik. Yaşasın bize!"

XXXVIII

REYNA

Reyna bir Kiklop'u, en azından Tyson'ı gördüğüne hiç bu kadar sevinmemişti. Daha doğrusu, Tyson Leila'yla Dakota'nın üstüne yürüyene kadar. "Kötü Romalılar!"

"Tyson, dur!" diye bağırdı Reyna. "Onlara bir şey yapma."

Tyson kaşlarını çattı. Bir Kiklop olarak ufak tefek sayılırdı ve kocaman tek gözü bir akçaağaç şurubu rengiydi. Üstünde bir tek mayo ve penye bir pijama üstü vardı. Sanki yüzmeye mi gitsin, uyusun mu karar verememişti. Üstünden buram buram fındık ezmesi kokusu yayılıyordu.

"Onlar kötü değil mi?" dedi.

"Hayır, değiller," dedi Reyna. "Sadece kötü emirleri yerine getiriyorlardı. Bence bu konuda kendilerini kötü hissediyorlar. *Değil mi* Dakota?"

Dakota ellerini öylesine hızla havaya kaldırdı ki, uçmak üzere olan Süpermen'i andırıyordu.

"Reyna, ben de sana bunu anlatmaya çalışıyordum! Leila ve ben taraf değiştirip, Michael'ı alt etmene yardım etmeyi planlıyorduk."

"Doğru!" Leila neredeyse arka üstü tırabzanlardan yuvarlanacaktı.

"Ama bunu yapmaya fırsat bulamadan, Kiklop bizim yerimize yaptı!"

Koç Hedge onlara inanmıyormuş gibi güldü. "Ne kadar inandırıcı bir öykü!"

Tyson hapşırdı. "Pardon. Keçi postu. Kaşınan burun. Romalılara güveniyor muyuz?"

"Ben güveniyorum," dedi Reyna. "Dakota, Leila, görevimizin ne olduğunu anlıyor musunuz?"

Leila evet der gibi başını salladı. "Heykeli Yunanlılara bir barış teklifi olarak geri vermek istiyorsun. Biz de yardım edelim."

"Evet!" Dakota hevesle başını salladı. "Lejyon Michael'ın dediği gibi her şeyde hemfikir değil. Octavian'ın toparladığı *auxilia* güçlerine güvenmiyoruz."

Nico acı acı güldü. "Tereddüt etmek için biraz geç. Etrafınız kuşatılmış durumda. Melez Kampı yok edilir dilmez, o *müttefikler* sizi de yok edecekler."

"Peki, ne yapacağız?" dedi Dakota. "Şafağın sökmesine en fazla bir saat var."

"Beş elli iki," dedi Ella kaptan köşkünün üstünden. "Gün doğumu, Doğu deniz kıyısı, 1 Ağustos. *Deniz Meteorolojisi Zaman Çizelgeleri.* Bir saat ve on iki dakika bir saatten daha fazladır."

Dakota'nın gözü seğirdi. "Özür dilerim."

Koç Hedge Tyson'a baktı. "Güvenli bir şekilde Melez Kampı'na girebilir miyiz? Mellie iyi mi?"

Tyson düşünceli düşünceli çenesini kaşıdı. "Çok yuvarlak."

"Ama iyi değil mi?" dedi Hedge ısrarla. "Henüz doğum yapmadı, değil mi?"

"Doğum üçüncü trimesterin sonunda gerçekleşir," dedi Ella. "Sayfa kırk üç, *Yeni Annelerin El Kılavuzu...*"

"Hemen oraya gitmem gerek!" Hedge yattan atlayıp yüzecekmiş gibiydi.

Reyna elini Hedge'in omzuna koydu. "Koç, seni karına ulaştıracağız ama bu işi doğru yapalım. Tyson, sen ve Ella nasıl bu yata gelebildiniz?"

"Gökkuşağı!"

"Siz... Bir gökkuşağına mı bindiniz?"

"O, benim balık midilli arkadaşım."

"Bir hippokampis," dedi Nico.

"Anlıyorum." Reyna biraz düşündü. "Sen ve Ella, koçu sağ salim kampa götürebilir misiniz?"

"Evet!" dedi Tyson. "Götürebiliriz!"

"Güzel. Koç, gidip karını gör. Kampçılara Athena Parthenos'u gün doğarken kampa uçarak getirmeyi planladığımı söyle. Bunun Roma'dan Yunanistan'a bölünmelerimizi iyileştirmek için bir hediye olduğunu anlat. Beni havada vurmaktan kaçınırlarsa, çok minnettar olurum."

"Tamamdır," dedi Hedge. "Roma lejyonu ne olacak?"

"Bu, bir sorun," dedi Leila sıkkın bir ifadeyle. "O yaban eşekleri seni *havada* patlatırlar."

"Dikkatleri dağıtmamız gerek," dedi Reyna. "Romalıların Melez Kampı'na yapacağı saldırıyı geciktirmemiz gerek. Tercihen o silahları da etkisiz hale getirmeliyiz. Dakota, Leila, kohortlarınız emirlerinize uyar mı?"

"Şey, sanırım," dedi Dakota. "Ama onlardan ihanet etmelerini istersek..."

"Buna ihanet denmez," dedi Leila. "Praetorumuzdan doğrudan emir aldıysak bir şey olmaz. Hem Reyna *hâlâ* praetor."

Reyna Nico'ya döndü. "Dakota ve Leila'yla gitmen gerek. Onlar lejyonerler arasında karmaşa yaratırken ve saldırıyı geciktirmeye çalışırken, o yaban eşeklerini sabote etmenin bir yolunu bulmalısın."

Nico'nun *onun* tarafında olduğunu anlatırcasına gülümsemesi, Reyna'yı sevindirdi. "Büyük bir zevkle. Sana Athena Parthenos'u götürmen için zaman kazandırırız."

"Şey..." Dakota olduğu yerde kıpırdandı. "Heykeli tepeye götürsen bile, Octavian'ı ondan sonra heykeli yok etmemesi için nasıl durdurabilirsin? Yaban eşekleri olmadan bile çok ateş gücü var."

Reyna Athena'nın kamuflaj ağının ardında kalmış fildişi suratına baktı. "Heykel Yunanlılara iade edildikten sonra... Bence onu yok etmek zor olacak. Müthiş bir büyü gücüne sahip. Henüz kullanmamayı tercih ediyor."

Leila yavaşça yerden kılıcını aldı ve bunu yaparken gözlerini Athena Parthenos'tan hiç ayırmadı. "Sana inanıyorum. Michael'ı ne yapacağız?"

Reyna Hawaiili melezin bir dağ gibi yere yıkılmış bedenine baktı. "Onu motorunuza alın. Zarar vermeyin, bağlamayın. İçimde Michael'ın doğru şeyi yapacağına dair bir his var. Sadece yanlış kişiden destek almak gibi bir talihsizlik yaşadı."

Nico siyah kılıcını çıkardı. "Eminsin, değil mi Reyna? Seni yalnız bırakmak hoşuma gitmiyor." Karakorsan kişneyip, Nico'nun suratını yaladı. "Ayy! Pardon, özür dilerim." Nico yüzündeki at tükürüğünü sildi. "Reyna yalnız değil. Yanında mükemmel bir pegasus sürüsü var."

Reyna gülümsemeden edemedi. "Beni merak etme. Şansım yaver giderse, hepimiz çok yakında görüşeceğiz. Gaia'nın güçlerine karşı omuz omuza savaşacağız. Dikkatli olun ve *Ave Romae!*"

Dakota ve Leila da aynı sözleri tekrarlayıp tezahürat ettiler.

Tyson tek kaşını çattı. "Ave kim?"

"*Haydi, Romalılar* anlamına geliyor." Reyna Kiklop'un koluna vurdu. "Ama kesinlikle *Haydi, Yunanlılar* anlamına da geliyor." Bu sözlerin ağzından çıkışı tuhaftı.

Nico'ya baktı. Ona sarılmak istiyordu ama bu hareketine ne tepki vereceğini bilemiyordu. Elini uzattı. "Seninle göreve gitmek büyük bir şerefti, Hades'in oğlu."

Nico elini sıkı sıkı kavradı. "Hayatımda tanıdığım en cesur melezsin, Reyna. Ben..." Duraksadı. O anda yalnız olmadıklarını hatırlamıştı belki. "Seni hayal kırıklığına uğratmayacağım. Melez Kampı'nda görüşürüz."

Grup giderken, gökyüzü doğuda aydınlanmaya başlamıştı. Çok geçmeden, Reyna *Mi Amor*'un güvertesinde duruyordu... Sekiz pegasus ve on iki metrelik Athena'yla birlikteydi.

Sinirlerini yatıştırmaya çalıştı. Nico, Dakota ve Leila lejyonun saldırısını geciktirene dek, istediği her şeyi yapabilirdi ama öylece oturup beklemek hiç hoşuna gitmiyordu.

Tepelerin karanlık çizgisinin hemen ardında, On İkinci Lejyon'daki yoldaşları gereksiz bir saldırıya hazırlanıyorlardı. Reyna onlarla kalmış olsaydı, onları daha iyi yönlendirebilirdi. Octavian'ı kontrol altında tutabilirdi. Belki de gigant Orion haklıydı: Görevlerinde başarılı olamamıştı.

San Juan'da, balkonda gördüğü hayaletleri hatırladı. Hayaletler onu işaret ediyor, suçlamalar fısıldıyorlardı: katil. Hain. Babasının tayfını doğrarken, elindeki altın renkli ince kılıcı hatırladı. Babasının suratı şaşkın ve ihanet ifadesiyle kaplıydı.

Sen bir Ramírez-Arellano'sun! derdi babası hep. *Asla görev yerinden ay-*

rılma. Hiç kimseyi içeri sokma. Her şeyden öte, asla kendi ırkına ihanet etme!

Yunanlılara yardım ederek, Reyna bunların hepsini yapmıştı. Bir Romalının düşmanlarını yok etmesi gerekirdi. Ama Reyna onlarla güç birliği yapmıştı. Lejyonunu bir çılgının ellerine teslim etmişti.

Annesi olsa ne derdi? Annesi, savaş tanrıçası Bellona...

Karakorsan onun sıkıntısını hissetmiş olmalıydı. Yanına gelip burnunu kıza sürttü.

Reyna onun burnunu okşadı. "Sana verecek ödülüm yok, oğlum."

Karakorsan onu sevecen bir tavırla itti. Nico ona Karakorsan'ın Percy'nin her zaman kullandığı at olduğunu ama herkese karşı dost olduğunu söylemişti. Hades'in oğlunu itirazsız sırtında taşımıştı. Şimdi de bir Romalıyı teselli ediyordu.

Reyna kollarını atın boynuna doladı. Karakorsan'ın postu tıpkı Scipio'nunki gibi kokuyordu: taze biçilmiş çim ve fırından yeni çıkmış ılık ekmek gibi. Göğsünde biriken bir hıçkırığı serbest bıraktı. Praetor olarak, yoldaşlarına karşı herhangi bir zayıflık veya korku belirtisi gösteremezdi. Güçlü kalmalıydı. Ama at bunları umursamıyor gibiydi.

Hafifçe kişnedi. Reyna at dili bilmiyordu ama Karakorsan adeta, *Sorun yok. İyi iş başardın,* diyordu

Silikleşen yıldızlara baktı.

"Anne," dedi. "Sana yeteri kadar dua etmedim. Seninle hiç karşılaşmadım. Senden hiç yardım istemedim. Ama lütfen... Bu sabah, bana doğru olanı yapabileceğim gücü ver."

Sözleri duyulmuş gibi, doğu ufkunda bir şey parıldadı: Boğaz'a boylu boyunca yayılan ışık bir başka sürat motoru gibi hızla yaklaştı.

Reyna bir an için heyecana kapılıp sevindi, bunun Bellona'dan bir işaret olduğunu düşündü.

Karanlık şekil giderek yakınlaştı. Reyna'nın sevinci, dehşete dönüştü. Çok uzunca bir süre, inanmazlık hissiyle paralize olmuş bir halde bekledi. Şekil iri bir insansı yaratık haline geldi ve suyun yüzeyinden ona doğru koşmaya başladı.

İlk ok Karakorsan'ın böğrüne saplandı. At acı dolu bir kişnemeyle yere yığıldı.

Reyna çığlık attı ama daha hareket edemeden, ikinci bir ok ayaklarının arasına isabet etti. Ok ucuna bir kol saati büyüklüğünde, parıldayan bir LED yerleştirilmişti ve 5:00'dan geriye doğru sayıyordu.

4:59.

4:58.

XXXIX

REYNA

"Yerinde olsam kıpırdamazdım, Praetor."

Orion suyun yüzeyinde, sancak tarafının on beş metre ilerisinde, yayına bir ok takmış duruyordu.

Reyna hissettiği acı ve öfke bulutu arasında, gigantın yeni yara izlerini fark etti. Avcılarla yaptığı savaş sonrasında, kollarında ve yüzünde oluşan gri ve pembe renkli yara izleri, çürümeye yüz tutmuş, ezik bir şeftali gibi görünüyordu. Sol tarafındaki mekanik göz karanlıktı. Saçları yanmış, geriye sadece keçeleşmiş ufak öbekler kalmıştı. Burnu Nico'nun suratına çarptığı yay yüzünden şiş ve kırmızıydı. Tüm bunlar, Reyna'nın için için sevinmesine neden oldu.

Ama gigantın suratında hâlâ küstah bir gülümseme vardı.

Reyna'nın ayaklarının dibindeki kronometre 4:42'yi gösteriyordu.

"Patlayıcı oklar çok hassastır," dedi Orion. "Bir kere bir yere saplandılar mı, en ufak bir hareket bile onları tetikleyebilir. Hayatının son dört dakikasını boşa harcamak istemezsin."

Reyna'nın duyuları keskinleşti. Pegasuslar gergin bir halde Athena

Parthenos'un etrafında geziniyorlardı. Şafak sökmeye başlamıştı. Kıyıdan esen rüzgâr, hafif bir çilek kokusu taşıyordu. Karakorsan güvertede yanında yatıyor, hırıltılı sesler çıkarıp titriyordu. Hâlâ hayattaydı ama çok kötü yaralanmıştı.

Reyna'nın kalbi öylesine gümbür gümbür atıyordu ki, kulak zarlarının patlayacağını sandı. Gücünü Karakorsan'a vermeye, onu canlı tutmaya çalıştı. Öldüğünü *görmeyecekti.*

İçinden giganta lanetler okumak geçiyordu ama şaşılacak kadar sakin bir tavırla konuşmaya başladı. "Ablama ne oldu?"

Orion'un bembeyaz dişleri mahvolmuş yüzünde parıldadı. "Öldüğünü söylemeyi çok isterdim. Yüzündeki acıyı görmeyi de. Ama bildiğim kadarıyla, ablan hayatta. Thalia Grace ve sinir bozucu Avcıları da öyle. İtiraf edeyim ki, beni şaşırttılar. Onlardan kaçmak için denize gitmek zorunda kaldım. Son birkaç gündür, yaralıyım ve acı içindeyim; yavaş yavaş iyileşip yeni bir yay yaptım. Ama merak etme Praetor. Önce sen öleceksin. Değerli heykelin de büyük bir patlamada yanacak. Gaia uyandıktan sonra, ölümlü dünyası yok olurken, ablanı bulacağım. Ona acı çekerek öldüğünü anlatacağım. Sonra da onu öldüreceğim." Sırıttı. "O yüzden, her şey yolunda!"

4:04.

Hylla hayattaydı. Thalia ve Avcılar da hâlâ dışarıda bir yerlerdeydi. Ama Reyna görevinde başarısız olursa, bunun bir anlamı olmayacaktı. Güneş dünyanın son gününde yükseliyordu.

Karakorsan'ın nefes alıp verişi giderek zorlaşıyordu.

Reyna tüm cesaretini topladı. Kanatlı atın ona ihtiyacı vardı. Lord Pegasus ona At Dostu ismini vermişti ve onu hayal kırıklığına uğratamazdı. O sırada, tüm dünyayı düşünemezdi. Yanındaki şeye odaklanmalıydı.

3:54.

"Demek öyle." Bakışlarını Orion'a dikti. "Yaralı ve çirkinsin ama ölü değilsin. Sanırım, seni öldürmek için bir tanrının yardımına ihtiyacım olacak."

Orion kıs kıs güldü. "Ne yazık ki, siz Romalılar tanrıları yardımınıza çağırmakta asla iyi olmadınız. Sizi pek önemsemiyorlar galiba, ne dersin?"

Reyna neredeyse onunla aynı fikirde olduğunu söyleyecekti. Annesine dua etmişti... Bunun hemen ardındansa, intihar eğilimli bir gigant gelmişti.

Pek de cesaret verici bir durum değildi doğrusu.

Ama...

Reyna güldü. "Ah, Orion."

Gigantın gülümsemesi silinir gibi oldu. "Tuhaf bir mizah anlayışın var Romalı kız. Neye gülüyorsun?"

"Bellona dualarıma yanıt *verdi.* Artık benim için savaşmıyor. Bana kolay zafer vaat etmiyor. Bana kendimi ispatlayabileceğim fırsatlar sunuyor. Güçlü düşmanlar ve potansiyel müttefikler veriyor."

Orion'un sol gözü parıldadı. "Saçmalıyorsun. Seni ve değerli Yunan heykelini az sonra bir ateş sütunu yok edecek. Hiçbir müttefik sana yardım edemez. Annen seni, tıpkı senin lejyonunu terk ettiğin gibi yüz üstü bıraktı."

"Hayır, bırakmadı," dedi Reyna. "Bellona sadece bir savaş tanrıçası değildi. Sadece vahşetin beden bulmuş hali Yunan *Enyo* gibi değildi. Bellona'nın Tapınağı, Romalıların yabancı elçileri karşıladıkları yerdeydi. Orada savaşlar açılmıştı ama barış anlaşmaları da imzalanmıştı. Güce dayalı, kalıcı barışlar."

3:01.

Reyna bıçağını çekti. "Bellona bana Yunanlılarla barış yapıp, Roma'nın gücünü artırma şansı verdi. Kabul ettim. Ölecek olursam, bu amacı savunarak öleceğim. O yüzden, annemin bugün burada *benimle* olduğunu söyleyebilirim. Gücünü bana katacak. At okunu, Orion. Önemi yok. Bu bıçağı fırlatıp kalbini deştiğimde, *sen* öleceksin."

Orion dalgaların üstünde kıpırdamadan durdu. Yüzünü bir dikkat maskesi kaplamıştı. Sağlam gözü kehribar bir parıltı saçıyordu.

"Blöf yapıyorsun," diye kükredi. "Senin gibi yüzlercesini öldürdüm: Savaş oyunları oynayan, gigantların eşitiymiş gibi davranan kızlar! Sana çabuk bir ölüm vermeyeceğim, Praetor. Yandığını izleyeceğim. Tıpkı Avcıların bana yaptığı gibi."

2:31.

Karakorsan hırıldadı ve bacaklarıyla güverteyi tekmeledi. Gök pembeye bürünmüştü. Kıyıdan esen bir rüzgâr, Athena Parthenos'un üstündeki kamuflaj ağını aldı ve yere düşürdü. Gümüş renkli örtü Boğaz'a serildi. Athena Parthenos sabahın ilk ışıklarında parıldıyordu. Reyna tanrıçanın Yunan kampının tepesinde ne kadar güzel görüneceğini düşündü.

Olmalı, diye düşündü. Pegasusların içinden geçenleri anlamasını diledi. Yolculuğu bensiz tamamlamanız gerek.

Başını Athena Parthenos'a çevirdi. "Leydim, size eşlik etmek benim için büyük bir şerefti."

Orion ofladı. "Şimdi de düşman heykelleriyle mi konuşuyorsun? Fayda etmez. İki dakikalık ömrün kaldı."

"Ama ben senin zaman çerçevene uymam ki gigant," dedi Reyna. "Bir Romalı ölümü beklemez. Onu bulur ve kendi kurallarına göre yüzleşir."

Bıçağını savurdu. Bıçak, gigantın göğsünün tam ortasına girdi.

Orion acı içinde haykırırken, Reyna bunun duyacağı son ses oluşunun ne hoş olduğunu düşündü.

Pelerinini önüne savurdu ve patlayıcı okun üstüne atladı. Karakorsan'la diğer pegasusları ve belki de alt güvertede uyuyan ölümlüleri koruyabilirdi. Bedeninin patlamayı zapt edip etmeyeceğini, pelerininin alevleri dindirip dindirmeyeceğini bilemiyordu ama arkadaşlarını ve görevini kurtarması için yapabileceği en iyi şey buydu.

Gerilip ölmeyi bekledi. Ok patlarken baskıyı hissetti... Ama beklediği şey olmadı. Kaburgalarının atlında patlayan oktan sadece fazla şişirilmiş ve patlamış bir balonunki gibi bir *pof* sesi çıktı. Pelerini bir hayli ısındı. Alevler her yanı sarmadı.

Neden hâlâ hayattaydı?

Kalk, dedi zihnindeki bir ses.

Reyna transa girmiş gibi doğruldu. Pelerinin kenarlarından dumanlar çıkıyordu. Mor kumaşın daha farklı olduğunu gördü. Adeta İmparatorluk altınından yapılmış ipliklerle dokunmuş gibiydi. Ayaklarının dibinde, güvertenin bir kısmı halka biçiminde kömürleşmişti ama pelerini tütsülenmemişti bile.

Aegisimi kabul et, Reyna Ramírez-Arellano, dedi ses. *Çünkü bugün, kendini bir Olimpos kahramanı olarak ispat ettin.*

Reyna hayretle altın renkli hafif bir hale saçarak parıldayan Athena Parthenos'a baktı.

Aegis... Reyna senelerce aldığı eğitimden, bunun sadece Athena'nın kalkanı demek olmadığını hatırlıyordu. Aynı zamanda, tanrıçanın pelerini anlamına da geliyordu. Efsaneye göre, Athena bazen pelerininden parçalar keser, bunları tapınaklarındaki ya da seçtiği kahramanların üstüne örterek onları korurdu.

Reyna'nın senelerdir giydiği pelerin aniden değişmişti. Patlamayı etkisiz hale getirmişti.

Reyna bir şey söylemeye, tanrıçaya teşekkür etmeye çalıştı ama sesi bir türlü çıkmadı. Heykelin halesi silikleşti. Reyna'nın kulaklarındaki çınlama kesildi. Suyun yüzeyinde sendelerken hâlâ acı dolu çığlıklar atan Orion'un farkına vardı.

"Başarısız oldun!" Reyna'nın bıçağını göğsünden çıkardı ve dalgaların arasına fırlattı. "Hâlâ yaşıyorum!"

Yayını alıp bir ok fırlattı ama bu, ağır çekimmiş gibi gerçekleşti. Reyna pelerinini önüne savurdu. Ok kumaşa çarpıp parçalandı. Derhal tırabzanlara koşup gigantın üstüne atıldı.

Aslında, gigantın ta yanına kadar atlaması imkânsız olmalıydı ama Reyna eklemlerine güç akın ettiğini, adeta annesi Bellona'nın ona gücünü ödünç verdiğini hissetti. Reyna'nın başkalarına senelerdir verdiği gücü telafi ediyordu.

Reyna gigantın okunu kapıp, bir jimnastikçi gibi etrafında döndü ve gigantın sırtına atladı. Bacaklarını beline sarıp, pelerinini bir halat gibi büktü ve var gücüyle Orion'un boğazına doladı.

Gigant içgüdüsel bir hareketle yayını bıraktı. Parıldayan kumaşı çekiştirdi ama parmakları buna değdiğinde yanıp dumanlar saçtı. Boynundan ekşi, asidimsi bir koku yayıldı.

Reyna kumaşı daha da çekti.

"Bu, Phoebe için," diye hırladı kulağına. "Kinzie için. Öldürdüğün herkes için. Bir *kızın* ellerinde öleceksin."

Orion debelenip direndi ama Reyna'yı alt etmesi imkânsızdı. Athena'nın gücü pelerine geçmişti. Bellona onu gücüyle ve kararlılığıyla kutsamıştı. Bir değil, iki güçlü tanrıça ona yardım ediyordu ama gigantı kendisi öldürmeliydi.

Bunu başardı.

Gigant dizlerinin üstüne çöküp suya battı. Reyna gigant debelenmeyi kesip, bedeni denizköpüğüne dönüşene dek onu bırakmadı. Gigantın mekanik gözü dalgaların ardında gözden kayboldu. Yayı da batmaya başladı.

Reyna bir şey yapmadı. Savaş ganimetleriyle ilgilenmiyordu; gigantın hiçbir şeyinin geride kalmasını istemiyordu. Babasının *mania*'sı ve geçmişinin tüm öfkeli hayaletleri gibi, Orion ona hiçbir şey öğretmemişti. Unutulmayı hak ediyordu.

Hem şafak da sökmeye başlamıştı.

Reyna yata geri yüzdü.

XL

REYNA

Orion'a karşı kazandığı zaferi kutlamaya vakti yoktu.

Karakorsan'ın ağzından köpükler çıkıyordu. Bacakları kasılıyordu. Böğründeki ok yarasından da kanlar akıyordu.

Reyna telaşla Phoebe'nin ona verdiği malzeme çantasını karıştırdı. Yarayı iyileştirici merhemle sildi. Gümüş cep bıçağının keskin kısmına tek boynuzlu at karışımı döktü.

"Lütfen, lütfen," diye mırıldandı kendi kendine.

Aslında, ne yaptığını bile bilmiyordu ama yarayı elinden geldiğince temizledi ve okun ucunu kavradı. Uç çentikli olsaydı, onu çıkarmak daha da büyük bir hasara neden olabilirdi. Ama zehirliyse, bunu atın bedeninde bırakamazdı. Gerçi oku itemezdi de, çünkü atın bedeninin ortasına saplanmıştı. En az kötü olan seçeneği tercih etmeliydi.

"Canın yanacak, dostum," dedi Karakorsan'a.

At, *Bilmediğim bir şey söyle*, der gibi ofladı.

Reyna bıçağıyla yaranın iki yanına birer çizgi açtı. Oku çekip çıkardı. Karakorsan kişnedi ama ok parçalanmadan çıktı. Ok ucu çentikli değildi. Zehirli olabilirdi ama bundan emin olabilmenin bir yolu yoktu. Sorunları teker teker halletmeliydi.

Reyna yaraya biraz daha iyileştirici merhem sürdü ve bandajladı. İçinden sayarak, yaraya biraz baskı uyguladı. Kan artık daha az akıyor gibiydi.

Karakorsan'ın ağzına tek boynuzlu at karışımı döktü.

Sonra, zaman mefhumunu yitirdi. Atın nabzı giderek güçlendi ve düzenli hale geldi. Bakışlarındaki acı azaldı. Nefes alıp verişi rahatladı.

Reyna ayağa kalktığında, korkudan ve yorgunluktan titriyordu ama Karakorsan hâlâ hayattaydı.

"İyileşeceksin," dedi. "Sana Melez Kampı'ndan yardım getireceğim."

Karakorsan boğuk bir ses çıkardı. Reyna onun çörek dediğine yemin edebilirdi. Hayal görmeye başlamış olmalıydı.

Havanın ne kadar aydınlandığını sonradan fark etti. Athena Parthenos güneşin altında parıldıyordu. Guido ve diğer kanatlı atlar sabırsızlıkla güvertede geziniyorlardı.

"Savaş..." Reyna kumsala baktı ama herhangi bir savaş işareti görmedi. Bir Yunan kadırgası sabah akıntısında tembel tembel sallanıyordu. Tepelerse yeşil ve huzurlu görünüyordu.

Bir an için, Romalıların saldırmamaya mı karar verdiğini merak etti. Belki de Octavian'ın aklı başına gelmişti. Nico ve diğerleri lejyonu yenmiş olabilirlerdi.

Derken, turuncu renkli bir parıltı tepeleri kapladı. Bir sürü ateş şeridi, göğe yükseldi.

Mancınıklar ilk atışlarını yapmışlardı.

XLI

PIPER

Piper yılan insanların gelişine hiç şaşırmamıştı.

Bütün hafta, devasa boyutlardaki Yok Eden Kaplumbağa'dan *2. Argo*'ya çakıp, "Güvendeyiz," demek gibi bir hata yaptığında, güvertede haydut Sciron'la karışlaşmasını düşünmüştü.

Bir ok aniden ana direğe, burnunun bir santim ötesine saplanmıştı.

Piper bundan çok değerli bir ders almıştı: Asla güvende olduğunu düşünmeyecektin; asla ama asla güvende olduğunu düşündüğünü *söyleyip* Kaderleri kışkırtmayacaktın.

Gemi Atina'nın hemen dışındaki Pire rıhtımında demir atınca, Piper derin bir oh çekmemek için kendini tuttu. Evet, en sonunda varmak istedikleri yere gelmişlerdi. Yakınlarda, sıra sıra gezi gemilerinin ötesinde, binalarla kaplı tepelerin ardında, Akropolis'i bulacaklardı. O gün, öyle ya da böyle yolculukları sona erecekti.

Ama bu, rahatlayabileceği anlamına gelmiyordu. Her an, durup dururken kötü bir sürprizle karşılaşabilirlerdi.

Sonradan bu sürprizin bacak yerine yılan kuyrukları olan üç adam olduğunu gördüler.

Arkadaşları savaş için hazırlanıp, silahlarını, zırhlarını, mancınıkları ve fırlatma rampaları kontrol ederlerken, Piper yılan adamların rıhtımda süründüklerini, onlara dikkat etmeyen ölümlü turist kalabalığının arasında kıvrılarak ilerlediklerini gördü.

"Şey... Annabeth?" diye seslendi Piper. Annabeth'le Percy yanına geldiler.

"Ah, harika," dedi Percy. *"Dracaenae."*

Annabeth gözlerini kıstı. "Sanmam. Bunlar daha önceden *gördüklerim* gibi değiller. *Dracaenae*'nin bacak yerine iki sürüngen bacağı vardır. Bunların tek bacağı var."

"Doğru," dedi Percy. "Bedenlerinin üst kısmı da daha insanı andırıyor. Pullu, yeşil falan değil. Peki, konuşacak mıyız, savaşacak mıyız?"

Piper *savaşacağız* demek istedi. Jason'a anlattığı öyküyü düşünmeden edemiyordu: Tabusunu yıkan ve bir yılana dönüşen Cherokee avcısını düşünüyordu. Bu üç adam da epey sincap eti yemiş olabilirdi.

Tuhaf bir şekilde, önü çeken adam Piper'a babasının *Sparta Kralı* filmi için sakalını uzatmış halini hatırlatmıştı. Yılan adam başını dimdik tutuyordu. Yüz hatları keskin, teni bronzdu; gözleri bazalt gibi kapkaraydı, kıvırcık saçları da briyantinden parıldıyordu. Bedeninin kaslarla kaplı üst kısmını sadece bir Yunan *chlamys*'i örtüyordu. Bu, gevşekçe bağlanıp, omuzda iğnelenen beyaz renkli yünlü bir pelerindi. Belinden aşağısıysa, kocaman bir sürüngene aitti. İki buçuk metrelik yeşil kuyruğu, hareket ettiğinde anında kıvrılıyordu.

Bir elinde ucunda parlak yeşil renkli bir mücevher olan bir asa tutuyordu. Diğer elindeyse, şık bir yemeğin giriş yemeğini andıran, üstünde gümüş bir kapak bulunan bir tabak taşıyordu.

Ardındaki iki adam muhafız gibiydi. Bronz göğüs zırhları giymiş, üstlerinde at kılları bulunan süslü miğferler takmışlardı. Oval biçimli kalkanlarında da kocaman bir Yunan harfi vardı: K. *Kappa.*

2. Argo'dan birkaç metre uzakta durdular. Liderleri başını kaldırıp, dikkatle melezlere baktı. Bakışları delip geçiyordu ama ne düşündüğü anlaşılmıyordu. Öfkeli de olabilirdi, endişeli de. Tuvalete gitmesi gerekiyor bile olabilirdi.

"Gemiye çıkmak için izin istiyoruz." Adamın hırıltılı sesi Piper'a bir ustura kayışına sürtülen dümdüz bir jilet sesini anımsattı. Tıpkı büyükbabasının Oklahoma'daki eski berber dükkânındaki gibi.

"Kimsin?" diye sordu adama.

Adam kapkara gözlerini suratına dikti. "Ben, Kekrops, Atina'nın ilk ve ebedi kralı. Sizi şehrime buyur etmek istedim." Üstü kapaklı tabağı gösterdi. "Yanımda bir de kek getirdim."

Piper arkadaşlarına baktı. "Bir numara mı?"

"Muhtemelen," dedi Annabeth.

"En azından, tatlı getirmiş." Percy yılan adamlara gülümsedi. "Gemimize hoş geldiniz!"

Kekrops muhafızlarını Masa Buford'la güvertede bırakmaya razı oldu. Buford onlara yere yatıp yirmi mekik çekmelerini emretti. Muhafızlar da bunu seve seve yerine getirdiler.

Bu sırada, Atina kralı bir 'tanışma' toplantısı için yemek salonuna davet edildi.

"Lütfen, oturun," dedi Jason.

Kekrops burnunu kırıştırdı. "Yılan insanlar oturmazlar."

"Lütfen, ayakta durun," dedi Leo. Keki kesti ve Piper onu zehirli ya da ölümlülerin yiyemeyeceği bir şeyi olabileceği veya tadının iyi olmayabileceği konusunda uyaramadan ağzına attı.

"Vay canına!" Sırıttı. "Yılan insanlar kek yapmayı biliyorlarmış doğrusu. Hafif bir portakal ve bir parça da bal tadı geliyor. Bir bardak da süt olsa iyiydi."

"Yılan insanlar süt içmezler," dedi Kekrops. "Laktoza karşı toleransı olmayan sürüngenleriz."

"Ben de!" dedi Frank. "Yani... Laktoza karşı toleransım olmamasını diyorum. Yoksa bir sürüngen değilim. Ama bazen *istersem* bir sürüngen..."

"Neyse..." diye araya girdi Hazel. "Kral Kekrops, buraya neden geldiniz? Geldiğimizi nereden biliyordunuz?"

"Atina'da olan biten her şeyi bilirim," dedi Kekrops. "Bu şehrin kurucusu ve ilk kralıyım. Topraktan doğdum. Athena'yla Poseidon arasındaki sorun konusunda karar veren ve Athena'yı şehrin koruyucusu seçen de benim."

"Arada kızgınlık olmasın da," diye mırıldandı Percy.

Annabeth ona dirsek attı. "İsminizi duymuştum Kekrops. Athena'ya ilk adak veren kişisin. Akropolis'teki ilk mabedi inşa etmiştin."

"Doğru." Kekrops bu kararından pişmanmış gibi bıkkın bir sesle söylemişti bunu. "Halkım orijinal Atinalılardır. *Gemini* gibi."

"İkizler burcu gibi mi yani?" dedi Percy. "Ben bir Aslanım."

"Hayır şapşal," dedi Leo. "Aslan olan benim. İsmimin anlamı gibi. Sen Percy'sin."

"Keser misiniz şunu?" diye azarladı onları Hazel. "Sanırım, ikizler derken yarı insan, yarı yılan demek istedi. İnsanlarına öyle deniyor. O, bir *geminus*. Tekil hali böyle denir."

"Evet..." Kekrops, Hazel nedense ona hakaret etmiş gibi biraz geri çekildi. "Binlerce sene önce, iki bacaklı insanlar tarafından zorla yeraltına yollandık ama şehirdeki yolları herkesten iyi bilirim. Sizi uyarmaya geldim. Akropolis'e yukarıdan yaklaşmaya çalışırsanız, yok olacaksınız."

Jason kekini yemeyi kesti. "Yani... Sizin tarafınızdan mı?"

"Porphyrion'un orduları tarafından," dedi yılan kral. "Akropolis'in etrafı kuşatma silahlarıyla çevrili. Yaban eşekleri."

"*Daha da* mı yaban eşeği?" dedi Frank. "Ucuzluk falan mı vardı yahu?"

"Kikloplar," dedi Hazel. "Hem Octavian'a, hem de gigantlara satmış olmalılar."

Percy homurdandı. "Octavian'ın yanlış tarafta olduğuna dair daha fazla kanıta ihtiyacımız vardı sanki."

"Ama tek tehdit bu değil," dedi Kekrops uyarısına devam ederek. "Hava fırtına ruhlarıyla ve grifonlarla kaplı. Akropolis'e giden tüm yollar da Topraktandoğanlar tarafından devriyelerle gözletleniyor."

Frank parmaklarını kekin kapağına vurdu. "Peki, ne yapacağız? Pes mi edeceğiz? Bunu yapamayacak kadar uzun bir yoldan geldik."

"Size bir alternatif önereceğim," dedi Kekrops. "Akropolis'e giden yeraltı geçidini. Atina için, tanrılar için, size yardım edeceğim."

Piper ensesinin karıncalandığını hissetti. Dişi gigant Periboia'nın rüyasında dediği şeyi hatırladı: Melezler Atina'da hem dostlar, hem de düşmanlarla karşılaşacaktı. Belki de dişi gigant Kekrops'tan ve yılan insanlarından söz etmişti. Ama Kekrops'un sesinde Piper'ın hoşlanmadığı bir şey vardı. Ustura kayışına sürtülen jileti andıran sesi adeta derin bir kesik açmaya hazırlanıyormuş gibiydi.

"Şaşırtmaca ne?" diye sordu.

Kekrops ne düşündüğünü ele vermeyen kapkara gözlerini ona dikti. "Sadece ufak bir melez grubu, yani üç kişiden fazla olmayan bir grup gigantlara görünmeden gidebilir. Yoksa kokunuz sizi ele verir. Ama yeraltı geçitlerimiz sizi doğrudan Akropolis yıkıntılarına götürür. Oraya vardığınızda, kuşatma silahlarını gizlice etkisiz hale getirirsiniz ve grubun geri kalanını çağırabilirsiniz. Şansınız yaver giderse, gigantları gafil avlarsınız. Törenlerini bozabilirsiniz."

"Tören mi?" dedi Leo. "Ha... Gaia'yı uyandırma töreni."

"Tören şu anda başladı," dedi Kekrops onları uyarır gibi. "Toprağın titrediğini hissetmiyor musunuz? Biz *gemini* en büyük şansınızız."

Piper kralın sesinde istek, neredeyse açlık hissetti.

Percy masadakilere baktı. "İtirazı olan?"

"Birkaç itirazım var," dedi Jason. "Düşmanlarımızın kapısına vardık. Bizden ayrılmamız isteniyor. Korku filmlerinde insanlar hep böyle ölmez mi?"

"Evet, bir de Gaia Parthenon'a varmamızı *istiyor*. Kanımızın taşlara dökülmesini ve diğer bir sürü psikopat saçmalığının gerçekleşmesini istiyor. Tıpış tıpış gidip, eline düşmüş olmaz mıyız?"

Annabeth Piper'la göz göze geldi ve sessiz bir soru sordu:

Sen ne düşünüyorsun?

Piper buna, Annabeth'in ondan tavsiye istemesine hâlâ alışamamıştı. Sparta'dan beri, sorunları birlikte iki farklı taraftan çözebileceklerini öğrenmişlerdi. Birlikte çalıştıklarında, ya sorunu iki misli hızla çözüyorlardı ya da fena halde birbirlerinin aklını karıştırıyorlardı.

Kekrops'un önerisi mantıklıydı. En azından, intiharı en az çağrıştıran öneriydi. Ama Piper yılan kralın gerçek niyetini gizlediğinden emindi. Sadece bunu nasıl kanıtlayabileceğini bilmiyordu...

Sonra, aklına babasının ona seneler önce söylediği bir şey geldi: *İsmini kavalcı anlamına gelen Piper koymamızın nedeni, Büyükbaba Tom'un çok güçlü bir sesinin olduğunu düşünmesiydi. Tüm Cherokee şarkılarını, yılanların şarkısını bile öğrenıştin.*

Tamamıyla farklı bir kültürden bir efsaneydi ama Piper buna rağmen o sırada yılan insanların kralının karşısında oturuyordu.

Şarkı söylemeye başladı: Babasının en sevdiği şarkı olan *Summertime.*

Kekrops hayretle ona baktı. Sonra, sallanmaya başladı.

İlk başlarda, Piper bütün arkadaşlarının ve bir yılan adamın önünde şarkı söylediği için utandı. Babası ona güzel bir sesi olduğunu her zaman söylerdi ama Piper dikkatleri üstüne çekmekten hoşlanmazdı. Kamp ateşinin etrafında söylenen şarkılara bile eşlik etmezdi. O sırada, sözleri yemek salonunu kaplamıştı. Herkes büyülenmiş gibi onu dinliyordu.

İlk bölümü bitirdi. Beş saniye boyunca, kimse bir şey diyemedi.

"Pipes," dedi Jason. "Hiç bilmiyordum."

"Çok güzeldi," dedi Leo. "Yani, Kalipso kadar değil ama yine de..."

Piper yılan kralın gözlerinin içine baktı. "Gerçek niyetin nedir?"

"Sizi kandırmak," dedi kral hâlâ transtan çıkamamış halde sallanırken. "Sizi tünellere yönlendirip, yok etmeyi umuyoruz."

"Neden?" dedi Piper.

"Toprak Ana bize muhteşem ödüller vaat etti. Kanını Parthenon'un altıdan dökersek, uyanmasını tamamlaması için yeterli olacak."

"Ama sizler Athena'ya hizmet ediyorsunuz," dedi Piper. "Onun şehrini kurdunuz."

Kekrops hafifçe tısladı. "Bunun karşılığında, tanrıça beni terk etti. Athena beni iki bacaklı insan bir kralla değiştirdi. Kızlarımı delirtti. İkisi de Akropolis'in uçurumlarından atlayarak intihar etti. Orijinal Atinalılar, yani *gemini*, yeraltına kaçmak zorunda kaldı ve unutuldu. Bilgelik tanrıçası Athena sırtını bize döndü ama bilgelik topraktan da gelir. Bizler Gaia'nın ilk ve son çocuklarıyız. Toprak Ana bize yukarı dünyanın güneşli kısmında bir yer vaat etti."

"Gaia yalan söylüyor," dedi Piper. "Yukarı dünyayı birisine vermek değil, onu yok etmek istiyor."

Kral sivri dişlerini gösterdi. "O zaman hain tanrıların altında olduğumuzdan daha kötü durumda olmayız!"

Asasını kaldırdı ama Piper hemen *Summertime*'ın ikinci kısmını söylemeye koyuldu.

Yılan kralın kollarını gevşedi. Gözleri donuklaştı. Piper birkaç satır daha söyledikten sonra, bir soru daha sormaya cesaret etti: "Gigantların savunmaları, Akropolis'e açılan yeraltı geçidi... Bunların ne kadarı doğru?"

"Hepsi," dedi Kekrops. "Akropolis dediğim gibi gerçekten de çok iyi korunuyor. Yukarıdan yaklaşmaya çalışmak imkânsız."

"Bu durumda, bizi tünellerinizde *yönlendirebilirsiniz*," dedi Piper. "Bu da doğru mu?"

Kekrops kaşlarını çattı. "Evet..."

"İnsanların bize *saldırmamalarını* emredersen, sana itaat ederler mi?"

"Evet ama..." Kekrops titredi. "Evet, ederler. Aranızdan en fazla üç kişi gigantların dikkatini çekmeden ilerleyebilirsiniz."

Annabeth'in bakışlarına bir endişe çöktü. "Piper, bunu denemek bile delilik. Bizi eline geçen ilk fırsatta öldürür."

"Evet," dedi yılan kral. "Ama bu kızın müziği beni kontrol ediyor. Bundan nefret ediyorum. Lütfen, biraz daha söyle."

Piper ona bir bölüm daha söyledi.

Leo harekete geçti. Birkaç kaşık alıp, bunları hevesle masaya vururken Hazel koluna vurup onu durdurdu.

"Yeraltına gidiliyorsa, benim gitmem gerek," dedi Hazel.

"Asla," dedi Kekrops. "Yeraltı Dünyası'nın bir çocuğu mu? İnsanların varlığını tiksindirici bulur. Hiçbir etkileyici müzik de seni öldürmelerini engellemez."

Hazel yutkundu. "Ya da burada kalabilirim."

"Ben ve Percy," dedi Annabeth.

"Şey..." Percy elini kaldırdı. "Yine aynı konuya geri döneceğim. Gaia zaten bunu istiyor: Senin ve benim, ikimizin kanının taşlara falan akmasını yani."

"Biliyorum." Annabeth'in yüzünde kasvetli bir ifade belirdi. "Ama en mantıklı seçenek biziz. Akropolis'teki en eski tapınaklar Poseidon'la Athena'ya adanmıştır. Kekrops, oraya yaklaşmamızı bunlar gizlemez mi?"

"Gizler," dedi yılan kral. "Sizin... Kokunuzu hissetmeleri zor olur. Harabeler her zaman bu iki tanrının gücünü yayarlar."

"Bir de ben," dedi Piper şarkısını bitirip. "Bu arkadaşı hizada tutmam için yardımıma ihtiyacınız olacak."

Jason elini sıktı. "Bu ikiye ayrılma fikrinden hâlâ hiç hoşlanmıyorum."

"Ama en iyi seçeneğimiz bu," dedi Frank. "Üçü gizlice oraya gidip yaban eşeklerini etkisiz hale getirirler ve dikkatleri üstlerine çekerler. Sonra, geri kalanımız mancınıklarımızı harekete geçirip saldırırız."

"Evet," dedi Kekrops, "bu plan işe yarayabilir. Önce ben sizi öldürmezsem tabii."

"Aklıma bir şey geldi," dedi Annabeth. "Frank, Hazel, Leo... Biraz konuşalım. Piper, arkadaşımızı müzikle etkisiz hale getirir misin?"

Piper başka bir şarkı söylemeye başladı. Bu da *Happy Trails* isimli, babasının Oklahoma'dan her ayrılıp Los Angeles'a geri döndüklerinde söylediği bir şarkıydı. Leo, Frank ve Hazel, Annabeth'in stratejisini konuşmak üzere gittiler.

"Pekâlâ." Percy ayağa kalkıp, elini Jason'a uzattı. "Akropolis'te tekrar bir araya gelene dek, kardeşim. Gigantları öldüren ben olacağım."

XLII

PIPER

Piper'ın babası eskiden havaalanında olmanın bir şehri ziyaret etmekle aynı şey olmadığını söylerdi. Piper da aynı şeyi kanalizasyon çukurları için düşünüyordu.

Rıhtımdan Akropolis'e kadar, Atina'yı karanlık ve basık tüneller haricinde göremedi. Yılan adamlar onu rıhtımdaki demir bir fırtına ızgarasından geçirip doğrudan çürümüş balık, küf ve yılan derisi kokan yeraltı inlerine götürmüşlerdi.

Ortam yazla, pamukla ve rahat yaşamakla ilgili şarkılar söylemeyi zorlaştırıyordu ama Piper devam ediyordu. Bir, iki dakika duracak olsa, Kekrops ve muhafızları tıslamaya başlıyorlar, pis pis bakıyorlardı.

"Burayı sevmedim," diye mırıldandı Annabeth. "Bana Roma'nın altında olduğum zamanı hatırlatıyor."

Kekrops tıslayarak güldü. "Bizim bölgemiz çok daha eskidir. Çok çok daha eskidir."

Annabeth Percy'nin elini tutunca, Piper biraz üzüldü. Jason da keşke yanında olsaydı diye düşündü. Hatta Leo bile olsa razıydı... Ama muhtemelen onun elini tutmazdı. Leo'nun elleri gergin olduğunda alev alıyordu.

Piper'ın sesi tünellerde yankılandı. İnin derinliklerine doğru indikçe, daha da çok yılan insan onu duydu. Çok geçmeden, peşlerine takıldılar. Düzinelerce *gemini* sallanarak ve tıslayarak arkalarından geliyordu.

Piper büyükbabasının tahminini doğru çıkarmıştı. Yılanların şarkısını öğrenmişti. Bu şarkı George Gershwin'in 1935 senesinde bestelediği bir eserdi. O ana dek, tıpkı eski Cherokee öyküsünde olduğu gibi, yılan kralın onları ısırmasını engellemişti. Bu efsaneyle ilgili tek sorun şuydu: Yılan şarkısını öğrenen savaşçının bu güce sahip olabilmek için karısını feda etmesi gerekiyordu. Piper'sa kimseyi feda etmek istemiyordu.

Doktorun şifasının bulunduğu tüp hâlâ güderi parçasına sarılıydı ve kemerindeki kesede duruyordu. Gemiden ayrılmadan öce, Jason'la ve Leo'yla konuşacak fazla vakti olmamıştı. Kimsenin bu şifaya ihtiyaç duymadan tepede tekrar bir araya geleceklerini umuyordu. İçlerinden biri ölürse ve ona yetişemezse...

Şarkı söylemeye devam et, dedi içinden.

Kemiklerle kaplı taş odalardan geçtiler. Öylesine dik ve kaygan yerlere tırmandılar ki, dengelerini yitirmemeleri imkânsızdı. Bir noktada, üstleri kaygan Noel simlerini andıran gümüş renkli bir lif tabakasıyla kaplı yılan yumurtalarıyla dolu, bir spor salonu büyüklüğünde ılık bir mağaradan geçtiler.

Giderek daha fazla yılan insan peşlerine takılmaya başladı.

Arkasından sürünerek ilerleyen yılan insanlar, pençeli ayakkabılarının altında zımpara kâğıdı olan bir futbolcular ordusu gibi ses çıkarıyordu.

Piper orada kaç *gemini* yaşadığını merak etti. Yüzlerce, belki binlerce olmalıydı.

Kendi kalp atışlarının koridorlarda yankılandığını, bu sesin derinlere ilerledikçe daha da yükseldiğini duyduğunu sandı. Sonra, bu küt küt küt diye gelen ısrarcı sesin etraflarını tamamıyla sardığını, taşlarda ve havada yankılandığını fark etti.

Uyanıyorum.

Piper'ın şarkı söyleyen berrak sesi kadar güzel bir kadın sesiydi. Annabeth donakaldı. "Eyvah, bu iyiye işaret değil."

"Tartarus gibi," dedi Percy gergin bir sesle. "Onun kalp atışlarını hatırlıyor musun? Hani, göründüğünde..."

"Yapma," dedi Annabeth. "Lütfen, yapma."

"Özür dilerim." Kılıcının ışığında, Percy'nin yüzü kocaman bir ateşböceği gibiydi. Karanlığın arasında aniden belirip kaybolan bir ışıktı sanki.

Gaia'nın sesi bu sefer daha yüksek bir biçimde yeniden duyuldu: *Nihayet.*

Piper'ın sesi titredi. Sparta'daki tapınakta olduğu gibi, içini bir korku kapladı. Ama tanrılar Phobos'la Deimos artık eski arkadaşlarıydı. Korkunun içini ateş gibi yakmasına, sesini daha güçlü kılmasına izin verdi. Yılan insanlar için, arkadaşlarının güvenliği için şarkı söyledi. Neden Gaia için de söylemeyecekti ki?

En sonunda, patikanın yeşil ve yapış yapış bir örtüyle sonlandığı, dik bir yokuşun tepesine vardılar.

Kekrops melezlere döndü. "Bu kamuflajın ardında Akropolis var. Burada kalmalısınız. Yolun açık olup olmadığını kontrol edeceğim."

"Dur." Piper dönüp, *gemini* kalabalığına baktı. "Yukarıda sadece ölüm var. Tünellerde daha güvende olursun. Acele et. Bizi gördüğünü de unut. Kendinizi koruyun."

Sesindeki korku, büyükonuşla kusursuz bir biçimde birleşti. Yılan insanlar, hatta muhafızları bile karanlığa sindiler ve geride bir tek kralları kaldı.

"Kekrops," dedi Piper, "bize o örtünün ardına geçer geçmez ihanet etmeyi düşünüyorsun."

"Evet," dedi kral. "Gigantlara haber vereceğim. Sizi yok edecekler." Sonra tısladı. "Sana neden söyledim bunu?"

"Gaia'nın kalp atışlarını dinle," dedi Piper. "Öfkesini hissedebiliyorsun, değil mi?"

Kekrops tereddüt etti. Asasının ucu hafifçe parıldadı. "Evet, hissedebiliyorum. Çok kızgın."

"Her şeyi yok edecek," dedi Piper. "Akropolis'i üstünden dumanlar tüten bir çukura dönüştürecek. Atina, yani senin şehrin, tamamıyla yok olacak, insanların da ölecek. Bana inanıyorsun, değil mi?"

"İ-inanıyorum."

"İnsanlardan, melezlerden ve Atina'dan ne kadar nefret edersen et, Gaia'yı durdurmak için tek şansın bizleriz. O yüzden, bize ihanet etmeyeceksin. Kendin ve insanların için, yukarısını kolaçan edip yolun açık olduğundan emin olacaksın. Gigantlara hiçbir şey söylemeyeceksin. Sonra da geri geleceksin."

"O zaman... Dediklerini yaparım." Kekrops yapışkan örtünün ardında kayboldu.

Annabeth hayretle başını salladı. "Piper, yaptığın şey müthişti."

"Bakalım işe yarayacak mı?" Piper serin taş zemine oturdu. Yılan kralı beklerken dinlenebileceğini düşünmüştü.

Diğerleri de yanına çömeldiler. Percy ona bir matara su uzattı.

Piper bir yudum içene dek, boğazının ne kadar kuruduğunu fark etmemişti. "Teşekkürler."

Percy başını salladı. "Sence büyükonuşun etkisi uzun sürer mi?"

"Emin değilim. Kekrops iki dakika içinde bir orduyla geri gelirse, hayır."

Gaia'nın kalp atışları zeminde yankılanıyordu. Tuhaf bir şekilde, Piper'a denizi, dalgaların memleketi Santa Monica'da nasıl kayalıklara çarptığını anımsatmıştı.

Babası o sırada ne yapıyordur diye düşündü. Kaliforniya'da gecenin bir yarısı olmalıydı. Ya uyuyordu ya da gece geç vakit bir söyleşi programına katılmıştı. Piper onun en sevdiği yerde olduğunu umdu: Oturma odasının verandasında, Pasifik'in üstündeki ayı izlediğini ve kafasını dinliyor olduğunu hayal etti. Piper onun o sırada mutlu ve huzurlu hissettiğini düşünmek istiyordu... Başarısız olma ihtimallerine karşılık.

Melez Kampı'ndaki Afrodit Kulübesi'ndeki arkadaşlarını düşündü. Oklahoma'daki kuzenlerini de düşündü. Ama onlarla fazla vakit geçirmediği için buna şaşırdı. Onları iyi bile tanımıyordu. O anda, buna üzülüyordu.

Keşke hayatını daha avantajlı yaşasaydı, birçok şeyin değerini daha çok bilseydi diye düşündü. *2. Argo*'daki ailesine her zaman minnettar olacaktı ama son bir kez görmek isteyebileceği o kadar çok başka arkadaşı ve akrabası vardı ki.

"Sizler de ailelerinizi düşünüyor musunuz?" diye sordu. Aptalca bir soruydu; özellikle de bir savaşın başlamak üzere olduğunu düşününce. Piper arkadaşlarının dikkatini dağıtmaya değil, görevlerine odaklanmalıydı.

Ama kimse onu azarlamadı.

Percy'nin gözleri odağını kaybetti. Alt dudağı titredi. "Annem... Be-ben onu Hera ortadan kaybolmama neden olduğundan beri *görmedim.* Onu Alaska'dan arayıp, Koç Hedge'den birkaç mektup götürmesini istedim. Ben..." Sesi çatladı. "Sahip olduğum tek kişi o. O ve üvey babam, Paul."

"Bir de Tyson," diye hatırlattı Annabeth. "Kıvırcık da var. Sonra..."

"Evet, tabii," dedi Percy. "Teşekkürler, kendimi çok daha iyi hissediyorum."

Piper'ın gülmemesi gerekirdi ama o kadar asabi ve melankolik bir haldeydi ki kendini tutamadı. "Ya sen, Annabeth?"

"Babam... Üvey annem ve üvey erkek kardeşlerim." Kucağındaki ejderha kemiğinden bıçağı evirip çevirdi. "Geçen sene geçirdiklerimden sonra, onlara o kadar uzun süre gönül koymak çok aptalcaymış. Babamın akrabaları da var. Senelerdir aklıma gelmemişlerdi. Boston'da yaşayan bir amcam ve kuzenim var."

Percy çok şaşırdı. "Hey, sen... Yankee kasketli kız. Red Sox diyarında akrabaların mı var?"

Annabeth hafifçe gülümsedi. "Onları hiç görmedim. Babamla amcam anlaşamazlar. Eski bir rekabet yüzünden. Bilemiyorum. İnsanları ayrı tutan şeyler aptalca zaten."

Piper evet der gibi başını salladı. Keşke Asklepios'un şifa verici becerilerine sahip olsaydı diye düşündü. Keşke insanlara bakıp onları neyin üzdüğünü anlasa, sonra reçete defterini çıkardığı gibi her şeyi düzeltebilse diye geçirdi içinden. Ama Zeus'un Asklepios'u yeraltı sığınağında tutmasının bir nedeni olmalıydı.

Bazı acıların o kadar da kolaylıkla silinmemesi gerekiyordu. Bunlarla başa çıkmak, hatta kabullenmek gerekiyordu. Son birkaç ay çektiği üzüntüler olmasaydı, Piper asla en iyi arkadaşları Hazel'la Annabeth'i bulamazdı. Atina'nın altındaki yılan insanlara televizyon programı şarkılarını söyleyecek cesareti de asla kendisinde bulamazdı.

Tünelin başındaki yeşil zar kıpırdandı.

Piper kılıcını kapıp kalktı ve bir sürü canavarla savaşmaya hazırlandı.

Ama Kekrops tek başına geri dönmüştü.

"Yol açık," dedi. "Ama acele edin. Tören neredeyse bitmek üzere."

* * *

Bir sümük perdesini delmek, en az Piper'ın hayal ettiği kadar eğlenceliydi.

Öteki tarafa çıktığında, bir gigantın burun deliğinden yuvarlanmış gibi hissediyordu. Neyse ki, yapış yapış şey üstüne başına yapışmamıştı ama yine de teni tiksintiyle karıncalandı.

Percy, Annabeth ve o, kendilerini bir tapınağın bodrum katını andıran serin ve nemli bir çukurda buldular. Etraflarındaki engebeli zemin alçak ve taş bir tavanın atlında karanlığın arasında ilerliyordu. Tam başlarının üstündeyse, dikdörtgen biçimli bir boşluk göğe açılıyordu. Piper duvarların kenarlarını ve sütunların tepelerini görebiliyordu ama canavarlar ortada yoktu... Henüz.

Kamuflaj zarı arkalarında kapandı ve yerle karışıp gözden kayboldu. Piper elini zemine bastırdı. Bulundukları alan kaya gibi sertti. Geldikleri yönden çıkmaları imkânsızdı.

Annabeth elini yerdeki birtakım işaretlerin üstünde gezdirdi. Yerde bir insan bedeni kadar uzun, tırtıklı bir karga pençesi vardı. Etrafı taşın üstündeki bir yara dokusu gibi şişkin ve beyazdı.

"Burası," dedi Annabeth. "Percy, bunlar Poseidon'un üç çatallı asasının izleri."

Percy tereddütle izlere dokundu. "O halde, en büyük üç çatallı asasını kullanmış olmalı."

"Burası toprağı deştiği yer," dedi Annabeth. "Annemle Atina'ya destek olmak konusunda bir rekabet yaşayınca, burada bir tuzlu su pınarı oluşturmuştu."

"Demek rekabet burada başlamış," dedi Percy.

"Evet."

Percy Annabeth'i kendisine çekip öptü... O kadar uzun öptü ki, Piper biraz rahatsız hissetti ama bir şey demedi. Afrodit kulübesinin eski kuralını düşündü: Aşk tanrıçasının bir kızı olarak tanınmak için, birisinin kalbini kırman gerekiyordu. Piper uzun süre önce, bu kuralı değiştirmeye karar vermişti. Percy ve Annabeth buna dair mükemmel bir nedendi. İnsanın bir başkasının kalbini bütün yapması gerekirdi. Bu, çok daha iyi bir sınavdı.

Percy geri çekildiğinde, Annabeth soluklanmaya çalışıyor gibiydi.

"Rekabet burada sona eriyor," dedi Percy. "Seviyorum seni Bilge Kız."

Annabeth göğüs kafesinin içindeki bir şey erimiş gibi hafifçe iç çekti.

Piper sırıttı. "Afrodit'in bir kızı buna nasıl onay vermez? Sen harika bir erkek arkadaşsın."

Annabeth yine yarı inler, yarı sızlanır gibi bir ses çıkardı. "Şey... Neyse. Şu anda Erechtheion'un altındayız. Burası, hem Athena, hem de Poseidon için yapılmış bir tapınak. Parthenon'un güneydoğu yönüne çapraz konumda olmalı. Etrafından dolanıp elimizden geldiğince çok kuşatma silahını yok etmemiz ve *2. Argo*'nun yaklaşabileceği bir yol açmamız gerek."

"Ama daha hava çok aydınlık," dedi Piper. "Gemi nasıl görünmeden yanaşacak?"

Annabeth göğe baktı. "Bunun için Frank ve Hazel'la bir plan yaptım. Umarım... Hah, bakın."

Tepelerinden vızıldayarak bir arı geçti. Peşinden düzinelerce arı daha uçtu. Bir sütunun etrafından dolandılar, sonra da çukurun üstündeki açıklıkta durdular.

"Frank'e merhaba deyin, millet," dedi Annabeth. Piper elini salladı. Arı bulutu vızıldayarak uzaklaştı.

"Bunu nasıl yapıyor?" dedi Percy. "Yani, bir arı elleri diğer ikisi gözleri falan mı oluyor?"

"Bilmiyorum," dedi Annabeth. "Ama aracımız o. Hazel'a haber verir vermez, Hazel..."

"Öfff!" diye bağırdı Percy.

Annabeth eliyle ağzını kapadı.

Manzara çok tuhaftı, çünkü her biri bir anda kocaman, altı kollu Topraktandoğan'a dönüşmüştü.

"Hazel'ın Sisi." Piper'ın sesi derinlerden ve boğuk geliyordu. Kendisine bakınca, onun da hoş bir Neandertal bedeni olduğunu gördü: Göbek kılları, bir peştamalı, bodur bacakları ve iri mi iri ayakları vardı. Biraz odaklanırsa, normal kollarını görebiliyordu ama hareket ettiğinde kolları birer serap gibi dalgalanıyor, üç farklı set kaslı Topraktandoğan kollarına ayrılıyordu.

Percy yüzünü buruşturunca, ifadesi yeni çirkinleştirilmiş suratında daha da kötü gözüktü. "Vay canına, Annabeth... Seni değişmeden önce öptüğüme sevindim şimdi."

"Çok sağ ol," dedi Annabeth. "Gitmemiz gerek. Buranın etrafında saat yönünde dolaşacağım. Piper, sen saat yönünün aksine ilerle. Percy, sen de ortada dolan."

"Bir dakika. Bizi hakkında uyardıkları, kanımızın dökülüp kurban edileceğimiz tuzağa mı giriyoruz yani? Daha da mı birbirimizden ayrılalım diyorsun?"

"Bu şekilde daha çok alanı görmüş oluruz," dedi Annabeth. "Elimizi çabuk tutmamız gerek. Bu büyülü sözler..."

Piper o ana dek fark etmemişti ama Annabeth'in söz ettiği şeyi duyabiliyordu: Uzaklardan sanki yüz tane vinç yere iniyormuş gibi nahoş bir ses geliyordu. Zemine bakınca, çakıl taşlarının titrediğini, Parthenon'a çekiliyormuş gibi sekerek güneydoğuya doğru gittiğini gördü.

"Tamam," dedi Piper. "Gigantın tahtında buluşuruz."

* * *

İlk başlarda her şey kolay gitti.

Canavarlar her yeri kaplamıştı: Yüzlerce ogre, Topraktandoğan ve Kiklop harabelerin arasında dolanıyordu ama birçoğu Parthenon'da toplanmış, süren töreni izliyordu. Piper rahat rahat Akropolis'in yamaçlarında gezinmeye koyuldu.

İlk mancınığın yanında, üç Topraktandoğan kayalıkların üstünde güneşleniyordu. Piper dosdoğru yanlarına gidip gülümsedi. "Selam."

Yaratıklar gıklarını bile çıkaramadan, onları kılıçtan geçirdi. Üçü de birer cüruf öbeğine dönüştü. Mancınığı etkisiz hale getirmek için tel halatını kesti, sonra da ilerlemeye devam etti.

Artık yapacağı işe ısınmıştı. Sabotaj planları keşfedilmeden önce, verebildiği kadar zarar vermeliydi.

Bir Kiklop devriyesinin etrafından dolandı. İkinci mancınığın etrafı bir grup dövmeli Laistrygonya ogresiyle çevrilmişti ama Piper şüphe uyandırmadan alete yaklaşmayı başardı. Sapana bir şişe Yunan ateşi döktü. Şansları yaver giderse, mancınığı yüklemeye çalıştıkları anda silah suratlarına patlayacaktı.

İlerlemeye devam etti. Grifonlar eski bir tapınağın kemer altına tünemişlerdi. Bir grup *empusa* da gölgelik bir kemerli geçidin altına serilmiş, şekerleme yapıyor gibiydi. Alevli saçları hafifçe parıldıyor, pirinç bacakları ışıldıyordu. Gün ışığı savaşmak zorunda kaldıklarında onları yavaşlatacaktı.

Piper her fırsat bulduğunda tek başına duran canavarları kılıçtan geçiriyordu. Daha büyük grupların yanından ilerledi. Bu arada, Parthenon'daki kalabalık da büyüdü. Sesler giderek yükseldi. Piper harabelerin arasında neler olduğunu göremiyordu. Gördüğü tek şey, yirmi, otuz kadar, bir daire çizerek oturmuş gigantın kafasıydı. Gigantlar bir şeyler mırıldanıp sallanıyor, muhtemelen *Kumbayah* şarkısının kötü yürekli canavar versiyonunu söylüyorlardı.

Üçüncü bir kuşatma silahını burulma halatlarını keserek etkisiz hale getirdi; böylece, *2. Argo* kuzeyden rahatça yaklaşabilecekti.

Frank'in onun neler yaptığını izlediğini umdu. Geminin gelmesinin ne kadar süreceğini merak etti.

Birden, sesler kesildi. Tepelerden *GÜM* diye bir ses yankılandı. Parthenon'da gigantlar zafer çığlıklarıyla ayağa fırladılar. Piper'ın etrafındaki canavarlar kutlama sesine doğru akın ettiler.

Bu, iyiye işaret olamazdı. Piper ekşimik kokulu Topraktandoğanlar kalabalığının arasına karıştı. Tapınağın esas basamaklarından apar topar çıktı, sonra da ogrelerin ve Kiklopların başlarının üstünden olanları görebilmek için bir metal iskeleye biraz tırmandı.

Harabelerin arasında gördüğü manzara neredeyse çığlık atmasına neden olacaktı.

Porphyrion'un tahtının önünde, düzinelerce gigant gevşek bir daire oluşturmuş, aralarından ikisi dairenin etrafında dolanıp ödüllerini diğerlerine gösterirken silahlarını sallıyorlardı. Prenses Periboia, Annabeth'i yabani bir kediymiş gibi gırtlağından yakalamıştı. Gigant Enceladus da Percy'yi devasa yumruğunun arasına sıkıştırmıştı.

Annabeth'le Percy çaresizlik içinde çırpınıyorlardı. Onları yakalamış olan gigantlar, ikisini bir grup tezahürat yapan canavara gösterdi, ardından da eğreti tahtında bembeyaz gözleri kötülükle parıldayan Kral Porphyrion'a döndürdüler.

"Tam vaktinde!" diye kükredi gigant kralı. "Olimpos'un kanı Toprak Ana'yı diriltecek!"

XLIII

PIPER

Percy dehşet içinde olanları izlerken, gigant kralı ayağa kalktı. Boyu neredeyse tapınağın sütunları kadardı. Suratı da aynı Piper'ın hatırladığı gibiydi: Safra kadar yeşildi, pis bir ifadeye bürünmüştü ve yosun renkli saçları ölü melezlerden alınmış kılıçlarla ve baltalarla örülmüştü.

Tutsakların karşısına dikilip, debelenişlerini izledi. "Enceladus, tıpkı önceden gördüğün gibi geldiler! Aferin."

Piper'ın eski düşmanı başını önüne eğdi, örgülü kemikler rasta saçlarının arasında tıngırdadı. "Çok kolay oldu kralım."

Zırhındaki alev desenleri parıldıyordu. Mızrağı mor bir ateş saçarak yanıyordu. Tutsakları tek eliyle tutması yeterliydi. Percy Jackson'ın tüm gücüne ve atlattığı onca olaya rağmen, sonuç olarak gigantın saf gücü karşısında çaresizdi. Bir de kehanetin kaçınılmazlığı karşısında tabii.

"Bu ikisinin saldırıyı yöneteceğini biliyordum," dedi Enceladus. "Nasıl düşündüklerini anlıyorum. Athena ve Poseidon... Onlar da bu çocuklar gibiydiler! Her ikisi de buraya bu şehri almak için gelmişti. Küstahlıkları sonları oldu!"

Piper kalabalığın uğultusundan, kendi aklından geçenleri bile zor duyuyordu ama Enceladus'un sözlerini düşündü: *Bu ikisinin saldırıyı yöneteceğini biliyordum.* Kalbi hızla atmaya başladı.

Gigantlar Percy'yle Annabeth'in gelmesini bekliyorlardı. *Onun* gelmesini değil.

Afrodit'in kızı olduğu ve kimse onu takmadığı için, bu durumu lehine kullanabilirdi. Annabeth bir şey demeye çalıştı ama dişi gigant Periboia onu boynundan tutarak salladı. "Kes sesini! O tatlı dilinle kimseyi kandırmak yok!"

Prenses, Piper'ın kılıcı kadar uzun bir av bıçağı çıkardı. "Bu şerefi bana bahşet, baba!"

"Bekle, kızım." Kral geriye doğru bir adım attı. "Kurban etme işleminin doğru dürüst yapılması gerek. Kaderlerin yok edicisi Thoon, öne çık!"

Yaşlı ve gri renkli gigant ayaklarını sürüye sürüye, elinde kocaman bir satırla öne çıktı. Süt beyazı gözlerini Annabeth'e dikti. Percy bağırdı. Akropolis'in diğer ucunda, yüz metre ötede, bir su gayzeri göğe fışkırdı.

Kral Porphyrion güldü. "Bundan daha iyisini yapmalısın, Poseidon'un oğlu. Burada toprak çok güçlü. Baban bile burada bir tuzlu su pınarı oluşturmaktan başka bir şey becerememişti. Ama sakın korkma. Senden istediğimiz tek sıvı kanın!"

Piper çaresizlikle göğe baktı. *2. Argo* neredeydi?

Thoon diz çöküp, satırın keskin tarafını yavaşça toprağa dayadı.

"Gaia Anne..." Sesi inanılmaz derecede kalındı; toprağı zangırdatıyor, metal iskelenin Piper'ın ayaklarının altında sallanmasına neden oluyordu. "Eski zamanlarda, hayat yaratmak için kanlar toprağınla karışırdı. Şimdi, melezlerin kanı bu iyiliğin karşılığını versin. Seni tamamıyla uyandıracağız. Seni ebedi sahibemiz olarak selamlıyoruz!"

Piper ne yaptığını bile düşünmeden iskeleden aşağı atladı. Kikloplarla ogrelerin kafalarının üstünden geçerek, avlunun tam ortasına zıpladı ve etrafındakileri ite kaka gigantların oluşturduğu dairenin ortasına girdi. Thoon satırı kaldırmak için doğrulurken, Piper kılıcını havaya savurdu. Thoon'un kolunu bileğinden kesiverdi.

Yaşlı giganttan bir inleme sesi yükseldi. Satırla kesik el, Piper'ın ayaklarının dibinde duruyordu. Sis'inin silindiğini ve yine Piper olarak kalana dek kaybolduğunu hissetti. Bir gigant ordusunun ortasında, tırtıklı bronz kılıcı onların devasa silahlarına kıyasla bir kürdan gibi kalmıştı.

"BU DA NE?" diye böğürdü Porphyrion. "Bu güçsüz, fayda etmez yaratık ne cüretle işimizi böler?"

Piper içinden geleni yaptı. Saldırıya geçti.

Piper'ın pek avantajı olduğu söylenemezdi. Birkaç olumlu şey arasında ufak tefek, atik ve tamamıyla çılgın oluşu vardı. Kılıcı Katoptris'i çekti ve Enceladus'a fırlatıp, yanlışlıkla Percy'ye isabet etmeyeceğini umdu. Sonucun ne olduğuna bakmadan yana kaçtı ama giganttan yükselen acı dolu haykırıştan hedefi vurduğunu anladı.

Birkaç gigant birden onu yakalamak üzere harekete geçti. Piper bacaklarının arasından geçip, kafalarını birbirlerine vurmalarını sağladı. Kalabalığı yararak geçti ve kılıcını her fırsatta her ejderha pullu ayağa saplayıp canavarlarını kafasını karıştırmak için "KAÇIN! KAÇIN!" diye bağırdı.

"HAYIR! DURDURUN ONU!" diye bağırdı Porphyrion. "ÖLDÜRÜN ONU!"

Bir mızrak yanından kıl payı geçti. Piper yana kaydı ve koşmaya devam etti.

Tıpkı bayrağı yakala yarışı gibi, dedi içinden. *Ama bu sefer düşman takımı dokuz metre boyunda.*

Kocaman bir kılıç yolunu kesti. Hazel'la yaptığı kılıç antrenmanlarından sonra, bu darbe inanılmaz derecede yavaştı. Piper kılıcın üstünden atlayıp, zikzaklar çizerek Annabeth'e koştu. Annabeth hâlâ Periboia'dan kurtulmak için debelenip duruyordu. Piper'ın arkadaşını kurtarması *gerekiyordu.*

Ne yazık ki, dişi gigant planını anlamış gibiydi.

"Hiç sanmam melez!" diye bağırdı. "Bu melezin kanı dökülecek!" Hançerini havaya kalırdı.

Piper büyükonuşunu kullanarak bağırdı: "ISKALA!"

Tam o sırada, Annabeth de kendisini daha ufak bir hedefe dönüştürebilmek için bacaklarını etrafa savurmaya başladı.

Periboia'nın hançeri Annabeth'in bacaklarının arasından geçti ve kendi avucuna saplandı. "AHHH!"

Dişi gigant, Annabeth'i diri ama yaralı bir halde yere bıraktı. Hançer bacağının arkasında kötü bir yarık açmıştı. Annabeth yerde yuvarlanırken, kanı da toprağa karıştı.

Olimpos'un kanı, diye düşündü Piper dehşetle.

Ama bu konuda bir şey yapamazdı. Annabeth'e yardım etmeliydi. Dişi gigantın üstüne atıldı. Tırtıklı kılıcı birden ellerinde buz kesti. Dişi gigant şaşkınlıkla Boread'ın kılıcının böğrüne saplanışını izledi. Bronz göğüs zırhını buzlar kapladı.

Piper kılıcını çekip çıkardı. Dişi gigant geriye doğru sendeledi ve üstünden buharlar çıkan bembeyaz, donmuş bir kütleye dönüştü. Sonra da büyük bir gümbürtüyle yere devrildi.

"Kızım!" Kral Porphyrion mızrağını kaldırıp saldırıya geçti.

Ama Percy'nin başka planları vardı.

Enceladus onu yere düşürmüştü... Muhtemelen gigant, Piper'ın kılıcı alnına saplandığı ve gözlerine ikor aktığı için sersemlemişti.

Percy'nin silahı yoktu. Kılıcı birisi tarafından alınmış veya o karmaşada kaybolmuş olabilirdi ama yine de durmadı. Gigant kralı Piper'a doğru koşarken, Percy Porphyrion'un mızrağının ucunu kaptığı gibi hızla yere savurdu. Gigantın kendi hızı onu beklemediği bir biçimde yerden havalandırdı, bir takla attırdı ve sırt üstü yere serdi.

Bu arada, Annabeth toprak zeminde sürünerek ilerledi. Piper yanına koştu. Arkadaşının yanında durup, kılıcını gigantları uzak tutmak için dört bir yana salladı. Kılıcından artık buz gibi mavi renkli buharlar çıkıyordu.

"Kim bir sonraki buzlu şeker olmak ister?" diye bağırıp, büyükonuşuna öfke kattı. "Kim Tartarus'a geri dönmek ister?"

Bu sözler büyük bir etki yaratmayı başardı. Gigantlar huzursuz olup geri çekildiler ve Periboia'nın donmuş bedenine baktılar.

Piper onları neden korkutmayacaktı ki? Afrodit en eski Olimposluydu; denizden ve Uranüs'ün kanından doğmuştu. Poseidon'dan, Athena'dan, hatta Zeus'tan bile yaşlıydı. Piper da onun kızıydı.

Bundan da ötesi, Piper bir McLean'di. Babası sıfırdan var olmuş bir adamdı. Artık dünyanın her yerinde tanınıyordu. McLeanler pes etmezlerdi. Cherokeeler gibi, onlar da acılara katlanmasını, gururlarını korumasını ve gerektiğinde savaşmasını bilirlerdi. Savaş zamanı da gelmişti.

On iki metre ötede, Percy gigant kralının üstüne eğilmiş, saç örgülerinin arasından bir kılıcı kurtarmaya çalışıyordu. Ama Porphyrion göründüğü kadar da sersemlemiş bir halde değildi.

"Aptallar!" Porphyrion Percy'yi elinin tersiyle bir sinek gibi itti.

Poseidon'un oğlu iç bulandırıcı bir sesle bir sütuna çarptı.

Porphyrion ayağa kalktı. "Bu melezler bizi öldüremezler! Tanrılar onlara yardım etmiyor. Kim olduğunuzu unutmayın!"

Gigantlar etraflarını sardılar. On, on iki tane mızrak Piper'ın göğsüne doğrultuldu.

Annabeth güçlükle ayağa kalktı. Periboia'nın av hançerini aldı ama savaşmak bir kenara, ayakta bile zor duruyordu. Kanın her damlası toprağa düştüğünde köpürüyor, kırmızıdan altın rengine bürünüyordu.

Percy ayağa kalkmaya çalıştı ama hâlâ toparlanamadığı belliydi. Kendini koruyabilecek durumda değildi.

Piper'ın tek seçeneği gigantların ilgisini kendi üstünde tutmaktı. "Gelin bakalım!" diye bağırdı. "Mecbur kalırsam, hepinizi kendi ellerimle öldüreceğim!"

Birden, metalik bir koku her yeri kapladı. Piper kollarındaki tüylerin diken diken olduğunu hissetti.

"Ama," dedi yukarıdan bir ses, "bunu yapmana gerek kalmayacak."

Piper'ın kalbi göğüs kafesinden fırlayabilirdi. En yakındaki kemer altında, kılıcı gün ışığında altın rengi parıldayan Jason duruyordu. Hazel geri geri gidip meydan okur gibi kişneyen Arion'un sırtındaydı.

Kulakları sağır eden bir patlamayla, gökten kor gibi bir şimşek fırladı ve dosdoğru Jason'ın bedenine girdi. Jason, şimşeğe bürünmüş bir halde gigant kralının üstüne atladı.

XLIV

PIPER

Sonraki üç dakika boyunca, hayat muhteşemdi.

Aynı anda o kadar çok şey oldu ki, ancak DEHB'den muzdarip bir melez olanları takip edebilirdi. Jason öylesine sert bir şekilde Kral Porphyrion'un üstüne düştü ki, gigant dizlerinin üstüne yığıldı. Şimşek onu etkisi altına almıştı, Jason da boynuna altın bir *gladius*'u geçirivermişti.

Frank birbiri ardına oklar fırlatıp, Percy'nin en yakınındaki gigantları geri püskürttü.

2. Argo yıkıntıların arasından göğe yükseldi ve tüm mancınıklar ve silahlar aynı anda ateşlendi. Leo silahları büyük bir özenle programlamış olmalıydı. Bir Yunan ateşi duvarı Parthenon'un etrafında tepeye yükseldi. Parthenon'un iç kısmına bir şey olmadı ama bir anda etrafındaki en ufak canavarlar yandı.

Leo'nun sesi hoparlörlerden yankılandı: TESLİM OLUN! ETRAFINIZ MUAZZAM SICAKLIKTA BİR SAVAŞ MAKİNESİYLE ÇEVRİLDİ!

Gigant Enceladus öfkeyle kükredi. "Valdez!

N'ABER, ENÇİLADA? diye Leo yanıt verdi. ALNINDAKİ DE GÜZEL BİR HANÇERMİŞ HANİ.

"PÖH!" Gigant alnına saplanan Katoptris'i çıkardı. "Canavarlar; yok edin şu gemiyi!"

Geriye kalan güçler ellerinden geleni yapmaya çalıştılar. Bir grifon sürüsü saldırıya geçti. Gemi başı Festus ateşler püskürtüp, onları havada kızarttı. Birkaç Topraktandoğan gemiyi bir taş yağmuruna tuttu ama gövdenin kenarlarından bir düzine kadar Arşimet küresi çıktı ve taşları engelleyerek toza dönüştürdü.

"ÜSTÜNÜZE BİR ŞEYLER GİYİN!" diye emretti Buford.

Hazel Arion'u kemer altından dışarı sürdü ve birlikte savaş alanına girdiler. On iki metrelik duvar başka bir atın bacaklarını kırardı ama Arion yere koşarak indi. Hazel giganttan giganta giderek, onları *spatha*'sıyla deşti.

Kekrops ve yılan insanları çok kötü bir zamanlamayla tam o anda savaşa katılmayı seçtiler. Yıkıntıların etrafındaki dört, beş yerde, zemin yeşil renkli yapış yapış bir maddeyle kaplandı ve *gemini* öne atıldı. Kekrops en önde onlara liderlik ediyordu.

"Öldürün melezleri!" diye tısladı. "Öldürün hilebazları!"

Savaşçılarının büyük bir kısmı dediğini yapamadan önce, Hazel kılıcını en yakındaki tünele çevirdi. Zemin birden zangırdadı. Yapış yapış zarlar patlayıp tüneller çöktü ve etraf bir toz bulutuyla kaplandı. Kekrops etrafına bakınıp geriye sadece altı adamı kaldığını gördü.

"SÜRÜNÜN!" diye emretti.

Frank'in okları kaçmaya çalışanları yakaladı.

Dişi gigant Periboia inanılmaz bir hızla erimeye başlamıştı. Annabeth'i yakalamaya çalıştı ama yaralı bacağına rağmen, Annabeth ayakta durmayı başarmıştı. Dişi giganta av bıçağını sapladı ve onu tahtın etrafında ölümcül bir sobelemece oyunu arasında bıraktı.

Percy ayağa kalkabilmişti ve Dalgakıran yine elindeydi. Sersemlemiş bir haldeydi. Burnu kanıyordu. Ama bir şekilde elini geri takan ve satırını bulan yaşlı gigant Thoon'a karşı direniyordu.

Piper Jason'la birlikte sırt sırta savaşıyor, yanlarına yaklaşmaya cüret eden her giganta karşılık veriyordu. Bir an için, çok mutlu hissetti. Ciddi ciddi savaşı kazanıyorlardı!

Ama bu şaşkınlık hali çok kısa sürdü. Gigantlar şaşkınlıklarını üstlerinden atıverdiler.

Frank'in okları bitti. Bir gergedana dönüştü ve savaşa girdi ama gigantları ne kadar kısa sürede yere serse, bir o kadar hızla ayağa dikiliyorlardı. Yaraları daha çabuk iyileşiyor gibiydi.

Annabeth Periboia'ya direnmekte zorlanmaya başladı. Hazel saatte altmış mil hızla giderken, eyerinden aşağı savruldu. Jason bir şimşek daha oluşturdu ama bu sefer Porphyrion bunu kolaylıkla mızrağının ucuyla savuşturdu.

Gigantlar daha iri, güçlü ve kalabalık hale gelmişlerdi. Tanrıların yardımı olmadan öldürülmeleri imkânsızdı. Dahası, hiç yorulmuyorlardı.

Altı melez kendilerini korumak için bir daire oluşturmak zorunda kaldılar. Topraktandoğanların fırlattığı bir başka taş yağmuru *2. Argo*'ya isabet etti. Bu sefer, Leo yeteri kadar hızlı karşılık veremedi. Sıra sıra kürekler gemiden kopup parçalandı. Gemi titredi ve havada biraz yan döndü.

Derken, Enceladus ateşli mızrağını fırlattı. Mızrak geminin gövdesini delip geçti ve içeride patlayarak kürek deliklerinden etrafa alevler fışkırttı. Meşum ve kapkara bir bulut güverteden yükseldi. *2. Argo* alçalmaya başladı.

"Leo!" diye bağırdı Jason.

Porphyrion güldü. "Siz melezler hiçbir şey öğrenmemişsiniz. Size yardıma gelecek tanrılar yok artık. Zaferimizi tamamlamak için sizden tek bir şeye daha ihtiyacımız var."

Gigant kralı beklentiyle gülümsedi. Percy Jackson'a bakıyor gibiydi.

Piper o yöne baktı. Percy'nin burnu hâlâ kanıyordu. Kanların çenesinin ucuna kadar aktığının farkında değil gibiydi.

"Percy, dikkat..." demeye çalıştı Piper ama sesi ilk kez işe yaramadı.

Percy'nin çenesinden bir damla kan süzüldü. Ayaklarının arasına düştü ve bir tavaya sıçramış bir damla su gibi cızırdadı.

Olimpos'un kanı eski taşları ıslattı.

Akropolis kükredi ve Toprak Ana uyanırken kıpırdandı.

XLV

NICO

Kampın yaklaşık sekiz kilometre ötesinde, park halinde olan siyah renkli bir arazi aracı vardı.

Tekneyi özel bir iskeleye bağlamışlardı. Nico, Dakota'yla Leila'nın Michael Kahale'yi kıyıya çekmelerine yardım etti. İri yarı genç hâlâ yarı baygındı ve Nico'nun futbolla ilgili olduğunu tahmin ettiği bir şeyler sayıklıyordu: "Kırmızı on iki. Sağ otuz bir. Koşun." Sonra, kontrolsüzce kıkırdamaya başladı.

"Onu burada bırakalım," dedi Leila. "Ama bağlamayın. Zavallı çocuk..."

"Araba ne olacak?" dedi Dakota. "Anahtarlar torpido gözünde ama şey, araba kullanmayı biliyor muydun?"

Leila kaşlarını çattı. "*Senin* bildiğini sanıyordum. On yedi yaşında değil misin?"

"Öğrenmedim!" dedi Dakota. "Meşguldüm."

"Tamam, ben hallederim," dedi Nico.

İkisi de ona baktılar.

"Ama sen daha on dört yaşındasın," dedi Leila.

Nico kendisinden yaşça ve yapı olarak daha büyük, daha deneyimli birer savaşçı olan Romalıların onun yanında gergin davranmasından çok hoşlanıyordu.

"Direksiyona geçeceğim demedim ki."

Eğilip elini yere dayadı. En yakındaki mezarları, unutulmuş gömülü insanların etrafa saçılmış kemiklerini hissetti. Daha da derinlere giderek, duyularını Yeraltı Dünyası'na uzattı. "Jules-Albert. Gidelim."

Yer yarıldı. Üstünde lime lime olmuş on dokuzuncu yüzyıl motor giysileri olan bir zombi yüzeye çıktı. Leila geri çekildi. Dakota küçücük bir çocuk gibi çığlık attı.

"*Bu* da ne dostum?" dedi Dakota.

"Şoförüm," dedi Nico. "Jules-Albert, 1895'teki Paris-Rouen araba yarışında birinci olmuştu ama buharlı arabasında bir kömür besleyici yok diye ödül alamadı."

Leila ona baktı. "Neden söz ediyorsun?"

"O, yerinde duramayan bir ruh; araba sürmek için hep fırsat kollar," dedi Nico. "Son birkaç senedir, ihtiyacım olduğunda benim için şoförlük yapıyor."

"Zombi bir şoförün var," dedi Leila.

"Ben de yardımcısıyım." Nico şoför koltuğunun yanına geçti. Romalılar da tereddütle arka koltuklara geçtiler.

Jules-Albert hakkında söylenmesi gereken şeylerden biri şuydu: Asla duygusal davranmazdı.

Bütün gün şehir merkezinde trafikte oturabilirdi ve sabrı taşmazdı. Yol asabiyetine karşı bağışıklığı vardı. Vahşi sentorlarla dolu bir yere arabasını sürebilir ve endişelenmeden aralarından geçebilirdi.

Sentorlar Nico'nun daha önceden gördüğü hiçbir şeye benzemiyorlardı. Arka tarafları *palomino* denen altın renkli atlar gibiydi; kıllı kolları ve göğüsleri dövmelerle kaplıydı ve alınlarından boğalarınkini andıran boynuzlar çıkıyordu. Nico onların Kheiron kadar rahat bir biçimde insanların arasına karışamayacağını düşündü.

En azı iki yüz kadarı kılıçlarla ve mızraklarla durmadan talim yapıyor ya da kamp ateşlerinde hayvan leşlerini pişiriyorlardı (bunlar, etçil sentorlardı... Nico bunu düşünürken bile ürperiyordu). Kampları bir çiftlik yolunun kenarından Melez Kampı'nın güneydoğu tarafının etrafından dolanıyordu.

Arazi aracı gerektiğinde korna çalarak ilerledi. Arada sırada, sentorlardan biri sürücü penceresine bakıp zombi şoförü görüyor ve şok içinde geri çekiliyordu.

"Pluton'un omuz zırhları aşkına," diye mırıldandı Dakota. "Geceleyin daha da çok sentor gelmiş."

"Göz göze gelmeyin," diye uyardı onları Leila. "Bunu ölümüne bir düello yapmak için meydan okuma olarak algılıyorlar."

Arazi aracı ilerlerken, Nico bakışlarını ileriye dikti. Kalbi gümbür gümbür atıyordu ama korkmuyordu. Öfkeliydi. Octavian, Melez Kampı'nın etrafını canavarlarla çevirmişti. Tabii, Nico bir yandan da kampa karşı karmaşık hisler besliyordu. Orada kendisini reddedilmiş, yabancı, istenmeyen ve sevilmeyen birisi gibi hissediyordu... Ama kamp yok olmanın eşiğine geldiği için de onun için ne kadar değerli olduğunu fark etmişti. Orası, Bianca'yla bir yuva olarak paylaştıkları, geçici bile olsa, kendilerini güvende hissettikleri tek yerdi.

Yolda bir virajı döndüler ve Nico yumruklarını sıktı.

Daha da çok canavar vardı... *Yüzlerce.* Köpek kafalı adamlar sürüler halinde dolanıyor, uzun saplı baltaları kamp ateşinde parıldıyordu. Onların ardında, evsiz insanlar gibi paçavralara ve battaniyelere bürünüş, iki kafalı adamlardan oluşan bir kabile vardı. Üstlerinde çeşit çeşit sapanlar, sopalar ve metal borular duruyordu.

"Octavian sersemin teki," dedi Nico hışımla. "Bu yaratıkları kontrol edebileceğini mi sanıyor?"

"Sürekli olarak geliyorlar," dedi Leila. "Biz daha ne olduğunu anlayamadan... Bakın."

Lejyon Melez Tepesi'nin dibine yayılmıştı; beş kohortu kusursuz bir düzende duruyordu. Parlak bayrakları gururla çekilmişti. Dev kartallar tepede daireler çiziyorlardı. Birer ev büyüklüğündeki altı altın yaban eşeğinden oluşan kuşatma silahları gevşek bir yarım daire çizecek biçimde dizilmişti. Üçer üçer iki yana yerleştirilmişlerdi. Ama tüm bu gösterişli disipline rağmen, On İkinci Lejyon vahşi bir canavarlar denizinde acınacak derecede minnacık gözüküyor, melezlerin cesaretini sergiliyordu.

Nico keşke Diocletian'ın asası yanında olsaydı diye düşündü ama bir ölü savaşçı lejyonunun bu orduya zarar verebileceğini de sanmıyordu. *2. Argo* bile bu tür bir güce direnemezdi.

"Yaban eşeklerini etkisiz hale getirmem gerek," dedi Nico. "Fazla vaktimiz kalmadı."

"Onlara asla yaklaşamazsın," dedi Leila. "Dördüncü ve Beşinci Kohortları bize yardım etmeye ikna etsek bile, diğer kohortlar bizi durdurmaya çalışırlar. Hem şu kuşatma silahları da Octavian'ın en sadık askerleri tarafından idare diliyor."

"Güç kullanarak yaklaşamayız," dedi Nico. "Ama bunu tek başıma yapabilirim. Dakota, Leila... Jules-Albert sizi lejyon hattına götürecek. Arabadan inin, birliklerinizle konuşun ve sizinle birlik olmaya ikna edin.

Dikkatleri başka yöne çekmeniz gerek."

Dakota kaşlarını çattı. "Tamam ama lejyoner dostlarıma zarar falan vermem."

"Senden kimse öyle yapmanı istemiyor," dedi Nico öfkeyle. "Ama bu savaşı durdurmazsak, lejyonun tamamı yok olacak. Canavar kabilelerinin hakaretler konusunda hassas olduklarını söylemiştin, değil mi?"

"Evet," dedi Dakota. "Mesela, şu iki kafalı adamlara nasıl koktuklarıyla ilgili *herhangi* bir şey söylersen... Bir de, yanlışlıkla bir kavga başlatırsak da işe yarar tabii," dedi sırıtarak.

"Size güveniyorum."

Leila kaşlarını çattı. "Peki, sen nasıl..."

"Gölge olacağım." Sonra, dediği gibi gölgelere karıştı.

Hazırlıklı olduğunu sanmıştı.

Ama yanılmıştı.

Üç gün boyunca dinlendikten ve Koç Hedge'in yapış yapış, kahverengi lapasının şifa verici mucizevî etkisinden sonra bile, Nico gölge yolculuğa çıkar çıkmaz erimeye başlıyordu.

Eklemleri buharlaşıyordu. Göğsüne bir soğukluk çöküyordu. Ruhlar kulaklarına, *Bize yardım et. Bizi hatırla. Bize katıl,* diye fısıldıyorlardı.

Reyna'ya ne kadar güvendiğini fark etmemişti. Onun gücü olmadan, kendini yeni dünyaya gelmiş bir tay gibi güçsüz hissediyor, bacakları titriyor ve her adımda düşecekmiş gibi oluyordu.

Hayır, dedi içinden. *Ben Nico di Angelo'yum, Hades'in oğluyum. Gölgeleri kontrol ediyorum. Onlar beni kontrol etmiyorlar.*

Melez Tepesi'nin zirvesinin ölümlü dünyasına paldır küldür düştü. Dizlerinin üstüne yığıldı ve destek almak için Thalia'nın çam ağacına tutundu. Altın post artık ağacın dallarında durmuyordu. Muhafız ejderha da gitmişti. Belki de savaş yaklaşıyor diye, onları daha güvenli bir yere almışlardı. Emin olamadı. Ama aşağıdaki vadide bulunan Roma güçlerine bakarken, morali epey bozuldu.

En yakındaki mancınık tepeden aşağı yüz metre kadar mesafedeydi, etrafı dikenli siperlerle çevriliydi ve altı melez tarafından korunuyordu. Makine ateş etmeye hazır biçimde doldurulmuştu. İri sapanında bir Honda Civic büyüklüğünde bir yük duruyordu ve altın sarısı renkler saçıyordu. Nico dehşetle Octavian'ın ne yapmayı planladığını anladı. Bu yük yakıcı maddelerle İmparatorluk altını karışımından oluşuyordu. Çok az bir miktar İmparatorluk altını bile inanılmaz derecede şiddetli bir etki yaratabilirdi. Çok fazla ısıya veya basınca maruz kalırsa, bu şey çok büyük bir hasar vererek patlardı ve tabii hem melezler, hem de canavarlar için ölümcüldü. O yaban eşeği Melez Kampı'nı vuracak olursa, patlama alanındaki her şey yok olurdu. Isıdan buharlaşır ya da şarapnellerle un ufak olurdu. Dahası, Romalıların elinde hepsi yük öbekleriyle dolu altı mancınık vardı.

"Kötü," dedi Nico. "Çok kötü."

Düşünmeye çalıştı. Şafak sökmek üzereydi. Saldırı başlamadan önce o kadar çok gölge yolculuk yapacak gücü kendinde bulsa bile altı mancınığın tamamını etkisiz hale getiremezdi. Gölge yolculuğu bir kere daha bile yapması bir mucize olurdu.

Romalıların komuta çadırını gördü. Lejyonun arkasında ve solunda kalıyordu. Octavian muhtemelen oradaydı ve savaş alanından uzak ve güvenli bir yerde keyifle kahvaltısını ediyordu. Birliklerini savaşta idare etmeyecekti. O küçük sersem Yunan Kampı'nı uzaktan yok etmeyi umuyor, alevler dindiği anda da kimse ona karşı gelmeyeceği için oraya gitmeyi planlıyor olmalıydı.

Nico'nun boğazı nefret hissiyle sıkıştı. O çadıra odaklanıp, bir sonraki sıçrayışını gözlerinin önüne getirdi. Octavian'ı öldürebilirse, sorunu da çözmüş olabilirdi. Saldırı emri böylece asla verilmezdi. Nico tam bunu yapacakken, arkasından birisi "Nico?" dedi.

Kılıcını derhal çekip hızla arkasına döndü ve az kalsın Will Solace'ın kafasını havaya uçuruyordu.

"Şunu yere indir!" dedi Will fısıldayarak. "*Ne* işin var burada?"

Nico afallamıştı. Will ve iki başka kampçı otların arasına çömelmiş, boyunlarına dürbünler, bellerine hançerler takmışlardı. Siyah birer blucin ve tişört giymişler, yüzlerine de komandolar gibi siyah boya sürmüşlerdi.

"*Ben* mi?" dedi Nico. "Asıl *senin* burada ne işin var? Kendinizi öldürtmeye mi çalışıyorsunuz?"

Will kaşlarını çattı. "Hey, düşmanları gözetliyoruz. Birtakım önlemler aldık."

"Siyah giyinmişsiniz," dedi Nico. "Az sonra, şafak sökecek. Suratınızı boyamışsınız ama sarı saçlarını gizlememişsin. Hani, sarı bir bayrak sallasan da olur."

Will'in kulakları kıpkırmızı kesildi. "Lou Ellen etrafımızı biraz da Sis'le çevirdi."

Yanındaki kız "Selam," dedi parmaklarını oynatarak. Biraz heyecanlı gibiydi. "Sen Nico'sun, değil mi? Hakkında çok şey duydum. Bu da Hermes kulübesinden Cecil."

Nico yanlarına çömeldi. "Koç Hedge kampa sağ salim vardı mı?"

Lou Ellen gergin bir biçimde kıkırdadı. "*Hem* de nasıl."

Will ona dirsek attı. "Evet. Hedge gayet iyi. Bebeğinin doğumuna tam vaktinde yetişti."

"Bebek!" Nico sırıtınca, yüz kasları acıdı. Gülmeye alışık değildi.

"Mellie ve bebek de iyiler mi?"

"Evet. Çok tatlı, minik bir satir oğlan." Will ürperdi. "Ama doğumu ben yaptırdım. Hiç bebek doğurttun mu?"

"Şey, hayır."

"Biraz temiz hava almalıydım. O yüzden bu göreve gelmeye gönüllü oldum. Olimpos tanrıları aşkına, ellerim hâlâ titriyor. Gördün mü?"

Nico'nun elini tutunca, Nico sırtından aşağı bir elektrik akımı yayıldığını hissetti. Hemen geri çekildi. "Neyse," dedi biraz ters bir sesle. "Sohbet edecek vaktimiz yok. Romalılar şafakta saldırıya geçecekler ve benim..."

"Biliyoruz," dedi Will. "Ama komuta çadırına gölge yolculuk yapmayı düşünüyorsan, derhal vazgeç."

Nico dik dik ona baktı. "Pardon?"

Will'in irkileceğini veya bakışlarını başka yere çevireceğini sandı. Çoğu kişi öyle yapardı. Ama Will'in masmavi gözleri başka yöne çevrilmedi. Sinir bozacak derecede kararlı görünüyordu.

"Koç Hedge bana o gölge yolculuklardan söz etti. Bunu bir daha yapmayı *deneyemezsin* bile."

"Az önce *denedim* bile Solace. Ben iyiyim."

"Hayır, değilsin. Ben bir şifacıyım. Eline dokunur dokunmaz karanlığı hissettim. O çadıra varabilsen bile, savaşacak halin kalmaz. Ama *başaramazsın.* Bir kere daha bunu yaparsan, geri dönemezsin. Gölge yolculuk yasak. Doktorun emri."

"Kamp yok edilmek üzere..."

"Romalıları durduracağız," dedi Will. "Ama bunu kendi yöntemlerimizle yapacağız. Lou Ellen Sis'i kontrol edecek. Etrafta gizlice dolanıp, o yaban eşeklerini elimizden geldiğince etkisiz hale getireceğiz. Ama gölge yolculuk *yok.*"

"Ama..."

"Hayır."

Lou Ellen'ın ve Cecil'in başları çok heyecanlı bir tenis karşılaşması izliyormuş gibi bir ona, bir Will'e çevrilmişti. Nico bıkkınlıkla ofladı. Başkalarıyla çalışmaktan nefret ederdi. Her zaman tarzını bozarlar, onu huzursuz ederlerdi. Ayrıca, Will Solace... Nico onun Apollon'un oğlu olarak bıraktığı etkiyi yeniden düşündü. Will'i hep rahat ve sıkıntısız bir insan olarak görmüştü. Belli ki, aynı zamanda inatçı ve sinir bozucu da olabiliyordu.

Nico Yunanlıların geri kalanının saldırıya hazırlandığı Melez Kampı'na baktı. Birliklerin ve mancınıkların ardında, kano gölü şafağın ilk ışıklarıyla birlikte pembeye bürünmüştü.

Nico kampa ilk geldiği zamanı hatırladı. Apollon'un alevli bir okul otobüsüne dönüştürülmüş güneş arabasında gelmişti.

Apollon'un gülümseyen, bronz ve güneş gözlüğüyle gayet havalı göründüğünü hatırladı.

Thalia, *Çok ateşli*, demişti.

O, güneş tanrısı, demişti Percy.

Onu demek istemedim.

Nico neden o anda bunları düşünüyordu? Aklına durup dururken gelen bu anı onu sinirlendirip huzursuz etti. Melez Kampı'na Apollon sayesinde gelebilmişti. O anda, kamptaki son günü olabilecek o günde, bu sefer de Apollon'un bir oğluyla birlikteydi.

"Neyse," dedi Nico. "Elimizi çabuk tutmamız gerek. Hepiniz *beni* izleyin."

"Tamam," dedi Will. "Benden satir bebekleri dünyaya getirmemi istemezsen, gayet iyi anlaşabiliriz."

XLVI

NICO

Tam ilk mancınığa vardıklarında, lejyon bir anda karıştı.

Hattın en arkasındaki Beşinci Kohort'tan çığlıklar yükseldi. Lejyonerler dağılıp, *pilumlarını* yere düşürdüler. Bir düzine kadar sentor bağırıp sopalarını sallayarak paldır küldür lejyonerlerin arasından geçti. Peşlerinden de çöp tenekesi kapaklarını birbirine vuran, iki kafalı bir adamlar ordusu geçti.

"Neler oluyor orada?" diye sordu Lou Ellen.

"Dikkatler dağıldı," dedi Nico. "Gel."

Muhafızların hepsi mancınığın sağ tarafına toplanmış, saflarda neler olduğunu görmeye çalışıyorlardı. Böylece, Nico ve savaş arkadaşları sol tarafa rahatça ateş edebilirlerdi. En yakında duran Romalının biraz ötesinden geçtiler ama lejyoner onları fark etmedi. Lou Ellen'ın Sis büyüsü işe yaramış gibiydi. Sivri siperlerin üstünden atlayıp makineye vardılar.

"Yanımda biraz Yunan ateşi de getirdim," diye fısıldadı Cecil.

"Hayır," dedi Nico. "Zararı çok aleni bir biçimde verirsek, asla diğerlerine vaktinde varamayız. Nişanı yeniden ayarlayabilir misin? Mesela, diğer mancınıkları ateş hattına çevirebilir misin?"

Cecil sırıttı. "Düşünce tarzından hoşlandım. İşleri karıştırmakta çok iyi olduğum için yolladılar beni."

Cecil işe koyulurken, diğerleri nöbet tuttular. Bu sırada, Beşinci Kohort iki kafalı adamlarla kavgaya tutuşmuştu. Dördüncü Kohort hemen yardıma gitti. Diğer üç kohort da pozisyonlarında kaldılar ama lejyonerler düzeni sağlamakta güçlük çekiyorlardı.

"Tamam," dedi Cecil. "Gidelim."

Hep birlikte tepenin yanındaki diğer mancınığa gittiler.

Bu sefer, Sis o kadar iyi işlemedi. Mancınık muhafızlarından biri, "Hey!" diye bağırdı.

"Ben hallederim." Will koşmaya başlayınca, Nico bunun yapılabilecek en aptalca şey olduğunu düşündü. Altı muhafız da onun peşinden koşmaya başladı.

Diğer Romalılar Nico'nun üstüne geldiler ama Lou Ellen Sis'in arasından çıkıp "Hey, yakala!" diye bağırdı.

Bir elma büyüklüğünde beyaz bir top fırlattı. Ortada duran Romalı bunu hiç düşünmeden yakaladı. Altı metrelik bir toz küresi dışa doğru patladı. Tozlar yerleştiğinde, altı Romalının hepsi cıyaklayan domuz yavrularına dönüşmüştü.

"İyi işti," dedi Nico.

Lou Ellen'ın yanakları kızardı. "Elimdeki tek domuz küresi oydu. Bir daha yapmamı isteme o yüzden."

"Şey, bu arada, birisi Will'e yardım etse iyi olacak," dedi Cecil Will'i işaret ederek. Romalılar zırhlarına rağmen, Will Solace'a yaklaşmışlardı. Nico lanetler savurup, peşlerinden koştu.

Kaçınabildiği zamanlarda, diğer melezlerin ölümüne neden olmak istemiyordu. Neyse ki buna gerek kalmadı. Romalının arkadan omzuna vurunca, diğerleri de ona döndüler. Nico kalabalığın ortasına atlayıp, bacak aralarına tekmeler atmaya, suratlarını kılıcının dibiyle dağıtmaya, kılıç başıyla da miğferleri ezmeye koyuldu. On saniyede, bütün Romalılar inleyerek, afallamış halde yerde yatıyordu.

Will omzuna vurdu. "Yardım için teşekkürler. Bir seferde altı lejyoner hiç fena değil."

"Fena değil mi?" dedi Nico ona dik dik bakıp. "Bir dahaki sefere, seni ezmelerine izin vereceğim Solace."

"Hah, beni asla yakalayamazlar."

Cecil mancınığın yanından el sallayıp, işini tamamladığını haber verdi. Hep birlikte üçüncü kuşatma silahına doğru ilerlediler.

Lejyon saflarında, her şey birbirine girmişti ama lejyonerler kontrolü yeniden sağlamaya başlamışlardı. Beşinci ve Dördüncü Kohortlar tekrar bir araya gelirken, İkinci ve Üçüncü Kohortlar çevik kuvvet gibi hareket ediyorlar, sentorları ve *cynocephali*'yi ve iki kafalı adamları kendi kamplarına itiyorlardı. Birinci Kohort mancınığa en yakın olan kohorttu. *Bu* yakınlık Nico'nun hiç hoşuna gitmese de, hepsi önlerinden geçen lejyonerlerle ilgileniyor, emirler yağdırıyorlardı.

Nico üçüncü kuşatma silahına olaysız bir biçimde varabileceklerini umdu. Bir mancınığın daha nişanını değiştirirlerse, bir şansları olabilirdi.

Ne yazık ki, muhafızlar onları altı metre öteden gördüler. İçlerinden biri "Oradalar!" diye bağırdı.

Lou Ellen bir küfür savurdu. "Şu anda bir saldırı bekliyorlar. Sis tetikte olan düşmanlara karşı iyi işlemez. Kaçalım mı?"

"Hayır," dedi Nico. "Onlara bekledikler şeyi verelim."

Ellerini iki yana açtı. Romalıların önündeki zemin birden patladı.

Beş iskelet yeraltından yüzeye çıktı. Cecil ve Lou Ellen da yardım etmek için öne atıldılar. Nico da peşlerinden gitmeye çalıştı ama Will onu tutmamış olsaydı, yüz üstü yere kapaklanabilirdi.

"Seni sersem." Will kolunu onun omzuna doladı. "Sana artık yeraltı büyüsü yapmamanı söylemiştim."

"Bir şeyim yok."

"Kes sesini. İyi falan değilsin." Will cebinden bir sakız paketi çıkardı.

Nico uzaklaşmak istedi. Fiziksel temastan nefret ederdi. Ama Will göründüğünden çok daha güçlüydü. Nico kendisini ona yaslanıp, destek almaya çalışırken buldu.

"Bunu al," dedi Will.

"Sakız çiğnememi mi istiyorsun?"

"İlaçlı bir sakız. Seni birkaç saat daha ayakta ve tetikte tutar."

Nico ağzına bir parça sakız attı. "Tadı pislik gibi."

"Şikâyet etmeyi kes."

"Selam." Cecil topallayarak yanlarına geldi. Bacak kaslarından birini incitmiş gibiydi. "Kavgayı kaçırdınız galiba."

Lou Ellen de sırıtarak peşinden geldi. Arkalarındaki tüm Romalı muhafızlar tuhaf bir biçimde halatların ve kemiklerin arasında düğüm olmuşlardı.

"İskeletler için teşekkürler," dedi. "Harika bir numara."

"Bunu bir daha *yapmayacak*," dedi Will.

Nico hâlâ ona yaslandığını fark etti. Geri çekilip iki ayağının üstünde durdu. "Ne yapmam gerekiyorsa onu yaparım."

Will gözlerini devirdi. "Tamam Ölüm Çocuğu. Ölmek istiyorsan..."

"Bana sakın Ölüm Çocuğu deme!"

Lou Ellen hafifçe öksürdü. "Şey, millet..."

"SİLAHLARINIZI BIRAKIN!"

Nico arkasına döndü. Üçüncü mancınığın oradaki karmaşa gözden kaçmamıştı.

Birinci Kohort'un tamamı üstlerine geliyordu; mızraklarını çekmiş, kalkanlarını kenetlemişlerdi. Zırhının üstüne mor renkli bir pelerin giymiş, boynundan ve kollarından İmparatorluk altınından takılar sarkan ve başında savaşı çoktan kazanmış gibi bir defne tacı olan Octavian önlerinde ilerliyordu. Lejyonun bayrak taşıyıcısı Jacob, elinde altın kartalla yanındaydı. Ayrıca, etraflarında sivri köpek dişlerini gösteren ve kılıçları kıpkırmızı parıldayan altı tane kocaman *cynocephali* vardı.

"Demek *Graceus* sabotajcılar gelmiş," dedi Octavian öfkeyle. Köpek kafalı savaşçılarına döndü. "Parçalayın onları."

XLVII

NICO

Nico kendisini mi, yoksa Will Solace'ı mı tekmelesin bilemiyordu.

Apollon'un oğlunun bitmek bilmez dırdırı dikkatini o kadar dağıtmamış olsaydı, asla düşmanların o kadar yaklaşmasına izin vermezdi.

Köpek kafalı adamlar öne atılırken, Nico kılıcını kaldırdı. Savaşacak gücü kalıp kalmadığını bilemiyordu ama onlara saldırmaya fırsat bulamadan, Will taksi çağırır gibi tiz bir ıslık çaldı.

Altı köpek kafalı adam kulaklarını tutarak, acı içinde yere yığıldı.

"Dostum." Cecil tıkanan kulaklarını açmak için ağzını açtı. "Hades aşkına, neler oluyor? Bir dahaki sefere, önceden uyar bari."

"Köpekler için çok daha kötü dedi," Will omuzlarını silkerek. "Birkaç müzikal yeteneğimden biri. Cidden çok feci ultrasonik ıslıklar çalabilirim."

Nico şikâyet etmedi. Köpek adamların arasından geçti, onları kılıcıyla dürttü. Adamlar birden gölge haline gelip ortadan kayboldu.

Octavian ve diğer Romalılar tepki veremeyecek kadar şaşırmışlardı.

"E-en seçkin muhafızlarım!" Octavian etrafına bakınıp diğerlerinden de aynı tepkiyi bekledi. "Seçkin muhafızlarıma ne yaptığını gördünüz mü?"

"Uyutulması gereken birkaç köpek vardı," dedi Nico öne doğru bir adım atarak. "Senin gibi."

Muhteşem bir an için, Beşinci Kohort tereddüt eder gibi oldu. Sonra, kim olduklarını hatırladılar ve *pilumlarını* kaldırdılar.

"Sizi yok edeceğiz!" diye bağırdı Octavian. "Siz *Graecus* gizlice buraya giriyor, silahlarımızı sabote ediyor, adamlarımıza saldırıyorsunuz."

"Bize karşı kullanmak üzere olduğunuz silahları mı diyorsun?" dedi Cecil.

"Kampımızı küle dönüştürecek adamları mı diyorsun?" dedi Lou Ellen.

"Tipik bir Yunanlı!" diye bağırdı Octavian. "Lafımı dolandırmaya çalışıyorsunuz! Ama işe yaramayacak!" En yakınındaki lejyonerlerden birkaçını seçti. "Sen, sen, sen ve sen. Bütün mancınıkları kontrol edin. İşlediklerinden emin olun. En kısa zamanda, aynı anda ateşlenmelerini istiyorum. Haydi!"

Dört Romalı mancınıklara koştu.

Nico istifini bozmamaya gayret etti. *Lütfen, ateşleme yörüngesine bakma,* dedi içinden.

Cecil'in işini iyi yaptığını umuyordu. Büyük bir silahı bozmak ayrı şeydi, başkalarının bunu fark etmesini sağlamak için incelikle yapmak ayrı şeydi. Kâhin kendinden emin bir biçimde karşısında dikiliyordu ama elindeki tek silahı bir hançerdi. Ona o kadar yakın duruyordu ki, Nico soluk renkli, sulu gözlerindeki kanlanmış damarları bile görebiliyordu. Avurtları çıkmıştı. Saçları fazla kaynatılmış makarna rengiydi.

Nico onun bir miras olduğunu biliyordu: Soyu nesiller öncesinden Apollon'a dayanıyordu. O sırada, Octavian'ın Will Solace'ın yumuşatılmış ve sağlıksız bir versiyonu olduğunu düşünmeden edemedi. Tıpkı birkaç kere fotokopi edilmiş bir fotoğraf gibiydi. Apollon'un bir çocuğunu özel kılan özellik onda yoktu.

"Söylesene, Pluton'un oğlu," diye tısladı kâhin. "Neden Yunanlılara yardım ediyorsun? Onlar senin için bugüne dek ne yaptılar?"

Nico kılıcını onun göğsüne saplamamak için kendini zor tutuyordu. Bryce Lawrence onlara Güney Carolina'da saldırdığından beri bunu yapmak istiyordu. Ama o anda yüz yüze duruyorlardı ve Nico tereddüde kapıldığını hissediyordu. Octavian'ın Birinci Kohort müdahale etmeden öldürebileceğinden emindi. Bunu yaparken ölüm tehlikesine girmek de düşündürmüyordu onu. Octavian'ı öldürmeyi başarırsa, buna kesinlikle değerdi.

Ama Bryce'la aralarında geçenlerden sonra, bir başka melezi, hatta Octavian'ı bile soğukkanlılıkla öldürme düşüncesi ona ters geliyordu. Cecil'i, Lou Ellen'ı ve Will'i kendisiyle birlikte ölüme mahkûm etmek de istemiyordu.

Bana ters mi geliyor? Bir başka yanı, *Ne zamandan beri neyin doğru olduğunu umursuyorsun?* diyordu.

"*Hem* Yunanlılara, *hem* Romalılara yardım ediyorum," dedi Nico.

Octavian güldü. "Beni kandırmaya çalışma. Sana ne teklif ettiler? Kamplarında bir yer mi? Bu sözlerini tutmayacaklar."

"Kamplarında bir yer *istemiyorum*," dedi Nico hışımla. "Seninkinde de istemiyorum. Bu savaş sona erdiğinde, her iki kampı da dönmemek üzere terk edeceğim."

Will Solace yumruk yemiş gibi bir ses çıkardı. "Neden öyle yapacaksın?"

Nico kaşlarını çattı. "Seni hiç ilgilendirmez ama oraya ait değilim. Bu kadarı belli. Kimse beni istemiyor. Ben bir..."

"Of, yapma." Will alışılmadık bir biçimde öfkelenmişti. "Melez Kampı'ndaki kimse seni oradan uzaklaştırmadı. Arkadaşların, en azından arkadaşın olmayı *isteyen* insanlar var. Oradan uzaklaşan kişi sensin. Şu karamsar ruh halinden çıkmayı başarabilmiş olsaydın, belki..."

"Yeter!" diye bağırdı Octavian. "Di Angelo, Yunalıların sana verdiği her sözün daha iyisini verebilirim. Senin hep güçlü bir müttefik olduğunu düşünmüşümdür. Acımasız bir yanın olduğunu görebiliyorum ve bunu takdir ediyorum. Sana Yeni Roma'da bir yer temin edebilirim. Yapman gereken tek şey, kenara çekilmek ve Romalıların kazanmasına izin vermek. Tanrı Apollon bana geleceği göster..."

"Hayır!" Will Solace, Nico'ya çarparak önce çıktı ve Octavian'ın burnunun dibine dikildi. "*Ben* Apollon'un bir oğluyum, seni kansız ezik. Babam kimseye geleceği göstermedi, çünkü kehanetin gücü işlemiyor. Ama bu..." Eliyle oraya toplanmış lejyonerleri, tepelere yayılmış canavar sürülerini gösterdi. "Apollon'un isteyebileceği şey bu *değil!*"

Octavian gülümser gibi oldu. "Yalan söylüyorsun. Tanrı bana şahsen Roma'nın kurtarıcısı olarak hatırlanacağımı söyledi. Lejyona zafer kazandıracağım ve bunu..."

Nico sesi duymadan önce hissetti. Zeminden kocaman bir açılır köprünün devasa boyutlardaki dişlileri dönüyormuş gibi, *tak tak tak* diye titreşim oluşturuyordu. Tüm mancınıklar bir anda ateşlendi ve altın renkli altı kuyruklu yıldız göğe sıçradı.

"Yunanlıları yok ederek yapacağım!" diye bağırdı Octavian neşeyle. "Melez Kampı günleri artık sona erdi!"

Nico hedefi şaşmış bir cisimden daha güzel bir manzara düşünemezdi. En azından, o gün için düşünemezdi. Ayarı bozulmuş üç mancınıktan fırlayan yükler yana seğirtti ve diğer üç mancınığın fırlattığı yüklere yöneldi.

Ateş topları doğrudan birbiriyle çarpışmadı. Buna gerek yoktu. Füzeler birbirine yaklaştığı anda, altı savaş başlığı havada patladı ve oksijeni gökten emerek altından ve alevlerden oluşan bir kubbe yarattı.

Isı Nico'nun suratını yaktı. Otlar hışırdadı. Ağaçların tepelerinden dumanlar yükseldi. Ama alevler dinince, ciddi bir zararın verilmediği görüldü.

İlk harekete geçen Octavian oldu. Ayaklarını öfkeyle yere vurup "HAYIR!" diye bağırdı. "HAYIR, HAYIR! TEKRAR YÜKLEYİN!"

Birinci Kohort'taki kimse kımıldamadı. Nico sağından çizmelerin yerde çıkardığı o sesi duydu. Beşinci Kohort Dakota'nın liderliğinde, koşar adım onlara doğru geliyordu.

Tepenin daha aşağısında, lejyonun geri kalanı bir araya gelmeye çalışıyordu ama İkinci, Üçüncü ve Dördüncü Kohortlar'ın etrafı kötü niyetli bir canavar müttefikler deniziyle sarılmıştı. *Auxilia* güçleri de gökteki patlamadan pek memnun değillerdi. Melez Kampı'nın alevler içinde kalmasını ve kahvaltıda küle dönmüş melezler bulmayı beklediklerı belliydi.

"Octavian!" diye bağırdı Dakota. "Yeni emirler aldık."

Octavian'ın sol gözü o kadar şiddetle seğiriyordu ki, her an patlayacakmış gibi duruyordu. "Emirler mi? Kimden? Ben yeni emir falan vermedim!"

"Reyna'dan," dedi Dakota, Birinci Kohort'taki herkesin duyabileceği kadar yüksek bir sesle. "Bize geri çekilmemizi emretti."

"Reyna mı?" diye güldü Octavian ama espriyi kimse anlamadı. "Tutuklaman için yolladığım o suçluyu mu diyorsun? *Graceus*'la birlik olup, kendi halkına ihanet eden *eski praetor* mu?" Parmağını Nico'nun göğsüne bastırdı. "Ondan mı emir alıyorsun?"

Beşinci Kohort birlik komutanlarının ardına gelip, yüzlerinde huzursuz bir ifadeyle Birinci Kohort'taki savaş arkadaşlarına baktı.

Dakota inatla kollarını göğsünde kavuşturdu. "Reyna Senato tarafından aksi oylanmadığı sürece praetordur."

"Ama savaştayız!" diye bağırdı Octavian. "Sizleri zaferin eşiğine getirdiğim halde, pes mi etmek istiyorsunuz? Birinci Kohort: Birlik Komutanı Dakota'yı ve ona destek çıkan herkesi tutuklayın. Beşinci Kohort: Roma'ya ve lejyona ettiğiniz bağlılık yemininini unutmayın. *Bana* itaat edeceksiniz!"

Will Solace başını salladı. "Bunu yapma Octavian. Kendi insanlarını seçim yapmaya zorlama. Bu, senin son şansın."

"*Son* şansım mı?" Octavian sırıtınca, gözlerindeki çılgınca ifade belirginleşti. "ROMA'YI KURTARACAĞIM! Şimdi, Romalılar, emirlerimi yerine getirin! Dakota'yı tutuklayın. Bu *Graceus* pisliklerini de yok edin. Mancınıklar da yeniden doldurulsun!"

Nico Romalıların kendi başlarına kaldıkları takdirde ne yapacaklarını bilemiyordu. Ama Yunanlıları hesaba katmamıştı.

Tam o sırada, Melez Kampı'nın ordusunun tamamı, Melez Tepesi'nin üstünde belirdi. Clarisse La Rue metal atlar tarafından çekilen kırmızı bir savaş arabasının üstünde ordunun başındaydı. Yüz melez etrafını sarmış, Kıvırcık Çalıdibi liderliğindeki onların iki misli satir ve doğa ruhu da yanında duruyordu. Tyson altı diğer Kiklop'la birlikte hantal hantal öne çıktı. Kheiron beyaz at haliyle, yayını çekmiş duruyordu.

Muhteşem bir manzaraydı ama Nico'nun aklından sadece, *Hayır, şimdi değil,* düşüncesi geçiyordu.

Clarisse, "Romalılar, kampımıza ateş açtınız!" diye bağırdı. "Ya geri çekilin ya da sizi yok ederiz!"

Octavian hızla birliklerine döndü. "Gördünüz mü? Bir numaraydı! Sürpriz bir saldırı yapabilsinler diye bizi ayırdılar. Lejyon, *cuneum formate!* SALDIRIN!"

XLVIII

NICO

Nico, *Mola vakti. Durun. Kıpırdamayın!* diye bağırmak istiyordu.

Ama bunun bir faydası olmayacağını biliyordu. Haftalarca sıkıntı içinde bekleyip öfkelendikten sonra, Yunanlılar ve Romalılar kan dökmek istiyordu. Savaşı o anda durdurmaya çalışmak, taşan bir barajı durdurmak gibi olurdu.

Derken, Will Solace günü kurtardı.

Parmaklarını ağzına götürüp, bir öncekinden çok daha kötü bir ıslık çaldı. Birkaç Yunanlı kılıçlarını yere indirdi. Romalı birliklerinde, Birinci Kohort'un tamamı titriyormuş gibi bir dalga meydana geldi.

"APTALLAŞMAYIN!" diye bağırdı Will. "BAKIN!"

Kuzeyi işaret edince, Nico'nun ağzı kulaklarına vardı. Hedefi şaşmış bir roketten daha da güzel bir manzara *olduğunu* düşündü: Athena Parthenos altı kanatlı atın taşıdığı iplere bağlanmış bir halde kıyıdan uçarak geliyor, gün doğarken parıldıyordu. Romalı kartallar etrafında daireler çiziyorlar ama saldırmıyorlardı. Birkaçı pike yapıp ipleri bile tutup, heykelin taşınmasına yardım etti.

Nico Karakorsan'ı görmedi, göremeyince de endişelendi ama Reyna Ramírez-Arellano Guido'nun sırtındaydı. Kılıcını havaya kaldırmıştı. Mor pelerini tuhaf bir biçimde ışıldıyor, gün ışınlarını yansıtıyordu.

Her iki ordu da afallamış bir halde onlara bakarken, on iki metrelik altın ve fildişi heykel aşağı inmeye başladı.

"YUNANLI MELEZLER!" Reyna'nın sesi adeta Athena Parthenos bir set konser hoparlörü haline gelmiş gibi heykelin içinden çıkıyordu. "En değerli heykelinize, haksızca Romalılar tarafından alınan Athena Parthenos'a bakın. Bunu size bir barış teklifi olarak geri getiriyorum."

Heykel tepenin zirvesine, Thalia'nın çam ağacından altı metre öteye kondu. Zeminde bir anda altın renkli bir ışık oluştu, Melez Kampı'nın vadisine ve bunun karşısında duran Roma saflarına yayıldı.

Nico kemiklerine bir ılıklık yayıldığını hissetti. Ta şeyden biri hissetmediği bir rahatlama ve huzur hissetti... Bunu en son ne zaman hissettiğini bile hatırlayamıyordu. İçinden bir ses, *Yalnız değilsin. Olimpos ailesinin bir parçasısın. Tanrılar seni terk etmediler*, diye fısıldıyordu.

"Romalılar!" diye bağırdı Reyna. Bunu lejyonun ve Roma'nın iyiliği için yapıyorum. Yunanlı kardeşlerimizle birlikte olmalıyız!"

"Onu dinleyin!" dedi Nico öne çıkarak.

Bunu neden yaptığını bile bilmiyordu. İki taraf ona kulak asacak mıydı? Nico olabilecek en kötü konuşmacı ve elçiydi. Ama kara kılıcı elinde savaş hatlarının arasına yürüdü. "Reyna hayatını hepiniz için tehlikeye attı! Bu heykeli dünyanın ta öteki ucundan, Romalılar ve Yunanlılar birlikte olarak getirdik, çünkü güçlerimizi birleştirmeliyiz. Gaia uyanmak üzere. Birlikte çalışmazsak..."

ÖLECEKSİNİZ.

Ses her yanı zangırdattı. Nico'nun içini kaplayan o huzur ve güven hissi bir anda yok oldu. Tepelerin oradan bir rüzgâr esti. Zemin akıcı ve yapışkan hale geldi ve Nico'nun çizmelerinin etrafındaki otları kendisine çekti.

NAFİLE BİR ÇABA.

Nico tanrıçanın boğazının üstünde duruyormuş, Long Island'ın tamamı tanrıçanın ses tellerinin üstünde titriyormuş gibi hissetti.

AMA SİZİ MUTLU EDECEKSE, BİRLİKTE ÖLEBİLİRSİNİZ.

"Hayır..." Octavian telaşla geriledi. "Hayır, hayır..." Sesi çatladı ve kendi birliklerinin arasına dalıp koşmaya başladı.

"BİRLİKLER HİZAYA!" diye bağırdı Reyna.

Yunanlılar ve Romalılar birlikte harekete geçip, her yer zangır zangır sallanırken omuz omuza dizildiler.

Octavian'ın *auxilia* birlikleri öne atılıp, melezlerin etrafını çevirdi. İki kamp bir düşman denizinin ortasında kalmış minnacık bir nokta gibiydi. Melez Kampı'nda Athena Parthenos toplanma noktaları olacak ve son savaşlarını vereceklerdi.

Ama orada, düşman topraklarındaydılar. Çünkü Gaia toprağın *kendisiydi.* Dahası, toprak artık uyanmıştı.

XLIX

JASON

Jason insanın hayatının gözlerinin önünden geçtiğini duymuştu.

Ama öyle olacağı hiç aklına gelmemişti.

Arkadaşlarıyla etraflarını çeviren gigantlara karşı koruyucu bir daire oluşturmuş, gökteki inanılmaz manzaraya bakarken, kendisini elli sene sonrasında hayal edebiliyordu.

Kaliforniya kıyısındaki bir evin ön verandasındaki sallanan sandalyede oturuyordu. Piper ona limonata ikram ediyordu. Piper'ın saçları ağarmıştı. Gözlerinin etrafında da derin kırışıklıklar vardı ama hâlâ çok güzeldi. Torunları ayaklarının dibinde oturuyordu ve onlara o gün Atina'da olanları açıklamaya çalışıyordu.

Hayır, ciddiyim, diyordu. *Yerde sadece altı melez, Akropolis'in tepesindeki yanan gemide de bir melez daha vardı. Etrafımız bizi öldürmek üzere olan on iki metrelik gigantlarla çevrilmişti. Derken, gök yarıldı ve melezler indi!*

Büyükbaba, diyordu torunları, *biraz atıyorsun galiba.*

Hayır, ciddiyim! diye karşı çıkıyordu. *Olimpos tanrıları savaş arabalarında, trompetler çalarken, kılıçlarından alevler saçarak göklerden geldiler.*

Büyük büyükbabanız, tanrıların kralı, elinde saf şimşekten oluşan bir mızrakla onlara liderlik ediyordu!

Torunları ona gülüyordu. Piper gülümseyerek, *Sen orada olmasaydın, bunlara inanır mıydın,* der gibi ona bakıyordu.

Ama Jason oradaydı. Bulutlar Akropolis'in üstünde ayrılırken göğe baktı ve Asklepios'un ona yeni verdiği gözlükle iyi göremediğini düşündü. Mavi bir gök yerine, yıldızlarla kaplı kapkaranlık bir alan gördü. Olimpos Dağı arka planda altın ve gümüş renkler saçarak parıldıyordu. Bir tanrılar ordusu da göklerden saldırıya geçmek üzereydi.

Bunları bir türlü idrak edemedi. Zaten olanları görmese, sağlığı için daha iyi olabilirdi. Jason ancak sonradan parçaları birleştirip neler olduğunu anlayabilirdi.

Devasa boyutlardaki Jüpiter, daha doğrusu *Zeus,* orijinal formunda altın renkli bir savaş arabasıyla savaşa geliyordu. Bir elinde, bir telefon direği uzunluğunda bir şimşek vardı. Savaş arabasını, her biri kaçıp kurtulmak için sürekli olarak attan insan formuna girip duran, rüzgâr atlar çekiyordu. Bir an için, atlardan biri Boreas'ın buzdan görüntüsüne dönüştü. Bir başkası Notus'un alev ve buhardan oluşan dönen tacını takmıştı. Üçüncüsünün suratında Zephyros'un bilmiş, hafif gülümsemesi vardı. Zeus dört rüzgâr tanrısını yakalayıp kendisi arabaya bağlamıştı.

2. Argo'nun alt tarafındaki cam bölme açıldı. Tanrıça Nike altın ağından kurtulmuş bir halde dışarı fırladı. Işıltılı kanatlarını iki yana açıp, Zeus'un yanına uçtu ve onun savaş arabacısı olarak meşhur yerini aldı.

"ZİHNİM İYİLEŞTİ!" diye kükredi. "TANRILARA ZAFER!"

Zeus'un sol tarafında, savaş arabası renkleri Jason'ın başını döndürecek kadar parlak olan dev tavus kuşları tarafından çekilen Hera vardı.

Ares ateş püskürten bir atın sırtında gümbür gümbür aşağı inerken neşeyle bağırdı. Mızrağı kırmızı bir parıltı saçıyordu.

Son anda, tanrılar tam Parthenon'a varmadan önce, uzaya fırlamışlar gibi şekil değiştirdiler. Savaş arabaları gözden kayboldu. Jason ve arkadaşları kendilerini insan boyutlarında olan, gigantların yanında minnacık kalan ama güçle parıldayan tanrılar tarafından kuşatıldılar.

Jason bağırıp Porphyrion'a saldırıya geçti. Arkadaşları da kıyıma katıldılar.

Savaş Parthenon'un dört bir yanından Akropolis'e yayıldı. Jason gözünün ucuyla Annabeth'in Enceladus'la savaştığını fark etti. Yanında uzun, koyu renkli saçları olan ve beyaz elbisesinin üstüne altın bir zırh takmış bir kadın duruyordu. Tanrıça mızrağını giganta sapladı, sonra kalkanını Medusa'nın bronz ve ürkünç görüntüsüyle kapladı. Athena ve Annabeth el birliğiyle Enceladus'u en yakındaki duvarın metal iskelesine gitmeye zorladılar. Sonra, iskele gigantın üstüne yıkıldı.

Tapınağın karşı tarafında, Frank Zhang ve tanrı Ares gigant saflarının tamamının arasına daldılar. Ares mızrağıyla ve kalkanıyla, Frank de (bir Afrika fili olarak) hortumuyla ve ayaklarıyla onları yerle bir ettiler. Savaş tanrısı gülüyor, gigantları mızraktan geçiriyor ve piñataları yok eden bir çocuk gibi onu deşiyordu.

Hazel savaşa Arion'un sırtında katılmıştı; bir gigant yaklaşır yaklaşmaz Sis'in arasında gözden kayboluyor, sonra arkasında belirip onu sırtından bıçaklıyordu. Tanrıça Hekate yanında savaşıyor, düşmanları iki meşaleyle yakıyordu. Jason Hades'i göremedi ama bir gigant ne vakit tökezleyip yere yıkılsa, zemin açılıp gigantı alıyor ve yutuyordu.

Percy gigant ikizler Otis ve Ephialtes'le savaşırken, yanında üç çatallı bir zıpkını ve renkli bir Hawaii gömleği olan bir adam ona eşlik ediyordu. İkiz gigantlar tökezlediler. Poseidon'un zıpkını ateşten bir ata dönüştü ve tanrı gigantları vahşi atlar biçimindeki yüksek güçlü bir patlamayla Parthenon'dan çıkardı.

En etkileyici savaşçı Piper olabilirdi. Dişi gigant Periboia'ya karşı kılıç kılıca savaşıyordu. Rakibi ondan beş misli büyük olduğu halde, Piper tek başına iyi mücadele ediyordu. Tanrıça Afrodit etraflarında beyaz renkli ufak bir bulut olarak dönüyor, dişi gigantın gözlerine gül yapraklarıı atıp Piper'ı teşvik edecek sözler söylüyordu. "Harikasın, canım. Evet, çok güzel. Ona tekrar vur!"

Periboia ne vakit vurmak istese, bir yerlerden güvercinler geliyor ve dişi gigantın suratının etrafında uçuşuyordu.

Leo'ysa *2. Argo*'nun güvertesinde koşturuyor, mancınıkları vuruyor, gigantların kafalarına çekiçler fırlatıyor ve peştamallarını ateşe veriyordu. Arkasındaki dümende, üstünde bir tamirci tulumu olan sakallı bir adam kontrollerle uğraşıyor, çılgınlar gibi gemiyi havada tutmaya çalışıyordu.

En tuhaf manzaraysa, ellerinde pirinç sopalar olan üç yaşlı kadın tarafından ölümüne dövülen yaşlı gigant Thoon'du. Kadınlar, savaşa hazırlıklı gelmiş Kaderler'di. Jason dünyada eli sopalı bir grup büyükanneden daha korkunç bir manzara olmadığına karar verdi.

Tüm bunları ve daha düzinelerce dövüşü görüyordu ama dikkatini asıl karşısındaki düşmana vermişti: Porphyrion'a ve yanında savaşan tanrı Zeus'a.

Babam, dedi Jason içinden hayretle.

Porphyrion ona o anın keyfini çıkaracak fazla vakit vermiyordu. Gigant mızrağını bir savurma, dürtme ve yara açma kasırgası gibi kullanıyordu. Jason hayatta kalabilmek için savaşıyordu.

Yine de... Zeus'un orada oluşu ona tanıdık bir güven hissi veriyordu. Jason babasıyla hiç tanışmadığı halde, ona en mutlu anlarını anımsatıyordu: Piper'la birlikte Roma'da yaptığı yaş günü pikniği; Lupa'nın ona Jüpiter Kampı'nı ilk kez gösterdiği gün; Thalia'ya küçüklüklerinde dairelerinde oynadığı saklambaç oyunları; annesinin onu kucağına alıp öptüğü ve ona yaklaşmakta olan bir fırtınayı gösterdiği kumsaldaki bir öğleden sonrası. *Asla gök gürültüsünden korkma Jason. O, senin baban, seni sevdiğini öyle gösteriyor.*

Zeus yağmur ve temiz rüzgâr gibi kokuyordu. Enerjisiyle havayı yakıyordu. Yakından bakıldığında, şimşeği bir metre uzunluğunda bronz bir değnek gibiydi; her iki ucu da sivriydi ve enerji kılıçları her iki ucundan çıkıp, beyaz elektrikten oluşan bir mızrak yaratıyordu. Şimşeğini savura savura gigantın karşısına çıktı ve Porphyrion ağırlığıyla paramparça olan eğreti tahtına çöktü.

"Sana taht yok," diye gürledi Zeus. "Burada yok. *Asla* da olmayacak."

"Bizi *durduramazsınız!"* diye bağırdı gigant. "Artık çok geç! Toprak Ana uyandı!"

Zeus yanıt olarak tahtı un ufak etti. Gigant kral arkaya doğru tapınaktan dışarı fırladı ve Jason babası ardında gigantın peşinden gitti.

Porphyrion'u geri geri uçurumun kenarına gitmeye zorladılar. Modern Atina sere serpe aşağıda uzanıyordu. Şimşek gigantın saçındaki tüm silahları eritmişti. Erimiş İlahi bronz rasta saçlarının arasından karamela gibi akıyordu. Şişen derisinden dumanlar çıkıyordu.

Porphyrion hırlayıp mızrağını kaldırdı. "Bu davayı kaybettin Zeus. Beni yenmeyi başarsan bile, Toprak Ana beni yine diriltir!"

"O halde, belki de Gaia'nın kollarında ölmemelisin," dedi Zeus. "Jason, oğlum..."

Jason hiçbir zaman, babasının adını söylediği andaki kadar mutlu ve *kabullenilmiş* hissetmemişti. Jason birden varlığının bir başka katmanını, daha önceden bulanık olan kişiliğinin bir yanını fark etti.

Artık, hiç şüphesi yoktu: Gök tanrısı Jüpiter'in oğluydu. Babasının çocuğuydu. Jason saldırıya geçti.

Porphyrion mızrağıyla çılgınlar gibi öne atıldı ama Jason bunu *gladius*'uyla ikiye ayırdı. Tekrar saldırıya geçip, kılıcını gigantın göğüs zırhına sapladı; sonra da rüzgârlar oluşturup Porphyrion'u uçurumdan aşağı attı.

Gigant çığlıklar atarak düşerken, Zeus şimşeğin ucunu ona çevirdi. Porphyrion havada saf beyaz ısıdan oluşan bir kemerle karşılaştı. Külleri narin bir bulut gibi, Akropolis'in tepelerindeki zeytin ağaçlarının üstüne yağdı.

Zeus Jason'a döndü. Şimşeği söndü ve İlahi bronz değneği kemerine taktı. Gözleri fırtına grisiydi. Kırçıllı saçları ve sakalı, bulutları andırıyordu. Jason evrenin efendisinin, Olimpos kralının ondan sadece birkaç santim daha uzun olduğunu görünce şaşırdı.

"Oğlum." Zeus elini Jason'ın omzuna koydu. "Sana söylemek istediğim çok şey var..." Tanrı içine derin bir nefes çekince, hava elektrikle çıtırdadı ve Jason'ın yeni gözlüğü buğulandı. "Ancak, tanrıların kralı olarak, çocuklarım arasında ayrımcılık yapmamam gerekiyor. Diğer Olimposluların yanına döndüğümüzde, seni ne istediğim kadar övebileceğim, ne de hak ettiğin itibarı gösterebileceğim."

"Övgü istemiyorum," dedi Jason titrek bir sesle. "Sadece, birlikte biraz daha çok vakit geçirmek güzel olurdu. Yani, seni doğru dürüst tanımıyorum bile."

Zeus'un bakışları ozon tabakası kadar uzaklara dalmıştı. "Her zaman yanındayım, Jason. Ne kadar geliştiğini gururla izledim ama ikimizin birlikte vakit geçirmesi asla..."

Doğru sözcükleri havada bulmaya çalışıyormuş gibi parmaklarını kıvırdı. *Yakın, Normal. Gerçek bir baba ve oğul.* "Doğduğundan beri, kaderinde Hera'ya ait olmak vardı. Öfkesini dindirmek için. İsmin Jason bile onun seçimiydi. Bunu sen istemedin. Ben de istemedim. Ama seni ona verirken... Ne kadar iyi bir delikanlı olacağını bilemiyordum. Yolculuğun seni şekillendirdi, seni hem iyi yürekli, hem de muhteşem kıldı. Parthenon'a döndüğümüzde her ne olursa olsun, seni hiçbir şeyden sorumlu *tutmadığımı* bilmelisin. Gerçek bir kahraman olduğunu kanıtladın."

Jason'ın içindeki kabaran duygular ta göğsüne kadar yükseldi. "Ne demek istiyorsun... Nasıl her ne olursa olsun?"

"En kötüsü henüz sona ermedi," dedi Zeus uyarıda bulunarak. "Olanlar için birisinin suçlanması gerek. Gel."

L

JASON

Gigantlardan geriye birkaç öbek kül, birkaç mızrak ve biraz da yanan rasta saçtan başka bir şey kalmamıştı.

2. Argo hâlâ güç bela da olsa havadaydı ve Parthenon'un üstüne demir atmıştı. Geminin küreklerinden yarısı kırılmış veya birbirine geçmişti. Gövdesindeki birkaç iri yarıktan dumanlar çıkıyordu. Yelkenler de alevli deliklerle kaplıydı.

Leo da en az o kadar kötü görünüyordu. Diğer arkadaşlarıyla birlikte, yüzü isle kaplanmış, giysilerinden dumanlar tüter halde tapınağın ortasında duruyordu.

Zeus gelirken, tanrılar bir yarım daire çizecek biçimde dizildiler. Hiçbiri de kazandıkları zaferle ilgili olarak mutlu değil gibiydi. Apollon ve Artemis gizlenmeye çalışıyormuş gibi bir sütunun gölgesine sığınmışlardı. Hera ve Poseidon yeşil ve altın renkli giysili bir başka tanrıçayla hararetli bir biçimde konuşuyorlardı. Bu tanrıça Demeter olabilirdi. Nike Hekate'nin başına altın renkli bir defne tacı koymaya çalıştı ama büyü tanrıçası onu kışkışladı. Hermes Athena'nın yanına sokulmuş, kolunu omzuna atmaya çalışıyordu. Athena *aegis* kalkanını ona çevirince, Hermes oflayarak uzaklaştı.

Keyifli olan tek Olimposlu Ares gibiydi. Gülüyor ve Frank nazik ama tuhaf bir ifadeyle onu dinlerken, düşmanların böğrünü deşiyormuş gibi hareketler yapıyordu.

"Kardeşlerim," dedi Zeus. "Bu melezlerin yaptıkları sayesinde iyileştik. Bir zamanlar bu tapınakta bulunan Athena Parthenos artık Melez Kampı'nda. Çocuklarımızı, dolayısıyla bizlerin özünü birleştirdi."

"Lord Zeus," dedi Piper, "Reyna iyi mi? Ya Nico ve Koç Hedge?"

Jason Piper'ın Reyna'nın nasıl olduğunu sorduğuna inanamadı ama buna memnun oldu.

Zeus bulut renkli kaşlarını çattı. "Görevlerinde başarılı oldular. Şu anda hayattalar. Ama *iyi* olup olmadıklarını..."

"Daha yapılması gereken çok iş var," dedi Kraliçe Hera araya girerek. Kollarını herkesi aynı anda kucaklamak istermiş gibi iki yana açtı. "Ama kahramanlarım... Sizler tıpkı emin olduğum gibi gigantlara karşı zafer elde ettiniz. Planım gayet güzel bir biçimde gerçekleşti."

Zeus karısına baktı. Akropolis'te gök gürledi. "Hera, sakın bu başarıyı *kendine* mal etme! Çözdüğün sorunlar *kadar* sorun da yarattın."

Göklerin tanrıçası kireç gibi kesildi. "Kocacığım, eminim ki şu anda anlıyorsundur. Tek yol buydu."

"Asla *tek* bir yol yoktur!" diye bağırdı Zeus. "Bu yüzden üç Kader var, bir tane değil. Öyle değil mi?"

Gigant kralın tahtının yıkıntılarının yanında duran üç yaşlı kadın isimlerini duyunca sessizce başlarını eğdiler. Jason diğer tanrıların da Kaderler'den ve parıltılı pirinç sopalarından uzak durduğunu fark etti.

"Lütfen, kocacığım," dedi Hera gülümsemeye çalışarak. Ama korktuğu o kadar belliydi ki, Jason neredeyse onun için üzülecekti. "Ben sadece..."

"Sessizlik!" dedi Zeus ters ters. "Emirlerime karşı geldin. Yine de... İyi niyetle hareket ettiğini biliyorum. Bu yedi kahramanın cesareti, senin bilgelikten tamamıyla yoksun olmadığını gösterir."

Hera buna itiraz edecek gibi oldu ama sonra ağzını açmadı.

"Ama Apollon..." Zeus, öfkeli bakışlarını ikizlerin durduğu gölgelik alana çevirdi. "Oğlum, buraya gel."

Apollon yükseklerde bir tahtanın üstünde yürüyormuş gibi hafifçe öne çıktı. O kadar çok ergen bir melezi andırıyordu ki, görünümü sinir bozucuydu. Olsa olsa on yedi yaşındaki, blucinli ve Melez Kampı tişörtlü, omzunda bir yay, belinde bir kılıç olan bir genç gibiydi. Dağınık sarı saçları ve mavi gözleriyle, Jason'ın hem ölümlü, hem de ilahi kardeşi olabilirdi.

Jason Apollon'un bu görünümü göze batmak için mi, yoksa babasına zavallı görünmek için mi aldığını merak etti. Apollon'un yüzündeki korku ifadesi son derece gerçek olmakla birlikte, aynı zamanda insancıldı.

Üç Kaderler tanrının yanına gidip etrafını sardılar ve kırışık ellerini havaya kaldırdılar.

"Beni iki kere kandırdın," dedi Zeus.

Apollon dudaklarını yaladı. "Lo-Lordum..."

"Görevlerini ihmal ettin. İltifatlara ve sığlığa kapıldın. Soyundan gelen Octavian'ı bu tehlikeli yolu izlemesi için teşvik ettin ve hepimizi *hâlâ* yok edebilecek bir kehaneti vakitsizce açıkladın."

"Ama..."

"Yeter!" diye gürledi Zeus. "Cezandan daha sonra konuşuruz. Şimdilik, Olimpos'ta bekleyeceksin."

Zeus bir el hareketiyle, Apollon'u parıltılı bir buluta dönüştürdü. Kaderler etrafında dönerek havaya karıştılar ve parıltılı girdap göğe yükseldi.

"Ona ne olacak?" diye sordu Jason.

Tanrılar ona baktılar ama Jason'ın umurunda değildi. Zeus'la gerçekten tanıştığı için, Apollon'u artık daha iyi anlıyordu.

"Seni ilgilendirmez," dedi Zeus. "Şu anda konuşmamız gereken başka sorunlar var."

Parthenon'a gergin bir sessizlik çöktü.

Konuyu oracıkta kapatmak doğru gelmiyordu. Jason Apollon'un ceza alan tek kişi oluşuna bir anlam veremiyordu.

Birisinin suçlanması gerek, demişti Zeus.

"Baba, tüm tanrılara saygı göstereceğime dair yemin ettim," dedi Jason. "Kymopoleia'ya savaş sona erince, her tanrının kamplarda tapınakları olacağını söyledim."

Zeus kaşlarını çattı. "Tamam. Ama... Kym de kim?"

Poseidon yumruğunun içine öksürdü. "Benimkilerden biri."

"Şunu demek istiyorum," dedi Jason. "Birbirimizi suçlamak hiçbir şeyi çözmeyecek. Romalılarla Yunanlıların ayrılmasının esas nedeni de bu zaten."

Hava birden fena halde iyonlaştı. Jason kafa derisinin karıncalandığını hissetti.

Babasını öfkelendirdiğini fark etti. Parıltılı bir buluta dönüştürülebilir, Akropolis'ten dışarı atılabilirdi. Babasını beş dakikalığına tanımış ve iyi bir izlenim bırakmıştı. Ama o anda bunları çöpe atıyordu.

İyi bir Romalı konuşmaya devam etmezdi.

Jason devam etti. "Sorun Apollon değildi. Gaia'nın uyanışından onu sorumlu tutup ceza vermek..." *Aptalca* demek istemişti ama son anda kendisini tuttu. "...Akıllıca değil."

"Akıllıca değil demek." Zeus'un sesi bir fısıltı gibi çıktı. "Burada toplanmış tanrıların önünde, bana yaptığım şeyin akıllıca olmadığını söylüyorsun."

Jason'ın arkadaşları dikkatle onları izliyorlardı. Percy her an araya girip onu korumaya hazırlanıyormuş gibiydi.

Derken, Artemis gölgelerin arasından öne çıktı. "Baba, bu kahraman amacımız için çok uzun süredir çok savaştı. Sinirleri gerilmiş durumda. Bunu da göz önünde bulundurmalıyız."

Jason buna itiraz edecek oldu ama Artemis ona bir bakış fırlatarak susturdu. Öylesine açık bir mesaj yolladı ki, zihninde konuşuyor bile olabilirdi. *Teşekkür ederim melez. Ama bu konuyu üsteleme. Zeus biraz sakinleştiğinde, onu ikna etmeye çalışacağım.*

"Baba, dediğin gibi gerçekten de daha önemli konuları konuşmalıyız."

"Gaia," diye araya girdi konuyu değiştirmek için can atan Annabeth. "Uyandı, değil mi?"

Zeus ona döndü. Jason'ın etrafındaki hava molekülleri sesini kesti. Kafatası bir mikrodalga fırından çıkmış gibiydi.

"Doğru," dedi Zeus. "Olimpos'un kanı döküldü. Artık bilinci tamamıyla açık."

"Of, yapmayın!" diye sızlandı Percy. "Azıcık burnum kanadı diye, tüm dünyayı mı uyandırdım? Haksızlık!"

Athena *aegis*'ini omzuna taktı. "Haksızlıktan şikâyet etmek, suç üstlenmek gibi bir şey Percy Jackson. Kimseye bir faydası olmaz." Beğeniyle Jason'a baktı. "Artık elinizi çabuk tutmalısınız. Gaia kampınızı yok etmek için uyandı."

Poseidon üç çatallı zıpkınına yaslandı. "Athena ilk kez haklı."

"İlk kez mi?" dedi Athena.

"Gaia neden kampta olsun?" diye sordu Leo. "Percy'nin burnu burada kanadı."

"Dostum," dedi Percy, "bir kere, Athena'yı duydun. Burnuma suç atma. İkincisi Gaia zaten *toprağın* kendisi. Dilediği yere gidebilir. Ayrıca, bize bunu yapacağını *söyledi.* Yapılacaklar listesindeki ilk işin kampımızı yok etmek olduğunu söyledi. Asıl mesele, onu nasıl durduracağımız."

Frank Zeus'a baktı. "Şey, efendim, Majesteleri, siz tanrılar da bizimle oraya gelemez misiniz? Savaş arabaları, büyüler, her şey sizde."

"Evet!" dedi Hazel. "Birlikte gigantları iki saniyede yendik. Hep birlikte..."

"Hayır," demekle yetindi Zeus.

"Hayır, mı?" dedi Jason. "Ama baba..."

Zeus'un gözleri güçle parıldayınca, Jason babasını o günlük fazla zorladığını anladı... Sırf o günlük değil, birkaç yüzyıllığına da zorlamış olabilirdi.

"Kehanetlerle ilgili sorun da bu işte," diye kükredi Zeus. "Apollon Yediler Kehaneti'nin açıklanmasına izin verdiğinde ve Hera dizeleri kendisi yorumladığında, Kaderler de geleceği öyle bir biçimde ördüler ki, ortaya birçok olası sonuç ve çözüm çıktı. Siz yedi melezin kaderi Gaia'yı yenmek üzere örüldü. Ama biz tanrılar bunu *yapamayız.*"

"Anlayamıyorum," dedi Piper. "İşlerinizi halletmek için güçsüz ölümlülere bağlı kalacaksanız, tanrı olmanın ne anlamı var?"

Tanrılar keyifsizce birbirlerine baktılar. Ama Afrodit hafifçe güldü ve kızını öptü. "Canım Pipercığım, sence bizler de binlerce senedir aynı soruyu kendimize sormuyor muyuzdur? Ama bizleri bir arada tutan ve ölümsüz yapan şey de bu. Siz ölümlülere, sizin bize ihtiyaç duyduğunuz kadar ihtiyaç duyuyoruz. Sinir bozucu olabilir ama gerçek."

Frank bir fil olmayı özlemiş gibi durduğu yerde kıpırdandı. "Peki, Melez Kampı'nı kurtaracak kadar çabuk nasıl gidebiliriz? Yunanistan'a varmamız aylar sürdü."

"Rüzgârlar," dedi Jason. "Baba, gemimizi geri götürmeleri için rüzgârları serbest bırakamaz mısın?"

Zeus ona dik dik baktı. "Sizi bir tokatla Long Island'a yollayabilirim."

"Şey, bu bir espri mi yoksa tehdit mi?"

"Hayır," dedi Zeus. "Aynen dediğim gibi. Geminizi Melez Kampı'na bir *tokatla* yollayabilirim ama bunun için gerekli olan güç..."

Yıkık gigant tahtının oradaki tamirci tulumlu pespaye adam başını salladı. "Oğlum Leo iyi bir gemi inşa etti ama o tür bir güce dayanamaz. Oraya varır varmaz, hatta daha önce paramparça olur."

Leo alet kemerini düzeltti. "*2. Argo* bunu başarabilir. Bizi kampa götürecek kadar tek parça halinde kalması yeterli. Oraya vardığımızda gemiyi terk edebiliriz."

"Tehlikeli," dedi Hephaistos onları uyararak. "Ölümcül bile olabilir."

Tanrıça Nike bir defne tacını parmağında çevirdi. "Zafer her zaman tehlikelidir. Genellikle de fedakârlık yapılmasını gerektirir. Leo Valdez ve ben bunu daha önce de konuşmuştuk." İmalı bir ifadeyle Leo'ya baktı.

Jason bu işten hiç hoşlanmamıştı. Asklepios'un Leo'yu muayene ederken yüzünde beliren ifadeyi hatırladı. *Eyvah. Anlıyorum...* Jason Gaia'yı yenmeleri için ne yapmaları gerektiğini biliyordu. Risklerin de farkındaydı. Ama bu riskleri kendisi almak istiyordu, Leo'ya yüklemek değil.

Piper'da doktorun şifası olacak, dedi içinden. *İkimizi de koruyabilir.*

"Leo, Nike neden söz ediyor?" dedi Annabeth.

Leo soruyu geçiştirdi. "Aynı şeyler işte. Zafer. Fedakârlık. Falan filan. Önemli değil. Bunu başarabiliriz, millet. Bunu yapmalıyız."

Jason'ın içini bir dehşet hissi kapladı. Zeus tek konuda haklıydı: Henüz en kötüsüyle karşılaşmamışlardı.

Güney Rüzgârı tanrısı Notus seçim vakti geldiğinde, *Fırtınada ya da ateşte, umutsuzluğa kapılma*, demişti.

Jason kararını verdi. "Leo haklı. Son bir yolculuk için herkes gemiye."

LI

JASON

Pek de duygusal bir veda olmadı.

Jason babasını son gördüğünde, Zeus otuz metre boyundaydı ve *2. Argo*'yu pruvasından tutuyordu. *SIKI TUTUNUN!* diye bağırdı.

Sonra, gemiyi yukarı fırlattı ve bir voleybol topu gibi tek eliyle vurdu.

Jason, Leo'nun güvenlik kayışlarıyla ana direğe bağlı olmasaydı, buharlaşıp giderdi. Gerçi midesi Yunanistan'da kalmaya çalıştı ve ciğerlerindeki tüm hava da boşaldı.

Gökyüzü kapkara oldu. Gemi gıcırdayıp çatırdadı. Güverte Jason'ın ayaklarının altında ince bir buz tabakası gibi çatladı ve *2. Argo* müthiş bir sesle bulutların arasından öne atıldı.

"Jason!" diye bağırdı Leo. "Acele et!"

Parmakları erimiş plastiğe dönmüş gibi hissediyordu ama Jason yine de kayışları çözmeyi başardı. Leo derhal kontrol paneline gidip, serbest düşüşle döne döne aşağı giderlerken, çılgınlar gibi gemiyi kaldırmaya çalıştı. Yelkenler alev almıştı. Festus panikle gıcırdıyordu. Bir mancınık yerinden çıkıp havaya yükseldi. Santrifüj gücü kalkanların metal frizbiler gibi tırabzanlardan savurdu.

Jason sendeleyerek, havalanmamak için rüzgârları kullanarak geminin deposuna inmeye çalışırken, güvertelerde daha da iri çatlaklar oluştu. Diğerlerinin yanına gidemezse...

Derken, kapak açılıverdi. Frank'le Hazel apar topar ana direğe bağladıkları kılavuz halatını çektiler. Piper, Annabeth ve Percy de sersemlemiş bir halde peşlerinden geldiler.

"Gidin!" diye bağırdı Leo. "Gidin, gidin, gidin!"

Leo'nun sesi ilk kez son derece ciddi çıkmıştı. Kaçış planlarını konuşmuşlardı ama onları dünyanın öteki ucuna yollayacak tokat Jason'ın zihnini bulandırmıştı. Diğerlerinin suratına bakınca, onların da aynı durumda olduğunu anladı.

Masa Buford onları kurtardı. Holografik Hedge görüntüsüyle telaşla yanlarına geldi ve "GİDELİM! ACELE EDİN! KESİN ŞUNU!" diye bağırdı.

Sonra, üst kısmı helikopter kanatları gibi açıldı ve Buford uçarak yanlarından uzaklaştı.

Frank şekil değiştirdi. Sersemlemiş bir melez yerine, sersemlemiş bir gri ejderha oldu. Hazel boynuna çıktı. Frank, Percy'yi ve Annabeth'i ön pençelerine aldı, sonra da kanatlarını açıp havalandı.

Jason Piper'ı belinden sıkıca tutup gitmeye hazırlandı ama aşağıya bakmak gibi bir hata yaptı. Görüntü gökten ve yerden oluşan bir çiçek dürbünü gibiydi. Yere müthiş bir hızla yaklaşıyorlardı.

"Leo, başaramayacaksın!" diye bağırdı Jason. "Bizimle gel."

"Hayır! Gidin buradan!"

"Leo!" diye Piper onu ikna etmeyi denedi. "Lütfen..."

"Büyükonuşunu başkalarına sakla, Pipes! Dedim ya, bir planım var. Kış, kış."

Jason parçalanmak üzere olan gemiye son bir kez baktı.

2. Argo çok uzun süredir yuvaları olmuştu. Ama artık onu kalıcı olarak terk ediyorlar, Leo'yu geride bırakıyorlardı.

Jason bu durumdan hiç hoşlanmamış olsa da, Leo'nun bakışlarındaki kararlı ifadeyi görmüştü. Babası Zeus'un ziyareti gibi, doğru dürüst veda edecek vakit olmamıştı.

Jason rüzgârları etrafına doladı ve Piper'la birlikte göğe yükseldi.

Zemin de çok farklı değildi.

Hızla aşağı düşerlerken, Jason tepelere yayılmış kocaman bir canavar ordusu gördü: *cynocephali*, iki kafalı adamlar, yabani sentorlar, ogreler ve ismini bilmediği başka canavarlar vardı ve bunlar iki ufak melez adasını kuşatmıştı. Melez Kampı'nın tepesinde, Athena Parthenos'un ayaklarının dibinde Melez Kampı'nın ordusu ve Birinci ve Beşinci Kohortlar lejyonun altın kartalının etrafında toplanmıştı. Diğer üç Roma kohortu da birkaç yüz metre ötede bir koruma hattı oluşturmuşlardı ve saldırının en şiddetli kısmını alacak gibiydi.

Dev kartallar Jason'ın etrafında dönerek uçuyor, telaşla çığlıklar atıyor ve emir bekliyor gibi görünüyorlardı.

Gri ejderha Frank taşıdığı yolcularla birlikte uçuyordu.

"Hazel!" diye bağırdı Jason. "O üç kohortun başı dertte! Melezlerin geri kalanıyla birleşmezlerse..."

"Hemen ilgileniyorum!" dedi Hazel. "Gidelim, Frank!"

Ejderha Frank, bir pençesinde Annabeth'le, diğerinde "Uçmaktan nefret ediyorum!" diye bağıran Percy'yle birlikte sola döndü. "Onlara ulaşalım!"

Piper ve Jason sağa dönüp, Melez Kampı'nın zirvesine doğru uçtular.

Jason, Nico di Angelo'yu Yunanlıların ön cephelerinde savaşırken, kılıcıyla iki kafalı adamların arasına dalarken görünce, biraz rahatladı. Birkaç adım ötede, Reyna kılıcını çekmiş yeni bir pegasusun sırtında oturuyordu. Lejyona emirler yağdırıyordu ve Romalılar sanki Reyna hiç yanlarından ayrılmamış gibi ona itaat ediyorlardı.

Jason Octavian'ı hiçbir yerde göremedi. *Güzel,* dedi içinden. Muazzam toprak tanrıçasının da dünyayı yok ettiği yoktu. Durum çok iyi, diye düşündü. Belki de Gaia uyanmış, modern dünyaya şöyle bir baktıktan sonra da uyumaya geri dönmeye karar vermişti. Jason keşke o kadar şanslı olabilseler diye düşündü ama buna ihtimal veremedi.

O ve Piper tepeye indiler, kılıçlarını çektiler ve Yunanlıların ve Romalıların tezahürat ederek bağırdıklarını duydular.

"Nerede kaldınız?" diye seslendi Reyna. "Bize katılabildiğinize sevindim!"

Jason şaşkınlıkla onunla değil, Piper'la konuştuğunu fark etti.

Piper sırıttı. "Öldürmemiz gereken gigantlar vardı."

"Harika!" Reyna da ona gülümsedi. "Biraz da barbar öldürün lütfen."

"Aa, çok teşekkürler!"

İki kız omuz omuza savaşa katıldılar.

Nico Jason'a birbirlerini daha beş dakika önce görmüşler gibi başını salladı, sonra da iki kafalı adamları kafasız cesetlere dönüştürmeye devam etti. "Zamanlama çok iyi. Gemi nerede?"

Jason gemiyi gösterdi. *2. Argo* bir ateş topu içinde, ana direğinden, gövdesinden ve silahlarından kocaman parçalar saçarak ilerliyordu. Jason ateşe karşı bağışıklığı olan Leo'nun bile o alevlerin arasında nasıl hayatta kalabileceğini bilmiyordu ama kalabileceğini umması gerekiyordu.

"Tanrılarım," dedi Nico. "Herkes iyi mi?"

"Leo..." Jason'ın sesi çatladı. "Bir planı olduğunu söyledi."

Kuyruklu yıldız batı tepelerinin ardında gözden kayboldu. Jason dehşet içinde bir patlama sesi bekledi ama savaşın gürültüsünden bir şey duyamadı.

Nico gözlerinin içine baktı. "Ona bir şey olmaz."

"Tabii."

"Ama her ihtimale karşılık... Leo için."

"Leo için," dedi Jason. Birlikte savaşa daldılar.

Jason'ın öfkesi gücünü yenilemişti. Yunanlılar ve Romalılar ağır ağır düşmanları geri püskürtüyorlardı. Yabani sentorlar tökezleyip düşüyorlardı. Kurt kafalı adamlar küle dönüşürken uluyorlardı. Daha da fazla canavar sürekli olarak savaş alanında beliriyordu. Karpoi tahıl ruhları otların arasında dönüyor, grifonlar gökten pike yapıyordu. Jason'a oyun hamurundan yapılmış kötü yürekli adamları hatırlatan tombul ve kilden insanımsı yaratıklar doluydu her taraf.

"Bunlar toprak kabukları olan hayaletler!" diye uyardı Nico. "Sakın sana vurmalarına izin verme!"

Belli ki Gaia'nın onlara birtakım sürprizleri vardı.

Bir ara, Apollon kulübesinin lider kampçısı Will Solace Nico'nun yanına koşturup kulağına bir şey söyledi. Ama Jason bağrışmalardan ve kılıç seslerinden ne söylediğini duyamadı.

"Jason, gitmem gerek!" dedi Nico.

Jason nedenini anlamasa da tamam der gibi başını salladı ve Nico'yla Will kalabalığın arasına daldılar.

Birkaç saniye sonra, bir grup Hermes kampçısı nedensiz yere Jason'ın etrafına toplandı.

Connor Stoll sırıttı. "N'aber Grace?"

"İyiyim," dedi Jason. "Ya senden n'aber?"

Connor bir ogrenin sopasından kurtulup bir tahıl ruhunu bıçakladı ve bir buğday bulutunun patlamasına neden oldu. "Pek bir şey yok, şikâyetçi değilim. Savaşmak için güzel bir gün."

Reyna, *"Eiaculare flammas!"* diye bağırdı ve ateşli oklardan oluşan bir dalga lejyonun zırh duvarının üstünden bir kavis çizerek geçti ve bir ogre birliğini yok etti. Roma safları sentorları keserek ve bronz uçlu çizmelerinin altına yaralı ogreleri alarak ilerledi.

Tepenin aşağısında bir yerde, Jason, Frank Zhang'in Latince *"Repellere equites!"* diye bağırdığını duydu.

Çok kalabalık bir sentor sürüsü, lejyonun diğer üç kohortu kusursuz bir biçimde, mızrakları canavar kanına bulanmış bir halde öne çıkınca, panik içinde ikiye ayrıldı. Frank yanlarına gitti. Sol tarafta, Arion'un sırtındaki Hazel gururla ışıldıyordu.

"*Ave*, Praetor Zhang!" diye seslendi Reyna.

"*Ave*, Praetor Ramírez-Arellano!" dedi Frank. "Bu işi yapalım. Lejyon, KENETLENİN!" diye bağırdı.

Beş kohort bir araya gelip, kocaman bir ölüm makinesi oluştururken, Romalılardan sevinç çığlıkları yükseldi. Frank kılıcını öne çıkarınca, altın kartal direğinden fırlayan incecik şimşekler düşmanların üstüne yayıldı ve birkaç yüz canavarı küle dönüştürdü.

"Lejyon, *cuneum formate!*" diye seslendi Reyna. "İleri!"

Percy ve Annabeth de Melez Kampı ordusuna varınca, Jason'ın sağından da sevinç çığlıkları yükseldi.

"Yunanlılar!" diye bağırdı Percy. "Şey, gidip bir şeylerle savaşalım!"

Melezler ölüm perileri gibi bağırıp saldırıya geçtiler.

Jason sırıttı. Yunanlılara bayılıyordu. Hiç düzenli değillerdi ama bunu coşkularıyla telafi ediyorlardı.

Jason iki önemli soru haricinde savaşla ilgili olarak iyi şeyler hissediyordu: Leo neredeydi? İkincisi, Gaia neredeydi?

Ne yazık ki, ikinci sorunun yanıtını daha önce öğrendi.

Ayaklarının altında Melez Kampı dev bir su şiltesine dönüşmüş gibi toprağın titrediğini hissetti. Melezler yere yıkıldılar. Ogrelerin ayakları kaydı. Sentor yüz üstü otların arasına düştü.

UYANDIM, diye gürledi bir ses etraflarından.

Bir metre kadar ötede, bir sonraki tepenin zirvesinde, otlar ve toprak kocaman bir matkabın ucu gibi dönerek yükseldi. Toprak sütunu altı metre boyunda bir kadın şeklini aldı: Elbisesi ince uzun otlardan örülmüştü, teni kuvars kadar beyaz, saçları da ağaç kökleri gibi kahverengi ve düğümlenmiş bir haldeydi.

"Küçük aptallar." Toprak Ana Gaia saf yeşil gözlerini açtı. *"Heykelinizin zayıf büyüsü beni zapt edemez."*

Gaia bunları söylerken, Jason onun neden o ana dek hiç görünmediğini anladı. Athena Parthenos melezleri koruyor ve toprağın gazabını onlardan uzak tutuyordu ama Athena'nın gücü başlangıçtan beri var olan bir tanrıçaya karşı ancak o kadar dayanabilirdi.

Korku melez ordusunun üstüne buz gibi yayıldı.

"Sıkı durun!" diye bağırdı Piper gayet net ve yüksek sesle büyükonuşunu kullanarak. "Yunanlılar ve Romalılar, birlikte savaşabiliriz!"

Gaia güldü. Kollarını iki yana açınca, toprak ona doğru eğildi. Ağaçlar yana yattı, kayaların zemini gıcırdadı ve topraklar dalgalar halinde titredi. Jason rüzgârın üstünde uyandı ama etrafını dört bir yandan saran canavarlar ve melezler yere batmaya başlamışlardı. Octavian'ın mancınıklarından biri devrilip, tepenin yanında gözden kayboldu.

"Tüm topraklar benim bedenim," diye kükredi Gaia. *"Sizler benim gibi bir..."*

FOŞŞŞŞŞ!

Bir bronz dalgasıyla birlikte Gaia tepeden havalandı ve elli tonluk metal bir ejderhanın pençelerinde kaldı.

Yeniden doğmuş olan Festus parıldayan kanatlarıyla, ağzından zafer kazanmış gibi ateşler püskürterek göğe yükseldi. Daha da yukarı çıkarken, sırtındaki binici giderek ufaldı ve şekli belirsizleşti ama Leo'nun sırıtışı uzaktan bile görülebiliyordu.

"Pipes! Jason!" diye aşağıya seslendi. "Geliyor musunuz? Asıl savaş yukarıda!"

LII

JASON

Gaia havalanır havalanmaz, zemin katılaştı.

Melezlerin yere batışı kesildi ama bazıları hâlâ bellerine kadar toprağa gömülüydü. Ne yazık ki canavarlar kendilerini onlardan daha hızlı bir biçimde topraktan kurtarıyor gibiydi. Yunan ve Roma saflarına saldırıya geçip, melezlerin dağılışlarını fırsat bildiler.

Jason kollarını Piper'ın beline dayadı. Tam havalanacakken, Percy, "Durun!" diye bağırdı. "Frank hepimizi yukarı götürebilir. Hep birlikte..."

"Hayır, dostum," dedi Jason. "Sana burada ihtiyaçları var. Hâlâ yenmemiz gereken bir ordu var. Ayrıca, kehanet..."

"O, haklı," dedi Frank Percy'nin kolunu tutup. "Bu işi yapmalarına izin vermelisin Percy. Annabeth'in Roma'daki görevi gibi. Ya da Hazel'ın Ölüm Kapıları'ndaki görevi gibi. Bu kısım bir tek onlara ait."

Percy'nin bundan hoşlanmadığı belliydi ama tam o sırada kalabalık bir canavar sürüsü Yunanlılara hücum etti.

Annabeth, "Hey!" diye seslendi. "Burada sorun var!"

Percy hemen yanına gitti.

Frank ve Hazel Jason'a baktılar. Kollarını kaldırıp Roma selamı verdiler ve lejyonu toparlamaya gittiler.

Jason'la Piper rüzgârda döne döne yukarı çıktılar.

"Şifa bende," diye mırıldandı Piper büyülü sözler söylüyormuş gibi. "Sorun çıkmayacak. Şifa bende."

Jason onun savaşta bir ara kılıcını kaybettiğini fark etti ama bunun önemli olmadığını düşünüyordu. Gaia'ya karşı tek bir kılıcın bir faydası olmazdı. Bu mesele fırtına ve ateşle ilgiliydi... Bir de Piper'ın büyükonuşu gibi üçüncü bir güç de onları bir arada tutabilirdi. Önceki kış, Piper Kurt Evi'nde Gaia'nın gücünü yavaşlatmış, Hera'yı topraktan bir kafesten kurtarmıştı. Şimdi, daha da büyük bir görev onu bekliyordu.

Yukarı çıkarlarken, Jason etrafına rüzgârı ve bulutları topladı. Gökyüzü buna korkulacak bir hızda yanıt verdi. Çok geçmeden, büyük bir girdabın içinde buldular kendilerini. Şimşekler gözlerini yaktı. Gök gürültüsü dişlerini zangırdattı.

Tam tepelerinde, Festus toprak tanrıçasını tutuyordu. Gaia sürekli olarak parçalanıyor, yeniden toprağa inmeye çalışıyordu ama rüzgârlar onu havada tutuyordu. Festus onu alevler içinde bırakıyor, katı kalmaya zorluyordu. Bu sırada, Festus'un sırtındaki Leo tanrıçaya kendi alevlerinden de fırlatıyor, hakaretler yağdırıyordu: "Lazımlık Çamuru! Kirli Surat! BU, ANNEM ESPERANZA VALDEZ İÇİN!"

Tüm bedeni alevlerle kaplıydı. Fırtına havasında yağmur asılı duruyordu ama etrafında sadece buharlar çıkarıp cız ediyordu. Jason onlara doğru gelmeye başladı.

Gaia gevşek ve beyaz kumlara dönüşmüştü ama Jason bir ventus hava filosu oluşturup etrafında döndürdü ve onu bir rüzgâr kozasına hapsetti.

Gaia bunlara direndi. Şekli erimediği zamanlarda, Jason'ın derhal geri yansıttığı bir taş ve toprak şarapnelleri yağmuruna tutuyordu onu. Fırtınayı güçlü tutmak, Gaia'yı zapt etmek ve kendisiyle Piper'ın yukarıda kalmasını sağlamak... Jason hayatında hiç o kadar zor bir şey yapmamıştı. Her yanına kurşun ağırlıklar bağlıymış, başının üstüne bir araba kaldırmışken sırf bacaklarıyla yüzmeye çalışıyormuş gibi hissediyordu. Ama Gaia'yı mutlaka yerden uzakta tutmalıydı.

Kym'le denizin dibinde konuştuklarında, tanrıçanın söylediği sır buydu.

Çok uzun zaman önce, gök tanrısı Uranüs, Gaia ve Titanlar tarafından toprağa inmesi için kandırılmıştı. Onu kaçamaması için yerde tutmuşlar, güçlerinin kendi bölgesinden uzak olduğu için zayıflamasını sağlamışlardı. Böylece, onu paramparça edebileceklerdi.

Birlikte yükselmeye devam ettiler. Festus bu çabayla birlikte gıcırdayıp inliyordu ama yükseklik kazanmaya da devam ediyordu. Jason hâlâ Leo'nun ejderhayı nasıl baştan yarattığını anlayamamıştı. Sonra, Leo'nun son birkaç haftadır geminin gövdesinin içinde çalıştığı uzun saatleri hatırladı. Leo en başından beri bunu planlamış olmalıydı. Festus için geminin iskeletinin içinde yeni bir beden inşa etmişti.

2. Argo'nun eninde sonunda parçalanacağını biliyor olmalıydı. Bir ejderhaya dönüşen bir gemi... Jason Quebec'te bir valize dönüşen bir ejderha oluşuna artık o kadar şaşırmıyordu.

Leo bunu nasıl başarmış olursa olsun, Jason eski dostunun bir kez daha onlara katılmasından mutluydu.

"BENİ YENEMEZSİNİZ!" Gaia daha fazla ateşle birlikte parçalanıp kuma dönüştü. Bedeni bir cam yığınına dönüştü, kırıldı, sonra yine bir insan olarak şekillendi. "BEN SONSUZUM!"

"Sonsuz derecede sinir bozucusun!" diye bağıran Leo, Festus'u daha da yükseklere çıkardı.

Jason'la Piper da onlarla birlikte ayağa kalktılar.

"Beni biraz daha yaklaştır," dedi Piper. "Onun yanında olmam gerek."

"Piper, alevler ve şarapnel..."

"Biliyorum."

Jason tam Gaia'nın yanında duracakları kadar yaklaştı. Rüzgârlar tanrıçanın etrafını sarıp onu katı tutuyordu ama Jason tanrıçanın kum ve toprak parlamalarını kontrol edemiyordu. Gözleri yemyeşildi ve adeta tüm doğa birkaç kaşık organik maddeye dönüşmüş gibi katılaşmıştı.

"APTAL ÇOCUKLAR!" Suratında minik depremler ve toprak kaymaları olunca, ifadesi bozuldu.

"Ne kadar güçsüzsün," dedi Piper ona. Sesinden iyilik ve anlayış akıyordu. "Binlerce senenin acısı ve hayal kırıklığı çökmüş üstüne!"

"SESSİZLİK!"

Gaia'nın öfkesi öylesine yoğundu ki, Jason bir an için rüzgârın kontrolünü kaybetti. Dosdoğru aşağıya düşebilirdi ama Festus onu ve Piper'ı diğer iri pençesiyle yakaladı.

Piper inanılmaz bir biçimde dikkatinin dağılmasına izin vermedi. "Milenyumlarca hüzün," dedi Gaia'ya. "Kocan Uranüs sana kötü davranırdı. Torunların tanrılar, sevgili çocukların Titanları devirdiler. Diğer çocukların olan Kikloplar ve Yüz Elliler Tartarus'a atıldı. Kalbinin kırılmasından usandın artık."

"YALAN!" Gaia bir toprak ve ot girdabına dönüştü ama özü artık daha ağır dönüyordu.

Biraz daha yükselebilirlerse, hava nefes alamayacakları kadar incelecekti. Jason da bununla baş edemeyecek kadar güç kaybedecekti.

Piper'ın yorgunluk konuşması onu da etkilemiş, gücünü emmiş, bedeninin ağırlaşmasına neden olmuştu.

"İstediğin şey zaferden ve intikamdan fazlası... Dinlenmek istiyorsun. Nankör ölümlülerden ve ölümsüzlerden inanılmaz derecede yorgun düştün."

"BEN... BENİM ADIMA KONUŞMA... BUNU YAPAMAZ..."

"Tek bir şey istiyorsun," dedi Piper tatlı bir sesle. Sesi Jason'ın ta kemiklerine kadar işledi. "Tek bir sözcük. Gözlerini yummak ve sorunlarını unutmak için izin istiyorsun. Sen... UYUMAK istiyorsun."

Gaia insan biçimi alıp katılaştı. Başı öne düştü, gözlerini kapadı ve Festus'un pençesinde pelte gibi kaldı.

Ne yazık ki, bu arada Jason da bilincini yitirmek üzereydi.

Rüzgâr diniyordu. Fırtına dağılmıştı. Gözlerinin önünde kapkara benekler uçuşuyordu.

"Leo!" Piper soluklanmaya çalıştı. "Sadece birkaç saniyemiz var. Büyükonuşum o kadar..."

"Biliyorum!" Leo ateşten yapılmış gibiydi. Alevler derisinin altında kıpırdanıyor, kafatasını aydınlatıyordu. Festus buharlar saçıp parıldıyor, pençeleri Jason'ın gömleğini yakıyordu. "Ateşi daha fazla kontrol edemem. Onu buhara dönüştüreceğim. Merak etmeyin. Ama sizin gitmeniz gerek."

"Hayır!" dedi Jason. "Seninle kalmamız gerek. Şifa Piper'da. Leo, bunu yapamaz..."

"Hey." Leo sırıttı. Yüzü alevler içinde olduğundan, çok tuhaf göründü. Dişleri erimiş gümüş külçeleri andırıyordu. "Size bir planım olduğunu söylemiştim. Bana ne zaman güveneceksiniz? Hem bu arada... Sizi seviyorum."

Festus'un pençesi açıldı ve Jason'la Piper düştüler.

Jason'ın buna karşı gelecek gücü kalmamıştı. Piper Leo'nun ismini haykırırken, Jason onu tuttu ve yere doğru büyük bir hızla düştüler.

Festus gökte sıradan bir ateş topu, ikinci bir güneş gibi kaldı ve giderek ufalıp sıcaklaştı. Derken, Jason'ın gözünün ucuyla alevler saçan bir kuyruklu yıldızın yerden tiz, neredeyse insan sesini andıran bir çığlıkla yükseldiğini gördü. Jason bilincini kaybetmeden hemen önce, kuyruklu yıldız tepelerindeki ateş topunun yolunu kesti.

Patlama göğün tamamını altın rengine boyadı.

LIII

NICO

Nico birçok farklı ölüme şahit olmuştu. Bu yüzden de artık onu hiçbir şeyin şaşırtmayacağını düşünüyordu.

Ama yanılıyordu.

Savaşın tam ortasında, Will Solace yanına koştu ve kulağına tek bir sözcük fısıldadı: "Octavian."

Nico bunu duyunca dikkat kesildi. Eline fırsat geçtiğinde, Octavian'ı öldürmek konusunda tereddüt etmişti ama Nico'nun o gerzek kâhinin adaletten kaçmasına izin vermeye niyeti yoktu.

"Nerede?"

"Gel," dedi Will Solace. "Acele et."

Nico yanı başında savaşan Jason'a dönüp "Jason, gitmem gerek," dedi.

Sonra, Will'in peşinden kargaşanın arasına daldı. *Cynocephali*'nin kafalarını "Kaka köpek! Kaka köpek!" diyerek dağıtan Tyson'la Kiklopların yanından geçtiler. Kıvırcık Çalıdibi ve bir satir grubu kavallarıyla dans ediyor, toprak kabuklu hayaletlerin kabukları çatlayacak kadar ahenksiz melodiler çalıyorlardı. Travis Stoll erkek kardeşiyle kavga ederek yanlarından geçti. "Mayınları yanlış tepeye kurduk da *ne* demek şimdi?"

Nico ve Will tepeden inen yolu tam yarılamışlardı ki, yer zangırdadı. Herkes, canavarlar da melezler de dehşet içinde durup, bir sonraki tepenin zirvesinden patlayarak çıkan ve dönen bir toprak sütununu ve Gaia'nın tüm görkemiyle belirişini izlediler.

Derken, kocaman bronz bir şey onu kapıverdi.

VINNN!

Bronz ejderha Festus Toprak Ana'yı kapıp, onunla birlikte göğe yükselmişti.

"Ne... Nasıl yani?" diye kekeledi Nico.

"Bilmiyorum," dedi Will. "Ama o konuda bir şey yapabileceğimizi hiç sanmam. Başka sorunlarımız var."

Will en yakındaki mancınığa doğru gitti. Oraya yaklaşırlarken, Nico Octavian'ın öfkeyle makinenin hedef kaldıraçlarını yeniden ayarladığını gördü. Fırlatma kolu tıka basa İmparatorluk altınıyla ve patlayıcılarla çoktan doldurulmuştu. Kâhin telaşla hareket ediyor, demir atma çivisinin dişlilerine takılıyor, halatları çekiyordu. Arada sırada da ejderha Festus'a bakıyordu.

"Octavian!" diye bağırdı Nico.

Kâhin hızla arkasına baktı, sonra da kocaman küre biçimli silahın ardına sığındı. Mor renkli güzelim pelerini tetik halatına takıldı ama Octavian bunu fark etmedi. Mancınığa yerleştirdiği yükten çıkan dumanlar etrafında kıvrılıyor, adeta kollarındaki ve boynundaki İmparatorluk mücevherlerine ve saçlarındaki altın defne tacına çekiliyordu.

"Ha, şimdi anladım!" Octavian'ın kahkahası tiz ve aklını yitirmiş gibi çıktı. "Zaferimi elimden alacaksınız, öyle mi? Hayır, olmaz, Pluton'un oğlu. Ben Roma'nın kurtarıcısıyım. Bana söz verilen şey bu!"

Will onu yatıştırmak istermiş gibi ellerini havaya kaldırdı. "Octavian, o yaban eşeğinden uzaklaş. Güvenli değil."

"Tabii ki değil! Gaia'yı bununla vuracağım!"

Nico gözünün ucuyla Jason Grace'in kollarında Piper'la birlikte göğe fırladığını ve dosdoğru Festus'a doğru uçtuğunu görmüştü.

Jüpiter'in oğlunun etrafına fırtına bulutları toplandı ve dönerek bir kasırga haline geldi. Gök gürledi.

"Gördünüz mü?" diye bağırdı Octavian. Üstündeki altınlardan kesinlikle dumanlar çıkmaya ve kocaman bir mıknatısa çekilen bir demir parçası gibi mancınığın içindeki yüke doğru çekilmeye başlamıştı. "Tanrılar yaptıklarımı onaylıyorlar!"

"O fırtınayı Jason yaratıyor," dedi Nico. "Mancınığı ateşlersen, onu ve Piper'ı öldürürsün, sonra da..."

"Güzel!" diye bağırdı Octavian. "Onlar hain! Hepsi hain!"

"Beni dinle," dedi Will tekrar deneyerek. "Apollon bunu istemiyor. Hem pelerinin..."

"Hiçbir şey bildiğin yok *Graecus*!" Octavian ayırma kolunu tuttu. "Daha da yükseğe çıkmalarına izin vermeden harekete geçmeliyim. Sadece bunun gibi bir yaban eşeği onları vurabilir. Tek başıma..."

"Birlik komutanı," dedi birisi arkasından.

Kuşatma aletinin arkasında Michael Kahale belirdi. Alnında Tyson'ın onu vurup bayılttığı yerde kocaman bir şişlik vardı. Yürürken sendeliyordu. Ama bir şekilde kıyıdan oraya gelmeyi başarmıştı ve yolda bir de kalkanla kılıç bulmuştu.

"Michael!" diye bağırdı Octavian sevinçle. "Harika! Ben bunu ateşlerken, sen de etrafa göz kulak ol. Ondan sonra bu iki *Graecus*'u öldürürüz!"

Michael Kahale neler olduğunu anlamaya çalıştı. Patronunun pelerini tetikleyici halata sıkışmıştı ve mücevherleri İmparatorluk altını cephaneliğe çok yakın olmasından dolayı dumanlar saçıyordu. Havadaki, etrafı daireler şeklinde bir okçuluk hedefi gibi fırtına bulutlarıyla çevrilmiş ejderhaya baktı. Sonra, kaşlarını çatıp Nico'ya baktı.

Nico kılıcını çekti.

Michael Kahale'nin liderinin mancınığın yanından çekilmesi için uyaracağı kesindi. Kesin onlara saldıracaktı.

"Emin misin, Octavian?" diye sordu Venüs'ün oğlu.

"Evet!"

"Kesinlikle emin misin?"

"Evet, seni aptal! Roma'nın kurtarıcısı olarak hatırlanacağım. Şimdi, ben Gaia'yı yok ederken, onları uzak tut!"

"Octavian yapma," diye yalvardı Will. "Bunu yapmana izin vereme..."

"Will, onu durduramayız," dedi Nico.

Solace hayretle ona baktı ama Nico babasının Kemik Şapeli'nde söylediklerini hatırlıyordu: *Bazı ölümleri engellemek mümkün değildir.*

Octavian'ın gözleri parıldadı. "Haklısın, Pluton'un oğlu. Beni durduramazsınız! Kaderim bu! Kahale, gözlerini açık tut!"

"Nasıl isterseniz." Michael mancınığın önüne geçip, Octavian'la iki Yunan melezinin arasında durdu. "Birlik komutanım, ne yapmanız gerekiyorsa yapın."

Octavian mandalı açmak için arkasına döndü. "Son ana kadar iyi bir dost oldun."

Nico, neredeyse soğukkanlılığını elden kaybedecekti. Mancınık hedefi gerçekten de vurursa, ejderha Festus'a isabet ederse ve Nico arkadaşlarının yaralanıp ölmesine izin verirse... Ama olduğu yerde kaldı. Bir kez olsun, babasının bilgeliğine güvenmeye karar verdi. *Bazı ölümlerin engellenmemesi gerekiyordu.*

"Elveda, Gaia!" diye bağırdı Octavian. "Elveda, hain Jason Grace!"

Octavian emniyet mandalının telini kâhin bıçağıyla kesti. Sonra da gözden kayboldu.

Mancınığın kolu Nico'nun takip edemediği bir hızda yukarı doğru fırlamış, Octavian'ı da içindekilerle birlikte savurmuştu. Kâhinin çığlığı yukarı doğru yükselen kuyruklu yıldızın bir parçası haline gelene dek yankılandı.

"Elveda, Octavian," dedi Michael Kahale.

Will'le Nico'ya konuşmaları için meydan okurmuş gibi dik dik baktı. Sonra, arkasını dönüp uzaklaşmaya koyuldu.

Nico Octavian'ın sonuyla başa çıkabilirdi.

Hatta *iyi ki kurtulduk* da diyebilirdi.

Ama kuyruklu yıldız yükselmeye devam ederken içini kötü bir his kapladı. Yıldız fırtına bulutlarının arasında gözden kayboldu ve gökte bir alev kubbesi oluşturarak patladı.

LIV

NICO

Ertesi gün, çok fazla yanıt bulamadılar.

Patlamadan sonra, hızla ve baygın bir halde düşen Piper ve Jason gökteki dev kartallar tarafından yakalanıp güvenle aşağı indirilmişlerdi ama Leo bir daha ortaya çıkmamıştı. Tüm Hephaistos kulübesi vadinin altını üstüne getirmiş, *2. Argo*'nun parçalanan gövdesine ait, ufak tefek parçalar bulmuşlardı ama ne ejderha Festus'tan, ne de efendisinden bir iz vardı.

Canavarların hepsi ya yok edilmişti ya da dağılmışlardı. Yunanlıların ve Romalıların ölü sayısı fazlaydı ama diğer ihtimale göre fazla sayılmazdı.

Satirler ve nimfalar Toynaklar Heyeti'nin toplantısı için bir gecede ormana kaçmışlardı. Sabahleyin, Kıvırcık Çalıdibi tekrar ortaya çıkıp, Toprak Ana'nın varlığını hissetmediklerini açıklamıştı. Doğa iyi kötü normale dönmüştü. Belli ki Jason'ın, Piper'ın ve Leo'nun planı işe yaramıştı. Gaia güç kaynağından uzaklaştırılmış, uyuması için büyü kullanılmış, sonra da Leo'nun ateşiyle Octavian'ın elyapımı kuyruklu yıldızının bileşmiş gücüyle atomlara ayrılmıştı. Bir ölümsüz asla ölmezdi ama artık Gaia kocası Uranüs gibi olacaktı. Yeryüzü de tıpkı gökyüzü gibi normal işlevlerine devam edecekti ama Gaia artık öylesine dağılmış ve güçsüz durumdaydı ki, bir daha asla bir bilinç oluşturamayacaktı.

En azından, umulan şey buydu...

Octavian kendisini bir ateş topu olarak göğe fırlatmasıyla ve Roma'yı kurtarmasıyla uzun süre hatırlanacaktı. Ama *asıl* fedakârlığı yapan kişi Leo Valdez'di.

Kamptaki zafer kutlaması yas tutulduğu için sessizdi. Sırf Leo için değil, savaşta ölen herkes için yas tutuluyordu. Yunanlı ve Romalı melezler kefenlere kondu ve kamp ateşinde yakıldılar. Kheiron Nico'dan defin işlemlerini üstlenmesini istedi.

Nico bunu derhal kabul etti. Ölülere saygı gösterme fırsatına minnettar kalmıştı. Yüzlerce izleyici olması da onu etkilemiyordu.

Ama işin en zor kısmı, Nico'yla *2. Argo*'nun altı melezinin Büyük Ev'in verandasında bir araya gelişiydi. Jason başını önüne eğmişti; gözlüğü bile gölgelerde kalmıştı.

"En sonda biz de olmalıydık. Leo'ya yardım edebilirdik."

"Bu olanlar doğru değil," dedi Piper gözyaşlarını silerek. "Doktorun şifasını bulmak için *boş yere* uğraştık."

Hazel ağlamayı kesti. "Piper, şifa nerede? Çıkarsana."

Piper şaşkınlıkla kemerindeki ufak çantaya uzandı. Güderiye sarılmış paketi çıkardı ama kumaşı açınca, boş olduğunu gördü.

Herkes Hazel'a baktı. "Nasıl?" diye sordu Annabeth.

Frank Hazel'ın omzuna sarıldı. "Delos'ta, Leo ikimizi bir kenara çekti. Ona yardım etmemiz için yalvardı."

Hazel gözyaşları arasında doktorun şifasını bir yanılsamayla değiştirdiğini anlattı. Sis'in oyunlarından birini kullanarak Leo'nun gerçek şişeyi saklamasına yardım etmişti. Frank onlara Gaia'yı güçten düşürüp, tek bir büyük patlamayla nasıl yok etmeyi planladığını söyledi. Nike'yle ve Apollon'la konuştuktan sonra, Leo bu tür bir patlamanın yarım kilometre içindeki tüm ölümlüleri öldüreceğini anlamıştı; o yüzden, herkesten uzaklaşması gerekecekti.

"Bunu tek başına yapmak istedi," dedi Frank. "Hephaistos'un bir oğlu olarak ateşten kurtulması için düşük de olsa bir ihtimal olduğunu hesapladı ama yanında birileri olursa... Hazel'la benim Romalı olduğumuz için fedakârlık konusunu anlayacağımızı söyledi. Ama geri kalanların buna asla izin vermeyeceğini söyledi."

Diğerleri ilk başlarda kızmış gibiydiler; bağırıp çağırmak, bir şeyler fırlatmak istiyorlardı. Ama Frank ve Hazel olanları anlatırlarken, grubun öfkesi de dinmeye başlamıştı. Frank'e ve Hazel'a ikisi de ağlarken kızmak zordu. Ayrıca... Bu plan tıpkı Leo Valdez'in yapacağı gizli, karmaşık, son derece sinir bozucu ve asil bir şey gibi geliyordu kulağa.

En sonunda, Piper'dan hıçkırıkla kahkaha arası bir ses çıktı. "Şu anda burada olsaydı, onu ben öldürürdüm. Şifayı nasıl almayı planlıyordu? Orada *yalnızdı*!"

"Belki de bir yolunu bulmuştur," dedi Percy. "Leo'dan söz ediyoruz. Her an geri dönebilir. Sonra, sırayla onu boğarız."

Nico'yla Hazel göz göze geldiler. İkisi de bunun olmayacağını biliyordu ama bir şey demediler.

Ertesi gün, savaştan beri Romalılar ve Yunanlılar ikinci kere birlikte çalıştılar ve savaş alanını temizleyip yaralılarla ilgilendiler. Pegasus

Karakorsan'ın ok yarası iyileşiyordu. Guido Reyna'yı insanı olarak evlat edinmeye karar vermişti. Lou Ellen da tereddütle yeni evcil domuzlarını Romalılara geri dönüştürmeye razı gelmişti.

Will Solace mancınığın başında meydana gelen olaydan sonra Nico'yla konuşmamıştı. Apollon'un oğlu vaktinin büyük bir kısmını revirde geçiriyordu ama Nico onu ne vakit kampta biraz daha ilaç almak veya yaralı bir melezi ziyaret etmek için koştururken görse, tuhaf bir melankoli hissediyordu. Will Solace'ın Nico'yu Octavian'a kendisini öldürmesi için izin vermesinden dolayı artık bir canavar olarak gördüğü şüphe götürmezdi.

Romalılar geceleri çilek tarlalarının yanında kamp kuruyorlardı; orayı standart açık hava kampları yapmak için ısrar etmişlerdi. Yunanlılar toprak duvarları inşa etmeleri ve siperleri kazmaları için onlara yardım etmişlerdi. Nico hayatında hiç o kadar tuhaf ya da havalı bir şey görmemişti. Dakota, Dionisos kulübesinden çocuklarla meyve sularını paylaşmıştı. Hermes'in ve Merkür'ün çocukları gülüp birbirlerine öyküler anlatmışlar ve hemen hemen herkesten büyük bir soğukkanlılıkla bir şeyler çalmışlardı. Reyna, Annabeth ve Piper birbirinden ayrılmıyor, tamiratların nasıl gittiğini bir üçlü olarak kontrol ediyorlardı. Kheiron Frank'le Hazel eşliğinde Roma birliklerini denetlemeye gitti ve onları cesaretleri için övdü.

Gece olduğunda, genel olarak ruh hali biraz daha iyi hale gelmişti. Akşam yemeği çardağı hiç o kadar kalabalık olmamıştı. Romalılar eski dostlar gibi karşılanmışlardı. Koç Hedge melezlerin arasında mutluluktan sarhoş olmuş bir halde gezinip oğlan bebeğini gösteriyor "Hey, Chuck'la tanışmak ister misiniz? İşte, oğlum Chuck!" diyordu.

Afrodit ve Athena kızları enerjik ve minik satir bebeğe agucuklar yaptırıyor, bebekse minik yumruklarını ve toynaklarını sallayıp "Meee! Meee!" diyordu.

Bebeğin vaftiz annesi olarak seçilen Clarisse koçun peşinde bir koruma gibi dolanıyor, arada sırada "Tamam, tamam. Çocuğa azıcık nefes aldırın," diyordu.

Anons vakti gelince, Kheiron öne çıkıp kadehini kaldırdı. "Her trajediden yeni bir güç doğar," dedi. "Bugün, kazanılan bu zafer için tanrılara teşekkür ediyoruz. Tanrıların şerefine!"

Melezlerin hepsi kadeh kaldırdı ama pek de coşkulu değillerdi. Nico bu hissi çok iyi biliyordu: *Yine tanrıları kurtardık, şimdi bir de onlara teşekkür mü edeceğiz?*

Sonra, Kheiron, "Yeni dostlarımıza kadeh kaldıralım!" dedi.

"YENİ DOSTLARIMIZA!"

Yüzlerce melezin sesi tepelerde yankılandı.

Kamp ateşi yakıldığında, herkes yıldızlara bakıyor, adeta Leo'nun dramatik bir son dakika sürprizi yaparak geri dönmesini bekliyordu. Belki de birden Festus'un sırtında gökte belirecek ve yanlarına gelip tatsız esprilerini yapacaktı. Ama öyle olmadı.

Birkaç şarkı sonra, Reyna ve Frank öne çağırıldılar. Her iki kampın melezlerinden de büyük bir alkış koptu. Melez Tepesi'nde Athena Parthenos ay ışığında daha da parlak bir ışıltı saçıyor, sanki *Bu çocuklar iyiymiş*, diyordu.

"Yarın, biz Romalılar eve dönmeliyiz," dedi Reyna. "Konukseverliğinize minnettarız, özellikle de sizi neredeyse öldürecek olduğumuz halde..."

"Ama neredeyse *sen* ölecektin," dedi Annabeth.

"Her neyse, Chase."

Aaaaaa, dedi kalabalık bir ağızdan. Sonra, herkes gülmeye ve itişmeye başladı. Nico bile gülümsemeden edemedi.

"Her neyse," dedi Frank sözü alarak. "Reyna ve ben bunun iki kamp arasında yeni bir dostluk dönemini başlattığı konusunda hemfikiriz."

Reyna arkadaşının sırtına vurdu. "Doğru. Yüzlerce senedir, tanrılar savaşmamızı engellemeye çalıştılar. Ama daha güzel bir barış türü var: işbirliği."

Piper kalabalığın arasında ayağa kaktı. "Annenin bir savaş tanrıçası olduğuna emin misin?"

"Evet, McLean," dedi Reyna. "Hâlâ bir sürü savaşa katılmayı düşünüyorum. Ama bundan böyle, *birlikte* savaşacağız!" Bu sözleri tezahüratlarla karşılandı.

Zhang elini kaldırıp onları susturdu. "Hepiniz Jüpiter Kamp'ına bekleniyorsunuz. Kheiron'la bir anlaşma yaptık: İki kamp arasında serbest bir değiş tokuş olacak. Hafta sonu ziyaretleri, eğitim programları ve tabii, ihtiyaç olduğunda acil durum yardımları..."

"Partiler olmayacak mı?" diye sordu Dakota.

"Benden tam destek," dedi Conner Stoll.

Reyna kollarını iki yana açtı. "Söylemeye bile gerek yok. Partileri biz Romalılar icat ettik."

Yine kalabalıktan bir ağızdan *Aaaaaa!* sesleri yükseldi.

"Sizlere teşekkür etmek istiyoruz," dedi Reyna son olarak. "Hepinize. Nefreti ve savaşı da seçebilirdik. Ama bunlar yerine, kabullenilişi ve dostluğu seçtik."

Sonra, öylesine beklenmedik bir şey yaptı ki, Nico sonradan bunu hayal ettiğini düşündü. Reyna onun her zamanki gibi gölgelerin arasında durduğu yere geldi. Elini tuttu ve onu nazikçe kamp ateşinin oraya çıkardı.

"Tek yuvamız vardı, artık iki yuvamız var."

Nico'ya sıkı sıkı sarılınca, kalabalıktan tezahüratlar yükseldi. Nico bir kez olsun geri çekilmek istemediğini hissetti. Suratını Reyna'nın omzuna gömdü ve gözlerini kırpıştırarak yaşların akmasını engellemeye çalıştı.

LV

NICO

Nico o gece Hades kulübesinde uyudu.

Daha önceden orayı hiç kullanmak istememişti ama artık Hazel'la paylaştığından çok farklı düşünüyordu.

Yine bir kız kardeşle birlikte yaşamak onu mutlu ediyordu. Gerçi bu durum birkaç gün sürecekti ve Hazel odanın kendisine ait kısmını çarşaflarla çevirdiği için bir karantina alanı gibi görünüyordu.

Yatma vaktinden hemen önce, Frank ziyarete geldi ve alçak sesle Hazel'la birkaç dakika konuştu.

Nico onları görmezden gelmeye çalıştı. Cilalı maun çerçeveli, pirinç direkli, kan kırmızısı yastıkları ve battaniyeleri olan ve bir tabutu andıran ranzasına uzandı. Bu kulübe inşa edilirken, Nico henüz orada değildi. Bu ranzaların yapılmasını kesinlikle kendisi teklif *etmemişti*. Belli ki, birileri Hades'in çocuklarının melez değil de vampir olduklarını düşünmüştü. En sonunda, Frank Nico'nun yatağının yanındaki duvarı tıklattı.

Nico başını çevirip ona baktı. Zhang artık çok uzun görünüyordu. Çok... *Romalıydı.*

"Selam," dedi Frank. "Sabahleyin yola çıkacağız. Sana teşekkür etmek için gelmiştim."

Nico ranzasında doğruldu. "Harikaydın Frank. Benim için bir şerefti."

Frank gülümsedi. "Düşünüyorum da, her şeyin geride kaldığına şaşırıyorum. Şu büyülü odun parçası meselesi..."

Nico evet der gibi başını salladı. Hazel ona Frank'in hayat çizgisini kontrol eden odun parçasından söz etmişti. Nico Frank'in bu konudan açık açık söz edişini iyiye işaret olarak yorumladı.

"Geleceği göremem," dedi, "ama çoğu zaman insanların ölüme yaklaştığını bilirim. Sen öyle değilsin. O tahta parçasının ne zaman yanacağını bilemem. Eninde sonunda, *hepimizin* odunu tükenecek. Ama seninki yakın bir tarihte değil Frank Zhang. Sen ve Hazel... Daha birlikte yaşayacağınız bir sürü macera var. Daha yeni başladınız. Kız kardeşime iyi bak, olur mu?"

Hazel Frank'in yanına gelip elini tuttu. "Nico, erkek arkadaşımı tehdit etmiyorsun, değil mi?"

İkisi birlikte o kadar rahat görünüyorlardı ki, Nico buna sevindi. Ama bir yandan da kalbi sızladı. Tıpkı soğuk havada sızlayan eski bir savaş yarası gibi, derin bir sızıydı.

"Tehditlere gerek yok," dedi Nico. "Frank iyi bir genç. Ya da ayı. Ya da buldog. Ya da..."

"Of, dur," dedi Hazel gülerek. Sonra, Frank'i öptü. "Sabah görüşürüz."

"Tamam," dedi Frank. "Nico... Bizimle gelmeyeceğine emin misin? Yeni Roma'da her zaman bir yerin olacak."

"Teşekkürler Praetor. Reyna da aynı şeyi söyledi. Ama... Eminim."

"Umarım tekrar görüşürüz."

"Ha, kesinlikle," dedi Nico. "Nikâh töreninizde çiçekçi oğlan olacağım, değil mi?"

"Şey..." Frank'in yanakları kızardı, hafifçe öksürdü ve gitmek isterken kapı koluna çarptı.

Hazel kollarını göğsünde kavuşturdu. "İlla ki bu konuda dalga geçmeliydin onunla, değil mi?"

Nico'nun ranzasına oturdu. Bir süre, öylece o huzur veren sessizlikte oturdular... İki kardeş, geçmişten gelen iki çocuk ve Yeraltı Dünyası'nın çocukları olarak.

"Seni özleyeceğim," dedi Nico.

Hazel eğilip, başını Nico'nun omzuna dayadı. "Ben de ağabeyciğim. Ziyarete *kesin* gelmelisin."

Nico Hazel'ın gömleğine takılmış yeni asker nişanına vurdu. "Artık Beşinci Kohort lejyonerisin. Tebrikler. Praetorlarla çıkan birlik komutanlarına karşı kurallar yok mu?"

"Şşşş," dedi Hazel. "Lejyonu tekrar eski haline getirmek, Octavian'ın verdiği hasarı telafi etmek zorlu bir iş olacak. Çıkma kuralları beni endişelendiren son şey."

"Çok yol kat ettin. Jüpiter Kampı'na götürdüğüm kız değilsin artık. Sis'le ilgili gücün, kendine olan güvenin..."

"Hepsi senin sayende oldu."

"Hayır," dedi Nico. "İkinci bir hayat sahibi olmak ayrı şey, bunu *daha iyi* hale getirmek ayrı şey. İşin püf noktası burada yatıyor."

Nico bunları söylerken, kendisi hakkında da konuşuyor olabileceğini fark etti. Bu konuyu açmamaya karar verdi.

Hazel iç çekti. "İkinci bir hayat. Keşke..."

Lafını tamamlamasına gerek yoktu. Son iki gündür, Leo'nun ortadan kayboluşu tüm kampın üstüne kara bir bulut gibi çökmüştü. Hazel ve Nico onun başına ne geldiği konusunda yürütülen tahminlere katılmamaya karar vermişlerdi.

"Öldüğünü hissettin, değil mi?" Hazel'ın gözleri dolmuştu. Sesi de cılız çıkıyordu.

"Evet," dedi Nico. "Ama bilemiyorum Hazel. Bu ölümle ilgili bir şey... farklıydı."

"Doktorun şifasını almış olamaz. O patlamadan hiçbir şey sağ çıkamazdı. Ben... Ona yardım ettiğimi sanmıştım. Her şeyi berbat ettim."

"Hayır, senin hatan *değil.*" Ama Nico kendisini affetmeye o kadar hazır değildi. Son kırk sekiz saati Octavian'la mancınığın başında olanları düşünerek, doğru şeyi yapıp yapmadığını merak ederek geçirmişti. Belki de o mancınıktan fırlatılan şeyin patlayıcı etkisi Gaia'nın yok edilmesine yardımcı olmuştu. Ya da Leo Valdez'in boşu boşuna hayatını kaybetmesine yol açmıştı.

"Keşke yalnız ölmeseydi," diye mırıldandı Hazel. "Yanında kimse yoktu. Ona şifayı verecek tek kişi bile yoktu. Gömülecek bir bedeni bile..."

Sesi çatlayınca, Nico ona sarıldı.

Hazel ağlarken, Nico onu öylece tuttu. En sonunda, Hazel yorgunluktan uyuyakaldı. Nico onu kendi yatağına yatırıp alnından öptü. Sonra, köşede duran Hades mihrabına gitti. Burası, üstü kemiklerle ve mücevherlerle dolu ufak bir masaydı.

"Sanırım, her şeyin bir ilki vardır," dedi.

Dizlerinin üstüne çöktü ve babasının yardımını istemek için sessizce dua etti.

LVI

NICO

Şafak vakti kapı çalındığında, hâlâ uyanıktı.

Kapıya bakınca, sarışın birisini gördü ve bir an için Will Solace sandı. Jason olduğunu fark edince, hayal kırıklığına uğradı. Sonra da öyle hissettiği için kendisine kızdı.

Will'le savaştan beri konuşmamıştı. Apollon çocukları yaralılarla fazlasıyla meşguldü. Hem Will muhtemelen Octavian'ın başına gelenler yüzünden onu suçluyordu. Neden suçlamayacaktı ki? Nico resmen o olaya izin vermişti... Artık o olaya ne denirse. Oy birliğiyle cinayet. Nahoş bir intihar. Ama Will Solace o güne dek Nico di Angelo'nun ne kadar ürkünç ve tiksinç olduğunu fark etmiş olmalıydı. Tabii, onun ne düşündüğü Nico'nun umurunda değildi. Ama yine de...

"İyi misin?" dedi Jason. "Biraz şey görünüyorsun..."

"İyiyim," dedi Nico asabi bir tavırla. Sonra, ses tonunu yumuşattı. "Hazel'ı arıyorsan, hâlâ uyuyor."

Jason sessizce *tamam,* dedi ve Nico'ya dışarı gelmesini işaret etti.

Nico gözlerini kırpıştırıp sersemlemiş bir halde günışığına çıktı. *Ayy...* Belki de kulübenin tasarımcıları Hades'in çocuklarının vampir gibi oldukları konusunda haklıydı. Nico pek de sabahı seven birisi *sayılmazdı.*

Jason da çok iyi uyumuş gibi görünmüyordu. Saçları bir kenara yapışmıştı ve yeni gözlüğü burnunun üstünde eğri duruyordu. Nico uzanıp gözlüğü düzeltmemek için kendini zor tuttu.

Jason Romalıların kamplarını toparladıkları çilek tarlalarını işaret etti. "Onları burada görmek tuhaftı. Şimdiyse görmemek tuhaf olacak."

"Onlarla gitmeyeceğin için pişman mısın?"

Jason hafifçe gülümsedi. "Biraz. Ama zaten iki kamp arasında çok gidip geleceğim. İnşa etmem gereken tapınaklar var."

"Duydum. Senato seni *pontifex maximus* seçmeyi planlıyor."

Jason omuzlarını silkti. "Unvan beni çok ilgilendirmiyor. Ama tanrıların hatırlanmasını sağlamayı *umursuyorum.* Artık kıskançlık yüzünden kavga etmelerini veya öfkelerini melezlerden çıkarmalarını istemiyorum."

"Onlar tanrı," dedi Nico. "Doğalarında var."

"Olabilir ama bu durumu düzeltebilirim. Leo olsaydı, bir tamirci gibi davrandığımı, önleyici bakım yaptığımı söylerdi."

Nico Jason'ın hüznünü yaklaşan bir fırtına gibi hissetti. "Leo'yu durduramazdın. Farklı yapabileceğin hiçbir şey yoktu. Leo neyin nasıl olması gerektiğini biliyordu."

"Ö-öyle sanırım. Hâlâ hayatta olup olmadığını hissedemiyorsundur herhalde."

"O, gitti," dedi Nico. "Çok üzgünüm. Keşke aksini söyleyebilseydim ama ölümünü *hissettim.*"

Jason bakışlarını ileriye dikti.

Nico onun umutlarını yerle bir ettiği için suçlu hissediyordu. Kendi şüphelerinden neredeyse ona söz edecekti... Leo'nun ölümünün ona nasıl çok *değişik* bir şey hissettirdiğini, Leo'nun ruhunun adeta Yeraltı Dünyası'na girmek için nasıl kendi yolunu bulduğunu hissettiğini ve bu yolun bir sürü dişlilerle, kollarla ve buhar güçlü iteneklerle ilgili olduğunu düşündüğünü söylemek üzereydi.

Ama Nico yine de Leo Valdez'in öldüğüne emindi. Jason'a boş yere umut vermek haksızlık olurdu.

Uzakta, Romalılar eşyalarını toparlıyor ve tepeye yayıyorlardı. Diğer taraftaysa, Nico'nun duyduğuna göre lejyonu ta Kaliforniya'ya götürmek için bir sürü siyah renkli arazi aracı bekliyordu. Nico bunun ilginç bir yolculuk olacağını tahmin etti. On İkinci Lejyon'un tamamının Burger King arabalı sipariş kuyruğuna girdiğini düşündü. Talihsiz bir canavarın Kansas'ta tesadüfen gördüğü bir melezi korkutup, kendisini birkaç düzine kadar ağır silahlı Romalıyla karşı karşıya bulduğunu hayal etti.

"Harpya Ella da onlarla gidiyor biliyorsun," dedi Jason. "O ve Tyson. Rachel Elizabeth Dare bile gidiyor. Sibil Kitapları'nı yeniden oluşturmaya çalışacaklar."

"İlginç olacağa benziyor."

"Seneler sürebilir," dedi Jason. "Ama Delphi'nin sesi sustuğundan..."

"Rachel hâlâ geleceği görebiliyor mu?"

Jason başını salladı. "Keşke Atina'da Apollon'a ne olduğunu bilseydim. Ama şimdilik, Sibil Kitapları görevler için bize yol gösterecek tek şey olabilir."

"Şahsen, bir süre kehanetler veya görevler olmadan yaşayabilirim," dedi Nico.

"Haklısın." Jason gözlüğünü düzeltti. "Bak Nico, seninle konuşmak istememin asıl nedeni... Auster'ın sarayında ne dediğini biliyorum. Jüpiter Kampı'nda bir yeri geri çevirdiğini biliyorum. Muhtemelen, Melez Kampı'yla ilgili fikrini değiştiremem ama..."

"Kalıyorum."

Jason gözlerini kırpıştırdı. "Ne?"

"Melez Kampı'nda kalıyorum. Hades kulübesinin yeni bir baş danışmana ihtiyacı var. Dekoru gördün mü? Berbat. Yeniden planlanması gerek. Ayrıca, melezler kahramanca ölmekte ısrar ettikler için, defin işlemlerini doğru dürüst yapacak birisine de ihtiyaç var."

"Bu, harika bir haber dostum!" Jason ona sarılmak için kollarını iki yana açtı ama sonra durdu. "Doğru. Dokunmak yoktu. Pardon."

Nico ofladı. "Sanırım, tek seferlik bir istisna olabilir."

Jason ona o kadar sıkı sıkı sarıldı ki, Nico kaburgalarının çatlayacağını sandı.

"Vay canına dostum," dedi Jason. "Piper duyunca ne yapacak bakalım. Ben de kulübemde yalnız olduğumdan, akşam yemeği salonunda bir masa paylaşabiliriz. Bayrak yakalamaca yarışlarında ve şarkı söyleme yarışmalarında takım oluruz, sonra da..."

"Beni *korkutmaya* mı çalışıyorsun?"

"Pardon, pardon. Nasıl istersen Nico. Sadece kalacağına sevindim."

İşin komik yanı, buna Nico da inanmıştı.

Kulübelere doğru bakınca, birisinin ona el salladığını gördü. Will Solace yüzünde sert bir ifadeyle Apollon kulübesinin kapısında duruyordu. Ayağını *Derhal. Buraya. Gel!* der gibi yere vurdu.

"Jason, bana biraz izin ver misin?" dedi Nico.

"Eee, nerelerdeydin?" diye sordu Will. Üstünde yeşil bir ameliyat önlüğü, bir blucin ve parmak arası terlikler vardı. Bunlar muhtemelen standart hastane protokolüne uymuyordu.

"Nasıl yani?" dedi Nico.

"İki gündür revirden çıkamadım. Sen de uğramadın. Yardım da teklif etmedin."

"Ben... Ne? Neden Hades'in bir oğlunu iyileştirmeye çalıştığın insanlarla aynı odada isteyeceksin ki? *Kim* ister bunu?"

"Bir arkadaşa yardım edemiyor musun? Bandaj kesemez misin mesela? Ya da bana atıştırmalık ve içecek bir şeyler getiremez misin? Veya *Nasıl gidiyor Will?* falan diyemez misin? Dost bir surat görmeye tahammül edemediğimi mi sanıyorsun?"

"Ne... *Benim* suratımı mı diyorsun?"

Will'in söylediklerinden hiçbir şey anlamamıştı. *Dost bir surat. Nico di Angelo.*

"Ne kadar şapşalsın," dedi Will. "Umarım Melez Kampı'ndan gitmek saçmalığından vazgeçmişsindir."

"Ben... Evet. Yani, kalıyorum."

"Güzel. Şapşal olabilirsin ama salak değilmişsin."

"Benimle nasıl böyle konuşabiliyorsun? Zombilerle iskeletleri çağırabildiğimi bilmiyor musun?"

"Şu anda, bir gölge birikintisine dönüşmeden bir lades kemiği bile çağıramazsın di Angelo," dedi Will. "Sana söylemiştim, artık Yeraltı Dünyası'na ait numaralar yok. Doktorun emri. Bana revirde en azından üç dinlenme günü borçlusun. *Derhal* başlamak üzere."

Nico midesinde yüz iskelet kelebeğin uçuştuğunu hissetti. "Üç gün mü? Sa-sanırım, sorun olmaz."

"Güzel. Şimdi..."

Yüksek bir *şak!* sesi duyuldu.

Ortak alanın ortasındaki ocakta, Percy Annabeth'in ona söylediği bir şeye sırıtıyordu. Annabeth gülüp, şakacıktan koluna vurdu.

"Hemen geliyorum," dedi Nico. "Styks üstüne falan da yemin ederim."

Hâlâ şapşal şapşal sırıtan Percy'yle Annabeth'in yanına gitti.

"Selam dostum," dedi Percy. "Annabeth bana az önce iyi haberler verdi. Çok yüksek sesle gülüp rahatsız ettiysem kusura bakma."

"Lise son senemizi birlikte geçireceğiz," dedi Annabeth. "Burada, New York'ta, mezuniyetten sonra da..."

"Yeni Roma'da üniversiteye başlayacağız!" Percy bir kamyon kornası çalacakmış gibi yumruğunu havaya kaldırdı. "Dört sene boyunca, savaşacak canavarlar, savaşlar, aptalca kehanetler olmayacak. Sadece Annabeth'le ben diplomalarımızı alacağız, kafelerde takılacağız, Kaliforniya'nın keyfini çıkaracağız..."

"Ondan sonra da..." Annabeth Percy'nin yanağını öptü. "Sonra da, Reyna ve Frank Yeni Roma'da dilediğimiz kadar kalabileceğimizi söylediler."

"Harika bir haber," dedi Nico. Bunu içtenlikle söylediğine kendisi de şaşırdı. "Ben de burada Melez Kampı'nda kalacağım."

"Süper!" dedi Percy.

Nico onun yüzüne, deniz yeşili gözlerine, sırıtışına ve dağınık siyah saçlarına baktı. Percy Jackson artık her nasılsa efsanevi bir yaratık olarak değil de normal bir insan gibi görünüyordu. Yücelteceği veya hoşlanacağı türden birisi değildi.

"Peki, birbirimizi kampta en azından bir sene daha göreceğimize göre, bence bir konuya açıklık getirmekte fayda var."

Percy'nin gülümsemesi silindi. "Nasıl yani?"

"Uzunca bir süre, senden çok hoşlandım. Sadece bilmeni istedim."

Percy Nico'ya baktı. Sonra, doğru duyup duymadığından emin olmak için Annabeth'e baktı. Sonra, tekrar Nico'ya baktı. "Yani, sen..."

"Evet," dedi Nico. "Sen harika birisin. Ama bu konuyu aştım. Sizin için mutlu oldum."

"Sen... Yani, şey mi?"

"Evet."

Annabeth'in gri renkli gözleri parıldamaya başladı. Nico'ya yampiri bir gülümsemeyle baktı.

"Bir dakika," dedi Percy. "Doğru mu anladım?"

"Evet," dedi Nico yine. "Ama sorun yok. İyiyiz. Yani, şu anda... Hoş birisi olduğunu görüyorum ama benim tipim değilsin."

"Senin tipin değilim... Bir dakika. Yani..."

"Görüşürüz, Percy," dedi Nico. "Annabeth."

Annabeth, çakmak için elini kaldırdı.

Nico da ona uydu. Daha sonra, Will Solace'ın beklediği yere dönmek için yeşil alanda ilerledi.

LVII

PIPER

Piper keşke büyükonuşuyla kendisini uyutabilse diye düşündü.

Gaia'da işe yaramış olabilirdi ama son iki gecedir gözüne neredeyse hiç uyku girmemişti.

Günler güzel geçiyordu. Arkadaşları Lacy ve Mitchell'a ve tüm diğer Afrodit çocuklarıyla yine birlikte olmak çok hoşuna gitmişti. Yaramaz sağ kolu Drew Tanaka biraz rahatlamış gibiydi; muhtemelen, Piper işleri idare edecek ve kendisine dedikodu ve kulübede güzellik bakımları yapmak için daha fazla vakit kalacak diye sevinmişti.

Piper Reyna'yla Annabeth'e Yunanlılarla Romalılar arasındaki koordinasyonu sağlamada yardımcı olarak kendisini meşgul ediyordu. İki arkadaşı onun anlaşmazlıkları çözmek için başarılı bir aracı olma yeteneğine değer vererek onu şaşırtmışlardı. Sayıları çok fazla olmasa da, Piper ayrıca ilginç bir şekilde kamp mağazasına gelmiş olan birkaç Roma miğferini geri yollamayı başarmıştı. Mars ve Ares çocukları arasında, bir hydra'nın en iyi nasıl öldürülebileceğine dair çıkan bir kavgayı da engellemişti.

Romalıların dönmesi gereken sabah, Piper kano gölünde iskelede oturuyor, iki su perisini yatıştırmaya çalışıyordu. Göl ruhlarından bazıları Romalıların çok yakışıklı olduğunu düşünüyor, onlarla birlikte Jüpiter Kampı'na gitmeyi istiyorlardı. Batı'ya yapılacak yolculuk için de kocaman portatif bir akvaryum talep ediyorlardı. Piper tam onlarla anlaşmasını bitirmişti ki, Reyna yanına geldi.

Praetor iskelede yanına oturdu. "Zor bir iş mi?"

Piper gözlerine düşen saçlarını üfleyerek havalandırdı. "Su perileri insanı çok zorlayabiliyorlar. Ama anlaştık sanırım. Yaz sonunda hâlâ gitmeyi istiyor olurlarsa, ayrıntıları o zaman konuşacağız. Ama su perileri, şey, her şeyi zaten beş saniyede unutuyorlar."

Reyna parmaklarını suda gezdirdi. "Bazen ben de keşke bir şeyleri çabucak unutabilsem diye düşünüyorum."

Piper dikkatle praetorun suratına baktı. Reyna gigantlarla yapılan savaşta değişmemiş gibi görünen tek melezdi... Daha doğrusu, dışarıdan bakıldığında öyle görünüyordu. Hâlâ o güçlü ve delici bakışlara, asil ve güzel yüze sahipti. Zırhını ve mor pelerinini birçok kişinin bir şortla tişört giydiği gibi rahatlıkla üstünde taşıyordu.

Piper birisinin nasıl o kadar çok acı çekebileceğini, o kadar fazla sorumluluğu taşıyabildiğini ve yıkılmadığını anlayamıyordu. Reyna'nın sıkıntıları paylaşabileceği birisi olup olmadığını merak etti.

"O kadar çok şey yaptın ki," dedi. "Her iki kamp için de. Sen olmasan, bunların hiçbiri gerçekleşemezdi."

"Hepimizin payı var."

"Tabii ama sen... Keşke daha fazla takdir edilseydin."

Reyna hafifçe gülümsedi. "Teşekkürler Piper. Ama ilgi istemiyorum. Bunun nasıl bir şey olduğunu sen de iyi bilirsin, değil mi?"

Piper gerçekten de bunun nasıl bir şey olduğunu biliyordu. İkisi çok farklıydılar ama ilgi çekmek istememenin nasıl bir his olduğunu anlayabiliyordu. Tüm hayatı boyunca, babasının ünü, paparazzi, fotoğraflar ve basında çıkan skandal haberleri konusunda aynı şeyi hissetmişti. *Aaa, ben de ünlü olmak istiyorum! Harika olurdu!* diyen o kadar çok insanla tanışmıştı ki. Ama bu insanlar ünlü olmak konusunda bir şey bilmiyorlardı. Bunun babasının üstünde yarattığı etkileri görmüştü. Piper bu konuyla hiçbir ilgisi olsun istemiyordu.

Romalıların yaşam tarzını da anlayabiliyordu. Kalabalığın arasına karışmayı, ekibin içinde olmayı ve iyi yağlanmış bir makinenin bir parçası olarak çalışmayı. Buna rağmen, Reyna yükselmişti. Silik kalamamıştı.

"Annenden aldığın şu güç..." dedi Piper. "Başkalarına güç verebiliyorsun, değil mi?"

Reyna dudaklarını büzdü. "Nico mu söyledi?"

"Hayır. Kendim hissettim. Lejyonu idare ettiğinde gördüm. Seni çok yorgun düşürüyor olmalı. Bunu nasıl yapıyorsun? Yani, gücünü sonra nasıl toparlıyorsun?"

"Toparladığımda sana da anlatırım."

Bunu bir espri olarak söylemişti ama Piper sözlerinin ardında büyük bir hüzün hissetti.

"Burada her zaman bir yerin var," dedi. "Biraz dinlemek ve uzaklaşmak istersen... Artık Frank de yanında. Bir süreliğine, daha fazla sorumluluk taşıyabilir. İnsanlar bir praetor olduğun için seni aramazlarsa, kendine biraz zaman ayırman iyi gelebilir."

Reyna gözlerinin içine bakıp adeta bu teklifinde ne kadar ciddi olduğunu anlamaya çalıştı. "Büyükannenin zırhını nasıl giydiğiyle ilgili şu tuhaf şarkıyı da söylemem gerekir mi?"

"İstemezsen gerekmez. Ama bayrak yakalamaca yarışlarına girmeni yasaklamamız gerekebilir. Bütün kampı rakip görüp tek başına işe koyulabilir ve bizi yine de yenebilirsin diye düşünüyorum."

Reyna alaycı bir ifadeyle güldü. "Bu teklifi düşüneceğim. Teşekkür ederim." Hançerini düzeltince, Piper kulübesindeki umut sandığında duran kendi kılıcı Katoptris'i düşündü. Atina'dan beri, gigant Enceladus'u bununla öldürdüğünden beri, kılıcın gösterdiği görüntüler sona ermişti.

"Düşünüyordum da..." dedi Reyna. "Venüs'ün bir çocuğusun. Afrodit'in yani. Belki... Belki bana annenin dediği bir şeyi açıklayabilirsin."

"Şeref duyarım. Elimden geleni yaparım ama seni uyarayım: Çoğu zaman, *ben* bile annemin ne demek istediğini anlamıyorum."

"Charleston'dayken, Venüs bana bir şey söyledi. *Aşkı istediğin veya umduğun yerde bulamayacaksın. Hiçbir melez kalbini iyileştiremeyecek*, demişti. Ben o zamandan beri..." Reyna lafını tamamlayamadı.

Piper o anda annesini bulup bir yumruk atmak istedi. Afrodit'in kısacık bir konuşmayla insanın hayatını alt üst etme huyundan *nefret* ediyordu.

"Reyna, annemin ne demek istediğini bilemiyorum ama şunu söyleyebilirim: Sen harika birisin. Dışarıda senin için birisi var. Bir melez olmayabilir. Belki bir ölümlüdür veya... Bilemiyorum. Ama vakti gelince olacak. Olana dek de arkadaşların var. Hem Yunanlı, hem de Romalı, bir sürü arkadaşın var. Herkesin güç kaynağı olduğundan, bazen başkalarından güç almaya ihtiyaç *duyduğunu* unutuyor olabilirsin. Ben her zaman buradayım."

Reyna göle baktı. "Piper McLean, çok iyi bir konuşmacısın."

"Yemin ederim ki büyükonuş kullanmadım."

"Hiç gerek yok zaten." Reyna elini uzattı. "Ama birbirimizi tekrar göreceğimizi hissediyorum."

El sıkıştıktan sonra, Reyna gitti. Piper onun haklı olduğunu biliyordu. Tekrar karşılaşacaklardı, çünkü artık Reyna bir rakip, bir yabancı veya potansiyel bir düşman değildi. Bir dosttu. Ailedendi.

O gece, Romalılar gidince kamp birden boşalmış gibi oldu. Piper Hazel'ı çoktan özlemişti. *2. Argo*'nun gıcırdayan güvertesini, lambasının gemideki kamarasında tavanda oluşturduğu takımyıldızları özlemişti.

Onuncu Kulübe'deki ranzasında yatarken, gözüne uyku girmeyeceğini biliyordu. Sürekli olarak Leo'yu düşünüyordu. Gaia'ya karşı verilen savaşta, tekrar tekrar neler olduğunu hatırlıyor, Leo'yu nasıl bu kadar kötü bir biçimde yarı yolda bıraktığını anlamaya gayret ediyordu.

Sabah saat iki gibi, uyumaya çalışmaktan vazgeçti. Yatağında doğrulup pencereden dışarı baktı. Ay ışığı ormanı gümüş rengine boyamıştı. Deniz ve çilek tarlalarının kokusu bir esintiyle ta kampa kadar geliyordu. Daha birkaç gün önce, Toprak Ana'nın uyandığına ve Piper'ın değer verdiği her şeyi neredeyse yok ettiğine inanamıyordu. O gece her şey son derece huzurlu, son derece normal görünüyordu.

Tık tık tık.

Piper az kalsın başını ranzasının üstüne vuracaktı. Jason dışarıda durmuş, pencerenin pervazına vuruyordu. Sırıttı. "Gel."

"Ne işin var burada?" diye fısıldadı Piper. "Yatma saati geçti. Devriye harpyalar seni lime lime edecekler!"

"Olsun, sen yine de gel."

Piper kalbi gümbür gümbür atarak elini tuttu ve pencereden dışarı çıktı. Jason onu Birinci Kulübe'ye götürüp, kocaman bir Hippi Zeus heykelinin cılız ışıkta parıldadığı yere soktu.

"Şey, Jason... Tam olarak..."

"Şuna baksana." Daire biçimindeki odanın etrafındaki mermer sütunlardan birini gösterdi. Bunun arka tarafında, duvarda adeta gizlenmiş demir basamaklar vardı. Yukarı giden bir de merdiven... "Bunu daha önce nasıl fark etmediğime şaşırdım. Gözlerine inanamayacaksın!"

Merdivenden çıkmaya koyuldu. Piper neden o kadar gergin hissettiğini bilemiyordu ama elleri titriyordu. Peşinden o da yukarı çıktı. Jason yukarı varınca, ufak bir bölmeyi açtı.

Kubbeli çatıya, kuzeye bakan düz bir çıkıntıya çıktılar. Long Island Körfezi ta ufka kadar karşılarında duruyordu. Çok yüksekte ve öyle bir açıda duruyorlardı ki, aşağıdan kimse onları göremezdi. Devriye harpyalar da asla o kadar yükseğe uçamazlardı.

"Bak." Jason gökte elmas gibi parıldayan yıldızları gösterdi. Bunlar Hazel Levesque'in bile yarabileceklerinden güzel görünüyordu.

"Çok güzel." Piper ona sokulunca, Jason kolunu Piper'ın omzuna attı. "Başın derde girmez mi?"

"Kimin umurunda?"

Piper hafifçe güldü. "*Kimsin* sen?"

Jason ona bakınca, gözlüğü yıldızların altında silik bronz bir parıltı saçtı. "Jason Grace. Tanıştığımıza memnun oldum."

Onu öptü ve... Evet, daha önce de öpüşmüşlerdi. Ama bu farklıydı. Piper kendisini bir tost makinesi gibi hissetti. Bobinleri gitgide ısınmaya başlamıştı. Biraz daha ısınırsa, yanık bir dilim ekmek gibi kokabilirdi.

Jason gözlerinin içine bakabileceği kadar geriye çekildi. "Vahşi Doğa Okulu'ndaki o gece, yıldızların altıdan ilk kez öpüştüğümüzde..."

"O anı," dedi Piper, "gerçek değildi."

"Evet... Ama artık gerçek." Annesinin hayaletini geldiği yere yollamak için yaptığı kötülükten korunma hareketini yapıp göğe fırlattı. "Bundan böyle, yeni bir başlangıç yapıp kendi öykümüzü yazacağız. Az önce ilk kez öpüştük."

"Bunu sana tek bir öpücükten sonra söylemeye korkuyorum," dedi Piper. "Ama Olimpos tanrıları üstüne yemin ederim ki, seni seviyorum."

"Ben de seni seviyorum Pipes."

Piper o anı mahvetmek istemezdi ama Leo'yu, nasıl onun asla yeni bir başlangıç yapamayacağını düşünmeden edemiyordu.

Jason aklından geçenleri anlamış olmalıydı. "Hey, Leo gayet iyi," dedi.

"Buna nasıl inanabiliyorsun? Şifayı almış olamaz. Nico da onun öldüğünü *söyledi.*"

"Bir keresinde, bir ejderhayı sırf sesinle uyandırmıştın," dedi Jason. "Ejderhanın hayatta olması gerektiğine *inanmıştın*, değil mi?"

"Evet ama..."

"Leo'ya inanmalıyız. O kadar kolay bir şekilde ölmüş olamaz. Dayanıklı çocuktur."

"Doğru," dedi Piper kalp atışlarını sakinleştirmeye gayret ederek. "İnanıyoruz. Leo'nun hayatta olması *gerek.*"

"Detroit'te Anne Gasket'i bir araba motoruyla dümdüz ettiği zamanı hatırlıyor musun?"

"Ya da Bolonya'daki şu cüceleri... Leo onları diş macunundan yaptığı ev yapımı bir el bombasıyla haklamıştı."

"Komutan Alet Kemeri," dedi Jason.

"Yüce Kötü Çocuk," dedi Piper. "Tofu Tako Uzmanı Şef Leo."

Bunlara gülüp, en yakın arkadaşları Leo Valdez'le ilgili öyküler anlattılar birbirlerine. Şafak sökene dek orada kaldılar ve Piper yeni bir başlangıç yapabileceklerine *inanmaya* başladı. Leo'nun hâlâ hayatta olduğuna dair yeni bir öykü anlatmak bile mümkün olabilirdi. Bir yerlerde...

LVIII

LEO

Leo ölmüştü.

Bunu kesin olarak biliyordu. Sadece, canının neden o kadar çok *yandığını* anlayamıyordu. Bedenindeki tüm hücreler patlamış gibi hissediyordu. Bilinci de o sırada bir melezin simsiyah kesilmiş, sokak leşinin içinde kalmıştı. Arabaya bindiğinde hiç o anki kadar kötü bir mide bulantısı hissetmemişti. Kımıldayamıyordu. Ne görebiliyor, ne de duyabiliyordu. Sadece acı hissediyordu.

Paniklemeye ve belki de bunun ona verilen sonsuz bir ceza olduğunu düşünmeye başladı.

Derken, birisi beynine akü takviye kabloları takıp, hayatını yeniden işletti.

Leo nefes almaya çalışarak doğruldu.

Hissettiği ilk şey, suratına vuran rüzgâr ve sağ kolundaki keskin acıydı. Hâlâ Festus'un sırtında ve havadaydı. Gözleri yeniden görmeye başlamıştı. Kolundan sarkan kocaman bir hipodermik iğne olduğunu gördü. Boş enjektör vızıldadı, döndü ve Festus'un boynundaki bir bölmeye girdi.

"Sağ ol, dostum," diye inledi Leo. "Off, ölü olmak çok fenaydı. Ama şu doktorun şifası var ya? O, *daha da* kötü."

Festus Mors kodunda *klik* ve çıt sesleri çıkardı.

"Hayır, dostum, çok ciddiyim," dedi Leo. "Hayatta olduğuma mutluyum. Bir de ben de seni seviyorum. Harika bir iş başardın."

Ejderhanın bedeninden metalik bir mırıltı sesi yükseldi. Yapacağı işleri sıraya sokmalıydı: Leo ejderhanın hasar alıp almadığını kontrol etti. Festus'un kanatları sağlamdı ama sol *medius* zarı deliklerle kaplıydı. Boyun kaplamaları da patlamadan dolayı yarı yanmış ve birbirine kaynamış durumdaydı ama ejderha hemen yere düşecek gibi büyük bir tehlike altında değildi.

Leo neler olduğunu hatırlamaya çalıştı. Gaia'yı yendiğine kesinlikle emindi ama arkadaşlarının Melez Kampı'nda ne durumda olduğunu bilemiyordu. Jason'la Piper'ın patlamadan kurtulduğunu umdu. Bir roketin ona doğru geldiğini ve küçük bir kız gibi çığlık attığına dair tuhaf bir şey hatırlıyordu... Neyin nesiydi acaba?

Aşağı inince, Festus'un karnının altını kontrol etmeliydi. En ciddi hasar ejderhanın Gaia'yı tutmaya çalıştığı ve onu alevlerle mahvetmeye çalıştıkları bölgede meydana gelmiş olabilirdi. Festus'un ne kadar süre havada kaldığını bilemiyordu. Yakında karaya inmesi gerekecekti.

Bu da şu soruyu akla getiriyordu tabii: Neredeydiler?

Aşağıda kaskatı, bembeyaz bir bulut örtüsü vardı. Güneş doğrudan tepeden, masmavi bir gökte parıldıyordu. Demek, öğle vaktiydi... Ama hangi gündü? Leo ne kadar süre ölü kalmıştı?

Festus'un boynundaki erişim panelini açtı. Usturlap uğulduyor, kristal neon bir kalp gibi atıyordu. Leo pusulasına ve GPS'ine bakınca, yüzüne kocaman bir gülümseme yayıldı.

"Festus, haberler iyi!" diye bağırdı. "Navigasyon bilgileri tamamıyla birbirine karışmış!"

Festus, *Gıcırt?* dedi.

"Evet! İnelim! Bizi şu bulutların altına indirebilirsen, belki..."

Ejderha o kadar büyük bir hızla alçaldı ki, Leo'nun ciğerlerindeki hava boşaldı.

Beyaz bulut örtüsünün altına indiler ve engin ve masmavi bir denizin ortasında tek başına duran yemyeşil bir ada gördü.

Leo o kadar yüksek sesle bağırdı ki, sesini Çin'den bile duymuş olabilirlerdi. "EVET! KİM ÖLMÜŞ? KİM GERİ DÖNMÜŞ? KİMMİŞ O DEV GİBİ YANAN ŞEY BAKALIM? YAŞASINNNNN!"

Döne döne Ogygia'ya inerken, ılık rüzgâr Leo'nun saçlarının arasından geçti. Giysilerinin büyüyle dokunduğu halde lime lime olduğunu fark etti. Kolları sanki müthiş bir yangında ölmüş gibi isle kaplıydı... ki aslında öyle olmuştu.

Ama bunlar için endişelenecek hali yoktu.

Kalipso üstünde bir blucin ve beyaz bir bluzla, kehribar renkli saçlarını geriye atmış kumsalda duruyordu.

Festus kanatlarını açıp, biraz sendeleyerek yere kondu. Bacaklarından biri kırılmış olmalıydı. Ejderha yana yatıp, Leo'yu yüz üstü kumlara attı.

Kahramanca bir geri dönüş olmamıştı.

Leo ağzına kaçan bir parça yosunu tükürdü. Festus kumsala sürünüp, *ay, ay, ay* anlamına gelen bir dizi *klik* sesi çıkardı.

Leo başını kaldırdı. Kalipso kollarını göğsünde kavuşturmuş, kaşlarını çatmış ona bakıyordu.

"Geç kaldın," dedi. Gözleri parıldadı.

"Kusura bakma Günışığım," dedi Leo. "Trafik berbattı."

"Her yanın is kaplı," dedi Kalipso. "Hem sana diktiğim mahvolması mümkün olmayan giysileri de mahvetmeyi başarmışsın."

"Eh, öyle oldu." Leo omuzlarını silkti. Birisi göğsünün içinde yüz tane basket topunu serbest bırakmış gibiydi. "Ben hep imkânsızı başarırım zaten."

Kalipso ona elini uzatıp kalkmasına yardım etti. Burun buruna dururlarken, Kalipso onun ne durumda olduğunu kontrol etti. Tarçın gibi kokuyordu. Sol gözünün hemen yanındaki o minnacık çil eskiden de var mıydı? Leo buna dokunmak istiyordu.

Kalipso burnunu kırıştırdı. "Bir de şey gibi kokuyorsun..."

"Biliyorum. Ölüymüş gibi. Muhtemelen, ölüp dirildiğim içindir. *Son nefesimi verene dek tutacağım bir söz,* falan filan. Ama artık daha iyiyim..."

Kalipso bir öpücükle lafını kesti. Leo'nun göğsünde hissettiği basket topları oradan oraya savruldu. O kadar mutluydu ki, alev almamak için tüm iradesini zorladı.

Kalipso nihayet geri çekildiğinde, onun da suratı isle kaplanmıştı. Ama umurunda değil gibiydi. Başparmağını Leo'nun elmacık kemiğinde dolaştırdı.

"Leo Valdez," dedi.

O kadar. Sadece, büyülü bir şeymiş gibi ismini söyledi.

"Benim," dedi Leo çatlak bir sesle. "Şey... Bu adadan gitmek istiyor musun?"

Kalipso geri çekildi. Tek elini havaya kaldırınca, bir rüzgâr çıktı. Görünmez hizmetkârları ayaklarının dibine iki valiz bıraktılar. "Nereden çıkardın?"

Leo sırıttı. "Uzun bir yolculuk için hazırlandın ha?"

"Geri gelmeyi düşünmüyorum." Kalipso arkasına, bahçesine ve mağara evine giden patikaya baktı. "Beni nereye götüreceksin Leo?"

"Önce, ejderhamı tamir edebileceğim bir yere," dedi Leo. "Sonra... Nereye istersen oraya. Cidden, ne kadar süre yoktum?"

"Zamanı anlamak Ogygia'da zordur," dedi Kalipso. "Bana sonsuzluk gibi geldi."

Leo bu konuda biraz şüpheliydi. Arkadaşlarının iyi olduğunu umuyordu. Kendisi ölüyken ve Festus Ogygia'yı ararken, aradan yüz sene geçmediğini umdu.

Ne kadar süre geçtiğini öğrenmeliydi. Jason'a, Piper'a ve diğerlerine iyi olduğunu haber vermeliydi. Ama o sırada... Başka öncelikleri vardı. Kalipso da önceliklerden biriydi.

"Peki, Ogygia'dan ayrılınca da ölümsüz mü kalıyorsun?"

"Hiçbir fikrim yok."

"Bu konu seni rahatsız etmiyor mu?"

"Kesinlikle etmiyor."

"Güzel, o zaman!" Ejderhasına baktı. "Dostum, belirli bir hedef olmadan bir uçuşa daha hazır mısın?"

Festus ateş püskürtüp, sendeleyerek dolandı.

"O halde, bir plan yapmadan havalanacağız," dedi Kalipso. "Nereye gittiğimizi ya da bu adanın ötesinde ne tür sorunlarla karşılaşacağımızı bilmiyor olacağız. Daha fazla soru var ve doğru dürüst yanıtlar yok, öyle mi?"

Leo ellerini havaya kaldırdı. "Ben öyle uçarım Günışığım. Valizlerini alayım mı?"

"Kesinlikle."

Beş dakika sonra, Kalipso'nun elleri belinde, Leo, Festus'u havalandırdı. Bronz ejderha kanatlarını iki yana açtı ve bilinmeyene doğru bir yolculuğa çıktılar.